# साहित्य समाज और जीवन

रविनन्दन सिंह

लोकभारती प्रकाशन

**लोकभारती प्रकाशन**
पहली मंजिल, दरबारी बिल्डिंग, महात्मा गाँधी मार्ग
प्रयागराज-211 001

वेवसाइट : www.lokbhartiprakashan.com
ईमेल : info@lokbhartiprakashan.com

**शाखाएँ** : 1-बी, नेता जी सुभाष मार्ग, दरियागंज
नयी दिल्ली-110 002
अशोक राजपथ, साइन्स कॉलेज के सामने
पटना-800 006 (बिहार)
36-ए, शेक्सपियर सरणी
कोलकाता-700 017 (प. बंगाल)



**मूल्य** : ₹ 500

**प्रथम संस्करण** : 2019

**आस्था पेपर कन्वर्टर**
प्रयागराज द्वारा मुद्रित

SAHITYA SAMAJ AUR JIVAN
by Ravinandan Singh

ISBN : 978-93-88211-83-3

मेरे गाँव-गिराँव एवं उसके
पूरे परिवेश को चित्रित करनेवाले
प्रख्यात कथाशिल्पी
शिवप्रसाद सिंह को

# विषयक्रम

# अपनी बात

इस संग्रह के निबन्धों का रचना-संसार 2015 से 2017 के बीच निर्मित है। इसमें साहित्य है, समाज है और झाँकता हुआ जीवन है। इसमें अधिकांशतः साहित्यिक निबन्ध हैं। इन साहित्यिक निबन्धों में कुछ हिन्दुस्तानी एकेडेमी की पत्रिका में लिखे गये मेरे सम्पादकीय के परिष्कृत एवं परिवर्द्धित रूप हैं। कुछ निबन्ध समाज के विविध आयामों एवं सामाजिक समस्याओं पर केन्द्रित हैं, जबकि कुछ निबन्ध जीवन की व्यवस्था एवं प्रबन्धन से सम्बन्धित हैं।

वस्तुतः साहित्य एक सामाजिक उत्पाद है, जो सीधे जीवन से अंकुरित होता है। साहित्य समाज का दर्पण हो सकता है, जीवन की व्याख्या हो सकता है, जीवन की आलोचना हो सकता है, अथवा जीवन और समाज का विमर्श हो सकता है। चाहे जिस रूप में हो साहित्य एक कलात्मक अभिव्यक्ति है, जिसका माध्यम है शब्द।

समाज अपनी अभिव्यक्ति दो रूपों में करता है—स्थूल रूप से और सूक्ष्म रूप से। जब समाज अपनी अभिव्यक्ति स्थूल रूप से करता है तब सभ्यता निर्मित होती है। जब समाज अपनी अभिव्यक्ति सूक्ष्म रूप से करता है, तब संस्कृति का जन्म होता है। हम कह सकते हैं कि सभ्यता समाज का शरीर है और संस्कृति समाज की आत्मा है। दूसरे शब्दों में कहें तो सभ्यता समाज का 'हार्डवेयर' है और संस्कृति समाज का 'साफ्टवेयर' है। अर्थात् जो कुछ आँखों से दिखायी देता है वह सभ्यता है और जो कुछ रूह से महसूस किया जाता है संस्कृति है।

अब प्रश्न है कि यदि संस्कृति महसूस की जानेवाली चीज़ है, सूक्ष्म अनुभूति है तो वह अपने को व्यक्त कैसे करती है। इसका उत्तर है साहित्य, काव्य और संगीत के माध्यम से। जब संस्कृति अपनी अभिव्यक्ति शब्दों के माध्यम से करे तो साहित्य, जब तूलिका, रंग, छेनी, हथौड़ी आदि के माध्यम से करे तो अन्य कलारूप और सुर-लय-लय-ताल के माध्यम से करे तो संगीत का जन्म होता है। अर्थात् साहित्य, कला और संगीत संस्कृति की जुबानें हैं।

मानव इतिहास की आदिम अवस्था में जीवन भी आदिम था तथा समाज भी। उस आदिम समाज की पहली सांस्कृतिक अभिव्यक्ति संगीत के रूप से हुई। फिर कला (चित्रकारी) ने जन्म लिया। गुफाओं में इसके साक्ष्य आज भी मौजूद हैं। लेखन कला का जन्म अपेक्षाकृत बाद में हुआ और साहित्य का अविर्भाव तो और बाद में। इस तरह संगीत, कला और साहित्य एक स्फुरण के रूप में उत्पन्न हुए। वह क्षणों का विस्फोट रहा होगा। किसी दीवाने के मन में 'विच्छुरित' हुआ एक सांस्कृतिक विस्फोट।

साहित्य और इतिहास के सम्बन्धों को मैंने जो समझा है उसके बारे में कुछ बात करना चाहूँगा। साहित्य और इतिहास दोनों समाज और जीवन का चित्रण करते हैं। किन्तु दोनों के चित्रांकन में फर्क है। इतिहास तथ्यों के माध्यम से समाज की तस्वीर बनाता है, वहीं साहित्य तथ्यों के साथ-साथ अनुभूतियों को भी सहेजता है। इसी कारण इतिहास जो तस्वीर बनाता है वह स्थिर होती है, जबकि साहित्य की तस्वीर चलती है, बोलती है, हँसती है, रोती है अर्थात् पूर्णतः सजीव होती है। उसमें जीवन होता है। इसीलिए कहा जाता है कि इतिहास एक शव-यात्रा है और साहित्य एक उल्लास-यात्रा है। किसी भी कालखण्ड के इतिहास में समाज की उपस्थिति स्थिर होती है, जबकि उसी काल के साहित्य में उपस्थित समाज गतिशील होता है। साहित्य और समाज के बीच क्रिया-प्रतिक्रिया का उपयोग इतिहास भी करता है और साहित्य भी। जबकि इतिहास की सामग्री का लालित्यपूर्ण उपयोग साहित्य अक्सर करता रहता है।

साहित्य और समाज की इस क्रिया-प्रतिक्रिया के दो पक्ष हो सकते हैं। एक, समाज का किसी साहित्यिक कृति पर प्रभाव और दूसरा, किसी कृति का समाज पर प्रभाव। रचना और समय के बीच संवाद होना बहुत ज़रूरी है। क्योंकि हर रचना अपने समय की उत्पत्ति होती है। इसके बावजूद कुछ रचनाएँ अपने समय को अतिक्रमित कर जाती हैं। कुछ रचनाएँ ऐसी भी होती हैं जो अपनी समसामयिकता से बहुत पीछे रह जाती हैं। जबकि कुछ रचनाएँ ऐसी होती हैं, जो मानवीय प्रवृत्तियों का कलात्मक चित्रण करती हैं और कालजयी हो जाती हैं। ऐसी कालजयी कृतियाँ हर युग में अपनी अर्थवत्ता रखती हैं एवं प्रासंगिक होती हैं।

वस्तुतः व्यक्ति का जीवन और उसका समाज एक-दूसरे के पूरक हैं। इसीलिए अरस्तू ने मनुष्य को सामाजिक प्राणी कहा था। मनुष्य समाज में ही जन्म लेता है, समाज में पलता-बढ़ता है और समाज से प्रभावित होता है। मानव स्वभाव का एक बड़ा हिस्सा सामाजिकता की देन है। इसीलिए अरस्तू यह मत व्यक्त करता है कि वह व्यक्ति जो समाज में नहीं है वह या तो पशु है या परमात्मा है। सारे मानवीय मूल्य सामाजिक अनुभवों से ही व्युत्पन्न हैं। अतः जीवन और समाज एक-दूसरे के पूरक हैं। इस प्रकार साहित्य, समाज और जीवन एक-दूसरे से अन्यतम रूप से सम्बन्धित हैं।

कुल मिलाकर यह किताब एक समुच्चय है— विचारों का, तर्कों का और भावनाओं का। इस किताब के पीछे बहुत से लोग हैं। आदरणीय रमेश ग्रोवर और भाई अमोद माहेश्वरी का स्नेहिल भाव है। संगमलाल जी और रमेश उपाध्याय जी का आत्मीय सहयोग है। बड़े भाई राजेन्द्र सिंह जी की प्रेरणा है। पत्नी पारूल सिंह का सुमधुर साहचर्य है। रचनाकार दोस्तों का सम्बल है और गुरुजनों का आशीर्वाद है।

मैं सभी के प्रति हृदय से अभारी हूँ।

**–रविनन्दन सिंह**

# नामवर का महानायकत्व

नामवर सिंह हिन्दी आलोचना के महानायक हैं। उनकी उपस्थिति सर्वत्र महसूस की जाती है। जहाँ उपस्थित नहीं होते वहाँ भी। उनका आभासी किरदार उनके वास्तविक किरदार से बहुत बड़ा है। आज वे हिन्दी साहित्य के किंवदन्ती पुरुष हैं। हिन्दी आलोचना को लोकप्रिय बनाने में उनका योगदान सर्वाधिक है। निराला जी ने आलोचक को 'साहित्य का मस्तक' कहा था, नामवर जी ने इस बात को चरितार्थ किया है।

जब नामवर सिंह की बात चलती है तो एक आरोप तुरन्त किसी कोने से उभरता है कि वे वाचिक परम्परा के आलोचक हैं। दूसरे कोने से आवाज़ आती है कि उन्होंने बहुत कम लिखा है। तीसरी आवाज़ आती है कि उनकी मान्यताएँ स्थिर नहीं हैं। वे स्वयं अपनी मान्यताएँ खारिज करते रहते हैं। पीठ पीछे तो ये बातें होती ही रहती हैं, नामवर जी के सामने भी अक्सर ये आरोप खड़े होते रहे हैं। किन्तु नामवर सिंह कोई काग़ज़ी आलोचक नहीं है। वे वाद-विवाद और संवाद के पक्षधर आलोचक हैं। वे मुँह घुमाकर बात करने या पीठ पीछे बात करने की बजाय आँख में आँख डालकर बात करना पसन्द करते हैं। उनके लिए असहमति और मतभेद साहित्य के प्राणतत्त्व हैं। कई लोग नामवर सिंह पर लगे आरोपों से तिलमिला जाते हैं। कई दूसरे लोग उन पर लगे आरोपों को खारिज करने में लग जाते हैं। ये लोग उनकी आठ लिखित और बारह वाचिक संकलनों की किताबों को जोड़कर यह दिखाने की कोशिश करते हैं कि नामवर सिंह के पास किताबों की संख्या कम नहीं है। कुछ लोग सिद्ध करते हैं कि उनके विचारों में परिवर्तन मानसिक विकास और सजगता का प्रमाण है। क्योंकि विचारों में स्थूल एकरूपता मानसिक जड़ता का प्रतीक होती है। नामवर के पक्ष में और विपक्ष में रस्साकशी लगातार चलती रही है, वही नामवर जी इससे बाखबर होकर भी किसी किताब में डूबे रहते थे।

नामवर की प्रतिभा संघर्षों से निर्मित हुई है। परिस्थितियों ने उनकी प्रतिभा को धार दिया है। किताबों की ताकत ने उन्हें आन्तरिक मजबूती दी है। ज्ञान उनके लिए साधन नहीं साध्य है। ज्ञान ने, तर्क ने उन्हें गढ़ा है, निर्भीक बनाया है। उनके गुरु आचार्य

हजारीप्रसाद द्विवेदी का सूत्र-वाक्य 'सत्य के लिए किसी से न डरना, गुरु से भी नहीं, वेद से भी नहीं'—उनके जीवन का विधायक वाक्य है। वे जीवन भर निर्भीक बने रहे। कभी समझौता नहीं किया। उन परिस्थितियों में भी नहीं जब उन्हें झुकने की ज़रूरत थी। वे हमेशा स्वाभिमान को महत्त्व देते रहे। हिन्दी जगत् में उनका स्थान स्वयं का बनाया हुआ है, अपने बलबूते खड़े हुए हैं। उनका जीवन संघर्षों की महागाथा है। आठ, साढ़े आठ साल अध्यापन के बाद भी उन्हें बी.एच.यू. से बाहर कर दिया गया। उनके मनोवैज्ञानिक सम्बल आचार्य द्विवेदी के रहते हुए भी विश्वविद्यालय प्रशासन ने यह निर्णय ले लिया। द्विवेदी जी चाहकर भी कुछ न कर सके। किन्तु द्विवेदी जी की पहल पर सागर विश्वविद्यालय के कुलपति डी.पी. मिश्रा ने बिना साक्षात्कार और बिना प्रार्थना पत्र के और आचार्य नन्ददुलारे वाजपेयी जैसे हिन्दी विभागाध्यक्ष के न चाहते हुए भी प्रोफ़ेसर पद पर अस्थायी नियुक्ति दे दी। इस नियुक्ति को भी आचार्य वाजपेयी ने सत्र-समापन के साथ ही समाप्त करवा दिया।

सागर विश्वविद्यालय की नियुक्ति के पूर्व वहाँ के कुलपति डी.पी. मिश्रा ने उज्जैन विश्वविद्यालय के तत्कालीन कुलपति शिवमंगल सिंह 'सुमन' से नामवर जी के बारे में पूछा था। 'सुमन' जी ने बताया था कि 'मेधावी हैं, लेकिन कम्युनिस्ट हैं।' फिर भी सागर विश्वविद्यालय के कुलपति ने नामवर सिंह को तार भेजकर बुलाया। कुलपति कार्यालय में अनौपचारिक बातचीत के बाद डी.पी. मिश्रा ने पूछा कि "आप कम्यूनिस्ट है?" 'जी'। 'आपने चुनाव भी लड़ा है।' 'जी और हार भी गया।' फिर अगला सवाल था 'अगर आपको यहाँ के प्रोफ़ेसर पद और कम्युनिस्ट पार्टी के बीच चुनाव करना पड़ा तो किसे चुनेंगे? नामवर सिंह ने विनम्रता के साथ उत्तर दिया—'पण्डी जी, वैसे तो दोनों के बीच कोई अन्तर्विरोध नहीं है, और शिक्षक के रूप में मै दोनों के प्रति निष्ठावान् रहा हूँ, लेकिन अगर चुनाव की विवशता आती ही है तो मैं कम्युनिस्ट पार्टी को ही चुनूँगा। मिश्र ने पुनः पूछा—'ऐसा क्यों? आप बेरोजगार हैं।' नामवर जी का उत्तर था "पण्डी जी, अगर इतने बड़े समझौते के साथ प्रोफ़ेसरी चुनूँगा तो मैं अपनी ही निगाह में गिर जाऊँगा और यह मेरे लिये आत्महत्या की स्थिति होगी। इतना ही नहीं मैं आपकी निगाह में भी दो कौड़ी का आदमी हो जाऊँगा और आप यह भी सोच सकते हैं कि भारतीय कम्युनिस्ट ऐसे ही दो कौड़ी के होते हैं।" मिश्र जी इस उत्तर से बहुत प्रभावित हुए और नामवर जी विभाग में नियुक्त हो गये। यह प्रोफ़ेसरी अस्थायी थी। सेवा के स्थायीकरण में अनेक दुष्चक्र रचे गये। वाजपेयी जी विभागाध्यक्ष थे और उन्होंने नामवर की वैचारिक असहमति को अनुशासनहीनता और विरोध के रूप में ले लिया। उनके ख़िलाफ़ एक बड़ा आरोप-पत्र प्रस्तुत किया गया, मिश्र जी जैसा कुलपति भी असहास हो गया। नामवर सिंह बाहर कर दिये गये और बनारस लौट आये। लोगों ने उन्हें न्यायालय का दरवाज़ा खटखटाने को कहा, जिसे उन्होंने नामंजूर कर दिया।

जब बनारस में उनके पास पर्याप्त कानूनी आधार था, तब भी वे न्यायालय नहीं गये थे।

नामवर सिंह मानसिक संन्यास झेलते रहे, आर्थिक रूप से लम्बे समय तक असुरक्षित रहे, किन्तु तमाम प्रतिकूलताओं में भी वे पराभूत नहीं हुए। समझौता कभी नहीं किया, तब भी जब उनके पास कोई रास्ता नहीं था। किसी के कदमों में नहीं गिरे, किसी से जी हुजूरी नहीं की। उन्हें पराजय मंजूर थी, प्रतिकूल परिस्थितियाँ स्वीकार थीं किन्तु अपनी अन्तरात्मा का गला घोंटकर किसी के सामने नतमस्तक हो जाना किसी कीमत पर स्वीकार नहीं था। लगभग एक दशक तक आर्थिक असुरक्षा और अकादमिक उपेक्षा झेलने के बावजूद नामवर सिंह की अपराजेय जिजीविषा के बारे में काशीनाथ सिंह के निबन्ध 'गरबीली ग़रीबी वह' का यह वाक्य बहुत बेधक है—"मैने आज तक किसी ऐसे आदमी की कल्पना भी नहीं की थी, जिसके सारे दुखों, सारी परेशानियों, पराजयों, तिरस्कारों और अपमानों का विकल्प अध्ययन हो। चुनाव हारने, अच्छी खासी नौकरी जाने का सिखापा घर में हो और वह आदमी खर्राटे ले रहा हो या कमरा बन्द करके किसी लेख की तैयारी कर रहा हो या पढ़ी गयी किताब से नोट्स ले रहा हो। सच कहा गया है कि प्रतिभा समझौता नहीं करती ईर्ष्यालु बनाती है।"

नामवर जी जहाँ पहुँचे अपनी प्रतिभा और क्षमता से पहुँचे। प्रतिभा पाताल तोड़कर भी बाहर निकल आती है। नामवर जी की सक्रियता में कभी कमी नहीं आयी, चाहे वह क़लम के माध्यम से हो अथवा वाणी के माध्यम से। उनकी पुस्तकें उनके गहन चिन्तन एवं वैचारिक सजगता की साक्षी हैं। आधुनिक साहित्य की प्रवृत्तियाँ (1954), छायावाद (1955), इतिहास और आलोचना (1957), कहानी नयी कहानी (1964), कविता के नये प्रतिमान (1968), दूसरी परम्परा की खोज (1982), वाद-विवाद और संवाद (1989), जैसी पुस्तकें तथा वाचिक आलेखों के 12 संकलन इस बात के प्रमाण हैं।

नामवर के विचार सुचिन्तित एवं सुविचारित होते हैं। उन्हें जो कहना है वही कहते हैं। आवश्यकता पड़ने पर 'पालेमिक्स' भी करते हैं। उनकी साहित्यिक कसौटियाँ और मानदण्ड अपने तरह के और मौलिक हैं। इनके मानदण्डों पर जितना प्रहार रूपवादियों ने किया उससे कम प्रहार मार्क्सवादियों ने नहीं किया है। मार्क्सवादियों का एक तबका इनके ऊपर वही आरोप लगाता रहा जो स्वयं इन्होंने रामविलास शर्मा पर लगाये थे। मसलन इन्हें रूपवादी, अवसरवादी और समझौतावादी घोषित किया गया। उन पर अवसर के अनुरूप बयान बदलने और मनगढ़न्त बात बनाने का अरोप लगाया गया। उन्हें मार्क्सवादी कठमुल्लाओं से भी संघर्ष करना पड़ा, जो साहित्य के रूपगत आयाम और उसकी निजता की अनदेखी करते हैं तथा साहित्य को पार्टी प्रचार का हथियार और साहित्यकार को पार्टी का कार्यकर्त्ता मानते थे। नामवर सिंह ने कभी कहा था कि

'अगर रचना में विचारधारा अपनी घोषणा करने लगे तो वह रचना के लिए लाभकर नहीं ही रहती, इमानदार भी नहीं होती। अंध प्रतिबद्धता की जगह वे विचारशील एवं ईमानदार प्रतिबद्धता को महत्त्व देते हैं। वे अंध प्रतिबद्धता की बजाय ईमानदार संशयवाद को अच्छा मानते हैं। वे आस्था या विचारधारा की जगह रचना में स्वानुभूति, जिये और भोगे अनुभव, दुख-विषाद आदि को महत्त्व देते हैं। वे जड़ प्रतिबद्धता को बंजर मानते हैं। वे 'कन्सिस्टेंसी' की जगह पुनरीक्षण को महत्त्व देते हैं।

नामवर सिंह विचारधारा और निजता को अलग-अलग रखते हैं। जब विचार देने की बात होती है तो वे अतिरिक्त सजग हो जाते हैं और जब निजी सम्बन्धों की बात आती तो अत्यन्त उदार रहते हैं। अनेक ऐसे लेखक और रचनाकार हैं जो नामवर की विचार-दृष्टि से आहत हैं। उनके अत्यन्त करीबी रिश्तेदार दूधनाथ सिंह ने अपने चर्चित उपन्यास 'आखिरी कलाम' के आरम्भ में एक छोटी-सी कविता दी है, जिसमें उनकी साहित्यिक मृत्यु की कामना करनेवाले तीन लोगों की ओर संकेत है। उसमें एक वरिष्ठ आलोचक भी हैं। बहुत सारे लोग इस वरिष्ठ आलोचक को नामवर सिंह की तरफ़ संकेत मानते हैं। नामवर सिंह ने 'आखिरी कलाम' को खारिज कर दिया था। वे इसे एक अच्छा 'ट्रवेलाग' मानते हैं, सुव्यवस्थित उपन्यास नहीं। इसी प्रकार प्रलेस में उनके साथी रहे कमलेश्वर की साहित्य अकादमी द्वारा पुरस्कृत उपन्यास 'कितने पाकिस्तान' पर नामवर सिंह की टिप्पणी है कि यह एक कमज़ोर किताब है और कुल मिलाकर उपन्यास न होकर सनसनीखेज पत्रकारिता है। यही नहीं अपने अत्यन्त करीबी, आलोचक बच्चन सिंह के समूचे आलोचनात्मक लेखन को नामवर सिंह औसत दर्जे का मानते हैं और उनकी ग्राम्शी सम्बन्धी समझ पर प्रश्न खड़े करते हैं। इसी तरह बच्चन सिंह भी नामवर सिंह की कृति 'कविता के नए प्रतिमान' की मौलिकता को प्रश्नांकित करते हैं तथा 'दूसरी परम्परा की खोज' के निष्कर्षों से असहमत हैं। केदारनाथ सिंह तो नामवर के समधी हैं किन्तु दोनों की एक-दूसरे के प्रति समझ अस्वीकृति तक जाती है। नामवर सिंह केदानाथ सिंह को श्रीकान्त वर्मा का दर्जा भी नहीं देते और दूसरी तरफ केदारनाथ नामवर के आलोचक व्यक्तित्व के भविष्य के प्रति आश्वस्त नहीं दिखते। गीतकार ठाकुर प्रसाद सिंह साहित्यकार संघ वाराणसी में नामवर सिंह के साथ संस्थापक रहे, आरम्भिक दिनों में नामवर उनके आवास पर भी रहे किन्तु उनके गीत-संकलन 'पाँच जोड़ी बाँसुरी' की समीक्षा नामवर सिंह ने नहीं लिखी। ठाकुर प्रसाद सिंह लखनऊ से दिल्ली तक गये, नामवर ने पुस्तक के कलेवर आदि की चर्चा तो की किन्तु उस पर समीक्षा लिखने से मना कर दिया। अपने अग्रज नवगीतकार शम्भूनाथ सिंह के आयोजन में मुख्य वक्तव्य देते हुए नामवर सिंह ने नवगीत को खारिज कर दिया, जिसका मलाल नवगीतकारों को आज तक है।

रामविलास शर्मा की आलोचना दृष्टि से नामवर सिंह बार-बार टकराते हैं। उनके आलोचना कर्म के विकास में रामविलास शर्मा की सकारात्मक-नकारात्मक प्रेरणा अवश्य है। नामवर सिंह डॉ. शर्मा को वाद-विवाद और संवाद में अपना प्रेरक और गुरू मानते हैं। किन्तु उनके आलोचना कर्म को कचहरिया वकालत करार देते हैं। वे डॉ. शर्मा की अनेक स्थापनाओं को खारिज करते हैं। नामवर जी के अनुसार रामविलास शर्मा एक पक्षीय तर्कजाल बुनते हैं। पहले ही निष्कर्ष तय कर लेते हैं और उसे सिद्ध करने के लिए एक वकील की तरह तथ्य और प्रमाण एकत्र करने में जुट जाते हैं, बिना इस बात की चिन्ता किये कि इसके प्रतिपक्ष में भी कुछ हो सकता है। नामवर जी का यह भी मानना है कि डॉ. शर्मा के लेखन में मार्क्स का मार्क्सवाद शब्द तो कई बार आता है किन्तु उनके पास मार्क्सवादी दृष्टि नहीं दिखायी पड़ती। उनका सांस्कृतिक विमर्श मात्र शव साधना है। वे कहते हैं कि, 'रामविलास शर्मा का आलोचना कर्म या तो केवल समर्थन है या केवल विरोध, उनका सांस्कृतिक विमर्श आज संघ परिवार के काम का है?' यही आरोप नामवर सिंह पर भी लगाये जाते हैं और कई आलोचक उन्हें रूपवादी घोषित करते हैं।

राजेन्द्र यादव को नामवर सिंह शिगूफा छोड़ने वाला सम्पादक मानते हैं। वे उनके पिछड़ा विमर्श, स्त्री विमर्श, दलित विमर्श को अवसरवादी मानते हैं। उनके अनुसार राजेन्द्र यादव इस तरह के मसालों का लोकप्रिय होने के लिए प्रयोग करते हैं। वे सांस्कृतिक उच्छेदन के शिकार हैं, उनके पास सांस्कृतिकबोध या परम्पराबोध नहीं है। तथाकथित विमर्शों को राजेन्द्र यादव ने अपनी साहित्यिक अस्मिता मानव लिया है। राजेन्द्र यादव के तुलसी विमर्श को नामवर सिंह खारिज करते हैं। उनके अनुसार तुलसी को खारिज कर देने के बाद हिन्दी साहित्य दरिद्र हो जायेगा। अगर तुलसी के धार्मिक चिन्तन को अस्वीकार भी कर दिया जाय तो उनका काव्य और उनका कवि रूप शाश्वत महत्त्व का है।

नामवर सिंह मानते हैं कि आलोचना का दायित्व है रचना के स्वर को पकड़ना, उसकी भूमि तक पहुँचना और साहित्य के सामान्य पाठक को उस भूमि तक पहुँचाने में सहायता करना। किन्तु वे स्वीकार करते हैं कि आज के आलोचक मूलतः विमर्शकार हैं और वे रचना की इस भूमि पर कम उसकी विचारभूमि पर अधिक टिकते हैं। उनके अनुसार समय परिवर्तनशील है और समय के साथ मूल्य भी बदलते हैं। आज हिन्दी आलोचना मम्मट वाली नहीं रह सकती। आचार्य शुक्ल, हजारीप्रसाद द्विवेदी और रामविलास वाली भी नहीं। लाला भगवानदीन का भी जमाना नहीं रहा जब कविता के एक-एक शब्द पर ठहर कर बारीकी से सोचा जाता था। आज की आलोचना मात्र व्याख्यात्मक नहीं हो सकती है। वे अपने को लोकोन्मुखी आलोचक मानते हैं। जब रचना और संरचना का प्रश्न उठता है तो नामवर सिंह अक्सर मार्क्स को उद्धत करते

हैं—फार्म इज नथिंग बट द फार्म ऑफ द कण्टेण्ट। अर्थात् रूप भी कथ्य का ही रूप है। उनकी मान्यता है कि कथ्य से तय होता है कि रूप क्या होगा। वे भामह की एक सूक्ति के आधार पर कविता को 'अविचारित रमणीयता' और शास्त्र को 'सुविचारित सूक्ति' कहते हैं। वे भाषा के रूप में हिन्दी-उर्दू या हिन्दी-अंग्रेज़ी की जगह तीनों को स्वीकार करते हैं। वे मानते हैं कि हिन्दी की शुद्धता या तत्समता इसे संकीर्ण बना देगी और यह अधिनायकवादी हो जायेगी।

नामवर सिंह और विवादों का गहरा रिश्ता है। इन विवादों के कारण वे 'किंवदन्ती-पुरुष' कहे जाते हैं। एक बार एक संगोष्ठी में उन्होंने स्वयं कहा था कि "मैं प्रतिक्रियावादी आलोचक हूँ, उकसाने और झकझोरने से उत्पन्न उत्तेजना के बाद ही कुछ ठीक-ठाक कह पाता हूँ (गाजीपुर, 19 अप्रैल, 1991)। उनकी प्रत्येक पुस्तक या तो किसी को उखाड़नेवाली या किसी को स्थापित करने वाली होती है। 5-6 मई, 2007 को बी.एच.यू. के भारत कला भवन में आयोजित दो दिवसीय संगोष्ठी में नामवर सिंह ने 'महादेवी वेदना और विद्रोह' विषय पर एक अत्यन्त विवादास्पद बयान दिया था, जिसकी भारतीय मीडिया में खूब चर्चा रही। उन्होंने महादेवी को प्रसाद और निराला से पीछे किन्तु पन्त से निश्चित रूप से आगे बताया। इसी क्रम में उन्होंने विवादास्पद बयान यह दिया कि 'पन्त का तीन चौथाई साहित्य कूड़ा है।' इस बयान पर वाराणसी के अखबारों में कई दिनों तक साहित्यकारों की प्रतिक्रियाएँ छपती रहीं। कुछ लोगों ने नामवर के इस वक्तव्य की भर्त्सना की तो कुछ लोग समर्थन में खड़े रहे। कुछ ने तो और आगे बढ़कर न्यायालय में याचिका भी दाखिल कर दिया। ताल ठोकने का एक लम्बा धारावाहिक अखबारों में चला। 8-9 अक्टूबर, 2011 को प्रलेस की 75वीं वर्षगाँठ मनायी गयी। उसमें नामवर सिंह ने दलित आरक्षण की बात उठायी थी और यह कहा था कि आरक्षण से बहुत फ़र्क पड़ा है। इसी तरह अगर आरक्षण दिया जाता रहा तो बहुत सारे ब्राह्मण, ठाकुर भी भीख मानते नजर आयेंगे। इस पर वीरेन्द्र यादव की 'शुक्रवार' (अक्टूबर, 2011) में टिप्पणी छपी थी कि नामवर सिंह के वक्तव्य से प्रलेस में कोई सहमत नहीं था। श्योराज सिंह बेचैन ने अमर उजाला (5 नवम्बर, 2011 में) के कालम 'कशमकश' में टिप्पणी की थी कि नामवर सिंह दलित विरोधी हैं। उन्होंने सवाल उठाया कि नामवर सिंह ने गत 75 वर्षों में कभी भी क्या किसी दलित विरोधी ठाकुर की आलोचना की है? इसी कालम में उन्होंने प्रेमचन्द के दलित चिन्तन को भी कठघरे में खड़ा किया। अमर उजाला में ही 11 नवम्बर को राजेन्द्र शर्मा की टिप्पणी थी कि नामवर सिंह ने संवैधानिक आरक्षण पर कोई टिप्पणी नहीं की है और श्योराज सिंह बेचैन ने उनके वक्तव्य को तोड़ मरोड़कर पेश किया है।

अन्त में यही कहूँगा कि नामवर जी मेरे अत्यन्त समीप लगते हैं। उनको देखकर कई लोग अपनी लघुता को ठीक से समझ पाते हैं, क्योंकि वे पहाड़ हैं। उनसे मेरी

समीपता भौगोलिक भी है और साहित्यिक भी। वे मेरे गाँव क्षेत्र के हैं। जमानियाँ से सैयदराजा को जानेवाला नेशनल हाइवे मेरे और उनके जिले की विभाजन रेखा है। एक तरफ़ गाजीपुर और दूसरी तरफ़ चन्दौली जिले का इलाका। मेरा गाँव गाजीपुर में है और नामवर सिंह, शिव प्रसाद सिंह, काशीनाथ सिंह का गाँव चन्दौली क्षेत्र में है। नामवर सिंह का महाइच परगना और मेरा जमानियाँ परगना एक-दूसरे से सटे हैं। एक बार खुद नामवर सिंह ने बताया था कि, "मैने बचपन में सुना था कि मेरा महाइच परगना गाजीपुर में ही रहा, पहले हम लोगों की तहसील जमानियाँ हुआ करती थी। 1927 में वह बनारस जिले का अंग बना, गाजीपुर से निकालकर, ऐसा सुना है। इसलिए मेरा और राही मासूस रजा दोनों का जन्म गाजीपुर में ही हुआ था। यह मै उनसे बार बार कहता हूँ कि हम लोग गंगा के दो किनारे पर है।" राही मासूम रजा की तहसील जमानियाँ है। इस तरह नामवर सिंह, शिवप्रसाद सिंह, काशीनाथ सिंह, राही मासूम रजा, विवेकीराय आदि मेरी ही ज़मीन से पैदा हुए लोग हैं।

मुझे अपनी इस ज़मीन पर गर्व है।

# स्त्री-विमर्श अर्थात चेतना-प्रसार का आख्यान

स्त्री-विमर्श स्त्री का, स्त्री द्वारा और स्त्री के लिए विमर्श है, ऐसा नारीवादी चिन्तकों और विमर्शकारों का मानना है। उनका आरोप है कि अतीत के सारे स्त्री-विमर्श पुरुषों द्वारा किये गये हैं। अत: उनमें सत्य का अंश नहीं है। पूर्व के सारे स्त्री-विमर्श कल्पना की थोथी उड़ान भर हैं। एक पुरुष स्त्री के सन्दर्भ में सारी बातें कल्पना से ही लिख सकता है। वह स्त्री के दु:ख, दर्द, यातना, टीस, सन्त्रास आदि संवेदनों का चित्रण कयास लगाकर ही कर सकता है। उसका इस तरह का चित्रण कभी भोगा हुआ यथार्थ नहीं हो सकता । स्त्री का अनुभव स्वयं स्त्री ही बता सकती है, कह सकती है। कोई पुरुष प्रसव वेदना को कैसे अनुभूत कर सकेगा। माँ की पुत्र के प्रति गहरी संवेदना को, उसकी ममता को पिता व्यक्त नहीं कर सकता । व्यक्त भी करेगा तो उसमें माँ की संवेदना नहीं होगी। अत: स्त्री-विमर्शकारों ने पूर्व के सभी नारी विमर्शों को नकार दिया है। यह कहकर कि उसमें स्त्री के भोगे हुए अनुभव नहीं हैं, केवल कल्पना की उड़ान हैं। इनका मानना है कि स्त्री-विमर्श सिर्फ़ स्त्री कर सकती है, पुरुष नहीं, क्योंकि पुरुष के लिए नारीत्व मात्र अनुमान है, जबकि स्त्री के लिए वह भोगा हुआ अनुभव है।

स्त्री-विमर्श दलित-विमर्श की ही तरह, मनुष्य की चेतना के प्रसार का परिणाम है। सदियों से मनुष्य ही मनुष्य का शोषण करता रहा है, मनुष्य ही मनुष्य को दास बनाता रहा, बँधुआ मज़दूर बनाता रहा है। मनुष्य ने मनुष्य को जंजीरें पहनायीं, हथकड़ी और बेड़ियाँ पहनायीं। एक ने दूसरे पर कोड़े बरसाये, उसे निम्न बताकर पशु से भी बदतर जीवन जीने के लिए मजबूर किया । उसे अछूत बनाकर बस्तियों से बाहर कर दिया। उसे घर की चहारदीवारी में क़ैद किया । उसे धर्म, अर्थ, मोक्ष से वंचित कर दिया। चरणों की दासी बनाया। शिक्षा, ज्ञान-विज्ञान से बहुत दूर अंधेरे की ज़िन्दगी जीने के लिए मजबूर किया । उसे अपनी काम-पिपासा को शान्त करने का माध्यम बनाकर, अपने पीछे चलने के लिए मजबूर किया। पर्दे के पीछे ढकेला, प्रेम को उसके अधिकार के रूप में नहीं, दान के रूप में दिया। कुल मिलाकर मनुष्य

ने खुद मनुष्य को दलित, शोषित, दमित, पतिता, कुलटा, दासी न जाने क्या-क्या बना डाला। पूरी दुनिया का मध्यकालीन और उसके पूर्व का प्राचीन इतिहास इस तरह के शोषण, दमन, अनाचार, अत्याचार और व्यभिचार से पटा हुआ है। भारतीय सन्दर्भों को खँगालें तो एक-से-एक उदाहरण भरे पड़े हैं। ऐतरेय ब्राह्मण के अनुसार जो स्त्री अपने पति को हर तरह से सन्तुष्ट करे, सन्तान उत्पन्न करे, वह उत्तम पत्नी है। यानी स्त्री का धर्म है पति को सन्तुष्ट करना, चाहे पति कितना ही कुत्सित क्यों न हो। तैत्तीरीय संहिता के अनुसार पुरुष को दो पत्नी ग्रहण करने का अधिकार है। मैत्रायणी संहिता में स्त्री और शूद्र दोनों की तुलना सुरा से की गयी है। आपस्तम्भ धर्मसूत्र के अनुसार चिड़िया, गिद्ध, नेवला, छछूँदर, कुत्ता की हत्या पर जितना प्रायश्चित्त होता है उतना ही शूद्र एवं स्त्री की हत्या पर करना चाहिए।

ऐसा नहीं है कि केवल भारत के प्राचीन एवं मध्यकालीन धर्म ने स्त्री को हीन बताया है। दुनिया के सभी धर्मों में नारी का कमोबेश ऐसा ही चित्रण है। मध्यकाल तक सभी धर्म अमानवीय जड़ता के शिकार थे। समस्त धर्म मठाधीशों की मुट्‌ठी में क़ैद रहे और उनके इशारे पर ही धार्मिक नियम, उपबन्ध, कर्मकाण्डी विधान आदि तय किये जाते थे। सभी धर्म अपने प्रतिबन्धों से नारी को पीछे ढकेलते रहे। आधुनिकता के आने के पूर्व सभी समाजों में स्त्री पुरुष के अधीन रहीं। ईसाई धर्म ने स्त्री पर इतने विधि-निषेध थोपे कि उसका जीवन ही नरक हो गया। ईसाई पन्थ ने स्त्री को 'ओरिजिनल सिन' तथा पुरुष को जीसस का इकलौता बेटा माना। चर्च ने स्त्री को नरक का द्वार, शैतान का माध्यम और पतन की प्रेरक शक्ति मानते हुए उसे दमन योग्य माना। 'ईव' से ही 'इविल' शब्द बना अर्थात् स्त्री (ईव) ही 'इविल' यानी बुराई का द्वार है। चर्च ने स्त्री को अनेक प्रतिबन्धों में जकड़ दिया। ईसाई पन्थ ने स्त्री पर जो अत्याचार किये उसे कुछ लेखकों ने अत्यन्त विस्तार से वर्णित किया है। नारेमन कान की पुस्तक 'यूरोप्स इनर डेमन्स', नीना आडरबेक की 'वीमन ऐण्ड द डेमन', रोपर ट्रेवोर की 'द यूरोपियन विच: केज ऑव द सिक्सटीन्थ ऐण्ड सेवेण्टीन्थ सेंचुरीज', कैरन आर्मस्ट्रांग की पुस्तक 'द फाइनल सॉल्युशन फार मेन : द विच' आदि पुस्तकों में वर्णित स्त्री अत्याचारों को पढ़कर रूह काँप जाती है। इसी तरह इस्लाम तथा अन्य धर्मों एवं पन्थों ने भी स्त्री पर अनेक वर्जनाएँ थोपीं, जिसे आज विश्व भर की चेतन और जागरूक नारी अस्वीकार करती है और चुनौती देती हैं। यह युग-सत्य है कि चेतना को सदा दबाकर नहीं रखा जा सकता । अगर चेतना है, तो उसका एक-न-एक दिन चमक जाना, चमत्कृत कर देना और इसका अहसास अन्यों को करा देना लाज़मी है। चेतना का धर्म है प्रसारित होना, विस्तृत होना। स्त्री-चेतना भी कब तक प्रतिबन्धित रहती। उसे एक-न-एक दिन प्रपंच का खुलासा करना ही था। जैसे-जैसे जागरूकता बढ़ती गयी, स्त्री-चेतना ने सोचने समझने की 'परिपाटी

को चुनौती देना शुरू किया। वह अधिकारों की बात करने लगी, समानता की बात करने लगी। परिवार, धर्म, सम्पत्ति, न्याय, शिक्षा, राजनीति हर जगह पुरुष के साथ समानता के लिए आवाज़ उठाने लगी। पुरुषवादी मानसिकता की थोथी दलीलों को काट फेंका, वर्चस्ववादी, अहंकारी पुरुष-प्रवृत्ति के मुखौटों को बेनकाब कर दिया, स्त्री-चेतना ने पुरुषवादी किले की दीवारों को इतनी चोट पहुँचायी कि वह धराशायी हो गया।

दरअसल स्त्री-विमर्श पुरुष के विरुद्ध नहीं है बल्कि पुरुषवादी मानसिकता के विरुद्ध है। यह पुरुषवादी मानसिकता पर प्रहार है। स्त्री स्वतन्त्रता का अर्थ पुरुष से मुक्त होना नहीं है बल्कि पुरुषवादी सोच से मुक्त होना है। उस मानसिक अवधारणा से मुक्त होना है जो स्त्री को दोयम और पुरुष से हीन मानती है। उस पुरुषवादी सोच को चुनौती है जो स्त्री को अनुचरी मानता है। हमें यह कदापि नहीं भूलना चाहिए कि स्त्री पुरुष की भाँति एक प्राकृतिक सत्ता है, एक स्वतन्त्र ईकाई है। दोनों एक-दूसरे के विरोधी नहीं बल्कि एक-दूसरे के पूरक हैं। एक के बिना दूसरे का अस्तित्व सम्भव नहीं है। दोनों एक ही सत्ता के दो पहलू हैं। दोनों का एक ही धरातल है। इतिहास-क्रम में पुरुष ने अपनी वर्चस्ववादी अहंमन्यता से इस धरातल को अपना घोषित कर दिया था, स्त्री-विमर्श उसी की सकारात्मक प्रतिक्रिया है। दुनिया की पहली घटना जिसने स्त्री की चेतना को स्पर्श किया , वह 1789 की फ्रान्सीसी क्रान्ति थी। समानता की पुरजोर आवाज़ बुलन्द करने का श्रेय इसी क्रान्ति को है, चाहे वह समानता किसी भी क्षेत्र या पहलू से जुड़ी हो। इस क्रान्ति ने विश्वव्यापी चेतना को झकझोर कर रख दिया। मध्यकालीन सामन्ती वातावरण में उनींदी आँखें अब धीरे-धीरे खुलने लगी थीं। चेतना का विश्वव्यापी प्रसार हो रहा था। स्त्री-चेतना भी अँगड़ाई ले रही थी। 8 मार्च, 1857 को अमेरिका में पुरुषों के समान वेतन के लिए स्त्रियों ने हड़ताल कर दिया। इसके पश्चात् नारीवादी आन्दोलनों का सिलसिला पूरी दुनिया में शुरू हो गया। 1859 ई. में सेण्ट पीट्र्सवर्ग में स्त्री आन्दोलन शुरू हुआ। 1908 ई. में 'ब्रिटेन में' 'वीमन्स फ्रीडम लीग' की स्थापना हुई जो महिला अधिकारों के प्रति प्रतिबद्ध था। 1911 ई. में जापान में नारीवादी आन्दोलन शुरू हुआ। 1951 ई. में संयुक्त राष्ट्र संघ ने भारी बहुमत से स्त्री अधिकारों के लिए दिशा-निर्देश तय किये, सैद्धान्तिक रूप से नारी समानता को स्वीकृति प्रदान की तथा 8 मार्च, 1975 ई. को कोपेनहेगन (डेनमार्क) में अन्तरराष्ट्रीय महिला दिवस मनाया गया।

यदि भारतीय सन्दर्भ में बात करें तो स्त्री के मुद्दे पर पहली बार आवाज़ राजा राममोहन राय ने 1824 ई. में उठायी तथा सती प्रथा का विरोध किया । भारतीय पुनर्जागरण आन्दोलन ने बाल विवाह, विधवा विवाह, सती प्रथा, बहुपत्नी प्रथा, पर्दा

प्रथा जैसे स्त्री जागरूकता के विषयों पर लोगों का ध्यान आकृष्ट किया। 1917 ई. में 'इण्डियन वीमन्स एसोसिएशन', 1925 ई. में 'नेशनल काउन्सिल ऑफ वीमन्स' तथा 1927 ई. में 'अखिल भारतीय महिला परिषद्' की स्थापना की गयी। महादेवी वर्मा, रमाबाई, सरोजनी नायडू, हंसा मेहता, ताराबाई शिन्दे, रखमा बाई, राजकुमारी अमृत कौर, कमला देवी चट्टोपाध्याय जैसी भारतीय महिलाओं ने स्त्री समानता के लिए अपनी भूमिका अदा की। 1890 ई. में रमाबाई ने कांग्रेस अधिवेशन में स्त्री प्रतिनिधित्व का मुद्दा उठाया। ताराबाई शिन्दे ने 'स्त्री पुरुष तुलना', 'तुम्हारे देवता दगाबाज़ दिखते हैं', 'स्त्री गृह बन्दीशाला में ग़ुलाम' जैसे लेखों से स्त्री-समानता का तार्किक पक्ष रखा। रखमा बाई ने अपने नृशंस पति के साथ रहने के माननीय न्यायालय के निर्णय को अस्वीकार कर दिया और कहा कि उसके साथ वह एक पल भी नहीं रह सकती। इसी तरह महाराष्ट्र में 1968 में मुस्लिम महिलाओं ने आन्दोलन किया तथा सौत बन्दी एवं तलाक़ पर पाबन्दी की पैरवी की।

स्त्री-विमर्श सम्बन्धी साहित्य-विमर्श को वर्जीनिया वुल्फ तथा सिमोन द बोउआर ने काफ़ी प्रभावित किया। आधुनिक स्त्री आत्मकथा लेखन की शुरुआत, अत्यन्त बेबाकी और बेलौसपन के साथ, सिमोन ने किया। प्रभा खेतान ने सिमोन द बोउआर की आत्मकथा 'सेकेण्ड सेक्स' का हिन्दी अनुवाद किया तथा हिन्दी में स्त्री आत्मकथा लेखन की बुनियाद रखी।

यद्यपि हिन्दी में प्रथम स्त्री आत्मकथा 1915 ई. में लिखी गयी 'सरला : एक विधवा की आत्म जीवनी' है जिसमें लेखिका ने अपने नाम के स्थान पर 'दुखिनी बाला' लिखा है। स्पष्ट है कि उस लेखिका में तब इतना साहस भी नहीं था कि अपना नाम प्रकाशित कर सके। हिन्दी में आज अनेक लेखिकाएँ अपनी आत्मकथा प्रकाशित कर रही हैं और वह भी पूरे साहस के साथ। अन्या से अनन्या (प्रभा खेतान), 'कस्तूरी कुण्डल बसै' तथा 'गुड़िया भीतर गुड़िया' (मैत्रेयी पुष्पा), 'कुछ कही कुछ अनकही' (शीला झुनझुनवाला), 'पहिये उर्फ औरत का जर्नल' (अनामिका), 'जो कहा नहीं गया' (कुसुम अंसल), 'खानाबदोश' (अजीत कौर), 'एक कहानी यह भी' (मन्नू भण्डारी) आदि आत्मकथात्मक पुस्तकें काफ़ी लोकप्रिय रही हैं।

# तुलसी की कविता और सामाजिक चेतना

तुलसीदास निःसन्देह एक बड़े रचनाकार हैं। विश्व स्तर के चार-पाँच रचनाकारों के, यदि नाम तय किये जायँ तो तुलसी सर्वोच्च पद के अधिकारी हैं। उनका कृतित्व महान् है। उनकी रचनाधर्मिता का आयतन और घनत्व दोनों अधिक है। उनके पास लोक चेतना की जितनी गहराई है उससे अधिक शास्त्रीय चेतना की ऊँचाई है। लोक और शास्त्र दोनों को, तुलसी समान अधिकार से साधते हैं। चाहे रसिक हो या रसज्ञ, पण्डित हो या भक्त सभी तुलसी पर अपनी जान देते हैं। भावना और बुद्धि दोनों को यदि कोई कवि, कोई महाकवि सन्तुष्टि दे सकता है तो वो कोई और नहीं सिर्फ़ तुलसी हैं। वेद एवं उपनिषद् का तत्त्व-चिन्तन, पुराणों-स्मृतियों का आख्यान और लोक जीवन की झाँकियाँ एक साथ मिलकर ऐसा रस तैयार करते हैं कि उसे पान करनेवाला आनन्दित एवं आह्लादित हो जाता है। काव्य की कल्पना, इतिहास का स्मरण, दर्शन का तर्क-विधान सभी उनके काव्य में उचित अनुपात में मिलकर, अलौकिक सौन्दर्य पैदा करते हैं।

तुलसी की रचनाधर्मिता जितनी बड़ी है, उनका फलक जितना विस्तृत है, वो जितने महान् हैं, उतनी ही बड़ी उनकी आलोचना है। बड़ा कवि, बड़ा रचनाकार वही होता है, जिसमें बड़ी सम्भावनाएँ विद्यमान होती हैं— खण्डन की भी, मण्डन की भी । तुलसी ऐसे कवि हैं जिनकी आलोचना भी खूब हुईं। उनका तत्त्व-चिन्तन, उनकी राजनीतिक चेतना, उनकी सामाजिक चेतना सभी पर प्रहार किये गये। जितने प्रहार हुए, तुलसी उतने ही बड़े होते गये।

तुलसी एक महान कवि हैं। उनका उद्देश्य केवल राम की भक्ति करना नहीं था। वे एक समाज निर्मित कर रहे थे। वे स्वयं की एकाकी मुक्ति में विश्वास नहीं करते थे। उनकी मुक्ति का अर्थ है— सबकी मुक्ति, सबके साथ मुक्ति। काव्य का प्रतिमान जो तुलसी रचते हैं, वह अत्यन्त ऊँचा है। वे 'स्वान्त:सुखाय रघुनाथ गाथा' नहीं गाते। उनका 'स्वान्त:सुखाय' अत्यन्त व्यापक है। काव्य की कसौटी निर्धारित करते हुए वे मंगलाचरण में वर्ण, अर्थ, रस, छन्द और मंगल की योजना

करते हैं—'वर्णानामर्थसंघानां रसानां छन्दसामपि। मंगलानां चकर्तारौ वन्देवाणी विनायकौ।' उनके अनुसार काव्य स्वान्त:सुखाय मात्र नहीं होना चाहिए, काव्य की श्रेष्ठता की कसौटी है उसमें अन्तर्निहित लोककल्याण की भावना। वे कहते हैं कि कीर्त्ति, प्रबन्ध और धन वहीं अच्छा होता है, जो गंगा की तरह सबका कल्याण करे—

*कीरति भनिति भूति भलि सोई।*
*सुरसरि सम सब कहँ हित होई।*

वे कविता की व्याख्या करते हुए कहते हैं—

*हृदय सिंधु मति सीप समाना। स्वाति सारदा कहहिं सुजाना।।*
*जौं बरषइ बर बारि बिचारू। होहिं कबित मुकुतामनि चारू।।*

अर्थात् उत्तम विचारों से युक्त, रमणीय वाणी ही श्रेष्ठ कविता है। तुलसी की कविता की परिभाषा अत्यन्त उदात्त है। उसमें उत्तम विचार और उत्तम भाव दोनों अनिवार्य हैं।

तुलसी ऐसे महाकवि हैं जिन्हें शास्त्र और लोक दोनों पर समान अधिकार है। लोकभाषा अवधी में राम कथा कहते हुए तुलसी अपनी शास्त्रीयता की बानगी बीच-बीच में देते रहते हैं। उन्हें काव्य-शास्त्र की भारतीय परम्परा की गहरी जानकारी थी। काव्य की आत्मा को लेकर भारतीय काव्य-शास्त्र में जितने भी विवाद थे, सबका ज्ञान तुलसी को था। वे समन्वयवादी हैं। उन्होंने काव्य की 'आत्मा' पर समन्वयवादी दृष्टिकोण रखा है। वे काव्य के लिए रस, ध्वनि, वक्रोक्ति, अलंकार, गुण, वृत्ति आदि सभी काव्य अंगों की आवश्यकता समझते हैं। वे इस सम्बन्ध में कहते हैं—

*आखर अरथ अलंकृति नाना। छंद प्रबन्ध अनेक बिधाना।।*
*भाव भेद रस भेद अपारा। कवित्त दोष गुन बिबिध प्रकारा।।*

वे काव्य दोषों के परिहार के प्रति सजग भी रहते हैं तथा सजग भी करते हैं। समन्वयवादी होते हुए भी तुलसी ने रस को अधिक महत्त्व दिया है। वे काव्य-शास्त्रीय दृष्टि से रसवादी हैं। इसका संकेत मानस के अनेक स्थलों पर मिलता है—

*निज कवित्त केहि लाग न नीका। सरस होउ अथवा अति फीका।।.....*
*सम जम नियम फूल फल ग्याना। हरि पद रति रस बेद बखाना।।.....*
*कबित रसिक न राम पद नेहू। तिन्ह कहँ सुखद हास रस एहू।।*

जहाँ तक काव्य-प्रयोजन का प्रश्न है तुलसी 'स्वान्त:सुखाय' तथा 'सब कहँ हिताय' दोनों अवधारणाओं का समन्वय करते हैं। वे उदात्त चेतना के रचनाकार

हैं। लचर या हल्के क़िस्म की रचना उन्हें पसन्द नहीं है। वे इस बात को लेकर भी चिन्तित हैं कि कहीं उनके प्रबन्ध पर जग हँसाई न हो। अत्यन्त विनम्रता पूर्वक वे कहते हैं—

*भाषा भनिति भोरि मति मोरी। हँसिबे जोग हँसें नहिं खोरी।।*
*जो प्रबन्ध बुध नहिं आदरहीं। सो श्रम बादि बाल कवि करहीं ।।*

तुलसी मूलत: एक भक्त हैं। उनका प्रयोजन है राम भक्ति, साधन है काव्य । अर्थात् काव्य के माध्यम से रामकथा की अभिव्यक्ति करना तुलसी का उद्देश्य था। रामकथा कहने के क्रम में तुलसी की सामाजिक, आर्थिक, राजनैतिक चेतना भी अभिव्यक्ति पाती रही । तुलसी अपने काव्य-समय के प्रति अत्यन्त जागरूक थे। वे भक्त होते हुए भी अन्य भक्त कवियों की तरह (कबीर को छोड़कर) समाज से मुँह नहीं मोड़े हुए थे। वे अपने समय और समाज के द्वन्द्व की, समय और समाज के संवाद की अच्छी ख़बर रखते थे। इतना ही नहीं वे अपने समय के बाहर भी देखने की क्षमता रखते थे। उनकी नज़र पूरे मानव-इतिहास पर थी। वे मानवीय मूल्यों के परिवर्तन और विकास की गहरी छानबीन करते हैं। वे यह देख रहे थे कि मानव किस दिशा में जा रहा है, कितना विकसित और कितना पतनशील हो रहा है। उन्हें संस्कृति के अवमूल्यन का आभास था। इसीलिए एक तरफ़ उन्होंने कलिकाल का वर्णन किया तो दूसरी तरफ़ रामराज्य का आदर्श स्थापित किया।

तुलसी को समझने के लिए तुलसी की सामाजिक चेतना को समझना ज़रूरी है। इसके लिए तुलसीकालीन सामाजिक स्थिति पर दृष्टिपात करना समीचीन प्रतीत होता है। उस समय वर्णव्यवस्था, जाति व्यवस्था की कट्टरता चरम पर थी। समाज में दासप्रथा एवं बँधुआ मज़दूरी की कुप्रथा व्याप्त थी। छूआछूत का बोलबाला था। शूद्रों, दलितों, अछूतों की स्थिति दयनीय थी। परिवार पितृसत्तात्मक था एवं सामूहिक परिवार की प्रथा का प्रचलन था। स्त्रियों पर परिवार में अनेक बन्दिशें थीं और वे शूद्र की कोटि में रखी जाती थीं। उनके पास राजनीतिक, आर्थिक एवं धार्मिक अधिकार नहीं थे। बहुपत्नी की प्रथा का प्रचलन था तथा उन्हें विलासिता का प्रमुख माध्यम समझा जाता था। अमीर, सामन्त एवं राजा विलासिता में आकण्ठ डूबे हुए थे। सामान्य जनता महत्त्वाकांक्षाहीन, निर्धन एवं जीवन से उदासीन थी। जनसाधारण का जीवन राजाओं-सामन्तों के लिए सुख सुविधाएँ जुटाने में ही व्यतीत हो जाता था। यही उनकी नियति थी और वे अपनी नियति को स्वीकार कर उसी में आनन्द तलाशने की कोशिश करते थे। उनका जीवन करुणा एवं वेदना से भरा था। राजा प्रजा के लिए नहीं बल्कि प्रजा राजा के लिए होती थी। अकबर के काल में घटित 1573-74 ई. के अकाल के समय जनता

त्राहि-त्राहि कर रही थी तथा आदमी ही आदमी को खाने के लिए विवश था। समाज का ढाँचा शिथिल हो रहा था, वर्णव्यवस्था के नियम दरक रहे थे। गोस्वामी तुलसीदास ने तत्कालीन सामाजिक दशा का चित्रण रामचरितमानस के उत्तरकाण्ड तथा कवितावली में विशद रूप से किया है। यथा—

*खेती न किसान को, भिखारी को न भीख, बलि*
*बनिक को बनिज न चाकर को चाकरी।*
*जीविका-विहीन लोग सीद्यमान सोच बस,*
*कहैं एक एकन सो कहाँ जाई का करी। (कवितावली-छं. 7/97)*

*ऊँचे नीचे करम धरम, अधरम करि,*
*पेट ही को पचत बेंचत बेटा बेटकी।*
*तुलसी बुझाई एक राम घनश्याम ही ते,*
*आग बड़बागि ते बड़ी है आग पेट की।।(कवितावली-छं. 99)*

*बरन धरम नहिं आश्रम चारी। श्रुति विरोध रत सब नर नारी।*
*द्विज श्रुति बंचक भूप प्रजासन। कोउ नहिं मान निगम अनुशासन।।*
*मारग सोइ जा कहँ जो भावा। पण्डित सोइ जो गाल बजावा।।*
*सोइ सयान जो परधन हारी। जो कर दम्भ सो बड़ आचारी।।*
*जो कह झूठ मसखरी जाना। कलियुग सोइ गुनवंत बखाना।।*
*जाके नख अरु जटा विशाला। सोइ तापस प्रसिद्ध कलिकाला।।(उत्तरकाण्ड)*

सम्भवत: तुलसी द्वारा उत्तरकाण्ड में रचित उपरोक्त कलियुग वर्णन श्रीमद्भागवत (द्वादश स्कन्ध) के कलियुग वर्णन से प्रेरित है। श्रीमद्भागवत के कलियुग-वर्णन प्रसंग में आता है कि— कलियुग में विपरीत धर्म का आचरण होगा, कुटुम्ब के भरण-पोषण में ही दक्षता एवं चतुराई होगी। चारो ओर दुष्टजन फैलेंगे, चोर एवं दुष्ट बढ़ेंगे। वेदज्ञान पाखण्ड से ढक जायेगा। राजा ही प्रजा के भक्षक होंगे। ब्राह्मण लोभी एवं भोगप्रिय होंगे। भृत्य द्रव्यहीन स्वामी को छोड़ देंगे एवं स्वामी आपत्तिग्रस्त भृत्य को। धर्म को न जानने वाले ही धर्म की दुहाई देंगे। दुर्भिक्ष और कर से क्षीण जनता सदैव चिन्ता ग्रस्त रहेगी। कौड़ी के लिए अपने प्रियजनों की हत्याएँ होंगी आदि। (भागवत दशम स्कन्ध, अध्याय 2, 3)। भागवत के कलि वर्णन से प्रेरित होते हुए भी तुलसी का कलियुग वर्णन समकालीन है। इस सामाजिक स्थिति से क्षुब्ध होकर ही तुलसी ने रामराज्य की परिकल्पना प्रस्तुत की, समाज की आदर्श स्थिति का प्रतिपादन रामचरितमानस में प्रस्तुत किया तथा नवीन समाज की प्रतिष्ठा का प्रयत्न किया। इसके लिए राम के पारिवारिक एवं सामाजिक आदर्श से बेहतर कोई अन्य आधार नहीं मिल सकता था।

प्रश्न है कि तुलसी की सामाजिक अवधारणा क्या थी। इस प्रश्न के सन्दर्भ में यह कहना होगा कि तुलसी का सारा प्रयास जनता-जनार्दन के मानस के परिष्कार के लिए था। उन्होंने जिस राज्य की कामना की थी वह रामराज्य था, जहाँ किसी स्तर का कोई भेद-भाव नहीं था, जहाँ सिंह और मेमने एक घाट का पानी पीते थे। वहाँ प्रजा राजा के लिए नहीं थी बल्कि राजा प्रजा के लिए था। जहाँ राज्य निरंकुश नहीं बल्कि कल्याणकारी था। तुलसी की कल्पना में लोकमंगल की भावना थी। ऐसा राज्य तुलसी को काम्य था जहाँ कोई विषमता न हो—
"बयरु न कर काहू सन कोई। राम प्रताप बिषमता खोई।" उत्तरकाण्ड-२०

जहाँ विषमता नहीं होती वहीं सुख-शान्ति का विकास होता है, प्रजा निर्भय एवं निरोग रहती है—

*बरनाश्रम निज निज धरम निरत वेदपथ लोग।*
*चलहिं सदा पावहिं सुखहिं नहिं भय सोक न रोग।।*
*रामराज राजत सकल धरम निरत नर नारि।*
*राग न रोग न दोष दु:ख सुलभ पदारथ चारि।।* (दोहावली)

रामराज्य में राजा कैसा होगा इसके लिए तुलसी ने राम जैसे राजा का आदर्श रखा—

*नहिं अनीति नहिं कछु प्रभुताई। सुनहु करहु जो तुम्हहिं सोहाई।।*
*जौं अनीति कछु भाषौं भाई। तौं मोहि बरजहु भय बिसराई।।*
*श्रुति पथ पालक धर्म धुरंधर। गुनातीत अरु भोग पुरंदर।।*

तुलसी ने जिस राजा का आदर्श रखा वह समदर्शी था। वह समाज के समस्त अंगों का पालन-पोषण अपने विवेक से करता था—

*मुखिया मुख सो चाहिए खान-पान को एक।*
*पालइ पोषइ सकल अंग तुलसी सहित विवेक।।* (दोहावली)

राज्य द्वारा करारोपण एवं कर संग्रह के सन्दर्भ में तुलसी का मत है कि राज्य द्वारा कर संग्रह ऐसे उपायों से करना चाहिए कि प्रजा को पता ही न चले कि उसने कोई कर भी दिया है। जैसे सूर्य अपनी किरणों से जल खींचता है पर कोई यह नहीं लक्षित कर पाता है कि जल कैसे आकाश में चला गया किन्तु जब वहीं जल वृष्टि बनकर पुन: पृथ्वी पर वापस लौटता है तो सभी को प्रत्यक्ष दिखायी देता है। तुलसी का कथन है—

*बरखत हरषत लोग सब, करषत लखै न कोय।*
*तुलसी प्रजा सुभाग ते, भूप भानु सो होय।।*

राजा का आदर्श स्थापित करते हुए तुलसी ने किसी विसंगति के लिए राजा के विरुद्ध किसी प्रकार की क्रान्ति व विद्रोह की वकालत नहीं की बल्कि उन्होंने

राजा को धमकी दी है कि उसका लोक में अपयश होगा, विनाश होगा और परलोक में हानि होगी। लोक परलोक का भय दिखाना ही उस समय सम्भव था। लोकतान्त्रिक क्रान्ति की बात तो तत्कालीन परिवेश में सोची ही नहीं जा सकती—

*राज करत बिन काज ही करै कुचालि कुसाज।*
*तुलसी ते दशकंध ज्यों जइहैं सहित समाज।।*
*जासु राज प्रिय प्रजा दु:खारी। सो नृप अवसि नरक अधिकारी।।*

प्राचीन वर्णाश्रम धर्म की प्रतिष्ठा तुलसी का आदर्श था। तुलसी वेदशास्त्र के प्रकाण्ड विद्वान् थे और वे निगमागम के मार्ग के अनुयायी थे। वेद शास्त्रानुमोदित वर्णव्यवस्था की स्थापना उनका प्रमुख ध्येय था। किन्तु उनकी वर्णव्यवस्था संकीर्ण नहीं थी। वे भक्ति के क्षेत्र में समानाधिकार के समर्थक थे। भक्त श्वपच हो या डोम हो किसी भी जन्मना ब्राह्मण से नीचा नहीं रह जाता। प्रत्युत यदि ब्राह्मण भक्त नहीं है तो डोम अपनी भक्ति के कारण उससे भी ऊँचा था।

*तुलसी भगत सुपच भलों भजै रैन दिन राम।*
*ऊँचों कुल केहि काम को जहाँ न हरि को नाम।।*

वस्तुत: गोस्वामी जी समन्वयवादी थे। न वे पुराणवादी थे, न नवीनवादी बल्कि वे प्राचीन एवं अर्वाचीन, पुराण व नवीन दोनों का उचित समन्वय चाहते थे। वे समाज की परम्परा को तोड़कर कोई नया पन्थ नहीं चलाना चाहते थे। इसी कारण उन्होंने वर्णव्यवस्था का खण्डन मानस अथवा अपने अन्य किसी ग्रन्थ में नहीं किया, प्रत्युत मानस के पात्रों से वर्णव्यवस्था का समर्थन कराया है। उनकी वर्णव्यवस्था समाज में व्यवस्था बनाने का उपक्रम थी। उनकी मान्यता थी कि वर्णाश्रम व्यवस्था के अनुपालन से सामाजिक विप्लव की स्थिति उत्पन्न नहीं होगी। यह अवश्य है कि कहीं-कहीं उनकी टिप्पणियाँ अत्यन्त प्रतिगामी भी प्रतीत होती हैं। यथा 'पूजिय विप्र सकल गुण हीना।'

किन्तु तुलसीदास किसी जाति अथवा वर्ण की निन्दा नहीं करना चाहते थे, प्रत्युत वे समाज में व्यवस्था एवं समन्वय स्थापित करने का ध्येय रखते थे। यद्यपि वे वर्णव्यवस्था को जन्मना स्वीकार करते थे किन्तु भक्ति को कर्मणा अधिकार मानते थे। वे भक्ति को उसकी सामाजिक भूमिका पर लाना चाहते थे, जो लोकाराधन का सबसे बड़ा माध्यम थी।

तुलसीदास ने रामचरितमानस तथा विनयपत्रिका में परिवार जैसी संस्था पर व्यापक प्रकाश डाला है। परिवार का स्वरूप क्या होना चाहिए। इसे मानस के राम-परिवार के चित्रण द्वारा प्रतिपादित किया है। तुलसीदास भारतीय परम्परा के अनुगामी थे अत: वे सम्मिलित परिवार की मान्यता को स्वीकार करते थे। परिवार की सीमा 'पर' की सीमा तक है। इस परिवार में माता-पिता, भाई-बहन, स्वामी-

सेवक, दास-दासी और यहाँ तक कि पशु-पक्षी भी समाहित होते हैं। पुत्र को पिता की आज्ञा का पालन करना चाहिए, इसके लिए राम सबसे बड़े आदर्श हैं—

*अनुचित उचित विचार तजि जे पालहिं पितु बैन।*
*ते भाजन सुख सुजस के बसहिं अमरपति ऐन।।*

दूसरी तरफ़ वे यह भी कहते हैं कि राम का विरोध करनेवाला चाहे जिस रिश्ते में आता हो (चाहे पिता ही क्यों न हो) उसे शत्रु की तरह छोड़ देना चाहिए। यथा विनयपत्रिका में वे कहते हैं—

*जाके प्रिय न राम बैदेही।*
*तजिये ताहि कोटि बैरी सम जद्यपि परम सनेही।।*
*तज्यो पिता प्रह्लाद, विभीषण बंधु, भरत महतारी।।*
*बलि गुरु तज्यों, कंत ब्रजबनितन्हि, भये मुद मंगलकारी।।*

वस्तुतः यह अन्तर लोकमत एवं साधुमत का अन्तर है। साधुमत व्यक्तिगत है, जहाँ भक्ति ही कसौटी है। रामभक्ति का विरोधी शत्रु है। दूसरी तरफ़ लोकमत सामान्यजन का धर्म है। यह लोकसम्मत व्यवस्था का पक्षधर है।

तुलसी की नारी-भावना अत्यन्त विवाद एवं मतभेद का विषय रही है। डॉ. माताप्रसाद गुप्त के अनुसार तुलसी की नारी-भावना अनुदार थी। इसी प्रकार मिश्र बन्धुओं ने तुलसी को नारी-निन्दक कहा है। उनके अनुसार तुलसी की दृष्टि में राम से सम्बन्ध रखनेवाले नारी पात्रों के अतिरिक्त अन्य नारी-चरित्र जड़, अपावन, अनृत, माया, अविवेकशील, अशौच एवं परतन्त्र होने के योग्य हैं। जबकि आचार्य रामचन्द्र शुक्ल की अवधारणा है कि तुलसी ने नारी के केवल उस रूप का विरोध किया जो तप एवं निवृत्ति में बाधक है। कुछ साहित्यकार तुलसी की नारी के प्रति प्रतिक्रिया को उनकी पत्नी द्वारा किये गये अपमान का कारण मानते हुए उन्हें नारी-कुण्ठा का शिकार बताते हैं। किन्तु सजगता से परीक्षण करने पर तुलसी का नारी विश्लेषण दो दृष्टिकोण पर टिका प्रतीत होता है—

प्रथम दृष्टिकोण राम से सम्बन्धित नारी पात्रों का है, जैसे कौशल्या, सीता, सुमित्रा आदि। इन नारी पात्रों का अंकन पवित्र एवं सुन्दर है। ये नारियाँ तुलसी की आदर्श हैं एवं वन्दनीय हैं—यथा—

*बन्दौ कौसल्या दिसि प्राची। कीरति जासु सकल जग माची।*

या

*जनकसुता जग जननि जानकी। अतिसिय प्रिय करुनानिधान की।।*
*ताके जुग पद कमल मनाउँ। जासु कृपाँ निरमल मति पावउँ।।*

या

*कौसल्यादि नारि प्रिय सब आचरन पुनीत।*
*पति अनुकूल प्रेम दृढ़, हरिपद कमल विनीत।।*

इसी प्रकार अनसूया, पार्वती, मन्दोदरी आदि के चरित्रों में भी यह आदर्श प्रतिफलित हुआ है, जहाँ नारी त्याग, ममता, धैर्य, सहिष्णुता, पतिव्रता की प्रतिमूर्ति है। दु:ख-सुख, विलास-विराग के मध्य यह समस्थिति बनाती है। ईष्ट से भक्ति करने के कारण तुलसी ने इन नारी पात्रों का आदर्शमय अंकन किया है। किन्तु यदि तुलसी की भक्तिभावना का आरोप हटाकर देखें तब भी ये चरित्र स्वत: आदर्श एवं पवित्र हैं। सुमित्रा आदर्श माता है। पार्वती अपने अचल पतिव्रत, दृढ़ अनुरक्ति से शिव का वरण करती है। मन्दोदरी पतिव्रता होते हुए भी पति की दुर्नीति का विरोध करती है एवं सन्मार्ग दिखलाती है—

*'अस कहि नयन नीर भरि गहि पद कंपित गात।*
*नाथ भजहु रघुनाथहि, अचल होइ अहिवात।।'*

भगवती अनसूया सीता को पतिव्रत-धर्म का उपदेश देती है—

*कह रिषिबधू सरस मृदु बानी। नारिधर्म कछु ब्याज बखानी।*

वस्तुत: आदर्श नारी पात्रों द्वारा सामाजिक एवं पारिवारिक आदर्श की व्याख्या की कल्पना तुलसी ने उस युग में की थी जब सामाजिक अनाचार एवं उच्छृंखलता अपने चरम पर थी। सीता कहती हैं कि संसार के समस्त सम्बन्ध एक पति के बिना दु:खदायी हैं। पतिव्रत का यह उदाहरण द्रष्टव्य है—

*मातु पिता भगिनी प्रिय भाई। प्रिय परिवारु सुहृद समुदाई।।*
*जहँ लगि नाथ नेह अरु नाते। पिय बिनु तियहिं तरनिहु ते ताते।।*
*जिय बिनु देह नदी बिनु बारी। तैसिअ नाथ पुरुष बिन नारी।।*

दूसरा दृष्टिकोण परम्परा एवं लोक रीति का अनुसरण करता है। इस कोण से तुलसी ने नारी को कामिनी तथा माया के रूप में देखा है। काम, क्रोध, मद, मोह, लोभ आदि से भी कष्टदायिनी है मायारूपी नारी—

*काम क्रोध लोभादिमद प्रबल मोह कै धारि।*
*तिन्ह मह अति दारून दु:खद माया रूपी नारी।।*

मन्दोदरी द्वारा रावण को सीता को लौटाने का परामर्श देने पर रावण उसे अश्लील शब्दों में आरोपित करता है—

*नारि सुभाउ सत्य सब कहहीं। अवगुन आठ सदा उर रहहीं।।*
*साहस अनृत चपलता माया। भय अबिबेक असौच अदाया।*

वस्तुत: यह श्लोक संस्कृत के एक नीति वाक्य का हिन्दी रूपान्तर है। इसी प्रकार समुद्र का कथन 'ढोल गँवार शूद्र पशु नारी' भी गर्ग संहिता के एक श्लोक

का हिन्दी रूपान्तरण है। तुलसीदास अपने युग की अनैतिकता, काम वासना के कारण नारी को वासना की प्रतिमूर्ति मानते हैं।

*भ्राता पिता पुत्र उरगारी। पुरुष मनोहर निरखत नारी।।*

होइ बिकल सक मनहिं न रोकी। जिमि रबिमनि द्रव रबिहि बिलोकी।।

नारी-निन्दा की यह प्रवृत्ति तुलसी में कबीर आदि सन्तों के समान है जो नारी को त्रिगुणों को नष्ट करनेवाली तथा साधना का शत्रु मानते हैं। तुलसी नारी को प्रवंचक कहते हैं, जिसे समझने में विधाता भी असमर्थ है।

*विधिहु न नारि हृदय गति जानी। सकल कपट अघ अवगुन खानी।*

वे स्वतन्त्र नारी की तुलना जल वृष्टि से मर्यादाहीन हुई नारी से करते हैं—

*महावृष्टि चलि फूटि कियारी। जिमि सुतन्त्र भये बिगरहि नारी।।*

तुलसी की नारी-निन्दा विराग एवं तप की भावना से प्रेरित है। इस प्रसंग में उन पर अपने युग तथा वातावरण का प्रभाव स्पष्ट परिलक्षित होता है। तुलसी के युग में नारी अपनी विशिष्टता एवं मान से वंचित हो चुकी थी। उसका जीवन परतन्त्रता की दुःखद गाथा था। उन्होंने उस विधाता को दोष दिया जिसने नारी को पराधीनता का अभिशाप दिया—

*कत विधि सृजी नारि जग माँही। पराधीन सपनेहुँ सुख नाहीं।।*

शिक्षा, ज्ञान एवं सम्मान से वंचित नारी जड़ और मूर्ख समझी जाती थी। अनादर एवं उपेक्षा के कारण वह हीनभावना का शिकार थी एवं स्वयं को मूर्ख, सहज, जड़ एवं अज्ञ समझती थी। उस समय नारी भोग्य वस्तुओं में परिगणित की जाती थी। तभी तो भरत के साथ वन में राम से मिलने जाते हुए नगरवासियों का भारद्वाज मुनि ने माला, चन्दन एवं वनितादिक (स्त्री आदि) भोग प्रस्तुत किये—

*स्रक चन्दन बनितादिक भोगा। देखि हरष बिसमय बस लोगा।।*

शूर्पणखा के रूप में कवि नारी के अभिसारिका रूप की ओर इंगित करता है। नारी वैदिक संस्कारों के अभाव में शूद्रों की कोटि में गिनी जाती थी। वह शोषित थी, दलित थी, पीड़ित थी। उसकी गणना ढोल, गंवार, शूद्र, पशु के साथ की जाती थी। उत्तरकाण्ड के कलयुग वर्णन में तुलसी ने समाज में नारी की दयनीय दशा का भी चित्रण किया है, जहाँ कुटिल नारी गुणधर्मों से युक्त पति को त्यागकर परपुरुष की आराधना करती है—

*गुन मन्दिर सुन्दर पति त्यागी। भजहिं नारि परपुरुष अभागी।।*

यह तो रही दुष्चरित्र नारी की स्थिति । तुलसी ने सामान्य जन-समाज में नारी की स्थिति पर भी दृग्पात किया है। सामान्य नारी सरल सद्भाव वाली, विभिन्न

देवी देवताओं, वृक्षों, नदियों आदि पर आस्था रखने वाली, धर्म भीरु, तर्क-बुद्धि शून्य एवं शुभ-अशुभ सगुनों में विश्वास करने वाली थी। वह हर बात में देवी-देवताओं की मनौती कर लेती थी, जैसा कि मानस में सीता ने वनगमन के समय गंगा की मनौती की थी कि वापस आने पर वह इस मनौती को पूरा करेगी। यथा—

*सियँ सुरसरिहिं कहेउ कर जोरी। मातु मनोरथ पुरउबि मोरी।*
*पति देवर सँग कुसल बहोरी। आइ करौं जेहिं पूजा तोरी।।*

इस सामान्य नारी का पूरा जीवन सिर नवाते एवं जल चढ़ाते बीत जाता है। वह बात के फलित होने पर मुँडेर पर बोलनेवाले कागा को दूध-भात देने तथा चोंच सोने से मढ़ाने का आश्वासन देती है। यथा कवितावली में कौशल्या का प्रसंग—

बैठी सगुन मनावति माता।
*कब ऐहैं मेरे बाल कुसल घर, कहहु काग फुरिबाता।।*
*दूध-भात की दोनी दैहों, सोने चोंच मढ़ैहौं।।*

वस्तुत: तुलसी की नारी-भावना पर युग का स्पष्ट प्रभाव है। जहाँ तक उनकी व्यक्तिगत नारी-कुण्ठा का प्रश्न है वह उनके वैराग्य एवं साधुमत के दृष्टिकोण की अभिव्यक्ति है। इसके साथ ही हमें यह भी ध्यान रखना होगा कि मानस में आये सद्पात्रों एवं खलपात्रों दोनों की भावना का आरोप तुलसी पर करना समीचीन प्रतीत नहीं होता ।

संक्षेप में तुलसी समाज में अनुशासन एवं मर्यादा के समर्थक थे। उनकी सामाजिक मान्यता थी कि कोई व्यक्ति किसी दूसरे के धर्मानुकूल जीवन में हस्तक्षेप न करें। प्रत्युत अपने लिए परम्परा से स्थापित धर्म एवं मर्यादा का आचरण करे। ऐसा होने पर आदर्श रामराज्य की स्थापना हो सकेगी। तुलसी का धर्म कोई सम्प्रदाय या मज़हब नहीं है। उनके धर्म की परिभाषा अत्यन्त व्यापक है। वस्तुत: उनका धर्म गीता में वर्णित 'कर्त्तव्य' ही है। तुलसी के अनुसार धर्म के अनुपालन से ही समाज में मर्यादा की स्थापना हो सकेगी। धर्म की स्थापना के लिए तुलसी ने दण्ड का भी विधान किया है जो श्रुति द्वारा प्रतिपादित है—

*जो सठ दण्ड करउँ नहिं तोरा। भ्रष्ट होइ श्रुति मारग मोरा।।*

तात्पर्य यह है कि तुलसी का उद्देश्य लोकमंगल की स्थापना था, जिसका माध्यम थी भक्ति। तुलसी ध्वंस के स्थान पर निर्माण चाहते थे। वे युग-दृष्टा थे। कबीर आदि निर्गुण कवियों की तरह उन्होंने समाज की शल्यक्रिया सीधे-सीधे न करके उसे 'एनेस्थिसिया' देकर किया है। युग की पुकार के अनुरूप जनवाणी में मानस एवं अन्य काव्य-ग्रन्थों की रचना करके उन्होंने युगान्तरकारी सामाजिक

प्रभाव छोड़ा है। प्राय: हर कवि युग चेतना का संवाहक होता है किन्तु कुछ कवि मनीषी ऐसे होते हैं जो युग के आगे जाकर युग प्रवर्तक की भूमिका अदा करने लगते हैं। तुलसी ऐसे ही कवि मनीषी थे जिन्होंने महाकवि की चेतना से सम्पृक्त होकर समाज को एक नयी दिशा देने का भागीरथ प्रयास किया और इस प्रयास में सफल भी हुए।

# उर्दू कविता पर एक नज़र

यद्यपि उर्दू भाषा का निर्माण उत्तर भारत ने किया किन्तु उसमें प्रथम काव्य लेखन सूफ़ी सन्तों द्वारा दक़्न में शुरू हुआ। दकन की नर्सरी में तैयार उर्दू की काव्य भाषा वली दक़्नी द्वारा 1700 ई. में दिल्ली में रोपी गयी। जिस प्रकार रामानन्द ने भक्ति आन्दोलन को दक्षिण से उत्तर लाने का कार्य किया था, कमोबेश वही कार्य वली दक़्नी ने उर्दू की काव्य भाषा को दिल्ली लाकर किया । अब खड़ी बोली अरबी-फ़ारसी का बाना पहनकर उर्दू के रूप में एक काव्य भाषा बन चुकी थी। इस समय दिल्ली के उच्च तबके में फ़ारसी का बोलबाला था। लेखन की भाषा फ़ारसी थी जबकि आम बोलचाल की भाषा उर्दू थी, जो साहित्य की भाषा बनने के लिए बेताब थी। दिल्ली में फ़ारसी लेखन के अतिरिक्त कुछ लेखन मिली-जुली भाषा में भी शुरू हो चुका था। इस मिली-जुली भाषा को उस समय 'रेख़्ता' कहा जाता था। 'रेख़्ता' का अर्थ भी है मिला-जुला या गिरा-पड़ा। यह एक मिली-जुली खड़ी बोली थी जो काव्य भाषा के रूप में प्रयोगशील थी। इस नयी भाषा का सबसे पहला शायर, जो उस समय दिल्ली में ग़ज़ल लिख रहा था, वह है चन्द्रभान 'बरहमन'। यह शाहजहाँ (1628-1658) के समय का शायर है। इसी समय अफ़ज़ल, हाशिम, रामराव रौशन, सेवा, काजिम, आदिम, रसिया आदि लिख रहे थे। किन्तु यह एक प्रारम्भिक प्रयास था तथा इसमें साहित्य की गम्भीरता नहीं थी। इनकी भाषा उर्दू नहीं कही जा सकती, हाँ 'रेख़्ता' अर्थात् मिली-जुली भाषा कही जा सकती है।

वास्तव में दिल्ली में उर्दू काव्य लेखन का प्रथम चरण वली के दूसरी बार दिल्ली आने (1722 ई.) से शुरू होता है, अर्थात् बादशाह मुहम्मदशाह (1719-1748 ई.) के समय में, जो स्वयं कविताएँ करता था। वली के दूसरी बार दिल्ली आने के बाद उनके प्रभाव से दिल्ली में अनेक कवि पैदा हुए जो उर्दू में काव्य लेखन शुरू कर चुके थे। इनमें बहुत ऐसे भी थे जो फ़ारसी में रचनाएँ करते थे। उर्दू के प्रारम्भिक कवियों में 'आबरू' (मृ. 1750 ई.) 'नाजी', 'मजमून' (मृ. 1745),

'यकरंग' आदि कवि उर्दू काव्य की नींव दिल्ली में पुख़्ता कर रहे थे। इन कवियों ने दक़नी शब्दों का बहिष्कार किया, सूफ़ी विषयों की जगह भौतिक रंग के विषय चुने तथा भाषा में परिष्कार एवं प्रवाह पैदा किया। किन्तु इनकी भाषा शाब्दिक प्रयोग की दृष्टि से शुरुआती दौर की भाषा है।

वली के प्रभाव से ऐसे कवि जो पहले फ़ारसी के रचनाकार थे तथा बाद में उर्दू में लिखने लगे, उनकी सूची में 'फ़ितरत', 'उम्मीद', 'बेदिल', 'नदीम' और 'आरज़ू' जैसे नाम हैं। इनमें आरज़ू (1689-1718 ई.) का नाम अधिक महत्त्वपूर्ण है। उनका पूरा नाम ख़ान सिराजुद्दीन अली ख़ाँ 'आरज़ू' है। उनका अधिकांश काव्य लेखन फ़ारसी में है। उनकी मुख्य भूमिका आलोचक एवं शोधकर्त्ता के रूप में उर्दू भाषा के परिष्कार की है। उनके संरक्षण में अनेक कवियों ने उर्दू की बुनियाद को मजबूत किया। वे उर्दू में एक नये युग के जन्मदाता थे। ये मीर तकी मीर के दूर के मामू (सौतेले भाई के मामू) लगते थे। कुछ दिन मीर उनके यहाँ ठहरे भी थे। किन्तु दोनों में पटी नहीं। मीर ने अपने कटु सम्बन्धों को भूलकर अपनी पुस्तक 'निकातुश्अरा' में उनकी बहुत प्रशंसा की है। वे अत्यन्त स्वाभिमानी थे। उन्होंने लगभग पन्द्रह पुस्तकों की रचना की किन्तु उनमें उर्दू कम है।

सिराजुद्दीन अली ख़ान 'आरज़ू' के पश्चात् उर्दू कवियों की श्रृंखला शुरू हो गयी। उनके बाद आने वाले कवियों में अशरफ़ी अली ख़ाँ 'फुँगा' (मृ. 1772 ई.), मिर्ज़ा जानजाना मजहर (1699-1781 ई.), शाह हातिम (1700-1782 ई.) 'ताँबा', यार ख़ाँ 'रंगीन' तथा 'फ़ाइज़' का नाम उल्लेखनीय है। ये सभी कवि 'आरज़ू' के समकालीन एवं उसी पीढ़ी के हैं। यह दिल्ली में उर्दू का प्रथम चरण है। इस पीढ़ी के कवियों में उर्दूभाषा के परिष्कार की दृष्टि से 'आरज़ू' के पश्चात् यदि किसी का नाम आता है तो वह है शाह हातिम का। उन्होंने अपने नये प्रयोगों से उर्दू भाषा को अत्यन्त लचीला तथा प्रवाहमय बना दिया। इनमें 'फ़ाइज़' ऐसे पहले कवि हैं जिन्होंने अपना पूरा दीवान तैयार किया। इस लिहाज़ से वे उर्दू में उत्तर भारत के पहले साहिबे दीवान शायर हैं। इस पीढ़ी ने उर्दू को अत्यन्त सरल, लचीला, प्रवाहमय तथा प्रांजल बना दिया।

आरज़ू तथा उनकी पीढ़ी के रचनाकारों ने उर्दू काव्य की वह ज़मीन तैयार कर दी जिस पर बाद में आनेवाली 'मीर' की पीढ़ी ने काव्य का महल तैयार कर दिया। मीर की पीढ़ी के कवियों में 'सौदा', 'सोज', मीर दर्द, मीर हसन ने उर्दू काव्य को अभूतपूर्व ऊँचाई प्रदान की। इस नयी पीढ़ी के कवियों के रचना का आरम्भ बादशाह मुहम्मदशाह (1719-1748 ई.) के समय हुआ तथा आगे और भी परवान चढ़ा। यह वही समय था जब मुगल शासक कमज़ोर होते जा रहे थे तथा क्षेत्रीय क्षत्रप

शक्तिशाली होते जा रहे थे। अब दिल्ली का सूरज अस्त हो रहा था। रही-सही कसर नादिरशाह के दिल्ली आक्रमण (1739 ई.) ने पूरी कर दी। दूसरी तरफ़ ईस्ट इण्डिया की ताक़त बढ़ती जा रही थी तथा 1757 ई. में प्लासी युद्ध की विजय ने कम्पनी की सत्ता स्थापित कर दी। जो थोड़ी बहुत शक्ति शेष थी, अहमदशाह अब्दाली के आक्रमण (1761 ई.) ने छीन ली। कुछ वर्षों बाद बादशाह शाहआलम द्वितीय (1759-1806 ई.) के समय कर्नल आक्टरलोनी के नेतृत्व में ब्रिटिश फ़ौज ने 1803 ई. में दिल्ली पर क़ब्ज़ा कर लिया तथा मुगल बादशाह शाहआलम द्वितीय अंग्रेज़ी क़ब्ज़े में आ गये।

दिल्ली के पतन के पश्चात् अनेक क्षेत्रीय दरबार—फैजाबाद (बाद में लखनऊ), मुर्शिदाबाद, अजीमाबाद (पटना), हैदराबाद, फर्रुखाबाद आदि उभरने लगे। इन राजदरबारों ने दिल्ली से आये कवियों को एवं उर्दू की कविता को अपना संरक्षण प्रदान किया। सबसे पहले दिल्ली छोड़कर अवध एवं पटना की शरण लेने वाले कवि 'फुँगा' थे। बाद में मीर दर्द को छोड़कर मीर की पीढ़ी के प्राय: सभी रचनाकारों ने क्षेत्रीय दरबारों में शरण लिया।

'आरज़ू' की पीढ़ी के बाद उनके दूर के भानजे 'मीर' (मीर तकी मीर, 1724-1788 ई.) सर्वश्रेष्ठ कवि हुए। उनकी आत्मकथा 'ज़िक्रे-मीर' से उनके बारे में अनेक तथ्य ज्ञात होते हैं। इनके पूर्वज अरब से भारत आये थे। मीर के पितामह आगरे में फ़ौजदार हो गये। मीर के पिता मीर अलीमुत्तकी सूफ़ी फ़क़ीर हो गये थे। सौतेले भाइयों ने मीर को इतना सताया कि वे अपना जन्मस्थान आगरा छोड़कर सौतेले मामू 'आरज़ू' के पास दिल्ली आ गये। किन्तु 'आरज़ू' से उनकी कभी नहीं पटी और उन्होंने दिल्ली में कई अमीरों के यहाँ नौकरी की। यह मीर का अत्यन्त दु:खद समय था। जैसी हालत दिल्ली की थी वैसी ही हालत मीर की भी थी। उन्होंने स्वयं कहा है—

*बरहमी[1] हाल की है सारी मेरे दीवाँ में।*
*सैर कर तू भी ये मजमुआ[2] परीशानी का।।*

किसी तरह मीर तत्कालीन बादशाह आलमगीर द्वितीय (1754-1759) के दरबार में प्रवेश पा गये किन्तु वहाँ रोज की लूट-पाट से तंग आकर दिल्ली छोड़ने का मन बना लिया। सोज़ और सौदा पहले ही दिल्ली छोड़कर अवध जा चुके थे। अवध के नवाब आसफुद्दौला ने मीर को अपने दरबार में बुलावा भेजा। मीर ने स्वीकार कर लिया। मीर का यह समय ठीक से गुजरा। नवाब आसफुद्दौला

---

१. उथल-पुथल

२. संग्रह

की मृत्यु के पश्चात् नवाब सआदत ख़ाँ के दरबार में भी रहे। वे अत्यन्त स्वाभिमानी थे। नवाब आसफुद्दौला तथा नवाब सआदत ख़ान से भी उनके सम्बन्ध स्वाभिमान की नींव पर खड़े थे। उनका आत्मविश्वास कभी-कभी शिष्टाचार की सीमा का उल्लंघन कर जाता था।

मीर की रचनाधर्मिता का विस्तार बहुत अधिक है। उनके छह काव्य संग्रह (दीवान) मिलते हैं, जिनमें लगभग 1839 ग़ज़लें, आठ क़सीदे, 31 मसनवियाँ, 103 रुबाइयाँ तीन शिकारनामे तथा कई हजवें (निन्दा पद्य) हैं। इसके अतिरिक्त 'ज़िक्रे मीर' (आत्मकथा), 'फैजे-मीर' (सूफ़ी फ़क़ीरों की कहानी) तथा 'निकातुश्शअरा' (कवियों का वर्णन) तीनों फ़ारसी गद्य में हैं। मीर करुणा के सम्राट् हैं तथा ग़ज़ल के सबसे बड़े कवि माने जाते हैं। उनका अधिकांश लेखन फ़ारसी में है किन्तु उर्दू में सीधी-साधी बोलचाल की भाषा को रस में घोलकर मिसरों में पिरो देना मीर की विशेषता है। उनकी रचनाओं का स्वर जीवन का स्वर है। कहा जाता है कि अधिक लिखने के कारण मीर के उत्कृष्ट शेर बहुत उत्कृष्ट हैं और निकृष्ट शेर अत्यन्त निकृष्ट भी हैं। कहीं-कहीं तो वे 'शेरों' में जादू कर देते हैं। कुछ उदाहरण—

*हस्ती अपनी हबाब[1] की सी है,*
*ये नुमाइश सुराब[2] की-सी है।*
*नाजुकी उसके लब की क्या कहिये*
*पंखुड़ी एक गुलाब की-सी है।*
*मीर उन नीमबाज[3] आँखों में*
*सारी मस्ती शराब की-सी है।।*

*पत्ता पत्ता बूटा बूटा हाल हमारा जाने है,*
*जाने न जाने गुल हीन जाने बाग़ तो सारा जाने है।।*

*सिरहाने मीर के आहिस्ता बोलो,*
*अभी टुक रोते-रोते सो गया है।।*
*अब तो जाते हैं बुतकदे से 'मीर',*
*फिर मिलेंगे अगर खुदा लाया।।*

---

1. बुलबुला
2. मरुभूमि
3. अधखुली

मिर्ज़ा मुहम्मद रफ़ी 'सौदा' (1713-1781 ई.) 'मीर' के समकालीन हैं। अगर मीर करुणा के बादशाह हैं तो 'सौदा' उमंग और उल्लास के। उनके उस्ताद शाह हातिम थे। तथा 'आरज़ू' से भी उन्होंने बहुत-कुछ सीखा। पहले फ़ारसी में शेर कहते थे किन्तु बाद में 'आरज़ू' के कहने पर उर्दू में कहने लगे। उन्होंने ग़ज़ल, क़सीदा, हज़्ब (निन्दा), मरसिया, रुबाई आदि विधाओं में लिखा। जहाँ 'मीर' ग़ज़ल में सर्वोच्च हैं तो 'सौदा' क़सीदा में सर्वोच्च स्थान रखते हैं। उनकी लोकप्रियता का यह आलम था कि बादशाह शाहआलम भी अपनी रचनाए 'सौदा' को दिखाने लगे तथा उनकी सलाह लेने लगे। दिल्ली की ख़राब हालत देख 'सौदा' ने भी दिल्ली के बाहर क़दम रखा। सर्वप्रथम वे फर्रुखाबाद के नवाब मेहरबान ख़ान 'रिन्द' के यहाँ गये। 'सोज़' भी उस समय वहीं थे। 'रिन्द' अपनी रचनाओं का संशोधन दोनों से कराते थे। यहाँ 'सौदा' ने 'रिन्द' की प्रशंसा में अनेक क़सीदे लिखे। 1771 ई. में 'रिन्द' के देहान्त के पश्चात् शुजाउद्दौला के यहाँ फैजाबाद चले गये। शुजाउद्दौला के देहान्त के बाद आसफुद्दौला ने जब लखनऊ राजधानी बनवायी तो वे वहाँ आ गये। आसफुद्दौला ने उन्हें 'मलिकुश्शअरा' (कवि सम्राट्) की उपाधि प्रदान की। वहीं 1781 ई. में इनकी मृत्यु हो गयी। क़सीदा एवं हज़्ब के लिए उन्हें हमेशा याद रखा जायेगा। अपने क़सीदों के लिए वे स्वयं कहते हें—

*लोग कहते हैं कि 'सौदा' का क़सीदा है खूब,*
*उनकी खिदमत के लिए मैं ये ग़ज़ल गाऊँगा।।*

भाषा के परिमार्जन में भी 'सौदा' ने महत्त्वपूर्ण कार्य किया। उनके समय तक उर्दू भाषा दकन के प्रभाव से दूर हो चुकी थी। फ़ारसी का प्रयोग भी ज़्यादा हो गया था। 'सौदा' ने फ़ारसी के साथ-साथ हिन्दी के सुन्दर शब्द, हिन्दुस्तानी विचार एवं हिन्दुस्तानी जीवन से जुड़ी चीज़ें, हिन्दू प्रतीकों आदि का व्यापक प्रयोग किया है। उन्होंने उर्दू काव्य पर अत्यन्त व्यापक और गहरा प्रभाव छोड़ा। उनके कुछ शेर दृष्टव्य है—

*टूटे तेरी निगह से अगर दिल हबाब का,*
*पानी भी फिर पियें तो मज़ा हो शराब का।।*

*जब नज़र उसकी आन पड़ती है,*
*ज़िन्दगी तब ध्यान पड़ती है।।*
*एक में मुह से जिस घड़ी निकले,*
*फिर तो सौ की ज़बान पड़ती है।।*

*जिस रोज़ किसी और पे बेदाद,*
*ये याद रहे हमको बहुत याद करोगे।।*

*मैं हाल कहूँ किससे, तेरे अहद में अपना,*
*रोते हैं कहीं दिल को कही जी की पड़ी है।।*

ख़्वाजा मीर दर्द (1721 ई.-1785 ई.) मीर के समकालीन थे तथा उर्दू कविता के बड़े हस्ताक्षर थे। उनका वंश एक प्रसिद्ध सूफ़ी वंश था। मीर दर्द ने भी उसी परम्परा को अपनाया तथा फ़क़ीरों का जीवन जिया। दिल्ली के पतन के पश्चात् जब सभी उर्दू कवि दिल्ली छोड़कर अन्य दरबारों में जा रहे थे उस समय भी उन्होंने दिल्ली नहीं छोड़ा। उन्होंने बहुत थोड़ी काव्य रचना की है किन्तु गागर में सागर भर दिया। मुहम्मद हुसैन आज़ाद के शब्दों में वे 'तलवारों की आबदारी नश्तर में भर देते थे।' तसव्वुफ़ उनका ओढ़ना-बिछौना था जिसके बारे में उनकी कई फ़ारसी पुस्तकें हैं। सूफ़ीवाद का सबसे सुन्दर वर्णन उन्हीं के यहाँ हैं। 'दर्द' अपने ज़माने के निन्दा के रंग से बचे रहे, उनकी किसी ने निन्दा नहीं की। सबने उनके काव्य को सराहा है। उनके दीवान में फूल-हीं-फूल हैं, काँटों का नामोनिशाँ नहीं है। उनके दो दीवान हैं—एक उर्दू में, एक हिन्दी में फ़ारसी में उनकी दर्जन भर पुस्तकें हैं। सरलता एवं प्रवाह उनके काव्य की विशेषता है। मीर के बाद सर्वाधिक करुणा उन्हीं के पास है। उन्होंने बाजारू शब्दों से परहेज किया है। उनके कुछ शेर इस प्रकार हैं—

*शमअ के मानिन्द हम इस बज़्म में*
*चश्मे नम आये थे, दामन-तर चले।*
*साकिया यों लग रहा है चल चलाव*
*जब तलक बस चले सागर चले।*

*तू बिन कहे घर से कल गया था*
*अपना भी तो जी निकल गया था।*
*मैं सामने से जो मुस्कराया*
*होंठ उसका भी दर्द से हिल गया था।*

*वो दिन किधर गये कि हमें भी फ़राग़ था*
*यानी कमू तो हम में भी दिल था, दिमाग़ था।*

*जग में आकर इधर-उधर देखा*
*तू ही आया नज़र जिधर देखा।*

सैय्यद मुहम्मद मीर 'सोज़' (1721-1798 ई.) इस युग के प्रसिद्ध कवियों में सम्मिलित हैं। इन्होंने भी दिल्ली छोड़ा तथा फर्रुखाबाद में 'रिन्द' के उस्ताद रहे। लखनऊ गये, फिर मुर्शिदाबाद दरबार में पहुँचे किन्तु वापस पुनः लखनऊ आ गये। आसफुद्दौला ने उन्हें अपना उस्ताद माना तथा अपनी रचनाओं का संशोधन कराया। वे भौतिक प्रेम के कवि हैं। प्रेम व्यापार का प्रभावशाली चित्रण करते हैं। भाषा बोल-चाल की मिठास लिये है। काव्य पाठ ऐसे करते थे मानों मंच पर अभिनय करते हों। तीरंदाज़ी, घुड़सवारी तथा संगीत में भी निपुण थे। उनके कुछ शेर इस प्रकार हैं—

*बुलबुल कहीं न जाइयो जिनहार देखना*
*अपने ही मन में फूलेगी गुलज़ार देखना।*
*नाज़ुक है दिल न ठेस लगाना इसे कहीं*
*ग़म से भरा है ऐ मेरे ग़म ख़्वार देखना।*

*ले फिरा मैं कहाँ-कहाँ दिल को*
*न लगा ले गया जहाँ दिल को।*

*आशिक़ हुआ, असीर हुआ मुब्तला हुआ*
*क्या जानिये कि देखते ही दिल को क्या हुआ।*

*हुआ दिल को मैं कहता-कहता दीवाना*
*उस पर बेखबर ने कहा कुछ न माना।*

मीर ग़ुलाम हसन 'हसन' (1724-1787 ई.) या मीर हसन अपनी मसनवीं 'सहरुल-बयान' से उर्दू काव्य में अमर हो गये। उनके पिता मीर जाहक सौदा के समकालीन थे तथा उन दोनों में खूब चोटें चलती थीं। मीर हसन को पिता से काव्य की परम्परा मिली। पहले पिता की सीख, फिर मीर दर्द से कविता में संशोधन कराने से वे काव्य-कला में समृद्ध हो गये। दिल्ली की तबाही के पश्चात् पिता के साथ फैजाबाद (अवध) पहुँचे तथा वहाँ सालारजंग की सरकारी सेवा स्वीकार की। जब आसफुद्दौला ने फैजाबाद से लखनऊ में राजधानी परिवर्तन किया तो वे भी लखनऊ आ गये। लखनऊ में ही उनका देहान्त हुआ। 'सहरुल बयान' के अतिरिक्त उनकी दो अन्य मसनवियाँ 'गुलज़ारे-अरम' तथा 'रमजुल

आरफीन' भी प्रसिद्ध हैं। किन्तु मीर हसन अपनी मसनवी 'सहरुल बयान' या 'क़िस्सा बेनज़ीर व बूढ़े मुनीर' से ही याद किये जाते हैं। ग़ज़ल, मरसिया और रुबाई भी कहते थे किन्तु बहुत कम। मीर तथा मुसहफ़ी की तरह उन्होंने भी कवियों का संग्रह (तज़किरातुश्शुअरा) तैयार किया जो तीन कालों में विभाजित है—1.फर्रुखसियर के पूर्व, 2.फर्रुखसियर से मुहम्मद शाह तक तथा 3.उनके समकालीन कवियों का। मीर हसन की भाषा साफ और मुहावरेदार है। उनका हर मिसरा सुन्दर और चुना हुआ है। एक ग़ज़ल के कुछ शेर प्रस्तुत हैं—

*वो जब तक कि जुल्फें सँवारा किया।*
*खड़ा उस पे मैं जान वारा किया*
*अभी दिल को लेकर गया मेरे आह*
*वो चलता रहा मैं पुकारा किया।*
*कि मारे मुहब्बत में बाज़ी सदा*
*वो जीता किया और मैं हारा किया।*

मीर हसन के पुत्र मीर 'ख़लीक़' तथा मीर 'ख़ुल्क़' तथा उनके पोते (मीर 'ख़लीक़' के पुत्र) 'मीर अनीस' ने भी मरसिया के क्षेत्र में बहुत ऊँचा स्थान प्राप्त किया।

उर्दू काव्य मीर युग तक आते-आते इतना परिपक्व एवं समृद्ध हो चुका था कि आगे उर्दू कविता नदी के प्रवाह की तरह बहती चली गयी। खड़ी बोली की अनगढ़ता को उर्दू ने इतना सुघड़ बना दिया कि यह भाषा सुन्दर, प्रवाहपूर्ण एवं मुहावरेदार बन गयी। उर्दू काव्य ने अपने एक हाथ में हिन्दी-संस्कृत तथा दूसरे में अरबी-फ़ारसी शब्दों को लेकर इतनी कलात्मकता के साथ मिलाया कि यह जुबान पर आसानी से चढ़ गयी। हिन्दू और मुसलमान दोनों ने उर्दू को सजाने-सँवारने में एक-दूसरे का हाथ बँटाया। मनुष्य और मनुष्य के बीच खाई को मिटाने में उर्दू ने बड़ा काम किया। फ़िराक़ कहते हैं कि, "जिस तरह कबीर ने राम और रहीम को एक बताया उसी तरह उर्दू शायरी ने कुफ्र और इस्लाम के भेद को मिटाकर रख दिया।" प्रारम्भ में सूफ़ी ज़मीन पर खड़ी उर्दू कविता धीरे-धीरे जीवन से जुड़ती गयी और अनेक रंगों का आविष्कार करती गयी। खड़ी बोली की ज़मीन पर खड़ी उर्दू कविता की भी मीर युग के आगे विकास यात्रा अनवरत जारी रही।

मीर के समकालीन नज़ीर अकबराबादी (1735-1830 ई.) का रंग इतना अलग है कि उन्हें अपने समकालीन समय में नहीं पहचाना जा सका। उनकी सही पहचान उनके समय से लगभग दो सौ वर्ष बाद हुई। अहमदशाह अब्दाली और मराठों के आक्रमण के कारण नज़ीर दिल्ली से आगरे आ गये और वहाँ जीवन

के अन्त तक रहे। जीवन भर मामूली आर्थिक ज़िन्दगी जीते रहे किन्तु किसी दरबार का सहारा नहीं लिया। लखनऊ तथा भरतपुर के नवाबों का बुलावा भी आया किन्तु उन्होंने स्वीकार नहीं किया। वे सन्तोष का जीवन जीना जानते थे। उनके काव्य में लोक जीवन के अनेक रंग मिलते हैं। वे पूर्णत: जनसाधारण के कवि थे। उनके काव्य में आमजन के प्रेम, भक्ति, तीज-त्योहार, मेले-ठेले, तैराकी, रोना-धोना आदि तत्त्वों का ख़ूबसूरत वर्णन मिलता है। वे जीवन के यथार्थवादी रंग के शायर हैं। तत्कालीन सामन्ती-दरबारी चेतना के आलोचकों ने 'नज़ीर' को बाज़ारू मानकर किनारा कर दिया था। काव्य नियमों की उपेक्षा उनके काव्य में अक्सर मिलती है किन्तु उनके काव्य में अपूर्व ताज़गी है। भाषा के क्षेत्र में उन्होंने इतनी उदारता बरती है कि जनसाधारण के आम बोलचाल के शब्दों का बेझिझक इस्तेमाल किया है। उन्होंने लिखा भी बहुत किन्तु अधिकांश रचनाएँ खो गयीं। एक काव्य संग्रह (उर्दू), एक दीवान (फ़ारसी नज़्मों का) तथा फ़ारसी गद्य की दस पुस्तकें उनके नाम की मिलती हैं। उनकी कविता के कुछ उदाहरण इस प्रकार हैं—

*तारीफ़ करूँ मैं क्या-क्या उस मुरली अधर बजय्या की।*
*नित सेवा कुंज फिरय्या की और बन बन गऊ चरय्या की।*
*गोपाल बिहारी बनवारी, दु:ख हरना मेह करय्या की।*
*गिरधारी सुन्दर श्याम बरन और हलधर जू के भय्या की।*

*मलता है कोई राख, चमेली का कोई तेल*
*करता है कोई जुल्म तो लेता है कोई झेल।*
*बच्चे कहीं तलवार, उठाता है कोई सेल*
*अदना कोई, आला कोई, सूखा कोई डण्डपेल*
*जब गौर से देखा तो उसी के हैं सब खेल।*

नादिर शाह, अहमदशाह अब्दाली और मराठों के आक्रमण से दिल्ली का और पतन हुआ। मुगल बादशाहों की कमज़ोरी का लाभ उठाकर छोटे-छोटे राजदरबारों का उदय हुआ। इन दरबारों का स्वरूप क्षेत्रीय एवं सामन्ती था, किन्तु दिल्ली से आनेवाले कवियों को सहेजने का कार्य इन्हीं सामन्ती दरबारों ने किया। इनमें अवध, फर्रुखाबाद, टाँडा, अजीमाबाद (पटना), रामपुर, मुर्शिदाबाद तथा हैदराबाद के राजदरबार महत्त्वपूर्ण हैं। इनमें सबसे अधिक महत्त्वपूर्ण है अवध (लखनऊ) का राजदरबार जिसने उर्दू काव्य को दिल्ली के पश्चात् केन्द्रीयता प्रदान की। इसकी नींव 1724 ई. में नवाब सादत ख़ाँ ने फैजाबाद में रखी तथा

नवाब आसफुद्दौला ने इसे लखनऊ में (1775 ई.) स्थापित किया। आसफुद्दौला तथा उसके बाद उनके भाई सआदत अली ख़ाँ ने लखनऊ को वैभव के उत्कर्ष पर पहुँचा दिया। इसी काल में 'लखनवी स्कूल' की कविता का जन्म हुआ।

लखनऊ स्कूल की कविता का रंग दिल्ली से अलग है। दिल्ली स्कूल की कविता के गम्भीर रंग यहाँ अकस्मात् बदल गये और विलासिता, सतही प्रेम तथा उच्छृंखल धरातल पर कविताएँ की जाने लगीं। इसके बावजूद भाषा एवं अभिव्यक्ति के विकास एवं भाषाई परिष्कार की दृष्टि से इस काल की कविता दिल्ली से आगे निकल गयी। इस युग के प्रमुख कवियों में 'मुसहफी', 'इंशा', 'जुरअत', यार ख़ाँ 'रंगीन', 'नासिख', 'आतिश', दयाशंकर 'नसीम', 'अख़्तर' (वाजिद अली शाह), 'अमानत', मिर्ज़ा 'शौक' आदि महत्त्वपूर्ण कवि हैं। इसमें 'नासिख' ने उर्दूभाषा को साज-सँवार कर तथा परिष्कार कर ऐसा टकसाली बना दिया कि वह ऊँचे विषयों को अभिव्यक्त करने में अत्यन्त योग्य हो गयी।

दिल्ली के दूसरे चरण की कविता के दौर में तीन आख़िरी मुगल बादशाह—शाह आलम 'आफ़ताब', अकबर द्वितीय 'शुआ' तथा बहादुरशाह द्वितीय 'ज़फ़र' स्वयं कवि थे तथा उर्दू में रचनाएँ करते थे। इसी समय उन्नीसवीं सदी के पूर्वार्द्ध में दिल्ली में कविता का दौर पुनः शुरू हुआ तथा एक महान युग का जन्म हुआ। यद्यपि मुगल बादशाहत अभी भी पतनशील थी किन्तु उसने उर्दू काव्य के बुझते दीपक में पुनः तेल डाल दिया, जिससे उसकी लौ और अधिक प्रबल हो गयी। जहाँ लखनऊ की कविता अभी शाब्दिक सौन्दर्य की बाजीगरी कर रही थी, वहीं दिल्ली की कविता में भावों की प्रखरता और आध्यात्मिकता का स्वर पुनः फूट पड़ा, जिसने उर्दू काव्य की रवायत को अधिक व्यापक बना दिया। इसी काल में शाह नसीर, 'ग़ालिब', 'मोमिन', 'जौक' तथा 'ज़फ़र' ने उर्दू काव्य को ऊँचाई प्रदान की। शाह नसीर इस युग के सबसे बुज़ुर्ग शायर हैं जो आसफुद्दौला के समय लखनऊ भी गये किन्तु लखनऊ में जमें उस्तादों—मुसहफी, जुरअत और इंशा के आगे उनकी नहीं चली। वापस दिल्ली आये और बादशाह शाहआलम के दरबार में पहुँच गये। उनकी भाषा कठिन और बनावटी है तथा काव्य में अलंकारों, विशेष रूप से कठिन-उपमाओं की भरमार है। उनके शिष्यों में 'जौक' का नाम प्रमुख है।

दिल्ली के इस युग के चार प्रमुख स्तम्भ हैं—'ग़ालिब', 'मोमिन', 'जौक' और 'ज़फ़र'। इन सितारों में चाँद 'ग़ालिब' (1796-1869 ई.) ही हैं। उन्होंने उर्दू काव्य की संकुचित भूमि को अत्यन्त विस्तृत कर दिया जिसमें असीमित सम्भावनाएँ पैदा हो गयीं। आर्थिक कठिनाइयों के बावजूद उन्होंने हँसते हुए जीवन यापन किया। पहले फ़ारसी में कविता करते थे, बाद में उर्दू में आये। पहले उनका

तखलुस 'असद' था किन्तु बाद में 'ग़ालिब' उपनाम से लिखने लगे। उनका एक शेर उनके स्वभाव को प्रकट कर देता है—

*आज़ाद रौ हूँ और मेरा मसलक है सुलहे-कुल,*
*हरगिज कभी किसी से अदावत नहीं मुझे।*

ग़ालिब की शराबनोशी प्रसिद्ध है। एक बार क़र्ज़ बहुत हो गया, महाजनों ने उन पर नालिश कर दी तब अदालत में ग़ालिब ने यह शेर पढ़ा—

*क़र्ज़ की पीते थे मैं लेकिन समझते थे कि हाँ,*
*रंग लायेगी हमारी फ़ाक़ामस्ती एक दिन।*

प्रारम्भ में ग़ालिब कठिन फ़ारसी की कविता करते थे। एक मुशायरे में हक़ीम आगा जान 'ऐश' ने ग़ालिब की कठिन फ़ारसी कविता पर यह व्यंग्य कस दिया—

*अगर अपना कहा तुम आप ही समझे तो क्या समझे।*
*मज़ा कहने का जब है इक कहे और दूसरा समझे।*
*जबाने-मीर समझे और कलामे-मीरजा समझे।*
*मगर इनका कहा यह आप समझें या खुदा समझे।*

बाद में उर्दू का दौर देख 'ग़ालिब' ने भी इसका दामन थामा और इसी उर्दू कविता से वे विश्व विख्यात हो गये। अनुभूति और कल्पना की ऊँचाई ग़ालिब में देखते बनती है।

'मोमिन' (1800-1851 ई.) यूनानी चिकित्सक थे और उर्दू में कविताएँ करते थे। उनकी आर्थिक हालत अच्छी थी, अत: उन्होंने कविता को परवरिश का माध्यम नहीं बनाया। राजदरबारों से दूर रहे और अमीरों पर क़सीदा नहीं लिखा। प्रेम की तड़प पैदा करना 'मोमिन' की काव्य सिद्धि है। कुछ दिनों तक शाह नसीर के शागिर्द रहे, बाद में स्वयं अपनी कविताएँ संशोधित करने लगे। उनके शिष्यों में नवाब मुस्तफ़ा ख़ाँ 'शेफ्ता', 'तसक़ीन' तथा असगर अली ख़ाँ 'नसीम' प्रमुख हैं। 'नसीम' के शिष्य 'तसलीम' तथा हज़रत मोहानी ने 'मोमिन' की काव्य परम्परा को आगे बढ़ाया। उन्होंने 'ग़ालिब' की तरह काव्य नियमों का उल्लंघन नहीं किया। उनके काव्य में अरबी-फ़ारसी शब्दों का प्रयोग अधिक है। उन्होंने ग़ज़ल, मसनवी एवं अन्य विधाओं में भी लिखा किन्तु उनकी ग़ज़लों में अद्वितीय प्रवाह है।

'जौक' (1789-1854 ई.) शाह नसीर के शिष्य हैं किन्तु अपने उस्ताद से आगे निकल गये। वे ज़फ़र के उस्ताद हुए और दरबार में बड़ी प्रतिष्ठा प्राप्त की। उन्हें अध्ययन का शौक था तथा पुराने उस्तादों के शेर कण्ठस्थ थे। जौक आर्थिक परेशानी में भी दिल्ली छोड़कर अन्यत्र नहीं गये। दुर्भाग्यवश उनकी रचनाएँ गदर

में नष्ट हो गयी किन्तु कुछ ग़ज़लें और क़सीदे मौलाना मुहम्मद 'आज़ाद' ने बचा लिये तथा कुछ ग़ज़लें उनके अन्धे शिष्य हाफिज़ मीरान को याद थी। अब उनका एक दीवान मिलता है। उनके शागिर्दों में 'आज़ाद', ज़फ़र', 'ज़हीर' तथा 'अनवर' प्रसिद्ध हैं।

ज़फ़र (1775-1862 ई.) अन्तिम मुगल बादशाह थे तथा उर्दू में कविताएँ भी करते थे। उनके स्वभाव में विलास और आध्यात्मिक प्रेम का समन्वय है। पहले 'शाह नसीर' से तथा बाद में 'जौक' से रचनाओं में संशोधन कराया। 'ग़ालिब' से भी सलाह लेते थे। वे सौन्दर्य और करुणा के कवि हैं। उनके चार दीवान मिलते हैं। उनकी रचनात्मक सादगी अत्यन्त आकर्षक है। उनके यहाँ अरबी-फ़ारसी के वही शब्द मिलते हैं, जो ग़ज़ल के लिए अत्यन्त उपयुक्त हैं। उन पर सूफ़ीवाद का गहरा असर है।

उर्दू पर अंग्रेज़ी साहित्य का प्रभाव और उर्दू नवजागरण का प्रभाव भी पड़ा। 1792 में स्थापित दिल्ली का गाजीउद्दीन का मदरसा जो बाद में दिल्ली कॉलेज बना तथा 1800 ई. में स्थापित फोर्ट विलियम कॉलेज, कलकत्ता के प्रभाव से उर्दू काव्य पर अंग्रेज़ी प्रभाव पड़ना शुरू हुआ। उर्दू में यह नवजागरण काल था। 1827 ई. से दिल्ली कॉलेज में अंग्रेज़ी पढ़ाई जाने लगी। इसी के कुछ वर्ष बाद अंग्रेज़ी सरकार ने 1837 ई. में फ़ारसी की बजाय उर्दू को अदालती भाषा बना दिया जिससे उर्दू को बल मिला। अंग्रेज़ी प्रभाव से उर्दू साहित्य में जो नयी सामाजिक चेतना पैदा हुई वह सबसे पहले सर सैय्यद अहमद, प्रोफ़ेसर रामचन्द्र, नसीर अहमद, जकाउल्ला, नवाब मोहसिनउल मुल्क, 'मौलाना मुहम्मद हुसैन आज़ाद' अल्ताफ हुसैन हाली, मुंशी दुर्गा सहाय 'सुरूर' आदि में मिलती है। इनमें 'आज़ाद', 'हाली' और 'सुरूर' गद्य एवं पद्य दोनों में लिखते रहे। तुलनात्मक दृष्टि से अंग्रेज़ी प्रभाव के कारण उर्दू गद्य का काफ़ी परिष्कार हुआ।

'हाली', मुख्यतः कवि हैं। उन्होंने अपने आलोचनात्मक गद्य 'मुक़दमा-ए-शेरो-शायरी' में ग़ज़ल की जगह नज्म को महत्त्व दिया है। अंग्रेज़ी प्रभाव में उन्होंने जीवन के सीधे-सादे प्राणवान् चित्रण पर ज़ोर दिया। उनका गद्य और पद्य दोनों पर एकाधिकार है। उनका 'मुसद्दस' उर्दू काव्य की धरोहर है जिससे प्रभावित होकर मैथिलीशरण गुप्त ने 'भारत-भारती' का प्रणयन किया था।

अंग्रेज़ी प्रभाव को अपने काव्य में पिरोनेवाले अन्य कवियों में 'सुरूर', सूरज नारायण 'मेह्र', 'नज़र लखनवी', गोरख प्रसाद 'इबरत' तथा मुंशी द्वारका प्रसाद 'उफुक' भी उल्लेखनीय हैं। इस समय साहित्य के प्रकाशन का प्रमुख माध्यम पत्र-पत्रिकाएँ होने लगीं।

दरबारों का अन्तिम प्रभाव—दिल्ली और लखनऊ के पतन के बाद भी हैदराबाद और रामपुर की नवाबी कायम रही। इसमें रामपुर के नवाब यूसुफ अली ख़ान तथा उनके पुत्र कल्बे अली ख़ान कवियों के आश्रयदाता थे। उनके मरने के बाद रामपुर में रीजेंसी (1887 ई.) की स्थापना हो गयी। हैदराबाद का राजदरबार अब भी स्थायी रूप से कवियों का आश्रय स्थल था। उस समय हैदराबाद के मन्त्री महाराजा सर किशन प्रसाद 'शाद' कवियों के बड़े गुण ग्राहक थे। स्वयं निज़ाम महबूब अली ख़ाँ भी कवि थे। अत: हैदराबाद उन्नीसवीं सदी के अन्त में सबसे बड़ा साहित्यिक केन्द्र बन गया। इस युग के प्रसिद्ध कवि जो हैदराबाद दरबार का हिस्सा थे उनमें 'अमीर मीनाई' तथा 'दाग़ देहलवी' प्रमुख हैं। दोनों रामपुर दरबार के पतन के बाद हैदराबाद के दरबार में पहुँचे। जहाँ 'अमीर मीनाई' गम्भीर और साधु प्रकृति के थे वहीं दाग़ देहलवी शौकीन और शान-शौकत स्वभाववाले थे। 'दाग़' के अनेक शागिर्द थे, जिसमें डॉ. इक़बाल, सीमाब अकबराबादी, नूह नारवी, बेखुद देहलवी, जोश मल्सियानी अत्यन्त लोकप्रिय हुए।

रामपुर में अमीर मीनाई तथा दाग़ देहलवी के साथ हक़ीम जामिन अली 'जलाल' भी प्रमुख शायर थे। यहीं पर चौथे प्रतिष्ठित कवि मुंशी अमीरुल 'तसलीम' भी थे। इसी समय अमीर मीनाई के शागिर्द सैय्यद रियाज़ अहमद 'रियाज़' खैराबादी थे जिन्होंने रामपुर तथा हैदराबाद के दरबारों के न्योते को अस्वीकार कर दिया था। लखनऊ में रहकर कविता करते रहे तथा मृत्यु के पश्चात् खैराबाद में दफ़ना दिये गये। खैराबादी ने शराबनोशी की बड़ी कविताई की यद्यपि ज़िन्दगी भर शराब को मुँह नहीं लगाया।

यद्यपि प्रत्येक युग की कविता अपने समाज से जुड़ी होती है किन्तु उर्दू की कविता मूलत: अन्तर्मुखी है। 'हाली' और 'आज़ाद' ने उर्दू की कविता में जिस सामाजिक चेतना की नींव डाली थी उस राह पर उर्दू काव्य अब काफ़ी आगे बढ़ चुका था। शीघ्र ही नयी सामाजिक चेतना आगे बढ़कर अंग्रेज़ी सत्ता से टकराने लगी। लार्ड क़र्ज़न की नीतियों ने आग में घी का काम किया। अब राजनीतिक प्रतिरोध का युग शुरू हुआ। 'अकबर' इलाहाबादी, ब्रजनारायण 'चकबस्त' तथा डॉ. अल्लामा इक़बाल की कविताओं में सत्ता के प्रति असन्तोष, आक्रोश एवं विद्रोह का बुलन्दस्वर दिखायी पड़ने लगा। 'अकबर' ने उर्दू की अन्तर्मुखी परम्परा को छोड़कर सत्ता पर व्यंग्य एवं विनोद की शैली में प्रहार किया । उन्होंने ब्रिटिश शासन काल में होनेवाले परिवर्तनों का खुला मज़ाक उड़ाया तथा सुधारों पर हमला बोला। कहीं-कहीं पुरातन मूल्यों की स्थापना पर जोर भी दिया। वे हिन्दू-मुस्लिम एकता के हिमायती थे तथा पाश्चात्य संस्कृति के विरोधी थे।

ब्रजनारायण 'चकबस्त' भी समाजोन्मुखी रचनाकार हैं। कविता के साथ आलोचना में भी उनकी धाक जमी थी। उर्दू जगत् में 'चकबस्त' और अब्दुल हलीम 'शरर' की आलोचनात्मक चोटें जो दयाशंकर 'नसीम' की 'मसनवी', 'गुलजारे-नसीम' पर केन्द्रित हैं, बहुत प्रसिद्ध हैं। चकबस्त ने अपनी प्रखर समीक्षकीय प्रतिभा से 'गुलजारे-नसीम' को मजबूती से स्थापित किया । नज़ीर अकबराबादी की तरह चकबस्त ने भी अपना कोई स्कूल नहीं छोड़ा। चकबस्त की कविता देशप्रेम की कविता है जो राष्ट्रवादी तत्त्वों से भरी है। उनकी ओजपूर्ण नज़्में काफ़ी प्रसिद्ध हैं। वे हमेशा प्रगतिशील तत्त्वों के साथ रहे।

इस काल के तीसरे कवि डॉ. इक़बाल महान् उर्दू रचनाकार हैं। वे दर्शनशास्त्र के प्रवक्ता थे। हाली तथा आज़ाद के अनुसरण पर उन्होंने अत्यन्त महत्त्वपूर्ण नज़्में लिखीं। उनकी नज़्म 'कोहे-हिमाला' को बड़ी मान्यता प्राप्त हुई। उनकी कविताओं में महान् राष्ट्रवादी तत्त्व विद्यमान हैं, यद्यपि बाद में साम्प्रदायिक तत्त्व भी मिलते हैं। उनकी कविताएँ दार्शनिक तत्त्वों से भी भरी हैं। वे पूँजीवाद, साम्राज्यवाद के विरोधी तथा ग़रीबों, असहायों से सहानुभूति रखते हैं। किन्तु साम्यवादी नहीं हैं। वे गाँधी की अहिंसक नीति तथा मुस्लिम प्रतिक्रियावाद दोनों से चिढ़ते थे। उनकी काव्य शैली कोमल न होकर प्रहारात्मक है। उन्होंने उर्दू में शक्तिशाली अभिव्यंजना की नयी पद्धति विकसित की तथा एक बुलन्द आवाज़ पैदा की। उनकी शब्दावली को ग्रहण करके आगे प्रगतिशील आन्दोलन का विकास हुआ।

'अकबर', 'चकबस्त' तथा 'इक़बाल' की प्रखर सामाजिक चेतना को आगे बढ़ानेवाले शायरों में 'शाद' अजीमाबादी, 'आसी' गाजीपुरी, यगाना 'चंगेजी', 'असगर' गोंडवी, 'फानी' बदायूँनी, हसरत मोहानी तथा 'जिगर' मुरादाबादी ने उर्दू साहित्य में महत्त्वपूर्ण योगदान दिया। इसी परम्परा को 'नज्म' तबातबाई, 'सफी' लखनवी, मुंशी नौबतराय 'नज़र' लखनवी, 'साक़िब' किजिलबाश, 'आरज़ू' लखनवी, अज़ीज़ लखनवी, लब्भूराम 'जोश' मल्सियानी, तिलोकचन्द 'महरूम' तथा जगतमोहन लाल 'रवाँ' ने आगे बढ़ाया।

यद्यपि 'हाली', 'आज़ाद', 'अकबर', 'चकबस्त' तथा 'इक़बाल' से उर्दू में नयी सामाजिक चेतना का आरम्भ हो चुका था। किन्तु मार्क्स के दृष्टिकोण का प्रवेश उर्दू काव्य में बाद में हुआ। 1917 ई. की रूसी राज्य क्रान्ति, 1929 के विश्वव्यापी आर्थिक संकट, साम्यवादी एवं समाजवादी दलों की स्थापना (1925, 1934 ई.) आदि घटनाओं ने उर्दू साहित्य पर स्पष्ट प्रभाव डाला। इसी सम्मिलित प्रभाव ने सज्जाद ज़हीर के प्रयास से प्रेमचन्द की अध्यक्षता में 1936 में लखनऊ में प्रगतिशील लेखक संघ को जन्म दिया। इस प्रगतिवादी चेतना को अपनी क़लम

से जिन रचनाकारों ने साकार किया उन्हें 'जोश' मलीहाबादी, 'अख़्तर' शीरानी, असरारुलहक़ 'मजाज़', मुईन अहसन 'जज्बी, फ़ैज़ अहमद 'फ़ैज़', 'फिराक़', अली सरदार ज़ाफ़री, एहसान दानिश, मुईन अहसन 'जज़्बी', अख़्तरुल इमान, अहमद नसीम क़ासिमी, मण्टों, कृष्णचन्दर, ख़्वाजा अहमद अब्बास, राजेन्द्र सिंह बेदी, इस्मतचुगताई, हसरत, मजरुह, कैफ़ी आज़मी आदि महत्त्वपूर्ण हैं। इनमें से 'जोश', 'मज़ाज', फैज़ और फिराक़ ने उर्दू पद्य को प्रगतिवादी चेतना से सराबोर कर दिया। प्रगतिवादी चेतना भारत की लगभग सभी प्रमुख भाषाओं में एक साथ आरम्भ हुई किन्तु उर्दू काव्य में इसका आवेग बहुत अधिक था।

# काव्य संवेदना और हिन्दी कविता

भावना की प्रथम अभिव्यक्ति जिस रूप में हुई उसका नाम कविता है। कविता किसी भी भाषा के साहित्य का प्राण है। कविता की महत्ता सर्वकालिक है। दुनिया के प्रत्येक साहित्य का आरम्भ कविता से ही हुआ है। कालान्तर में जैसे-जैसे बुद्धि का आग्रह बढ़ता गया गद्य का भी विस्तार होता गया। आज गद्य कविता की तुलना में अधिक लोकप्रिय है, किन्तु आज भी प्रत्येक साहित्य की केन्द्रीय विधा कविता है। कविता की परिभाषा और काव्य की व्याख्या सदियों से होती आ रही है और आगे भी होता रहेगी।

हिन्दी कविता का प्रथम स्वरूप आदिकाल में दिखायी देता है। वहाँ हिन्दी कविता अपनी प्रथम अभिव्यक्ति में राज्याश्रित कवियों, सिद्धों, नाथों जैन मुनियों, खुसरो तथा विद्यापति के शब्दों का सहारा लेती है। भक्तिकाल में यही कविता सगुण, निर्गुण ज्ञानमार्गी तथा प्रेममार्गी सन्तों-कवियों की बानी में विस्तार पाती है। रीतिकाल में रीतबद्ध, रीतिसिद्ध तथा रीतिमुक्त कवियों की श्रृंगारिक तथा ऐन्द्रिक शब्दावली में आकार ग्रहण करती है। आधुनिक काल में अवधी एवं ब्रजभाषा को पीछे छोड़ खड़ी बोली को अपना आधार बनाती है।

कविता क्या है इस आशय का विमर्श दुनिया के प्रत्येक साहित्य में मिलता है। हिन्दी साहित्य में भी संस्कृत काव्य शास्त्र के आधार पर काव्य और कविता की कसौटियाँ निर्धारित की गयीं। भरतमुनि के नाट्य शास्त्र में यद्यपि काव्य का कोई लक्षण नहीं दिया गया है किन्तु अनेक काव्याँगों (रस, गुण, अलंकार, भाव आदि) का विवेचन वहाँ अवश्य मिलता है। काव्य की सबसे प्राचीन परिभाषा अग्नि पुराण में मिलती हैं—

*संक्षेपाद्वाक्यमिष्ठार्थ व्यवछिन्नापदावली।*
*काव्य स्फुरदलंकारं गुणवद्दोषवर्जित:।।*

संक्षेप में इष्ट अर्थ को प्रकट करनेवाली पदावली से युक्त ऐसा वाक्य काव्य कहलाता है, जिसमें अलंकार प्रकट हों और जो दोषरहित और गुणयुक्त हो। इस परिभाषा के अनुसार काव्य वह है जिसमें संक्षिप्त वाक्य हो, इष्टार्थ हो, अलंकार हो,,

गुण हो एवं वर्जित दोष हो। अग्नि पुराण के पश्चात् भामह की यह परिभाषा आती है—'शब्दार्थौ सहितौ काव्यम्' अर्थात् शब्द और अर्थ का संयोग (सहित भाव) ही काव्य है। उक्त परिभाषाएँ काव्य के बाह्य शरीर की ओर संकेत करती हैं, जहाँ संक्षिप्त वाक्य, शब्द, अर्थ, अलंकार आदि काव्य के बाह्य गुणों की आवश्यकता पर बल दिया गया है। इस सम्बन्ध में दण्डी का कथन है कि, 'शरीर तावदिष्टार्थ व्यवछिन्ना पदावली' अर्थात् इष्ट अर्थ को प्रकट करनेवाली पदावली तो शरीर मात्र है। आनन्दवर्द्धन भी कहते हैं कि, 'शब्दार्थ शरीरं तावत्काव्यम' अर्थात् शब्द-अर्थ काव्य के शरीर हैं। इन आचार्यों का संकेत है कि काव्य का शरीर और आत्मा अलग-अलग हैं। ऊपर यदि शरीर का वर्णन है तो काव्य की आत्मा क्या है? यहीं से आचार्यों ने काव्य की आत्मा खोजने का प्रयास शुरू किया । इसी के परिणामस्वरूप अलंकार, रीति, ध्वनि, वक्रोक्ति, औचित्य, अनुमिति तथा रस जैसे सात सम्प्रदायों का विकास हुआ।

भामह और दण्डी ने अलंकार को, वामन ने रीति को, (रीतिरात्माकाव्य स्य), आनन्दवर्द्धन ने ध्वनि को (काव्यस्यात्माध्वनि:), कुन्तक ने वक्रोक्ति को (वक्रोक्ति: काव्य जीवितम), क्षेमेन्द्र ने औचित्य को, महिमभट्ट ने अनुमिति को और आगे चलकर विश्वनाथ ने रस को (वाक्यंरसात्मकम् काव्यम् ) काव्य की आत्मा स्वीकार किया। ये सभी काव्य-सम्प्रदाय काव्य की आत्मा अपनी-अपनी दृष्टि से देखते हैं। इनके अनुसार काव्य वही है जिसमें काव्य की आत्मा (जो ये मानते हैं) हो। इसी प्रकार पण्डितराज जगन्नाथ रमणीय अर्थ का प्रतिपादन करनेवाले शब्द को काव्य कहते हैं (रमणीयार्थप्रतिपादक: शब्द: काव्य )। अपनी परिभाषा में विश्वनाथ जहाँ रसात्मक वाक्य पर बल देते हैं वहीं पं. जगन्नाथ रमणीयार्थ प्रतिपादक शब्द पर जोर डालते हैं। जबकि मम्मट (तद्दोषौ शब्दार्थौ सगुणावनलंकृति क्यापि) तथा हेमचन्द्र (अदोषौ सगुणौ सालंकारौ च शब्दार्थौ काव्य) शब्द और अर्थ पर विशेष बल देते हैं।

दुनिया के प्रत्येक साहित्य में काव्य शास्त्र की अपनी एक परम्परा रही है जिसमें काव्यांगों की चर्चा और कविता की व्याख्या एवं परिभाषा की गयी है। पाश्चात्य परम्परा में अर्थात् यूनानी और अंग्रेज़ी साहित्य में भी कविता एवं काव्य का विमर्श विस्तार में मिलता है। प्लेटों के अनुसार काव्य मूलसत्ता की अनुकृति है। अत: सत्य से दोगुनी दूर अर्थात् मिथ्या है, हानिकर और अनैतिक है। यही कारण है कि उसने कवियों को आदर्श गणतन्त्र से बाहर करने का प्रस्ताव किया । प्लेटो के शिष्य अरस्तू ने काव्य का मुख्य प्रयोजन सौन्दर्य सुख प्रदान करना माना तथा कविता को मनुष्य की नैतिक प्रकृति के लिए लाभप्रद माना। प्लेटो के अनुकरण सिद्धान्त को स्वीकार करते हुए अरस्तू ने कहा कि काव्यात्मक अनुकरण फ़ोटोग्राफिक अनुकरण मात्र न

होकर कवि के आन्तरिक अनुभवों तथा आन्तरिक क्रिया का अनुकरण है। अरस्तू के अनुसार काव्यात्मक सत्य और ऐतिहासिक सत्य में अन्तर है। इतिहास घटित का आंकलन करता है वहीं काव्य भावी का उद्‌घाटन करता है। अत: काव्य इतिहास से ऊँचा स्थान रखता है।

लांजीनस के अनुसार श्रेष्ठ काव्य की रचना परमानन्द की स्थिति में ही सम्भव है। श्रेष्ठ कविता पाठक या श्रोता के 'स्व' को ऊँचा उठाती है और परमानन्द की स्थिति में पहुँचा देती है। वह मानता है कि तुच्छ और हीन भावनाओं और विचारोंवाला व्यक्ति अमर साहित्य की रचना नहीं कर सकता। इनसाइक्लो पीडिया ब्रिटानिका में कविता की परिभाषा है—'आर्ट वर्क ऑफ पोएट'। प्रसिद्ध कवि ड्राइडन कविता को सुस्पष्ट संगीत मानते हैं—'पोएट्री इज आर्टीकुलेट म्यूजिक'। कोलरिज के अनुसार 'बेस्ट वर्ड्स इन बेस्ट ऑर्डर' ही कविता है। प्रसिद्ध कवि वर्ड्सवर्थ के अनुसार 'कविता प्रबल अनुभूतियों का सहज उद्रेक है जिसका स्रोत शान्ति के समय में संचित मनोवेगों में फूटता है (पोएट्री इज द स्पाण्टेनियस ओवर फ्लो ऑफ पावरफुल फीलिंग्स, इट टेक्स इट्स ऑरिजिन फ्रॉम इमोशन्स रिकलेक्टेड इन ट्रांक्विलिटी)। शैली के अनुसार कविता सबसे आनन्दित और सबसे उत्तम मन के सर्वोत्तम और सबसे सुखी पलों का लेखा जोखा है (Poetry is the record of the best and happiest moments of the happiest and best minds)। शेली का मानना है कि हमारे मधुर काव्य (गीत) वे हैं जो विषाद के क्षणों में अभिव्यक्त होते हैं (Our sweetest songs are those that tell of saddest thought)। इस प्रकार की बात भवभूति ने हमारे यहाँ बहुत पहले कही थी— एको रस: करुण एवं निमित्त भेदा। मैथ्यू आर्नाल्ड कविता को जीवन की आलोचना मानते हैं (Poetry is, at bottom, a criticism of life)। डॉक्टर जानसन की मान्यता है कि कविता आनन्द और सत्य का समन्वय करनेवाली कला है। (Poetry is the art of Uniting pleasure with truth)। कोलरिज के अनुसार कविता विज्ञान का प्रतिवाद है (Poetry is the antithesis of science)। एडगर एलन पो के अनुसार कविता सौन्दर्य का लयात्मक सृजन है (Poetry is rythamic creation of beauty)।

हिन्दी के आदिकाल, भक्तिकाल तथा रीतिकाल में कविता के लक्षण संस्कृत काव्य शास्त्र पर आधारित रहे। जबकि आधुनिक काल में अंग्रेज़ी का प्रभाव अधिक पड़ने लगा। हिन्दी के लक्षण ग्रन्थ सर्वप्रथम रीतिकाल में सामने आते हैं। भक्तिकाल और रीतिकाल की सन्धि पर खड़े आचार्य केशव काव्य की शोभा अलंकार को मानते हुए लिखते हैं—"यद्यपि जाति सुलच्छनी, सुबरन सरस सुवृत्त। भूषन बिना न सोहई, कविता बनिता मित्त।।" वहीं श्रीपति ने ('काव्य सरोज' में) रस पर बल देते हुए लिखा— यद्यपि दोष बिनु गुण सहित, अलंकार सो लीन। कविता बनिता छबि नहीं,

रस बिन जदपि प्रवीन।। आचार्य चिन्तामणि ('कविकुल कल्पतरु' में) ने भी रस पर बल देते हुए कहा कि, "बतकहाउ रस मैजु है कवित्त कहावै सोय" अर्थात् रस से युक्त वाक्य काव्य कहलाते हैं। स्पष्ट है कि यह आचाय विश्वनाथ (साहित्यदर्पण) के 'वाक्यं रसात्मकं काव्यम्' का ही रूपान्तरण है। इसी प्रकार काव्य की परिभाषा तथा काव्य-लक्षण प्रस्तुत करनेवाले कवि आचार्यों में कुलपति मिश्र ('रस रहस्य'), देव ('काव्य रसायन'), सूरति मिश्र (काव्य-सिद्धान्त), सोमनाथ, आदि प्रमुख हैं।

हिन्दी साहित्य के आधुनिक काल के आरम्भ अर्थात् भारतेन्दु युग में कविता एवं काव्य की व्याख्या संस्कृत काव्य शास्त्र एवं रीतिवादी आचार्यों के लक्षणों द्वारा ही की जाती रही । इस युग में कविता की भाषा ब्रजभाषा ही रही किन्तु द्विवेदी युग में खड़ी बोली की स्वीकार्यता बढ़ने के साथ-साथ अंग्रेज़ी लक्षणों का प्रभाव भी बढ़ता गया। महावीरप्रसाद द्विवेदी के अनुसार, "कविता प्रभावशाली रचना है जो पाठक या श्रोता के मन पर आनन्दमयी प्रभाव डालती है।" उनकी मान्यता है कि, "मनोभाव शब्दों का रूप धारण करते हैं, वही कविता है चाहे वह पद्यात्मक हो चाहे गद्यात्मक।" एक स्थान पर द्विवेदी जी लिखते हैं कि, "अन्तःकरण की प्रवृत्तियों के चित्र का नाम कविता है।" श्यामसुन्दर दास के अनुसार 'कविता मनुष्य की अलंकृत भावना की उपज है...वह व्यक्ति की असाधारण परिस्थिति की उपज हैं। आचार्य रामचन्द्र शुक्ल ने कविता को जीवन और जगत् की अभिव्यक्ति माना है। वे कविता को 'अनुभूति योग' मानते हैं जो मनुष्य के मनोविकारों का परिष्कार करती है तथा सृष्टि के साथ हमारे रागात्मक सम्बन्धों का निर्वाह करती है। वे कहते हैं कि, "हृदय की मुक्ति की साधना के लिए मनुष्य की वाणी जो शब्द विधान करती आयी है, उसे कविता कहते हैं।" इस साधना को वे भावयोग कहते हैं। प्रसाद के अनुसार—"काव्य आत्मा की संकल्पनात्मक अनुभूति है।" जो श्रेय सत्य को उसके मूलचारूत्व में सहसा ग्रहण कर लेती है। सुमित्रानन्दन पन्त के अनुसार, "कविता हमारे परिपूर्ण क्षणों की वाणी है। उसके लिए चित्र भाषा की आवश्यकता होती है।" वहीं निराला कविता की मुक्ति की बात करते हुए कविता में स्वाधीन चेतना की वकालत करते हैं। महादेवी के अनुसार, "कविता कवि विशेष की भावनाओं का चित्रण है और वह चित्रण इतना ठीक है कि उससे वैसी ही भावनाएँ किसी दूसरे के हृदय में आविर्भूत होती हैं।"

मैकाले की मान्यता है कि जैसे-जैसे सभ्यता का विकास होता है वैसे-वैसे कविता का ह्रास होता है। इस कथन को इस प्रकार संशोधित किया जा सकता है कि जैसे-जैसे सभ्यता का विकास होता है वैसे-वैसे काव्य में गेयता का ह्रास होता है। मेरी स्पष्ट धारणा है कि मानवीय चेतना देशकाल परिस्थिति सापेक्ष होती है अतः परिवर्तनशील है। सभ्यता और संस्कृति भी परिवर्तनशील है। चूँकि कविता भी एक मूल्यपरक चेतना है अतः उसमें भी परिवर्तन स्वाभाविक है। वस्तुतः किसी समय की

कविता उस काल की चेतना की अभिव्यक्ति होती है। कविताओं से किसी समाज की मन:स्थिति को समझा जा सकता है। समय बदलता है, समाज बदलता है अत: कविता के आन्तरिक एवं बाह्य स्वरूप में परिवर्तन भी स्वाभाविक है। एक ही कालखण्ड में कवियों की चेतना भी अलग-अलग होती है। अत: कविता का स्वरूप भी अलग-अलग होता है। एक ही समय में काव्य सम्बन्धी मान्यताओं में भी अन्तर होता है। अत: काव्य की व्याख्या में मतभेद एवं असहमतियाँ भी स्वाभाविक हैं। वर्ड्सवर्थ की कविता शेली और विलियम ब्लैक को पसन्द नहीं थी। शेली ने वर्ड्सवर्थ की कविता पढ़कर उन्हें नैतिक हिजड़ा (moral enuch) कहा था और ब्लैक ने कहा कि वर्ड्सवर्थ का संसार घास पात (vegetapetive Universe) का संसार है। स्विनबर्न की कविताओं से चिढ़कर लार्ड मौरले ने उन्हें Swine born (सूअर का बच्चा) कहा था। कीट्स जो वर्ड्सवर्थ से बहुत अलग व्यक्तित्व रखता है और जिसकी कल्पना और कविता वर्ड्सवर्थ से बहुत भिन्न है, वर्ड्सवर्थ को The master (गुरुदेव) कहता था। जहाँ महाकवि रवीन्द्रनाथ ठाकुर हाफ़िज़ का कलमा पढ़ते हैं वही स्वयं फ़ारसी का कवि होते हुए भी इक़बाल हाफ़िज़ की शायरी को कोसते थे। वहीं जर्मन कवि गर्टा हाफ़िज़ पर जान देता था। आशय है कि जैसे गुलशन में हर फूल की रंगत और ख़ूशबू अलग-अलग होती है उसी तरह रचना का आस्वाद भी अलग-अलग होता है। किसी को कोई पसन्द है किसी को कोई और। पसन्द और नापसन्द हो सकती है, सहमति या असहमति हो सकती है, मतैक्य और मतभेद हो सकते हैं, रचना की अलग-अलग कसौटियाँ हो सकती है, रचनाधर्मिता के अलग-अलग प्रतिमान हो सकते हैं किन्तु किसी रचना के अस्तित्व को नकारा नहीं जा सकता। किसी सृजन के 'अस्ति' की हत्या नहीं की जा सकती।

काव्य के प्रयोजन को लेकर अनेक वाद-विवाद प्रचलित हुए हैं। काव्य प्रयोजन के सम्बन्ध में आरम्भिक संकेत भरत के नाट्य शास्त्र में प्राप्त होते हैं। उसके अनुसार धर्म, अर्थ, काम, मोक्ष, लोकोपदेश विश्राम, बुद्धि विकास, नैतिक शिक्षा, हित एवं विनोद काव्य के प्रयोजन हैं। (नाट्य शास्त्र अध्याय 1, श्लोक 114-120)। भामह ने धर्म, अर्थ, काम, मोक्ष तथा प्रीति को काव्य का मुख्य उद्देश्य माना है। उन्होंने साधारण काव्य या अकाव्य के लक्षण भी गिनाये हैं, वे हैं— धर्म प्रचार, दण्ड से रक्षा, व्याधि से सुरक्षा आदि (काव्यालंकार 1/6/10)। वामन ने लौकिक एवं अलौकिक रूप से काव्य को फलदायी कहा है तथा कीर्त्ति को काल का प्रच्छन्न प्रयोजन बताया है (काव्यालंकार सूत्र1/1/5)। दण्डी सहृदयों की प्रियता, कीर्त्ति का विस्तार, धनार्जन, विपत्ति से रक्षा, असाधारण आनन्द एवं मनोवांछित फल की प्राप्ति को काव्य-प्रयोजन के रूप में स्वीकार करते हैं। (काव्यादर्श) )। कुन्तक के अनुसार मन्दबुद्धि राजकुमार को शिक्षित करना, धर्मादिचतुर्वर्ग पुरुषार्थों की प्राप्ति, लौकिक

पुरुषों के लिए नित्य नूतन व्यवहार तथा उत्कृष्ट अन्तश्चमत्कार काव्य के प्रयोजन हैं। (वक्रोक्तिजीवितम् 1/3, 5, 6)। ध्वन्यालोक के रचयिता आनन्दवर्द्धन ने काव्य में रसनिष्पति को प्रमुख प्रयोजन मानते हुए चतुर्वर्ग फल की प्राप्ति को भी काव्य प्रयोजन स्वीकार किया है। मम्मट (काव्यप्रकाश), शिवेतर रक्षा, कान्तासम्मित उपदेश एवं सद्यः परिनिवृत्ति को काव्य प्रयोजन स्वीकार किया है। साहित्य दर्पणकार विश्वनाथ ने चतुर्वर्ग सुख एवं काव्यानन्द को ही काव्य प्रयोजन स्वीकार किया है।

भारतीय काव्य शास्त्र की तरह पाश्चात्य काव्य शास्त्र में भी, काव्य प्रयोजन को लेकर अनेक मत प्रचलित हैं। जैसे—कला कला के लिए, कला जीवन के लिए, जीवन से पलायन के अर्थ में, आत्मसाक्षात्कार के अर्थ में, सृजनात्मक आवश्यकता के रूप में, सेवा के अर्थ में, मनोरंजन अथवा आनन्द के लिए आदि। आस्कर वाइल्ड तथा डॉ. ब्रेडले जैसे विद्वानों के अनुसार काव्य या कला का कोई प्रयोजन नहीं होता अतः उसे उपयोगिता की स्थूल कसौटी पर कसना बेमानी है। कवि या कलाकार का प्रमुख उद्देश्य काव्य या कला ही है, कुछ और नहीं। डॉ. ब्रेडले ने अपनी पुस्तक 'Oxford Lectures on Poetry' में विचार व्यक्त किया है कि कविता स्वयं साध्य है और इसका स्वतन्त्र मूल्य है। कविता न केवल कथ्य है और न केवल रूप है, कविता अपनी सम्पूर्णता में मात्र कविता है। इसका कोई प्रयोजन नहीं अतः यह स्वयं साध्य है। इस मत के अनुसार कवि के लिए कविता मात्र कविता के लिए है। हो सकता है कि एक पाठक को उसमें प्रेरणा, आनन्द जैसा कोई उद्देश्य प्राप्त हो जाय। यह मत नैतिक, धार्मिक, संगठनात्मक प्रचारवादी साहित्य या कला के बरक्स रचना की स्वतन्त्र अस्मिता की वकालत करता है। कुछ लोग इस स्वतन्त्रता का अतिवादी अर्थ ग्रहण करते हुए स्वच्छन्द और अश्लील रचना की निर्मिति करने लगते हैं। यह इस सिद्धान्त की सीमा है।

'कला जीवन के लिए' एक उपयोगितावादी मत है। इसके अनुसार कला या काव्य जीवन से खुराक लेते हैं तथा जीवन की व्याख्या करते हैं। जीवन के बिना कला या काव्य विकसित ही नहीं हो सकते। काव्य या कला के बिना जीवन अत्यन्त नीरस हो जायेगा। जीवन का सौन्दर्य और उसकी उदात्तता कला एवं काव्य से ही सम्भव है। काव्य या कला का उद्देश्य है जीवन को चित्रित करना तथा उसे और अधिक सुन्दर बनाना। जीवन को अधिक सुन्दर बनाने के लिए काव्य और कला एक साधन का कार्य करते हैं अतः दोनों उपयोगी हैं। वस्तुतः काव्य सीधे जीवन से अंकुरित होता है। जगत और जीवन के विविध रूपों-दृश्यों का हमारे मस्तिष्क पर सीधा प्रभाव पड़ता है। काव्य और कला इसी प्रभाव के परिणाम हैं। काव्य मानव जीवन का जीवन्त अभिलेख है। मनुष्य ने जो देखा, जो जिया, जो भोगा, जो सोचा, जो अनुभूत किया, काव्य उसी का बोलता हुआ दस्तावेज है। इस प्रकार काव्य, भाषा के माध्यम से की

गयी जीवनाभिव्यक्ति है। जीवन के संवेदनों से ही काव्य की विविध विधाओं का जन्म होता है। जीवन के संवेदनों को चार भागों में विभाजित किया जा सकता है—1. स्वयं को अभिव्यक्त करने की इच्छा, 2. लोगों के जीवन या लोक जीवन में अभिरुचि, 3. कल्पना-जगत् में आदर्श-प्राप्ति की इच्छा तथा 4. शिल्प के प्रति प्रेम। इस तरह काव्य रचनाकार के अनुभव को व्यक्त करता है। वह जीवन एवं जगत् के सम्बन्ध में जो सोचता है उसी का भाषाई रूपान्तरण काव्य है। रचनाकार अपने अनुभवों की अभिव्यक्ति सुन्दर शैली और सुन्दर शब्दों में करता है। इसी कोशिश में काव्य की अन्य विधाओं का जन्म होता है।

मानव जीवन के संवेदन ही साहित्य को जन्म नहीं देते बल्कि हमारे चारों ओर बिखरे हुए विषय भी अपनी भूमिका अदा करते हैं। ये विषय उतने ही विविधता भरे हैं जितना कि स्वयं जीवन। विषयों की विविधता के आधार पर काव्य के विविध रूपों का विकास होता है, यथा गीतकाव्य, शोक काव्य, रहस्यवादी काव्य, कथा, आलोचना आदि। दरअसल काव्य विशिष्ट कोण से देखा हुआ जीवन है। रचनाकार के कोण बदलने से जीवन की व्याख्या अलग-अलग हो जाती है। वह आईना जिसमें कलाकार या रचनाकार दुनिया को देखता है वह उसकी निजी भंगिमा का आईना है। यह निजता रचनाकार के मन और मस्तिष्क में जन्म लेती है। वह स्वयं को ही पृष्ठों में ढालता है। वैयक्तिक अनुभवों से गुजरना ही काव्य संस्कृति है। अनुभवों की इमानदारी ही काव्य को कालजयी बनाती है। रचनाकार को ईमानदारी से वही लिखना चाहिए जो उसकी निजी अनुभूति हो क्योंकि प्रमाणिकता मौलिक अनुभवों की ज़मीन पर अंकुरित होती है। जो ईमानदार होगा वही काव्य प्रमाणिक होगा।

# परमस्वाधीन है वह विश्वयात्री है : मुक्तिबोध

मुक्तिबोध का व्यक्तित्व बहुआयामी है। वे एक साथ कवि, सम्पादक, आलोचक, डायरी-लेखक, पत्रकार, कहानीकार सब-कुछ थे। वे बीसवीं सदी की हिन्दी कविता का सबसे बेचैन, सबसे द्वन्द्वग्रस्त, तड़पता हुआ और सबसे ईमानदार स्वर हैं। उनकी रचनाएँ सृजनात्मक विस्फोट हैं। उन्हें हिन्दी कविता का गोत्रहीन कवि माना जाता है क्योंकि उनका कोई पूर्वज नहीं खोजा जा सकता है। वे ऐसे विशिष्ट कवि हैं जिन्होंने कविता से नहीं बल्कि टाल्सटाय, दास्तवस्की, गोर्की, फ्लाबेयर आदि के उपन्यासों से प्रेरणा ग्रहण की। उनकी रचनाओं पर भगवान सिंह की टिप्पणी है कि, "वे सरस नहीं हैं, सुखद नहीं हैं। वे हमें झकझोर देती हैं, गुदगुदाती नहीं। वे मात्र अर्थ ग्रहण की माँग नहीं करतीं, आचरण की माँग करती हैं।"

मुक्तिबोध का जीवन और उनका रचना संसार दोनों अत्यन्त उबड़-खाबड़ हैं। वे स्वयं कहते हैं कि, "नौकरियाँ पकड़ता और छोड़ता रहा। शिक्षक, पत्रकार, पुनः शिक्षक, सरकारी, ग़ैर-सरकारी नौकरियाँ, निम्न मध्यमवर्गीय जीवन, बाल-बच्चे, दवा-दारु, जन्म-मौत में उलझा रहा। बाल्यकाल में पिता की पुलिस सेवा में (दारोगा के रूप में) लगातार स्थानान्तरण होने से उनकी प्राथमिक एवं माध्यमिक शिक्षा अव्यवस्थित रही। उज्जैन, इन्दौर, बनारस, जबलपुर, नागपुर और अन्ततः राजनाँद-गाँव, यह विस्थापन उनके जीवनानुभवों को, संघर्षों को ख़ुराक देता रहा। जो थोड़ा, स्थायित्व मिला वह नागपुर तथा अन्त में राजनाँद-गाँव में मिला। यही दोनों स्थान उनकी उत्कृष्ट रचनाओं के सृजन के साक्षी भी रहे।

यद्यपि मुक्तिबोध का रचना-संसार कई विधाओं तक विस्तृत है किन्तु उनकी मूल विधा कविता ही है। कविता ही उनकी पहचान का उत्स है। वे निराला के बाद हिन्दी के सबसे महत्त्वपूर्ण कवि हैं, सर्वाधिक चर्चा के केन्द्र में भी वही रहे। अज्ञेय और शमशेर जहाँ 'बात के कवि' हैं वहीं मुक्तिबोध 'भयानक द्वन्द्व' के कवि हैं। उनकी कविताएँ तड़प, बेचैनी, संघर्ष, द्वन्द्व और विक्षोभ की कविताएँ है। वे तार-सप्तक के वक्तव्य में स्वयं कहते हैं कि, "मेरी कविताएँ अपना पथ खोजते बेचैन मन की

अभिव्यक्ति हैं।'' सन् 1935 से 1948 तक का समय मुक्तिबोध के कवि के तैयारी का समय था। यह वह समय था जिसमें मुक्तिबोध अध्ययन-अध्यापन के सिलसिले में तथा नौकरी की तलाश में उज्जैन, इन्दौर, शुजालपुर, बनारस, जबलपुर आदि स्थानों में समय काट रहे थे। सन् 1948-1958 के बीच, नागपुर का समय मुक्तिबोध का सर्वाधिक रचनात्मक, प्रयोगशील एवं अपनी पहचान को स्थापित करने का काल था। इसी काल में उनकी मौलिकता सामने आयी तथा उन्होंने नये मुहावरे तलाशे। इसी काल में 'ब्रह्मराक्षस' तथा 'कामायनी एक पुनर्विचार' जैसी कालजयी रचनाएँ सामने आयीं। 1958 में मुक्तिबोध राजनाँद गाँव के दिग्विजय महाविद्यालय में प्राध्यापक बने और यहीं पर उनकी 'अँधेरे में', 'चाँद का मुँह टेढ़ा है', 'एक साहित्यिक की डायरी', 'काठ का सपना' तथा 'कविता का आत्म संघर्ष तथा अन्य निबन्ध' जैसी महत्त्वपूर्ण रचनाएँ सामने आयीं। यद्यपि उनकी सभी रचनाएँ उनकी मृत्यु के बाद ही पुस्तकाकार रूप में प्रकाशित हो सकीं।

मुक्तिबोध की प्रारम्भिक कविताएँ माखनलाल चतुर्वेदी तथा महादेवी वर्मा की संवेदना, भाषा, शिल्प तथा शैली से प्रभावित थीं, जो 'कर्मवीर' तथा 'वाणी' जैसी पत्रिकाओं में प्रकाशित होती थीं। यह प्रारम्भिक कवि वेदना और कल्पना का मृदु चितेरा बनना चाहता था। उसका शब्द-समूह और उसका रूप छायावादी रंग लिये था। नागपुर पहुँचकर मुक्तिबोध की काव्य-संवेदना में बेचैनी और अन्तर्द्वन्द्व की सूक्ष्म अनुभूतियों का प्रवेश हो चुका था। इस काल में ही उनकी जटिल आन्तरिक संरचना वाली लम्बी कविताएँ सामने आने लगीं। इन कविताओं में खोजपूर्ण तड़प और बेचैनी की मानसिक उधेड़बुन दिखायी देने लगी। इसी अवधि में आयी रचनाओं से मुक्तिबोध को सही पहचान मिली। नागपुर और राजनाँद गाँव में मुक्तिबोध का कवि, आलोचक, कथाकार, डायरी लेखक अपने मौलिक रूप में प्रतिष्ठित हुआ। अपने रचनात्मक शीर्ष पर होने के बावजूद मुक्तिबोध साहित्य-जगत् में विस्मृत ही रहे। इस अवधि में आलोचकों के प्रिय कवि के रूप में निराला प्रतिष्ठित थे। मूलतः मराठी भाषी मुक्तिबोध की स्थिति हिन्दी साहित्य में अभी सुसंगत नहीं थी। मुक्तिबोध ने साहित्यिक उदासीनता और विस्मृति के खोह में स्वयं को फेंक दिए जाने की स्थिति से भी संघर्ष किया। इस बाह्य और आन्तरिक द्वन्द्व और त्रासदी को उन्होंने मृत्युपर्यन्त झेला। 'अँधेरे में' कविता इसी बेचैनी की मौलिक अभिव्यक्ति है। इस कविता में कवि का आत्मसंघर्ष और बाहरी परिवेश का संघर्ष स्पष्ट दिखायी देता है। इस लम्बी कविता में नागपुर में एप्रिस मिल के उस गोली काण्ड की छाप है जो मज़दूरों पर हुआ था। शमशेर के अनुसार मुक्तिबोध ने घटना स्थल पर मज़दूरों का सर फूटना और रक्त बहना अपनी आँखों से देखा था। 'मुक्तिबोध की आत्मकथा' में विष्णु चन्द्र शर्मा ने भी स्वीकार किया है कि 'नया ख़ून' के रिपोर्टर के रूप में मुक्तिबोध उस घटना स्थल

पर मौजूद थे। नामवर सिंह ने 'कवि' के अप्रैल, 1975 के अंक में टिप्पणी की है कि, ''आत्मसंघर्ष के साथ-साथ अपने परिवेश से संघर्ष निराला में भी है और मुक्तिबोध में भी और निश्चय ही यह उनकी लम्बी कविताओं में प्रत्यक्ष है।''

हिन्दी कविता में लम्बी कविताओं की चर्चा मुक्तिबोध की लम्बी कविताओं के साथ शुरू हुई। मुक्तिबोध ने अपनी डायरी के एक प्रसिद्ध लेख 'लम्बी कविता का अन्त' में अपनी लम्बी कविताओं के पीछे यह कारण बताया है कि, ''यथार्थ के तत्त्व परस्पर गुम्फित होते हैं, साथ पूरा यथार्थ गतिशील होता है। अभिव्यक्ति का विषय बनकर जो यथार्थ प्रस्तुत होता है, वह भी ऐसा ही गतिशील है और उसके तत्त्व भी परस्पर गुम्फित हैं। यही कारण है कि मैं छोटी कविताएँ लिख नहीं पाता और जो छोटी होती हैं वे वस्तुतः छोटी न होकर अधूरी होता हैं।'' मुक्तिबोध साहित्य और राजनीति पर एक समान गम्भीरता रखते थे। उनके लिए राजनीति से निरपेक्ष रहना, तटस्थ भाव रखना असम्भव था। वे कहते हैं कि, ''राजनीति और साहित्य मात्र अभिव्यक्ति में भिन्न है। उनका मूल है आज का यथार्थ, उसके लक्ष्य, उसके अभिप्रेत, उसके संघर्ष।'' (नया ख़ून, 26 जनवरी, 1951, पृ. 23)। जब मुक्तिबोध द्वारा माध्यमिक विद्यालयों के लिए लिखी गयी पुस्तक 'भारत इतिहास और संस्कृति ' को मध्य प्रदेश सरकार द्वारा 19 सितम्बर, 1962 को प्रतिबन्धित कर दिया गया तो उनकी चिन्ता थी—''देश में फासिस्ट ताक़तें बहुत बढ़ गयी हैं...पार्टनर यह मेरी या तुम्हारी पुस्तक का मामला नहीं है...वे आपकी कलम छीन लेंगी, वे स्वतन्त्र चिन्तन को समाप्त कर देंगी।'' हरिशंकर परसाई ने इस घटना पर अपने संस्करण में लिखा कि, ''वह आदमी चट्टान जैसा था, लेकिन इस घटना ने उनके भीतर भय और असुरक्षा की भावना भर दी थी।''

मुक्तिबोध की दूसरी महत्त्वपूर्ण कविता 'ब्रह्मराक्षस' है जो सर्वप्रथम बनारस से निकलने वाली पत्रिका 'कवि' के अप्रैल, 1957 के अंक में प्रकाशित हुई। तत्समय आलोचकों का ध्यान इस कविता की तरफ़ नहीं गया। जब यह कविता किंचित् संशोधनों के साथ उनके 1964 में प्रकाशित संग्रह 'चाँद का मुँह टेढ़ा हैं' में आयी, तब उस पर कुछ चर्चा शुरू हुई। यह कविता उनकी दूसरी महत्त्वपूर्ण कविता स्वीकार की गयी। ब्रह्मराक्षस ऐसे प्रगतिशील मध्यवर्गीय बुद्धिजीवी का प्रतीक (प्रेत) है जो ज्ञानी और बुद्धिजीवी होने के बावजूद, वर्गचेतस् न होने के कारण अपनी निसंगता की बावड़ी में लगातार आत्मशोधन करता है। वह सतत अन्तर्द्वन्द्व, आत्मघुटन और आक्रोश में जीता है। 'ब्रह्मराक्षस' मुक्तिबोध का एकालाप है, स्वगत व्याख्यान है जिसे कवि स्वयं सुन रहा है। कवि के आसपास का परिवेश भी वर्ग चेतस नहीं है जो उसकी मूल समस्या को बता सके। ब्रह्मराक्षस की पीड़ा यही है कि वह अपने संघर्ष में सफल

नहीं हो सका। इसीलिए वह आत्म ग्रस्त, कुण्ठित और पीड़ित है। कवि यह समझता है कि जब तक संघर्ष सर्वहारा के साथ जुड़कर ज़मीन पर नहीं उतरेगा, केवल मानसिक और बुद्धि जगत् तक सीमित रहेगा, तब तक ब्रह्मराक्षस के अधूरे कार्य पूरे नहीं हो सकते। अत: मुक्तिबोध एक वर्गचेतस्, यथार्थवादी, संवेदनशील रचनाकार होने के कारण ब्रह्मराक्षस के अधूरे कार्य को वस्तुपरक तरीक़े से आगे बढ़ाते हैं।

मुक्तिबोध की तीसरी महत्त्वपूर्ण कविता है 'चाँद का मुँह टेढ़ा है।' यह कविता 1961-62 की अवधि के बीच लिखी गयी। अपनी अन्य कविताओं की तरह मुक्तिबोध इस कविता को भी बार-बार सुधार-सँवार रहे थे। मुक्तिबोध की अधिकांश लम्बी कविताओं में अँधेरे की उपस्थिति विशेष महत्त्व रखती है। यह अन्धकार कभी घने कुहरे में तो कभी दिमाग़ी गुहान्धकार के रूप में होता है। 'चाँद का मुँह टेढ़ा है' का चाँद भी 'भयानक स्याह सन तिरपन का चाँद है।' 'गगन में कर्फ़्यू है।' इसके साथ ही कविता में नगर का भू-दृश्य उभरता है। आधी रात है, ऊँची-ऊँची दीवारों और अहातों पर काँच के जमे हुए टुकड़े चमक रहे हैं। इन पर बिखरी हुई चाँदनी साँवली झालरों जैसी प्रतीत होती है। मुक्तिबोध के काव्य में अँधेरा या काला रंग उनके अन्तर्मन का तत्त्व भी है। वे अपने एक बहुचर्चित निबन्ध 'तीसरा क्षण' में स्वयं कहते हैं, "मुझे लगता है कि मन एक रहस्यमय लोक है। उसमें अन्धेरा है...वहाँ अथाह काला जल है। उस अथाह काले जल से स्वयं को ही डर लगता है। इस काले जल में कोई बैठा है। वह शायद मैं ही हूँ।" (मुक्तिबोध रचनावली खण्ड-4, पृ. 76)। 'चाँद का मुँह टेढ़ा है' कविता में भी व्याप्त अँधेरे का उजाले की किरणों से द्वन्द्व जारी है। कर्फ़्यू जारी है, पोस्टर युद्ध चल रहा है, मालिक-मज़दूरों का संघर्ष चल रहा है। यह कुल मिलाकर मुक्ति-संघर्ष है जो मुक्तिबोध के अन्दर और बाहर दोनों स्तरों पर चल रहा है।

मुक्तिबोध की श्रेष्ठ काव्यात्मक प्रतिभा उनकी अन्य महत्त्वपूर्ण कविताओं— 'भूल ग़लती', 'दिमागी गुहान्धकार', 'ओरांगउटांग', 'जब प्रश्न चिह्न बौखला उठे' 'चम्बल की घाटी में' 'डूबता चाँद कब डूबेगा' तथा अन्य कविताओं में स्पष्ट रूप में देखी जा सकती है।

मुक्तिबोध मूलत: कवि हैं किन्तु उनकी आलोचना भी प्रखर है। उनकी समीक्षा भी सोची समझी प्रक्रिया है। वे बाहरी आलोचना के बजाय काव्य प्रवृत्ति के अन्दर से उपजी आलोचना के हिमायती हैं। वे पुरानी आलोचना-पद्धति को स्वीकार नहीं करते क्योंकि वह काव्य-प्रक्रिया को समझने में असफल रही थी। वे मानते थे कि काव्य-संरचना और काव्यगत मूल्यों में परिवर्तन के साथ आलोचना की प्रविधि में भी परिवर्तन होना चाहिए। 'नयी कविता का आत्मसंघर्ष' शीर्षक निबन्ध में वे कहते हैं कि, "नयी काव्य प्रवृत्ति अभी तक पण्डितों, आचार्य-प्रवरों और आलोचकों

वरेण्यों द्वारा हृदयंगम नहीं हो सकी है। किन्तु वह चिन्ता की बात नहीं है। चिन्ता की बात यह है कि नयी काव्य-प्रवृत्ति के क्षेत्र के भीतर से ऐसी कोई आलोचना अभी नहीं उठी है जो उस प्रवृत्ति की सीमाएँ बताये और उसकी विस्तृत समीक्षा करे।'' (मु0 बो. र. भाग-4, पृ. 327)। मुक्तिबोध मानते हैं कि छायावाद तक कविता के वस्तु तत्त्व संवेदनात्मक ज्ञान से ही प्राप्त होते रहे। नयी कविता के साथ स्थिति एकदम से बदल गयी और आलोचना कविता की पड़ताल करने में नाकाफ़ी और नाकाम हो गयी। संवेदनात्मक ज्ञान और ज्ञानात्मक संवेदना का द्वैत मुक्तिबोध की रचना प्रक्रिया में बार-बार टकराता है। वे कोरे ज्ञान पर इतराने वाले विद्वान चिन्तक नहीं थे और न ही कोरी संवेदना से सराबोर कवि थे। वे मानते है कि, ''ज्ञानपक्ष संवेदना से हटकर काव्योपयोगी नहीं रहेगा।'' (वही पृ. 327)। वे 'कामायनी' को संवेदनात्मक ज्ञान की अभिव्यक्ति मानते हैं। 'कामायनी—एक पुनर्विचार' नामक समीक्षात्मक कृति में वे मनु को आधुनिक बूर्जुआ वर्ग का प्रतिनिधि मानते हैं। वे कला को अनिवार्यत: फैण्टेसी और कामायनी को विशाल फैंटेसी मानते हैं। फैंटेसी का जैसा विवेचन मुक्तिबोध ने किया है वह अन्यत्र दुर्लभ है। मुक्तिबोध आत्म निरीक्षण, आत्म परीक्षण और आत्म परिष्कार को कवि के लिए अनिवार्य तत्त्व मानते हैं। वे कहते हैं कि, ''जिस कवि में आत्म निरीक्षण जितना तीव्र होगा वह 'कण्डीशण्ड' साहित्यिक 'रिफ्लेक्शन' से उतना ही जूझ सकेगा।'' वे प्रगतिवादी आलोचना के सीमित दृष्टिबोध से आहत थे। प्रगतिवाद की बजाय उन्होंने नयी कविता के प्रगतिशील पक्ष से स्वयं को जोड़कर देखा। वे कहते हैं कि, ''मैंने प्रगतिवादी अभ्युत्थान देखा, किन्तु मेरी कविता प्रगतिवादी ढाँचे को नहीं अपना सकी।'' (मु. रचनावली, भाग 5, पृ. 107)।

मुक्तिबोध का कथा साहित्य भी उनकी काव्य चेतना का ही विस्तार है। उनकी कहानियाँ भी उनकी कविताओं की तरह रूपात्मक और प्रतीकात्मक हैं। उनकी कहानियों का संकलन 'काठ का सपना' भारतीय ज्ञानपीठ द्वारा 2003 में प्रकाशित हुआ। उनकी कहानियों की रचना-अवधि 1943-1962 तक लगभग 20 वर्ष तक विस्तृत है। उनकी कुल 40 कहानियाँ प्राप्त हैं। उनकी दीर्घ कहानी 'विपात्र' एक उपन्यास के रूप में भी छपी। मुक्तिबोध की कहानियों का नायक शोषण के चक्रव्यूह में घिरा आधुनिक अभिमन्यु है जो अन्त तक संघर्षरत है। वह अन्त तक लड़ता है, क्रान्ति की मशाल था में आगे बढ़ता है। वह बीमार व्यवस्था और रूढ़िग्रस्त समाज के ख़िलाफ़ एक बगावत है। कहीं वह अभिशप्त बुद्धिजीवी के रूप में होता है, कहीं लाचार बुद्धिजीवी तो कहीं समझौतावादी बुद्धिजीवी। अक्सर लगता है कि इन कहानियों के नायक स्वयं मुक्तिबोध हैं। उनकी सात अधूरी कहानियाँ तथा एक अपूर्ण उपन्यास इस बात के प्रमाण है कि यदि मुक्तिबोध की अकाल मृत्यु न होती तो वे कथा-साहित्य में भी बड़े हस्ताक्षर होते।

मुक्तिबोध का एक विशिष्ट लेखकीय प्रयोग 'एक साहित्यिक की डायरी' में मिलता है। इसमें उनकी निजी अनुभूतियों के अलावा गम्भीर सामाजिक सरोकारों के संघर्ष में गम्भीर चिन्ता व्यक्त हुई है। इसमें विविध शीर्षकों में एक प्रतिबद्ध लेखक-चिन्तक की प्रखर टिप्पणियाँ है। मुक्तिबोध एक सजग पत्रकार भी थे। उनके राजनैतिक, सामाजिक, आर्थिक विषयों पर लेख, विभिन्न पत्र-पत्रिकाओं में बराबर छपते रहे। इन लेखों से उनकी राष्ट्रीय-अन्तरराष्ट्रीय राजनीति की बारीक़ समझ और सूझबूझ उजागर होती है। वे विदेश नीति एवं आर्थिक मामलों के भी जानकार थे।

मुक्तिबोध एक बहुआयामी रचनाकार थे। निस्सन्देह वे एक प्रतिभाशाली चिन्तक थे। उनकी कविता ही नहीं उनका समूचा कृतित्व अनवरत चलनेवाली एक प्रक्रिया है। वह किसी भी स्थिति में न रुकने वाला प्रतिरोध है। उसकी कोई सीमा नहीं है। वह स्वाधीन है, किसी देशकाल में आबद्ध नहीं है, विश्वयात्री है। 'एक साहित्यिक की डायरी' में मुक्तिबोध इसी अबाध प्रक्रिया की तरफ़ संकेत करते है—नहीं होती कहीं भी ख़त्म कविता नहीं होती...परम स्वाधीन है वह विश्वयात्री है।

# रहस्यानुभूति की कवयित्री–महादेवी

रहस्यानुभूति एक अमूर्त प्रत्यय है जो आदिम काल से मनुष्य के साथ-साथ है। यह एक अनुभूति है जो परमतत्व के प्रति जिज्ञासु भाव रखती है। यह एक प्रवृत्ति है जो अपना सम्बन्ध किसी अदृश्य परम सत्ता से जोड़ती है। यह ऐसी अनुभूति है जो परमसत्ता को स्वीकार तो करती है किन्तु उसके प्रति अज्ञान-भाव भी रखती है। वह कौन है? वह क्या है? वह कैसा है? वह कहाँ है? वह क्यों है? उस परमतत्त्व के प्रति ऐसे ही अनेक प्रश्न खड़े होते हैं। इस अनुभूति में लोक और परलोक के बीच एक परदा होता है। रहस्य का परदा या तम का परदा जिसे हटाकर उस पार झाँक लेने की आकांक्षा होती है। उस परदे के उस पार जो भी है उसके स्वरूप का आभास करने की कामना बनी रहती है। उस पार जो प्रिय है, वह कैसा है, उसका रंग-रूप कैसा है, उसका आकार-प्रकार क्या है, उसके गुण क्या हैं, इस प्रकार की प्रश्नाकुलता बेचैन करती रहती है। परदा हट नहीं पाता और यह बेचैनी बढ़ती जाती है। यही विशिष्ट, विलक्षण बेचैनी ही रहस्यानुभूति है और इसी अनुभूति से बेचैन कवयित्री हैं महादेवी वर्मा।

लोक-परलोक के बीच, अपरा-परा के बीच, जीव-ब्रह्म के बीच जो सूक्ष्म विभाजक रेखा है, जो अदृश्य परदा है, जो भेद करनेवाली चेतना है, यह हर सभ्यता में विद्यमान रही है। सभी प्राचीन सभ्यताएँ उस अदृश्य सत्ता को प्राकृतिक शक्तियों के रूप में, उसके मानवीकृत स्वरूप में स्वीकार करती हैं। इसीलिए प्रत्येक सभ्यता में वर्षा का देवता, तूफ़ान का देवता, जंगल का देवता आदि विविध देव रूपों की कल्पना मिलती है। आदिम मनुष्य ने जहाँ भय और आश्चर्य देखा उसके कारक को देवता मान लिया। जहाँ शुभ-अशुभ करनेवाली शक्तियाँ आयीं उन्हें अलौकिक मान लिया। मनुष्य और अलौकिक शक्ति के बीच सम्बन्ध की व्याख्या सभी सभ्यताओं ने अपने-अपने तरीक़े से किया है। मनुष्य और इस अलौकिक शक्ति के बीच के सम्बन्ध को दिखाने के लिए अलौकिक शक्तियों का मानवीकरण किया गया। उनकी उपासना शुरू हुई और उपासना की अनेक

पद्धतियों का विकास हुआ। पूजा-स्थलों का निर्माण शुरू हुआ और पूजा-विधान पूर्ण करनेवाले पुरोहित वर्ग का जन्म हुआ। जीव और ब्रह्म दोनों के बीच सम्बन्धों की व्याख्या करनेवाले धर्म-ग्रन्थों की रचना की गयी। ब्रह्म विद्या के अध्ययन की एक पूरी पद्धति शुरू हुई। किन्तु उस परमतत्व की खोज के जितने साधन विकसित हुए, जितने मार्गों का निर्माण हुआ, उसका रहस्य उतना ही गहन होता गया। उसे पाने की, उससे अलग होने की वेदना बढ़ती गयी। 'दर्द बढ़ता गया, ज्यों-ज्यों दवा की' की तर्ज पर यह वेदनानुभूति भी बढ़ती गयी।

यह अनुभूति हर धर्म में मिलती है। हर दर्शन में मिलती है, चाहे वह आस्तिक हो अथवा नास्तिक। आस्तिक है तो प्रत्यय के रूप में, चेतन के रूप में और यदि नास्तिक है तो पदार्थ के रूप में, जड़ के रूप में, किसी-न-किसी रूप में परम तत्त्व की कल्पना अवश्य की गयी है। रहस्य के प्रति यह आकर्षण वेदों, उपनिषदों, गीता, ब्रह्मसूत्र, भक्ति आन्दोलन के सन्तों तथा सभी धार्मिक-दार्शनिक सम्प्रदायों में मौजूद है। रहस्य की यह अनुभूति जब साहित्यिक रूप से अभिव्यक्त होती है तो उस अभिव्यक्ति को रहस्यवाद कहा जाता है। अर्थात् रहस्यानुभूति की अभिव्यक्ति रहस्यवाद है। इस अभिव्यक्ति में अदृश्य के प्रति आकर्षण, कुतूहल, विरह-वेदना, मिलन की कामना, प्रणय-निवेदन सभी अनुभूतियाँ सम्मिलित होती हैं।

हिन्दी साहित्य के भक्तिकाल में निर्गुण-सगुण धारा के कवियों ने इसी अनुभूति को आवाज़ दी। किन्तु भक्तिकाल का कवि उस अदृश्य चेतन के प्रति आस्थावान है, उसके प्रति पूर्ण समर्पित है। चाहे निर्गुण धारा के सन्त हों या सगुण धारा के, सभी अदृश्य के प्रति समर्पित हैं। वहाँ मिलन की आतुरता है। प्रणय की कामना है। विरह की गहन वेदना है। दास्य-सख्य-पाद सेवन भाव की भक्ति है। किन्तु कहीं भी अदृश्य चेतन के प्रति प्रश्नाकुलता नहीं है, वहाँ पूर्ण समर्पण का प्रपत्ति भाव है। हिन्दी साहित्य में उस अदृश्य चेतन के प्रति जिज्ञासा की भावना, प्रश्नाकूलता, पहली बार छायावाद के काल में दिखायी देती है। वह कौन है? वह कैसा है? उसे जान लेने की बेचैनी, तम के परदे को हटा देने की तड़प, यही प्रथम अभिव्यक्ति पाती है। इस वेदना की, बेचैनी की, तड़प की सबसे सुन्दर और मुखर अभिव्यक्ति रहस्यवाद के रूप में, महादेवी वर्मा की कविताओं में आकार लेती है। पूरी प्रकृति एक कलाकार की रचना है। उसी कलाकार ने प्रकृति में विविध रंग भरे हैं। महादेवी जी की प्रश्नाकुल अनुभूति देखिये—

*कनक से दिन, मोती-सी रात,*<br>
*सुनहली साँझ, गुलाबी प्रात*<br>
*मिटाता-रंगता बारम्बार*<br>
*कौन अंग का वह चित्राधार?"*

प्रकृति के विविध रंगों का आकर्षण अपनी ओर खींच लेता है। जीवात्मा मिलन के लिए बेचैन हो जाती है, तड़पने लगती है। परमसत्ता का सान्निध्य प्राप्त करने की आकुलता का चित्रण महादेवी जी इस प्रकार करती हैं—

*"अलि ! कैसे उनको पाऊँ ?*
*मेघों में विद्युत-सी छवि उनकी बनकर मिट जाती।*
*आँखों की चित्रपटी में जिसमें मैं आँक न पाऊँ।।*
*वे आभा बन खो जाते शशि किरनों की उलझन में।*
*जिसमें उनको कण-कण में ढूँढूँ, पहिचान न पाऊँ।।"*

मिलन की आकुलता बढ़ती जाती है, प्रणय की इच्छा बलवती होती जाती है फिर भी अज्ञात से मिलन नहीं हो पाता। ऐसी स्थिति में विरहानुभूति का आवेग बढ़ जाता है। प्रारम्भिक विस्मय, जिज्ञासा का भाव अब व्यथा और वेदना में रूपान्तरित हो जाता है। महादेवी ने पीड़ा और वेदना की अभिव्यक्ति अत्यन्त सघन रूप से किया है। उन्हें 'अमरों का लोक' नहीं चाहिए, वे 'मिटने का अधिकार' चाहती हैं। अब वे मिलन की कामना नहीं करतीं—"मिलन का मत नाम लो, मैं विरह में चिर हूँ।" वे 'दु:खव्रती निर्माण उन्मद' हो जाती हैं, 'नीर भरी दु:ख की बदली' या 'दीपशिखा' बन जाती है। महादेवी की यह वेदना बौद्ध धर्म की करुणा से प्रभावित है। वे समष्टि के लिए, सामाजिक सुख के लिए व्यष्टि को जलाकर राख कर देना चाहती हैं। अब उन्हें केवल जलने में आनन्द आता है—'मधुर-मधुर मेरे दीपक जल।'

इसके बाद विरह की पीड़ा और सघन होती है। जलतें-जलते दीपक भी थकने लगता है। तब महादेवी कहती हैं—

*नहीं गाया जाता अब देव।*
*थकी अँगुली ढीले हैं तार*
*विश्व-वीणा में अपनी आज*
*मिला लो यह अस्फुट झँकार।"*

अदृश्य के प्रति विरह की अनुभूति में एक अवस्था वह भी आती है जब महादेवी दीपक की तरह जलने की कामना करते हुए भी प्रियतम के पथ को आलोकित करने की इच्छा रखती हैं—

*"मधुर-मधुर मेरे दीपक जल / युग-युग प्रतिदिन*
*प्रतिक्षण प्रतिपल, प्रियतम का पथ आलोकित कर।"*

विरहानुभूति यहाँ अपनी अन्तिम अवस्था में है। यहाँ आकर पुन: आभास होने लगता है कि—

*"मुस्काता संकेत भरा नभ, क्या प्रिय आनेवाले हैं ?*
*नयन श्रवणमय श्रवण नयनमय, आज हो रही कैसी उलझन ?*
*रोम रोम में होता री सखि। एक नया उर का-सा स्पन्दन।"*

इस अवस्था में 'महामिलन' का एहसास इतना गहरा होता है कि वह स्वप्न नहीं लगता—

*कैसे कहती हो सपना है अलि*
*इस मूक-मिलन की बात*
*भरे हुए अब तक फूलों में*
*मेरे आँसू, उनके हास।"*

महादेवी के रहस्यवाद की तुलना अक्सर कबीर और मीरा से की जाती है। जहाँ कबीर के रहस्यवाद का सन्दर्भ है वह मूलत: साधनात्मक रहस्यवाद है। यहाँ उन पर नाथपन्थी योगियों का प्रभाव है। हठ योग की सांकेतिक शब्दावली—चन्द, सूर, नाद, बिन्दु, षटचक्र भेदन, कुण्डलिनी जागरण आदि का उल्लेख कबीर के यहाँ अक्सर मिलता है। किन्तु कबीर जहाँ कहीं भावनात्मक रहस्यवाद की अभिव्यक्ति करते हैं तब वे साधक नहीं भावुक होते हैं। ऐसी स्थिति में वे महादेवी के क़रीब होते हैं। ऐसी अनुभूति की अवस्था में ही कबीर 'दुलहिनी गावहु मंगल चार', 'हरी मेरो पिउ, मैं राम की बहुरिया' या 'इस तन का दीया करौ, बाती मेलो जीव' जैसी बातें करते हैं। कबीर में भावनात्मक रहस्यवाद की यह झलक, आचार्य शुक्ल के अनुसार , "सूफियों के सत्संग का प्रसाद है।"

मीरा का रहस्यवाद अदृश्य के प्रति अभिव्यक्त नहीं होता, बल्कि उनकी आँखों के सामने रहनेवाले, आँखों में बसनेवाले प्रियतम के प्रति अभिव्यक्त होता है। वहाँ प्रश्नाकुलता या जिज्ञासा की अनुभूति नहीं है। वहाँ तो 'बसो मेरे नैनन में नन्द लाल' की 'मोहनी मूरति' है, 'साँवरी सूरति' है, 'नैना बिसाल' हैं। मीरा कृष्ण की भक्त हैं और उनकी भक्ति दाम्पत्य भाव की अनन्य भक्ति है। जबकि महादेवी भक्त नहीं हैं। उनके समक्ष प्रियतम की कोई तस्वीर नहीं है। वह अदृश्य है—"मेघों में विद्युत-सी छवि उनकी बनकर मिट जाती है।" उनके मन में प्रश्नाकुलता है कि उनका प्रियतम कैसा है। हाँ एक साम्य मीरा और महादेवी में दिखायी अवश्य देता है। दोनों प्रेम-दीवानी हैं दोनों का दरद कोई नहीं समझ सकता। मीरा कहती हैं—"हे री मैं तो प्रेम दीवानी, मेरो दरद न जानै कोय।" महादेवी कहती हैं—"तुमको पीड़ा में ढूँढ़ूँ, तुम में ढूँढ़ूँगी पीड़ा।" दोनों प्रियतम से मिलन के लिए आतुर हैं किन्तु सेज पिया की किस विधि मिलना होय। वही महादेवी कहती हैं—'अलि। कैसे उनको पाऊँ? मीरा के समक्ष उनका प्रियतम रहस्य नहीं है जबकि महादेवी के समक्ष यह रहस्य बना हुआ है, एक तम का पर्दा खिंचा हुआ है। मीरा जहाँ अलौकिक को लौकिक बनाकर

प्रेमानुभूति करती हैं, वहीं महादेवी का अलौकिक अदृश्य ही बना रहता है। जहाँ मीरा मिलन में चरम आनन्द की अनुभूति करती हैं वहीं महादेवी उसमें भी वेदना की अनुभूति करती हैं। यहाँ उनकी वेदना उस तार की वेदना है जो पीड़ा सहकर भी संगीत पैदा करता है। मीरा की रहस्यानुभूति अन्ततः आनन्दानुभूति बन जाती है जबकि महादेवी की रहस्यानुभूति अन्ततः रहस्यानुभूति ही बनी रहती है।

स्पष्ट है कि रहस्यानुभूति की अभिव्यक्ति में महादेवी अद्वितीय हैं। उनका रहस्यवाद अलग श्रेणी में आता है। वे मीरा की तरह आस्थावान् भक्त नहीं हैं। कबीर की तरह साधनाओं की बातें करनेवाला सन्त या योगी नहीं हैं। वे सहज मन की कवयित्री हैं जो अपने प्रियतम से मिलना तो चाहती है किन्तु अपने को खाक करके। उसका पथ आलोकित करने के लिए खुद को राख कर देना चाहती हैं। यहाँ एक बात चकित करनेवाली है। जहाँ महादेवी अपनी कविता में वेदनानुभूति और करुणा की बात करती हैं, वहीं अपने गद्य में ओजस्विता और क्रान्तिकारिता का स्वर मुखरित करती हैं। इससे स्पष्ट होता है कि महादेवी की रचनाधर्मिता का फलक कितना विस्तृत है।

# अपनी हिन्दी पर गर्व है

भाषा विचार विनिमय का शाब्दिक माध्यम है। भाषा वाचिक और लिखित दोनों माध्यमों से विचार-विनिमय करती है। भाषा आयी कहाँ से? यह प्रश्न प्रारम्भ से ही मनुष्य को उद्वेलित करता रहा है। प्राचीन शास्त्रों में यह कहा गया है कि भाषा ईश्वरीय देन है। प्राय: हर धर्म और हर संस्कृति में, सभी प्राचीन शास्त्र भाषा के ईश्वरीय होने के सम्बन्ध में एकमत हैं। कालान्तर में यही प्रश्न कुछ बादशाहों के सामने भी आया। मिश्र के बादशाह ने सबसे पहले एक प्रयोग के माध्यम से भाषा की उत्पत्ति के रहस्य को सुलझाने की कोशिश की। उसने दो बच्चों को इन्सान की छाया से दूर एकान्त में 14 वर्ष तक रखा। यह पाया गया कि वे कोई भाषा नहीं सीख सके। इसी तरह के प्रयोग स्पेन में तथा भारत के बादशाह अकबर ने भी किये। अन्ततः यही परिणाम आया की भाषा ईश्वरीय देन नहीं है। यह सिद्ध हो गया कि भाषा सामाजिक उत्पाद है। भाषा समाज से व्यक्ति को प्राप्त होती है। भाषा सीखनी पड़ती है और सीखते-सीखते आती है। शायद सभी जीव अपने समुदाय से अपनी भाषा सीखते होंगे। आज यह तथ्य पूर्णतः स्थापित हो चुका है कि भाषा समाज के गर्भ से निकलती है, विकसित होती है और समृद्धि को प्राप्त करती है।

हर उत्पत्ति द्वन्द्वात्मक होती है। इस कायनात में जो कुछ भी उत्पन्न होता है द्वन्द्व से ही उत्पन्न होता है। भाषा की उत्पत्ति भी द्वन्द्व से ही हुई है। दो शक्तियों के आपसी द्वन्द्व से ही भाषा का जन्म हुआ। यह दो शक्तियाँ हैं अपने को अभिव्यक्त करने की आकांक्षा तथा इस मार्ग में आनेवाली रुकावट। अभिव्यक्ति की आकांक्षा मनुष्य की सहजात प्रवृत्ति है। पैदा होते ही वह अपने सुख-दु:ख की अभिव्यक्ति हँसने और रोने के माध्यम से करता है। धीरे-धीरे स्फुट ध्वनियाँ, संकेतों के माध्यम से वह अपनी बात दूसरों तक पहुँचाता है। स्फुट ध्वनियाँ धीरे-धीरे पीछे छूटती जाती है और वह समाज से कुछ शब्द सीख लेता है। एक दो शब्दों से शुरू हुआ यह सिलसिला पूरे जीवन भर चलता रहता है वह शब्दों का

भण्डार भर लेता है। और वह न सिर्फ़ शब्द सीखता है, नये शब्दों को भी गढ़ने लगता है, यहाँ तक कि शब्दों से खेलने भी लगता है।

अपनी आदिम अवस्था में मानव कायिक संकेतों से काम चलाता था। कायिक के साथ वाचिक संकेत उसकी सहायता करते थे। धीरे-धीरे उसने स्फुट ध्वनियों का विकास किया। कुछ ध्वनियाँ समय के साथ खोती गयीं और कुछ ध्वनियाँ उसकी स्थायी धरोहर बनती गयीं। जो ध्वनियाँ उसकी धरोहर बन गयीं, वे प्रकृति के किसी-न-किसी उपादान की तरफ़ संकेत करती थीं। पीढ़ी-दर-पीढ़ी इन्हीं ध्वनियों से आदिम सभ्यता प्रकृति को व्यंजित करती रही। धीरे-धीरे यही ध्वनियाँ धातुरूप से शब्द का रूप ग्रहण करने लगीं। इन्हीं प्रारम्भिक धातुओं का बीजारोपण कालान्तर में विकसित होता रहा, धातुओं को जोड़कर नये शब्द गढ़े जाते रहे, शब्द समूह खड़े होते रहे, नये-नये शब्द-युग्म बनते रहे और एक आरम्भिक भाषा का जन्म हुआ। यह जो आरम्भिक भाषा थी, वाचिक परम्परा से आगे बढ़ती गयी। पीढ़ी-दर-पीढ़ी प्रारम्भिक धातुओं, धातुओं से विकसित शब्दों, शब्द युग्मों का ज्ञान आगे बढ़ता रहा। एक लम्बी अवधि तक, हजारों साल तक भाषा सामाजिक रूप से समृद्ध होती रही। इसी भाषा में, वाचिक परम्परा से सभ्यता ने अपना ज्ञान अगली पीढ़ियों को हस्तान्तरित किया। सभी भाषाएँ अपने धातु रूप से ही उत्पन्न हैं। भारत में भी धातुरूपों से विकसित भाषा में वाचिक श्रुति परम्परा से वेदों के ज्ञान को, 'ऋषियों ने अक्षुण्ण रखा और आगे बढ़ाया।'

मानव की अभिव्यक्ति की आकांक्षा यहीं शान्त नहीं हुई। आकांक्षा और उसे पूरा करने की शक्तियों का द्वन्द्व जारी रहा। आवश्यकता आविष्कारों को जन्म देती रही । अभिव्यक्ति की आकांक्षा ने शिला-भित्तियों पर आड़ी तिरछी रेखाएँ खींचनी शुरू की। आदि मानव ने इन रेखाओं के माध्यम से गुफ़ा की दीवारों पर अपनी पहली लिखित अभिव्यक्ति दी। यह चित्र आज भी कई गुफ़ाओं में सुरक्षित हैं। अनेक पीढ़ियों तक यह चित्रात्मक अभिव्यक्ति चलती रही और कलात्मक रूप ग्रहण करती रही । चित्रों के इस सिलसिले में मनुष्य के सामने लिपि का पहला रूप ग्रहण किया । जो भाषा धातु रूप में, कुछ शब्दों के माध्यम से पीढ़ी-दर-पीढ़ी चलती आ रही थी, वह रेखाओं में अभिव्यक्ति होने के लिए छटपटाने लगी। यहाँ भी द्वन्द्व ने काम किया। शब्दों और रेखाओं के आपसी द्वन्द्व से प्रारम्भिक लिपि अर्थात् चित्रात्मक लिपि का जन्म हुआ। द्वन्द्व आगे भी चलता रहा, भाषा भी विकसित होती रही और लिपि का भी विकास होता गया। भाषा का अध्ययन यह बताता है कि प्रत्येक भाषा प्रारम्भ में स्वत: नियन्त्रित होती है। उसका कोई मानक स्वरूप नहीं होता । उसका कोई निर्धारित व्याकरण नहीं होता। वह स्वत: स्फूर्त और अनियन्त्रित, स्वतन्त्र रूप से कई पीढ़ियों की यात्रा करती है। इस यात्रा

में उस भाषा के कई रूप सामने आने लगते हैं। कई रूप सामने आने से अभिव्यक्ति के संकट भी सामने आने लगते हैं। इन्हीं परेशानियों का, संकटों का समाधान करने के लिए भाषा के एक मानक स्वरूप की आवश्यकता होती है। इसी आवश्यकता और आविष्कार के द्वन्द्व से व्याकरण का जन्म होता है। व्याकरण से भाषा की दीवार खड़ी होती है, और उसके ऊपर छत डाली जाती है। भाषा के व्याकरण के साथ-साथ लिपि के मानक रूप की आवश्यकता भी महसूस की जाती है। इस तरह भाषा और लिपि के मानक स्वरूप पर सतत काम चलता रहता है। अमानक को मानक बनाने, अनियन्त्रित और अनियमित रूपों को नियन्त्रित और नियमित करने के लिए भाषा और लिपि के मानकीकरण की आवश्यकता पड़ती है ताकि दोनों के स्वरूप को स्थिर किया जा सके।

भाषा का हर विद्यार्थी यह जानता है कि प्रारम्भिक अवस्था में हर भाषा ऊबड़ खाबड़ होती है। समय के साथ भाषा का समतलीकरण होता रहता है। भाषा धीरे-धीरे समतल होती है, सहज होती है, और सरल होती है। इस तरह प्रत्येक भाषा जटिलता से सरलता की यात्रा करती है। भाषा और नदी की गति लगभग एक-सी होती है। हर भाषा पहले पहाड़ होती है, फिर पठार होती है और धीरे-धीरे समतल होती है। एक समय ऐसा आता है कि भाषा मैदानी नदी की तरह समतल बहने लगती है और उसका प्रवाह रेशमी हो जाता है। एक विद्यार्थी जब भाषा सीखता है तब एक लम्बी अवधि के बाद ही वह पहले ठीक ठीक लिखना सीखता है। आगे एक लम्बे अभ्यास के बाद ही अपने को व्यक्त करता है और फिर श्रम साध्य अभ्यास और लगन से वह भाषा की एक शैली विकसित कर पाता है। अर्थात् भाषा का ज्ञान साधना की अपेक्षा करता है। एक लम्बी साधना के बाद भी अधिकांश लेखक भाषा की रवानी पैदा नहीं कर पाते। वे अपने को व्यक्त कर पाते हैं किन्तु अत्यन्त दुरूह तरीक़े से । उनकी भाषा ऐसी अनुभूति देती है जैसे कोई कंकड़ीली-पथरीली ज़मीन पर चल रहा हो। दुनिया का हर महान् रचनाकार प्रारम्भ में दुरूह अभिव्यक्ति करता है। रचनाकार बनने की पहली प्रक्रिया इसी तरह शुरू होती है। यह अभिव्यक्ति की दुरूहता से अभिव्यक्ति की सरलता की यात्रा है। यह कठिन शब्दों से सरल शब्दों के प्रयोग की यात्रा है। यह जटिलता से सहजता की यात्रा है। दुनिया का मशहूर निबन्धकार चार्ल्स लैम्ब एक जगह कहता है कि जब वह लेखन की शुरुआती अवस्था में निबन्ध लिखता था तो उसकी अभिव्यक्ति अत्यन्त दुरूह होती थी, शब्द भारी-भरकम होते थे तथा भाषा ऊबड़ खाबड़ होती थी। उस समय उसकी भाषा उसके विचारों को सहजता से व्यक्त करने में अक्षम थी। एक लम्बा समय लगा उसे एक सहज रेशमी प्रभाव पूर्ण भाषा को गढ़ने में। रचनाकार वही है जो कठिन-से- कठिन बात को अत्यन्त

सहज भाषा में व्यक्त कर दे। बड़ी-से-बड़ी तात्त्विक दार्शनिक बात को सरल भाषा में व्यक्त करने की कला एक गहन अभ्यास के बाद आती है। भवानी प्रसाद मिश्र जब कहते हैं कि, 'जिस तरह हम सोचते हैं/ उस तरह तू लिख/ और इसके बाद मुझसे बड़ा तू दिख' तब इसी तरफ़ संकेत करते हैं।

खड़ी बोली हिन्दी के विकास से हम इस बात को अच्छी तरह समझ सकते हैं। 1570 ई. में रचित गंग कवि की 'चन्द छन्द बरनन की महिमा' को आचार्य शुक्ल खड़ी बोली की पहली गद्य रचना मानते हैं। उसके पश्चात 1741 ई. में लिखित राम प्रसाद निरंजनी की कृति 'भाषा योग वाशिष्ठ' को शुक्ल जी खड़ी बोली की सबसे पुरानी कृति मानते हैं, जिसमें ग़द्य अपने परिष्कृत रूप में दिखायी देता है। इसके पश्चात 1805 ई. के लगभग इंशा अल्ला ख़ाँ ने 'रानी केतकी की कहानी' लिखी। खड़ी बोली में रचनात्मक अभिव्यक्ति का यह क्रम चलता रहा। फोर्ट विलियम कॉलेज का काल भारतेन्दु युग, द्विवेदी युग, छायावाद, प्रगति-प्रयोगवाद से गुजरते हुए आज हम खड़ी बोली में रचनात्मक अभिव्यक्ति को दे हैं। प्रश्न उठता है कि क्या आज खड़ी बोली हिन्दी वही भाषा है जिसमें 'चन्द छन्द बरनन की महिमा' लिखी गयी थी? क्या यह वही भाषा है जिसमें भाषा योग वाशिष्ठ लिखा गया था अथवा 'रानी केतकी की कहानी' लिखी गयी थी? स्पष्ट है कि भाषा विकासशील है, परिवर्तनशील है। भाषा का परिष्कार समय के साथ होता रहता है। इसी कारण भाषा में ताज़गी बनी रहती है। जो भाषा ठहर जाये वह बासी हो जाती है। इसी तरह भाषा का व्याकरण भी समय के साथ संशोधित होता रहता है, परिष्कृत होता रहता है। वह भाषा जो व्याकरण की सीमा को लाँघती रहती है, जो व्याकरण के तट-बन्धों से टकराती रहती है वह आगे भी विकसित होती जाती है। उसका प्रवाह बना रहता है। किन्तु वह भाषा जो व्याकरण के बोझ से श्लथ हो जाये, बोझिल हो जाये वह प्रचलन से बाहर हो जाती है। उंसके बोलनेवाले धीरे-धीरे कम होते जाते हैं और एक दिन ऐसा आता है कि उसको विलुप्तप्राय भाषा कह दिया जाता है। मेरा व्याकरण की सीमा लाँघने का अभिप्राय यह है कि व्याकरण को स्वीकार करते हुए भी भाषा के नये प्रयोग जारी रहे, नयी-नयी शब्द निर्मितियाँ होती रहें और भाषा विकसित होती रहे। दुनिया की नयी भाषाओं का जन्म इसी प्रक्रिया से होता है। उर्दू का जन्म उत्तर भारत की ज़मीन पर दो भाषाओं फ़ारसी और हिन्दी के मिलने से हुआ। धीरे-धीरे अरबी-फ़ारसी और हिन्दी के शब्दों के बीच आपसी तालमेल विकसित होता रहा। जनता की ज़ुबान पर यह भाषा चढ़ती गयी। एक समय ऐसा आया कि दो अलग-अलग भाषाओं के शब्द आपस में ऐसे मिलते गये जैसे चीनी और नींबू का शरबत। जिसमें ना चीनी अलग दिखे ना नींबू। रचनाकारों ने भी ऐसे शब्दों से

परहेज नहीं किया। उन्हें अपनी रचनाओं में उतारा। कालान्तर में ऐसे शब्द-युग्म हमारी ज़ुबान पर चढ़ गये जिन्हें अलग करने की बात सोची भी नहीं जा सकती, जैसे शादी-ब्याह, हँसी-ख़ुशी, खोज-ख़बर, रंग-रूप, धन-दौलत, हँसी-मज़ाक, बाल-बच्चा, क़िस्सा-कहानी, सुबह-सवेरे, हलवा-पूरी, नोक-झोक, दंगा-फ़साद, नौकर-मालिक, दाना-पानी, साधू-फ़क़ीर, नाश्ता-पानी, आदि। इनमें से एक शब्द अरबी फ़ारसी का है तो दूसरा शब्द संस्कृत-हिन्दी का है। क्या इन शब्दों को आज कोई व्याकरण अलग करने की सोच सकता है।

वाल्मीकि तथा कालिदास दोनों की भाषा संस्कृत है किन्तु दोनों की भाषा में बहुत अन्तर है। भाषा के स्तर पर भी और व्याकरण के स्तर पर भी । इसी तरह स्वयंभू ७वीं सदी तथा अब्दुर्रहमान 12वीं सदी के हैं, दोनों की भाषा अपभ्रंश है किन्तु दोनों की भाषा में बहुत बड़ा अन्तर है। ये कुछ उदाहरण हैं जिनसे भाषा के विकास को समझा जा सकता है।

भाषा के विकास के साथ उसके परिष्कार की कोशिशें भी चलती रहती हैं और चलती रहनी चाहिए। किन्तु यह परिष्कार अग्रगामी होना चाहिए पच्छगामी नहीं। आज महावीरप्रसाद द्विवेदी युग की हिन्दी नहीं चलेगी, इसकी कोशिश भी नहीं होनी चाहिए। द्विवेदी जी ने अपने समय में प्रचलित हिन्दी भाषा में परिष्कार करके और रचनाकारों का इस दिशा में मार्ग दर्शन करके बहुत बड़ा काम किया । उनका यह योगदान कभी भुलाया नहीं जा सकता। उन्होंने भाषा का एक स्वरूप स्थिर करने की कोशिश की। किन्तु यदि आज द्विवेदी जी होते तो क्या वह अपनी उसी हिन्दी भाषा को आज स्वीकार कर पाते? द्विवेदी जी के बाद छायावाद, प्रगति-प्रयोगवाद के काल और उसके बाद हिन्दी भाषा आज काफ़ी परिष्कृत हो चुकी है और कोई भी भाषा पीछे की यात्रा नहीं करती। जो काम द्विवेदी जी, कामता प्रसाद गुरु, बाबू राम सक्सेना आदि ने हिन्दी भाषा के लिए किया वही काम हातिम, आरज़ू और नासिख में उर्दूभाषा के लिए किया। किन्तु आज की हिन्दी भाषा और उर्दू भाषा काफ़ी आगे निकल चुकी है। यह बात भी सही है कि भाषा के प्रयोग के प्रति सजग रहने और उसके मानक रूप के प्रति जागरूक रहने की भी ज़रूरत है। यह कार्य भाषा शास्त्रियों का है। लोगों को जागरूक रहने के लिए प्रेरित करना तथा सही प्रयोग के लिए मार्गदर्शन करना यह बड़ा दायित्व है। यह दायित्व का निर्वहन उसे ही करने का अधिकार है जिसके पास भाषा का चिन्तन हो, भाषाई विकास की समझ और सकारात्मक दृष्टि हो। यह दृष्टि भारतेन्दु और प्रेमचन्द के पास थी, जिसके हम उत्तराधिकारी है। भारतेन्दु ने हिन्दी भाषा की जो बुनियाद दी उसे ही आगे आनेवाली रचनाकारों की पीढ़ी ने मन से सहेजा। भारतेन्दु के समय भाषा सम्बन्धी दो दृष्टियाँ विद्यमान थीं। राजा शिवप्रसाद

सितारे हिन्द फ़ारसीपन वाली शैली के पैरोकार थे, वहीं राजा लक्ष्मण सिंह संस्कृतनिष्ठ हिन्दी की वकालत कर रहे थे। भारतेन्दु ने दोनों के बीच का मार्ग चुना। उन्होंने जिस हिन्दी की बुनियाद रखी वह हिन्दुस्तानी थी। वह आम जन की बोलचाल की ज़ुबान थी। वही हिन्दी समय के साथ परिष्कृत होते हुए, विकसित होकर आज एक समृद्ध साहित्यक भाषा बन चुकी है हमें अपनी हिन्दी पर गर्व है।

# हिन्दी आलोचना और इलाहाबाद

हिन्दी आलोचना का आरम्भ भारतेन्दु काल में पत्र-पत्रिकाओं के माध्यम से हुआ। हिन्दी आलोचना के आरम्भिक काल से ही इलाहाबाद का हस्तक्षेप इस दिशा में रहा। भारतेन्दु मण्डल के प्रतिनिधि हस्ताक्षर बालकृष्ण भट्ट एक सफल पत्रकार, नाटककार और निबन्धकार थे। हिन्दी प्रचार के लिए उन्होंने 1876 ई. में 'हिन्दी वर्द्धिनी' नामक सभा की स्थापना की तथा उसकी ओर से हिन्दी मासिक पत्रिका 'हिन्दी प्रदीप' का प्रकाशन आरम्भ किया। वे ३१ वर्षों तक इसके सम्पादक रहे और नियमित रूप से इसे निकालते रहे। अपने समय में इलाहाबाद से प्रकाशित 'हिन्दी प्रदीप' एक ऐसा पत्र था जिसमें अपेक्षाकृत गम्भीर आलोचनाएँ प्रकाशित होती थीं। भट्ट जी द्वारा की गयी समकालीन कृतियों—'नीलदेवी', 'परीक्षागुरु', 'संयोगिता स्वयंवर' तथा 'एकान्तवासी योगी' आदि की समीक्षाएँ तत्कालीन हिन्दी साहित्य में महत्त्वपूर्ण स्थान रखती हैं। उनकी आलोचना पद्धति अत्यन्त व्यावहारिक एवं गम्भीर थी।

हिन्दी आलोचना को काव्यशास्त्रीय निकर्ष पर कसते हुए, स्थापित सिद्धान्तों पर विचार करने वाले आलोचकों में महावीरप्रसाद द्विवेदी अग्रगण्य हैं। 'सरस्वती' पत्रिका एवं महावीरप्रसाद द्विवेदी का नाम एक-दूसरे का पर्याय बन चुका है। सरस्वती का प्रकाशन इलाहाबाद से सन 1900 के जनवरी माह में आरम्भ हुआ। 32 पृष्ठ की क्राउन आकर की इस पत्रिका का मूल्य चार आना मात्र था। इसके प्रथम सम्पादक श्यामसुन्दर दास थे। 1903 ई. में इस पत्रिका का सम्पादन आचार्य महावीरप्रसाद द्विवेदी ने संभाला जो एक विशिष्ट घटना थी। वह 17 वर्षों तक इसके सम्पादक रहे। सरस्वती के माध्यम से द्विवेदी जी ने भाषा को व्याकरण सम्मत बनाने तथा काव्यशास्त्रीय महत्त्व के विषयों की ओर ध्यान दिलाने का जो कार्य किया वह अप्रतिम है। उनके योगदान को रेखांकित करते हुए आचार्य रामचन्द्र शुक्ल को भी लिखना पड़ा कि, ''यदि द्विवेदी जी ना उठ खड़े होते तो जैसी अव्यवस्थित, व्याकरण विरुद्ध और ऊट-पटांग भाषा चारों ओर दिखायी

पड़ती थी, उसकी परम्परा जल्दी न रुकती। द्विवेदी जी की टिप्पणियाँ आलोचनात्मक महत्त्व की होती थीं।'' इन आलोचनात्मक टिप्पणियों से उन्होंने समकालीन रचनाकारों का सकारात्मक मार्गदर्शन किया। अपनी पुस्तक 'रसज्ञ रंजन' में काव्य सर्जन के लिए महत्त्वपूर्ण बिन्दुओं— विषय के अनुकूल छन्द योजना, नवीन छन्दों का प्रयोग, शुद्ध एवं सरल भाषा में लेखन, अर्थ गाम्भीर्य आदि अनेक बातों की ओर ध्यान आकृष्ट करने के साथ ही काव्य में नवीन विषयों के ग्रहण पर बल दिया। वे अलंकार और रस की जटिलताओं को अनावश्यक मानते थे। वे एक स्थान पर लिखते हैं कि, ''अलंकार और रस विवेचन के झगड़ों से जटिल ग्रन्थ के बनाने की हम कोई आवश्यकता नहीं देखते।'' उनके आलोचनात्मक लेखों एवं टिप्पणियों में काव्य रूढ़ियों के प्रति विरोध एवं नवीन प्रवृत्तियों के प्रति सम्मान का भाव दिखायी देता है। आचार्य द्विवेदी ने आलोचना की सामाजिक भूमिका के महत्त्वपूर्ण पक्ष पर ध्यान देते हुए मिश्र बन्धुओं की 'हिन्दी नवरत्न' शैली और शब्द प्रयोग की कठोर आलोचना की। उन्होंने रीतिवाद का विरोध और स्वच्छन्दतावादी प्रवृत्तियों का प्रबल समर्थन किया । पुराने दरबारी काव्य की रूढ़ियों से मुक्ति दिलाने के लिए उन्होंने ब्रजभाषा के स्थान पर खड़ी बोली का समर्थन किया । समस्या पूर्ति की रूढ़ि पर करारा प्रहार किया तथा नायिका भेदी श्रृंगार साहित्य की कड़ी आलोचना की। यहाँ तक कि आचार्य शुक्ल ने भी द्विवेदी जी की इस आलोचना पद्धति से सूत्र ग्रहण किया।

निराला मूलतः कवि हैं किन्तु जब वैचारिक रूप से सजग होते हैं तब आलोचक की भूमिका में आ जाते हैं। 'रवीन्द्र कविता कानन', 'पन्त और पल्लव' तथा अनेक स्फुट समीक्षात्मक निबन्धों से उनका आलोचक रूप सामने आता है। छायावाद विरोधियों का उत्तर देने के लिए उन्होंने समकालीन पत्र-पत्रिकाओं में अनेक लेख लिखे जिनमें भाषा, छन्द, लय, तुक आदि सन्दर्भों पर अनेक मौलिक प्रश्न उठाये। हरिऔध, मैथिलीशरण गुप्त तथा अन्य दर्जन भर समकालीन कवियों पर की गयी उनकी समीक्षात्मक टिप्पणियाँ आलोचना की दृष्टि से आज भी प्रासंगिक हैं। 'मेरे गीत और कला' शीर्षक से उन्होंने स्वयं अपनी कविता का चकित करनेवाला विवेचन किया है। 'पन्त और पल्लव' में पन्त जी की कविताओं से उद्धरण देकर, स्पर्द्धा भाव से उनकी त्रुटियों को रेखांकित करते हैं। वे पन्त की आलोचना कहीं सहज भाव से तो कहीं क्षुब्ध मन से करते हैं। एक तरफ़ उन्हें पन्त की 'ज्योत्स्ना' में काव्य और विचार का उत्कृष्ट सामंजस्य दिखायी पड़ता है तो 'पल्लव' में उनके दोष-दर्शन की प्रधानता है। पन्त और पल्लव (1949 ईसवीं) में वे लिखते हैं कि, ''यह 'दोष' पन्त की तमाम कविताओं में है और यह केवल इसलिए है कि वे पंक्ति चोर हैं, भाव भण्डार के लूटने वाले डाकू

नहीं। छकने के लिए एक चुल्लू से ज़्यादा नहीं चाहते, शायद हजम न कर सकने का ख़ौफ़ करते हैं।'' 'रवीन्द्र कविता कानन' में उन्होंने रवीन्द्र के कला-मर्म को बख़ूबी उद्घाटित किया है। रवीन्द्र के काव्य-सौन्दर्य को उन्होंने मूल बँगला से ग्रहण किया था। रवीन्द्र के महत्त्व को उन्होंने अत्यन्त सहज भाव से ग्रहण किया है किन्तु कहीं-कहीं उनकी दुर्बलताओं की ओर संकेत कर समीक्षात्मक दायित्व का भी निर्वाह किया है। जहाँ वे स्वस्थ मन से और निरपेक्ष भाव से आलोचना में प्रवृत्त होते हैं, वहाँ उनकी आलोचना का सजग स्वरूप सामने आता है।

निराला की तरह पन्त भी, मूलत: कवि होने के साथ-साथ, आलोचना में प्रवृत्त होते हैं। उन पर वर्ड्सवर्थ के 'लिरिकल बैलेड्स' तथा शेली के 'डिफेंस ऑफ पोएट्री' का प्रभाव है। उससे प्रेरणा ग्रहण करते हुए 'पल्लव' (1927 ईसवी) तथा 'वीणा' काव्य-संग्रहों की भूमिका में उन्होंने अपने पूर्व की कविता की त्रुटियों का निदर्शन करते हुए छायावादी काव्य चेतना की प्रतिष्ठा की है। अपनी आलोचनात्मक कृति 'छायावाद : पुनर्मूल्यांकन' में उन्होंने अपने समकालीन छायावादी तथा छायावादोत्तर कवियों का विश्लेषण किया है। उनकी मान्यता है कि छायावाद के पश्चातवर्ती सभी काव्य आन्दोलन छायावादी चेतना के ही रूपान्तरण हैं तथा उन आन्दोलनों के सभी कवि छायावादी काव्य-चेतना से ही प्रभाव ग्रहण करते हैं। उनका स्पष्ट मत है कि आधुनिक काव्य का समस्त विकास मानवीय चेतना का ही संचरण है। जहाँ छायावादी काव्य मानव-चेतना का ऊर्ध्व-संचरण है, वहीं सामाजिक यथार्थ का काव्य मानव-चेतना का सम-संचरण है। वे काव्य-सौन्दर्य के सच्चे पारखी एवं मर्मी हैं। उनकी आलोचना पर उनका कवि मंन हावी हो गया है अत: उनकी समीक्षाएँ कवि सुलभ संवेदना से आच्छादित हैं।

महादेवी वर्मा ने 'साहित्यकार की आस्था तथा अन्य निबन्ध' में संकलित निबन्धों तथा 'यामा', 'दीपशिखा' जैसे काव्य-संग्रहों की भूमिका के माध्यम से छायावादी आलोचना दृष्टि को सुचिन्तित आधार दिया है। छायावाद के विरोध में खड़े प्रश्नों की चुनौतियों ने उन्हें नयी शक्ति दी और वे छायावाद की ठोस तर्कों से परिभाषा गढ़ने में सक्षम रही हैं। उन्होंने छायावाद, रहस्यवाद, प्रगतिवाद, आदर्श और यथार्थ को सहज रूप से व्याख्यायित किया है। छायावाद के सम्बन्ध में उनका मत है कि उसके मूल में समस्त बन्धनों को तोड़ने की प्रवृत्ति है। वह स्थूलता के सापेक्ष सूक्ष्मता को महत्त्व देता है। वह नवीन सांस्कृतिक जागरण का परिणाम है। जीवन के प्रति उसका दृष्टिकोण भौतिक न होकर भावात्मक है। उसमें प्रकृति प्राणवान् एवं सजग हो गयी है। वह दर्शन के सर्ववाद पर आधारित है। रहस्यवाद को उन्होंने छायावाद का दूसरा सोपान माना है। रहस्यवाद के मूल में अद्वैत वेदांत की औपनिषदिक विचारधारा को मानती हैं। वह प्रगतिवाद को

मार्क्स के वैज्ञानिक भौतिकवाद का काव्यात्मक अनुवाद मानती है। उनकी मान्यता है कि प्रगतिवादीधारा ने अपनी समूची शक्ति साहित्य को सजाने में न लगाकर दूसरी विचारधाराओं की अनुपयोगिता प्रमाणित करने में लगा दी। आदर्श और यथार्थ के सम्बन्ध में महादेवी का मत है कि जीवन जैसा है वह यथार्थ है, जैसा होना चाहिए वह जीवन का आदर्श है। दोनों एक-दूसरे के पूरक है। आदर्श के स्पन्दन के बिना यथार्थ शव है और यथार्थ के शरीर के बिना आदर्श प्रेत मात्र है। कलाकार का धर्म है दोनों के बीच सामंजस्य स्थापित करना, तभी सृजन सम्भव है। सामंजस्य का यह स्थल कलाओं में आकार ग्रहण करता है अत: कलाएँ मूलत: सृजनात्मक हैं। वे काव्य के बौद्धिक आग्रह को लेकर चिंतित हैं। शाश्वत मूल्यों में उनकी गहरी आस्था है।

डा. रामकुमार वर्मा बहुमुखी प्रतिभा के रचनाकार हैं। कविता, एकांकी, नाटक, शोध, साहित्य-इतिहास आदि लेखन के लगभग सभी क्षेत्रों में लेखनी चलाकर उन्होंने सबको चकित कर दिया है। उनकी विविध विधाओं पर 100 से अधिक पुस्तके हैं। आलोचक के रूप में उन्होंने अपनी कृतियों-साहित्य समालोचना (1929), कबीर पदावली (1938), हिन्दी साहित्य का आलोचनात्मक इतिहास (1939), आधुनिक हिन्दी काव्य (1939), कबीर का रहस्यवाद (1948) आदि के माध्यम से हिन्दी आलोचना को काफ़ी समृद्धि किया है। कबीर के रहस्य-दर्शन पर उनका कार्य अत्यन्त उत्कृष्ट है। अपने हिन्दी साहित्येतिहास में उन्होंने काल-निर्धारण, प्रवृत्ति विवेचन तथा नामकरण आदि के सम्बन्ध में विशद विवेचन किया है। इसके अतिरिक्त काव्य, कला तथा साहित्य के विविध प्रसंगों पर उन्होंने अनेक आलोचनात्मक निबन्ध लिखे हैं। उनकी रचनात्मक ऊर्जा अगर केवल आलोचना पर केन्द्रित होती तो शुक्ल जी के सबसे बड़े उत्तराधिकारी होते, इसमें कोई शक नहीं है।

हिन्दी आलोचना में, विशेष रूप से भाषा केन्द्रित आलोचना में, डॉ. धीरेन्द्र वर्मा का नाम भी अत्यन्त उल्लेखनीय हैं। उनकी कृतियाँ— हिन्दी भाषा का इतिहास (1933), हिन्दी भाषा का प्रथम वैज्ञानिक इतिहास (1933), हिन्दी भाषा और लिपि (1933), ब्रजभाषा व्याकरण (1937), अष्टछाप (1938), हिन्दी साहित्य कोश (सं. 1958), हिन्दी साहित्य (सं. 1959), विचारधारा (निबन्ध संग्रह) आदि निश्चित रूप से हिन्दी भाषा सम्बन्धी आलोचना के गौरव बिन्दु हैं। हिन्दी साहित्य में शोध के क्षेत्र में उनका कार्य उसी सम्मान का हकदार है जो हिन्दी समीक्षा के क्षेत्र में आचार्य शुक्ल को हासिल है। हिन्दी शोध को उन्होंने सुव्यवस्थित आधार प्रदान किया तथा इस मार्ग में आने वाली बाधाओं के प्रति विद्वानों को सचेष्ट किया। वे भाषा-विज्ञान के व्यापक अध्ययन के लिए पेरिस

गये तथा उसमें डी.लिट. की उपाधि प्राप्त की। भाषा और साहित्य को उन्होंने हमेशा संस्कृति के व्यापक परिवेश में ग्रहण किया है। भाषा और साहित्य के प्रति आपकी दृष्टि स्वस्थ और स्पष्ट है। उन्होंने भाषा साहित्य और इस क्षेत्र में शोध एवं आलोचना के उन्नयन के लिए अखिल भारतीय हिन्दी परिषद की स्थापना की तथा 'हिन्दी अनुशीलन' नामक पत्रिका का आरम्भ किया।

अमृतराय ने अपनी कृति नयी समीक्षा (1943) से आलोचना की शुरुआत की। इसके पश्चात उनकी आलोचना सम्बन्धी पुस्तकें—सह चिन्तन (1967), आधुनिक भाव बोध की संज्ञा (1972), विचारधारा और साहित्य (1984) में साहित्य के बुनियादी सवालों पर प्रगतिशील तरीके से विचार किया गया है। वे मार्क्स से प्रेरणा ग्रहण करते हैं, किन्तु कट्टर मार्क्सवादी नहीं हैं। वे साहित्य को केवल सद्भावनाओं  का उद्घोष नहीं मानते बल्कि उसे सामाजिक सरोकारों का लेखन मानते हैं। उनके मतानुसार साहित्य में सामाजिक न्याय का स्वर उसका मुख्य अंग है। उत्तरोत्तर यही स्वर तीव्र-से-तीव्रतर होता गया है। उनकी मान्यता है कि आज का साहित्य मानवतावादी साहित्य है। इस नये मानवतावादी साहित्य में अन्यायी-अत्याचारी शक्तियों के विरुद्ध क्रोध और घृणा पायी जाती है। वह कहते हैं कि, "संसार के श्रेष्ठतम मानवतावादी साहित्य ने मेरे मानस को रंगा है, मेरी साहित्यिक-सांस्कृतिक रुचियों को, संस्कारों को बनाया है और उन्हीं की रोशनी में मुझसे जो कुछ बन सका मैंने लिखा है।

शमशेर बहादुर सिंह मूलत: कवि है किन्तु इलाहाबाद और हिन्दी आलोचना की एक महत्त्वपूर्ण कड़ी हैं। इलाहाबाद में वे रूपाभ, माया, नया पथ, मनोहर कहानियाँ पत्रिकाओं से सम्बद्ध रहे। शमशेर अपने समय एवं समाज पर पैनी नजर रखते थे। साहित्य की गतिविधियों की, उनके पास गहरी समझ थी। इन साहित्यिक गतिविधियों पर वह समय-समय पर लेख लिखते रहे। 1947 ई. में उनके समीक्षात्मक निबन्धों का संकलन 'दो-आब' सामने आया। इसमें हिन्दी के साथ-साथ उर्दू कवियों की भी समीक्षा की गयी है। तार सप्तक में लिखी अज्ञेय की भूमिका हो अथवा उसमें प्रकाशित कवि और उनकी कविता हो, शमशेर ने सबकी बारीक़ पड़ताल की है। सबकी ख़बर भी ली है। इसमें एक लेख हाली के 'मुसद्दस' और गुप्त जी के 'भारत भारती' की तुलनात्मक समीक्षा है। इसमें वह एक स्थान पर टिप्पणी करते हैं कि गुप्त जी (मैथिलीशरण गुप्त) अपने समय की प्रगति से थोड़ा पीछे रह गये जान पड़ते हैं।

डॉक्टर रघुवंश आलोचना के क्षेत्र में पूरी तरह प्रतिबद्ध एवं गहरे अर्थों में जुड़े रहे हैं। उनकी आलोचनात्मक कृतियाँ—"साहित्य का नया परिप्रेक्ष्य (1963), समसामयिकता और आधुनिक हिन्दी कविता (1972), आधुनिकता और सृजनशीलता

(1980) तथा भारती का काव्य (1980) हिन्दी आलोचना के क्षेत्र में महत्त्वपूर्ण स्थान रखती हैं। वह समाजवादी विचारधारा से प्रभावित हैं। उन्होंने नयी कविता की मूलप्रवृत्तियों, उसकी विद्रोहधर्मिता, मानव व्यक्तित्व की प्रतिष्ठा, वैयक्तिक स्वतन्त्रता, सांस्कृतिक सरोकारों की चिन्ता को विश्लेषित किया है। वह स्वीकार करते हैं कि आज की कविता में कुण्ठा, निराशा, अवसाद, आवेश, दुरूहता, अस्पष्टता, विशृंखलता आदि नकारात्मक प्रवृत्तियाँ हैं जो पिछले युगों की अन्धी आस्था के प्रति गहरे विद्रोह की उपज हैं। आपकी दृष्टि में "आज का युग अन्ध जड़ता का युग है। कहने के लिए हम सब धर्मनिष्ठ हैं, आदर्शवादी हैं, मानवतावादी हैं, पर सब-कुछ होकर भी आंतरिक निष्ठा का बल हममें नहीं है, जो जीवन धारा को अग्रसर करता है।" (साहित्य का नया परिप्रेक्ष, पृष्ठ 206)। उनका मानना है की आज की सबसे बड़ी समस्या मानव व्यक्तित्व की प्रतिष्ठा पर संकट है। पूँजीवादी और समाजवादी दोनों व्यवस्था वाले देशों ने मानव को यन्त्र बना दिया है। अत: इस यांत्रिक जड़ता को तोड़कर वैयक्तिक स्वतन्त्रता और मानव-व्यक्तित्व की प्रतिष्ठा को पुन: स्थापित करना होगा। वे आधुनिकता को एक तरह की रचना दृष्टि के रूप में, शुद्ध सर्जनशीलता के रूप में स्वीकार करते हैं।

नयी कविता की व्याख्या करने एवं उसमें रचनात्मक ऊर्जा देने में डॉ. लक्ष्मीकान्त वर्मा एक महत्त्वपूर्ण नाम हैं। 'नयी कविता के प्रतिमान' (1957) तथा 'नये प्रतिमान : पुराने निकष' जैसी कृतियों के माध्यम से उन्होंने नयी कविता के सूक्ष्म स्तरों को उभारने का कार्य किया है। नयी कविता में लघु मानव को प्रतिष्ठित करने तथा उसके लघु परिवेश को अभिव्यक्त करने का श्रेय उन्हें ही जाता है। उनके अनुसार यह लघु मानव एक ओर आज की समस्त तिक्तता और विषमताओं को तो भोग ही रहा है, साथ ही उन समस्त तिक्तताओं के बीच वह अपने व्यक्तित्व को भी सुरक्षित रखना चाहता है। उनकी मान्यता है कि नयी कविता पर आधुनिकता की गहरी छाप है और यह उसकी विशेषता भी है। वे रचनाकारों को नयी मान्यताओं के प्रति आग्रहशील रहने तथा रूमानी भावुकता से बचने की सलाह देते हैं।

इलाहाबाद में 'परिमल' के महत्त्वपूर्ण स्तम्भ रहे विजयदेव नारायण साही ने 'लघु मानव के बहाने हिन्दी कविता पर एक बहस' (1960) नामक लम्बे निबन्ध से, जो 'नयी कविता' में प्रकाशित हुआ था, हिन्दी आलोचना के क्षेत्र में जोरदार दस्तक दी। उसके पश्चात् उनकी मृत्यु के बाद प्रकाशित कृतियों—साहित्य और साहित्यकार का दायित्व (1983), जायसी (1983), छठवाँ दशक (1987), साहित्य क्यों? (1980) तथा वर्द्धमान और पतनशील (1991) द्वारा उन्होंने हिन्दी आलोचना में स्थायी महत्त्व प्राप्त किया। 'शमशेर की काव्य कला' नामक

अपने निबन्ध में उन्होंने नयी कविता के बदलते मूल्यों को रेखांकित करते हुए लिखा कि नयी कविता की बहसों में यह मान्यता अन्तर्भूत रही है कि न सिर्फ़ कविता का ऊपरी कलेवर बदला है या नये बिम्बों या प्रतीकों या शब्दावली की तलाश हुई है, बल्कि गहरे स्तर पर काव्य अनुभूति की बनावट में भी परिवर्तन आ गया है। उनका नये रचनाकारों से आग्रह है कि अपने व्यक्तित्व को सुरक्षित रखते हुए सामाजिकता को आत्मसात् करें। उन्होंने व्यक्तित्व और सामाजिकता के सामंजस्य पर बल दिया। वे रचना केन्द्रित आलोचना के पक्षधर हैं। वे धर्म-पन्थ एवं सम्प्रदाय निरपेक्ष साहित्य , जिसमें मनुष्य की प्रतिष्ठा की गयी हो, के प्रशंसक एवं पक्षधर हैं। शायद इसीलिए मध्यकालीन कवियों में उन्हें जायसी सर्वाधिक प्रिय हैं। जायसी पर उनका आलोचनात्मक अवदान शुक्ल जी के जायसी के मूल्यांकन को आगे बढ़ाता है।

परिमल के एक अन्य महत्त्वपूर्ण स्तम्भ डॉ. रामस्वरूप चतुर्वेदी की आलोचना की केन्द्रीयता में काव्य भाषा सम्बन्धी चिन्तन है। वे विशुद्ध आलोचक हैं। उनकी आलोचना की शुरुआत 'नवलेखन' (1964) से हुई। इसके बाद 'भाषा और संवेदना' (1964), अज्ञेय और आधुनिक रचना की समस्या (1968), हिन्दी साहित्य की अधुनातन प्रवृत्तियाँ (1969), कामायनी का पुनर्मूल्यांकन (1970), मध्यकालीन हिन्दी काव्य भाषा (1974), कविता यात्रा: रत्नाकार से अज्ञेय तक (1976), सर्जन और भाषिक संरचना (1980), इतिहास और आलोचक दृष्टि (1982), हिन्दी साहित्य और संवेदना का विकास (1986), काव्य भाषा पर तीन निबन्ध (1989), प्रसाद, निराला, अज्ञेय (1989), कविता का पक्ष (1994), हिन्दी गद्य : विन्यास और विकास (1996), आधुनिक कविता यात्रा (1998), आचार्य रामचन्द्र शुक्ल: आलोचना का अर्थ और अर्थ की आलोचना (2001) तथा भक्तिकाव्य यात्रा (2002) जैसी कृतियाँ हिन्दी आलोचना की महत्त्वपूर्ण धरोहर हैं। उनका मानना है कि कविता के संगठन में भाषा-प्रयोग की मूल एवं केन्द्रीय स्थिति है। अब काव्य भाषा 'प्रास के रजतपाश' से मुक्त हो चुकी है, अलंकारों की उपयोगिता अस्वीकार कर चुकी है और छन्दों की पायलें उतार चुकी है। अत: भाषिक अभिव्यक्ति ही सर्जना का मूल है। भाषिक सर्जनात्मकता को समझना रचना के अनुभवों को निकटतम रूप से समझना है। वह कहते हैं कि कवि अनुभूतियों को किसी-न-किसी भाषा में ही पकड़ता है अर्थात् काव्य सृजन के पूर्व उसका संवेदन उसे किसी भाषा में ही उपलब्ध होता है। वे मानते हैं कि रचनाकार भाषा समाज से प्राप्त करता है और उसकी काव्य भाषा उसके व्यक्तित्व के अनुकूल रूपाकार ग्रहण करती है। अत: काव्य भाषा के विश्लेषण से कवि के व्यक्तित्व को समझा जा सकता है। उन्होंने सर्वाधिक भाषिक विश्लेषण

अज्ञेय की कविताओं पर किया है। मुक्तिबोध के मूल्यांकन के माध्यम से वे नयी कविता को 'सारा-का-सारा जीवन' और 'गरबीली ग़रीबी' का काव्य मानते हैं। वे संस्कृति और कविता में गहरा अन्तर्सम्बन्ध देखते हैं। उनके अनुसार संस्कृति की रक्षा करना कविता का दायित्व है और कविता की कुत्सित विचारधारा से बचाना संस्कृति का धर्म है। वह भाषिक संवेदना के विशिष्ट आलोचक हैं।

नयी कविता के व्याख्याताओं में डॉ. जगदीश गुप्त का महत्त्वपूर्ण स्थान है। साही और रामस्वरूप चतुर्वेदी के साथ जगदीश गुप्त ने नयी कविता को स्थापित करने में उल्लेखनीय योगदान दिया है। डॉ. रघुवंश की तरह वह भी मानवतावादी जीवन-दृष्टि को आधुनिकता का मूल आधार मानते हैं। वे टूटते-बिखरते संघर्ष करते मनुष्य को नयी आस्था प्रदान करने में ही सच्ची लोकमंगल की भावना देखते हैं। वे मनुष्य को लघु मानव कहने के विरुद्ध हैं। लघु मानव की बजाय उसे 'नया मनुष्य' कहना बेहतर समझते हैं। उनका नया मनुष्य स्वाभिमान का धनी है तथा उसमें लघुता का एहसास हो ही नहीं सकता। वे कविता में अर्थ की लय के पक्षधर हैं तथा इसका सम्बन्ध उन्होंने नयी कविता के रूप-विधान में स्थापित किया है। शायद उनके 'अर्थ की लय' की अवधारणा जी. एच. लीविस द्वारा प्रतिपादित 'भावनाओं की लय' (रिद्म ऑफ फीलिंग) से प्रभावित है।

इलाहाबाद विश्वविद्यालय के अन्य प्राध्यापकों ने भी हिन्दी आलोचना के क्षेत्र में अपना महत्त्वपूर्ण योगदान दिया। यहाँ कुछ का उल्लेख आवश्यक है। रमाशंकर शुक्ल 'रसाल' रीतिकालीन परम्परा के आचार्य थे। वे अन्त तक ब्रजभाषा में कविता की वकालत करते रहे। वे इलाहाबाद विश्वविद्यालय के प्रथम डी. लिट. थे जिन्होंने काव्यशास्त्र के क्षेत्र में धीरेन्द्र वर्मा के मार्गदर्शन में अपना कार्य पूरा किया । उनकी कृति 'आलोचनादर्श' श्यामसुन्दर दास के 'साहित्यालोचन' के आधार पर लिखी गयी है। उनकी कृतियाँ 'अलंकार पीयूष' तथा 'नाट्य निर्णय' में आलोचना के स्वरूप एवं विकास की समीक्षा की गयी है। डॉ. लक्ष्मीसागर वार्ष्णेय की पुस्तक 'आधुनिक हिन्दी साहित्य की भूमिका' हिन्दी आलोचना में अलग महत्त्व रखती है। वार्ष्णेय जी की अन्य कृतियों में 'आधुनिक युग', 'हिन्दी साहित्य नये सन्दर्भ', 'भारतेन्दु हरिश्चन्द्र और बीसवीं शताब्दी', 'हिन्दी साहित्य का इतिहास', 'भारतेन्दु की विचारधारा' आदि उल्लेखनीय हैं। इसी शृंखला में डॉ. लीलाधर गुप्त का 'पाश्चात्य साहित्यालोचन के सिद्धान्त' धर्मवीर भारती का 'साहित्य और मानव मूल्य', 'पश्यन्ती', पारसनाथ तिवारी का ग्रन्थ 'कबीर ग्रन्थावली', 'जगदीश प्रसाद श्रीवास्तव का डिंगल पद्य साहित्य' तथा 'मिथकीय कल्पना और आधुनिक काव्य' आदि ग्रन्थों का ऐतिहासिक महत्त्व है।

इलाहाबाद विश्वविद्यालय के चार अध्यापकों दूधनाथ सिंह, राजेन्द्र कुमार, सत्यप्रकाश मिश्र तथा योगेन्द्र प्रताप सिंह के आलोचनात्मक अवदान के बिना यह क्रम अधूरा रह जायेगा। दूधनाथ सिंह की कृति 'निराला आत्महन्ता आस्था' निराला को समझने के लिए मील का पत्थर है। इसके अतिरिक्त उनकी अन्य कृतियों में 'महादेवी', 'मुक्तिबोध: साहित्य में नयी प्रवृत्तियाँ,' तथा सम्पादित ग्रन्थों में—'तारा पथ' (पन्त की कविताओं का चयन), 'एक शमशेर भी है', 'भुवनेश्वर समग्र', 'दो शरण' (निराला की भक्ति-कविताएँ), 'धीरेन्द्र वर्मा समग्र' (प्रकाशनाधीन) अत्यन्त उल्लेखनीय है। उनके साक्षात्कारों तथा आलोचनात्मक निबन्धों का संग्रह 'कहासुनी' तथा उनका संस्मरण-संग्रह 'लौट आ ओ धार' भी हिन्दी साहित्य के विविध सन्दर्भों को समझने में अत्यन्त महत्त्वपूर्ण एवं उपयोगी हैं। साहित्य में विचारधारा की प्रतिबद्धता तथा प्रतिरोध की चेतना के साथ आलोचना में प्रवृत्त राजेन्द्र कुमार का आलोचक अत्यन्त सजग है। उनकी आलोचनात्मक कृतियों में 'प्रतिबद्धता के बावजूद', 'इलाचन्द्र जोशी', 'शब्द घड़ी में समय' तथा सम्पादित कृतियाँ—'साही के बहाने समकालीन रचनाशीलता पर एक बहस', 'आलोचना में विवेक' (देवीशंकर अवस्थी एकाग्र), 'स्वाधीनता की अवधारणा और निराला', 'प्रेमचन्द की कहानियाँ : परिदृश्य और परिप्रेक्ष्य' तथा मुक्तिबोध अंधेरे में' उल्लेखनीय एवं उपयोगी हैं।

डॉ. सत्यप्रकाश मिश्र हिन्दी के महत्त्वपूर्ण आलोचक एवं सम्पादक रहे। उन्होंने हिन्दी साहित्य सम्मेलन की पत्रिका 'माध्यम' का सफलतापूर्वक सम्पादन किया। उनकी आलोचनात्मक कृतियाँ हैं—'कवि शिक्षा की परम्परा और हिन्दी रीति साहित्य', 'मध्यकालीन काव्य आन्दोलन' आलोचना और समीक्षाएँ। उनके द्वारा किये गये महत्त्वपूर्ण सम्पादन—'कहानीकार ज्ञानरंजन', 'अमृत कविताएँ', 'गोदान का महत्त्व' ' रहीम रचनावली' आदि हिन्दी आलोचना को समृद्ध करते हैं। इसी तरह डॉ. योगेन्द्र प्रताप सिंह ने हिन्दी आलोचना, विशेष रूप से काव्य शास्त्र एवं रामकथा साहित्य सम्बन्धी आलोचना के माध्यम से सार्थक हस्तक्षेप किया है। उनकी महत्त्वपूर्ण आलोचनात्मक कृतियों में 'भारतीय काव्य चिन्तन के मूलाधार, 'भारतीय काव्य शास्त्र', 'भारतीय एवं पाश्चात्य काव्य शास्त्र तथा हिन्दी आलोचना', 'काव्यांग परिचय', 'तुलसी रचना सन्दर्भ का वैविध्य', 'कबीर की कविता', 'आचार्य रामचन्द्र शुक्ल', 'हिन्दी आलोचना : सिद्धान्त और इतिहास', 'हिन्दी साहित्य के इतिहास की समस्याएँ', 'सर्जन और रसास्वादन : भारतीय पक्ष' आदि अपनी गहरी अर्थवत्ता सिद्ध कर चुके हैं।

कथाकार मार्कण्डेय की आलोचनात्मक पुस्तकों में 'प्रगतिशील साहित्य की ज़िम्मेदारी' 'हिन्दी कहानी: यथार्थवादी नज़रिया' तथा 'कहानी की बात' उल्लेखनीय

है। मार्कण्डेय के भाई एवं कथाकार नीलकान्त ने भी आलोचना के क्षेत्र में सार्थक हस्तक्षेप किया है। उन्होंने 'सौन्दर्य शास्त्र की पाश्चात्य परम्परा', 'रामचन्द्र शुक्ल', 'इतिहास लेखन की समस्याएँ' तथा 'मुक्तिबोध की तीन कविताएँ' जैसी आलोचनात्मक कृतियों से हिन्दी आलोचना को समृद्ध किया है।

इसी क्रम में कुछ पत्रिकाओं का उल्लेख यहाँ ज़रूरी है। 'सरस्वती', हिन्दुस्तानी अकादमी की पत्रिका 'हिन्दुस्तानी' तथा सम्मेलन की पत्रिका 'माध्यम' विशेष उल्लेखनीय है। अन्य पत्रिकाओं में 'कहानी' (भैरवप्रसाद गुप्त), 'नयी कविता' (जगदीश गुप्त, रामस्वरूप चतुर्वेदी), 'नये पत्ते' (लक्ष्मीकान्त वर्मा, रामस्वरूप चतुर्वेदी) 'निकष' (धर्मवीर भारती, रघुवंश), 'चाँद' (महादेवी वर्मा), 'साहित्य कार' (महादेवी वर्मा), 'बहाव' (अमरकान्त), 'कथा' (मार्कण्डेय), 'कलम' (नीलकान्त), 'अभिप्राय' (राजेन्द्र कुमार), 'लेखन' (विद्याधर शुक्ल), 'उन्नयन' (श्रीप्रकाश मिश्र), 'अनहद' (सन्तोष चतुर्वेदी) तथा 'प्रयाग पथ' (हितेश कुमार सिंह) आदि ने इलाहाबाद का प्रतिनिधित्व हिन्दी साहित्य एवं आलोचना के क्षेत्र में पुरजोर तरीक़े से किया है।

# कबीर और कबीर के प्रतिबम्ब

कबीर के अनेक प्रतिबिम्ब हैं क्योंकि कबीर को देखने और समझने के कई कोण हैं। सबने अपने-अपने तरीक़े से कबीर को अपनी चेतना में उतारा है। ज्ञान और भक्ति, रहस्यानुभूति और सहजानुभूति, पण्डित और अनपढ़, फक्कड़ और योगी, गुरु द्वारा मर्यादित और क्रान्तिचेतना से आप्लावित कबीर एक साथ कई विरुद्धों को साधते हैं। कबीर और कबीर के विविधरूपी प्रतिबिम्बों का कारण है कि कबीर ने भारतीय मनीषा की परम्परा का निर्वहन करते हुए अपने बारे में स्पष्ट रूप से कुछ भी नहीं कहा। छिटपुट रूप से उनके 'बीजक' से कुछ तथ्य ज़रूर एकत्र किये जाते हैं किन्तु उससे बात नहीं बनती है। अन्त: साक्ष्यों एवं बहिर्साक्ष्यों से उनका जीवन-वृत्त निर्मित करने का विद्वानों द्वारा किया गया बहुविध प्रयास सराहनीय है, विशेष रूप में आचार्य हजारीप्रसाद द्विवेदी का जिन्होंने कबीर का महत् आकार खड़ा कर दिया। फिर भी कबीर सम्बन्धी अधिकांश तथ्य आज भी विवादित हैं तथा शोध की माँग करते हैं। उनका जीवन-काल, उनके माता-पिता, स्त्री, पुत्र, गुरू, उनकी जाति एवं आजीविका, उनका निवास स्थान, पर्यटन, उनका पढ़ा लिखा होना, उनका योग, भक्ति, वैराग्य आदि के सम्बन्ध में अत्यन्त विरोधी सामग्री मिलती है। अत: प्रमाणिक रूप से इन तथ्यों के बारे में कुछ भी कहना कठिन है। किन्तु यह सत्य है कि कबीर का होना समय एवं इतिहास का सबसे बड़ा सत्य है। कबीर अपने होने को इस अर्थ में परिभाषित करते हैं—

*कबीरा तुही कबीर तू तेरे नाउ कबीर।*<br>
*राम रतन तब पाइयै जो पहिले तजहि सरीर।। (क.ग्र. साखी१७७)*

भले ही कबीर सैद्धान्तिक साम्यवाद से अपरिचित रहे हों किन्तु वे सच्चे साम्यवादी थे इसमें कोई शक नहीं है। ऐसी व्यवस्था जिसमें वर्ग भेद न हो तथा प्रत्येक व्यक्ति को योग्यता के अनुसार काम और आवश्यकता के अनुसार सुविधाएँ मिले, साम्यवाद की अवस्था है। इस अवस्था में व्यक्तिगत सम्पत्ति का संचय वर्जित है। 'कम्युनिस्ट मेंनीफेस्टो' के प्रथम अध्याय 'बूर्जुआ और सर्वहारा' में उल्लेख है कि

बूर्जुआजी की उपस्थिति और उसके शोषक चरित्र का सबसे बड़ा कारण व्यक्तिगत सम्पत्ति का संचय है। कम्युनिस्ट मेनीफेस्टो के द्वितीय अध्याय 'सर्वहारा और कम्युनिस्ट' में यह स्पष्ट उद्देश्य रखा गया है कि सम्पत्ति पर उत्तराधिकारी का नहीं बल्कि सर्वहारा का अधिकार हो। देखना होगा कि आज के सैद्धान्तिक मार्क्सवादी व्यवहार में इन सिद्धान्तों को कितना अपनाते हैं। कबीर सम्पत्ति के व्यक्तिगत संचय का निषेध मार्क्स से लगभग चार सौ वर्ष पहले कर चुके थे। कबीर का यह कहना कि, ''साईं इतना दीजिए जामें कुटुम समाय। मैं भी भूखा ना रहूँ साधु न भूखा जाय'' सम्पत्ति के व्यक्तिगत संचय के निषेध का सबसे बड़ा प्रमाण है। कबीर ने न सिर्फ़ 'कथनी' किया बल्कि 'करनी' में भी चरितार्थ किया। इस अर्थ में कबीर सच्चे समतावादी थे।

मध्यकाल की निरंकुशता के बीच चौराहे पर खड़े होकर तथा अभिव्यक्ति के खतरे उठाकर कबीर ने अनेक तत्कालीन गढ़ों एवं मठों पर करारा प्रहार किया। आज अभिव्यक्ति की आज़ादी के बावजूद हमारे ऊपर अनेक प्रत्यक्ष-अप्रत्यक्ष प्रतिबन्ध लगा दिये जाते हैं, इसके बरक्स मध्यकाल में घोर प्रतिबन्धों की मात्र कल्पना ही की जा सकती है। मध्यकालीन सामन्ती निरंकुश तन्त्र के निषेधों की परवाह न करते हुए सीधे-सीधे, खरी-खरी कहने का साहस, यदि हो सकता था, तो केवल कबीर के पास हो सकता था। इसके लिए उन्हें अनेक चुनौतियों का सामना करना पड़ा। इन चुनौतियों की सूचना कबीर के अन्त:साक्ष्यों से भी मिल जाती है।

*भुजा बाँधि मिलाकर डारियो।*
*हँसती कोपिमंड महि मारियो।।*
*गंग गुसाइन गहर गम्भीर।*
*जंजीर बाँधकर खरे कबीर।।*

कबीर की रचनाओं से यह जानकारी मिलती है कि उनके जीवन-काल में वह सम्मान नहीं मिला जो उन्हें आज प्राप्त है। सम्भवत: उनकी नीची जाति के कारण लोग उनकी हँसी उड़ाते थे। एक स्थल पर वे कहते हैं कि उन्होंने जीवन में कभी सुख नहीं पाया—

*जादि का भाई जनमिया कहूँ न पाया सुख।*
*डाली डाली मैं फिरौं पाती पाती दु:ख।। (क.ग्र. पृ.११७)*

अपनी जाति पर लोगों के हँसने के सम्बन्ध में कबीर कहते हैं—

*कबीर मेरी जाति को सभु कोई हसने हारू।*

किन्तु यह कबीर की ही दृढ़ता है कि वे ग़रीबी, निम्न जाति, सामाजिक राजनीतिक प्रहारों जैसी विषम परिस्थितियों में भी अत्यन्त दृढ़ता के साथ खडे थे।

प्रतिकूल स्थितियों में भी वे एक मिशनरी की तरह आगे देखते रहे, आगे ही बढ़ते रहे। इन प्रतिकूल परिस्थितयों ने उन्हें जो अनुभव दिये, उसी भोगे यथार्थ का चित्रण कबीर ने अपनी बानी में प्रस्तुत किया।

भ्रमण और देशाटन से कबीर ने सामाजिक अन्तर्विरोधों, विसंगतियों एवं विषमताओं को समझा तथा धर्म और संस्कृति की जड़ता एवं विकृतियों का अनुभव किया। यह पड़ताल उन्होंने मात्र बाहरी आँखों से नहीं बल्कि आन्तरिक दृष्टि से भी किया। एक निर्भीक योद्धा की तरह वे धर्म, सम्प्रदाय, वर्ण, जाति, राजनीति, समाज आदि की विकृतियों पर गम्भीर आघात करते हैं। उनके प्रहारों से निश्चित ही उच्च जातियों-वर्णों को चोट भी लगी किन्तु समाज के उपेक्षितों, दलितों, शोषितों को कबीर में अपना स्वर भी मिला। इस अर्थ में कबीर तत्कालीन समाज के हासिये पर खड़े आम आदमी के सबसे बड़े प्रवक्ता हैं और आज भी उतने ही प्रासंगिक हैं। कबीर प्रवक्ता हैं उस आम आदमी का जो धर्म-समाज के सामन्ती शिकंजे से छटपटा रहा है। उस आम आदमी का जिसकी कोई निजता नहीं है, अपनी कोई अस्मिता नहीं है। उस आम आदमी का जो रोटी जुटाने और बेटी बचाने के लिए अपना श्रम बेच रहा है। उस आम आदमी का जिसे नहीं पता कि व्यवस्था में उसका कितना हिस्सा है, उसकी अहमियत क्या है। कबीर, बुद्ध और महावीर की परम्परा में तालाबन्द जबानों को खोलनेवाली कुंजी है।

कबीर भले ही तत्कालीन राजनीतिक, सामाजिक व्यवस्था के बीच खड़े थे किन्तु वे मन के बादशाह थे। एक नितान्त आज़ाद ख़्याल आदमी थे। इस आज़ादी के लिए किसी भी चुनौती को स्वीकार करने के लिए तैयार थे। वे अपराजेय चेतना के मालिक थे। ऐसी चेतना जिसने न किसी अमीर को सजदा किया, न गिरकर कोई समझौता किया। वे आज़ादी के दीवाने थे, मस्ताने थे। वे स्वयं कहते हैं—

*हमन है इश्क मस्ताना, हमन को होशियारी क्या।*
*रहै आज़ाद या जग में, हमन दुनिया से यारी क्या।।*

आज़ादी की इसी भावना ने कबीर को निर्भीकता और साहस दिया। इसी साहस से, बेबाकी से वे अपने भोगे हुए अनुभवों को व्यक्त कर सके। यथार्थ की खुरदुरी जमीन पर खड़े होकर कबीर ने अपने खुरदुरे शब्दों में समाज के खुरदुरेपन को बेनकाब कर दिया।

कबीर की वेदना उनकी निजी वेदना नहीं है, सामाजिक वेदना है। उनकी चिन्ता समष्टि की चिन्ता है। यद्यपि उनकी वृत्ति समाज सुधारक की नहीं थी, किन्तु भक्त के साथ वह समाज सुधारक भी थे। वे भी अन्य समाज सुधारकों की तरह एकता, समरसता, समता की आकांक्षा रखते थे। किन्तु अन्य समकालीन सन्तों, सुधारकों की तरह वे समस्या का मखमली समाधान नहीं करते, मर्ज को दबाने की कोशिश नहीं

करते वरन् उसकी शल्य—क्रिया करते हैं। वे सामाजिक नासूर को 'कैंसर' बनने के पूर्व ही उखाड़कर फेंक देना चाहते हैं। उनकी शल्य क्रिया अत्यन्त पीड़ादायक है क्योंकि अन्य सन्तों के विपरीत बिना 'एनेस्थेसिया' के होती है। इस अर्थ में कबीर का व्यक्तित्व सुधारक से अधिक एक क्रान्तिकारी का व्यक्तित्व है। उन्होंने पोथी और पत्रा की परवाह कभी नहीं की, पण्डित, मुल्लाओं की परवाह भी नहीं किया। वे कहते हैं— 'पण्डित मुल्ला जो लिख दिया, छाडि चले हम कछु न लिया। 'कबीर किसी पूर्वमत या मान्यता को स्वीकार करनेवाले नहीं थे। इसलिए न हिन्दू बने, न मुसलमान बने, महज़ एक इन्सान बनकर रहना स्वीकार किया। हजारीप्रसाद द्विवेदी ने कबीर की इस अक्खड़ता का सम्बन्ध सिद्धों एवं योगियों से जोड़ा है। योगियों की संगति के प्रभाव से ही यह अक्खड़ता कबीर को प्राप्त हुई थी। इस अक्खड़ता का सुन्दर प्रभाव कबीर की खण्डनात्मक उक्तियों में मिलता है। इसी कारण वे अपना घर तो जलाते हैं, औरों को भी घर जलाने के लिए ललकारते हैं। वे लोक एवं वेद के झाँसे में नहीं आते वरन् हर बात को बुद्धि की कसौटी पर कस कर परखते हैं। इस दृष्टि से कबीर बुद्धिवादी प्रतीत होते हैं। किन्तु उनकी बुद्धिवादिता तर्क पर नहीं बल्कि अनुभूति पर टिकी है। कुल मिलाकर कबीर का व्यक्तित्व अनेक विरोधाभासी तत्त्वों से बना एक विलक्षण एवं विचित्र व्यक्तित्व है। आचार्य हजारीप्रसाद द्विवेदी ने ठीक ही कहा है, ''हजार वर्ष के इतिहास में कबीर जैसा व्यक्तित्व लेकर कोई लेखक नहीं उत्पन्न हुआ।''

# जायसी की उपादेयता

जायसी प्रेमाख्यान परम्परा के शीर्षस्थ कवि हैं। कबीर और तुलसी की तरह वे भी सांस्कृतिक संश्लेषण के आकांक्षी हैं। जहाँ कबीर चुनौती के कवि हैं और उनका तरीक़ा प्रतिरोध का है, वहीं जायसी तुलसी की तरह समन्वय और करुणा के कवि हैं। प्रेमाख्यान परम्परा के शीर्षस्थ कवि होने के बावजूद जायसी भी कबीर की तरह हिन्दी में दीर्घकाल तक उपेक्षित रहे। बीसवीं सदी के प्रथम चरण के पूर्व हिन्दी के किसी भी कवि-वृत्त में जायसी का उल्लेख तक नहीं है, जबकि उर्दू-फ़ारसी के अनेक ग्रन्थों में उनकी चर्चा है। 'आबे हयात', 'अखयारूल अख्यार', 'खजीनतुल असफिया', 'रमजुल आरफीन', 'मुंतखब उत तवारीख', 'बाबरनामा' आदि ग्रन्थों में जायसी एक सूफ़ी सन्त के रूप में उपस्थित हैं। हिन्दी साहित्य के प्रथम इतिहासकार फ्रान्सीसी विद्वान गार्दा द तासी ने 'जायसी दास' के रूप में उनका उल्लेख किया है तथा उन्हें हिन्दू से इस्लाम में सद्यः धर्मान्तरित मुसलमान माना है। आचार्य रामचन्द्र शुक्ल के पूर्व ब्रजभाषा के काव्यभाषी आलोचक जायसी को श्रेष्ठ कवि स्वीकार करने के पक्ष में नहीं थे। सूर-तुलसी की भाँति जायसी को प्रतिष्ठापित करने का श्रेय आचार्य शुक्ल को ही जाता है। उन्होंने 'जायसी ग्रन्थावली' (1924 ई.) की विशद भूमिका द्वारा जायसी को हिन्दी साहित्य में स्थापित किया। इसके बाद शुक्ल जी ने 'त्रिवेणी' 'हिन्दी साहित्य का इतिहास' तथा कुछ स्फुट निबन्धों में जायसी की रचनाधर्मिता का विस्तृत विवेचन किया। आचार्य शुक्ल के जायसी सम्बन्धी अनुसन्धान और आलोचनात्मक कार्य ने विद्वानों को इस ओर आकर्षित किया और 1941 ई. में जायसी पर सर्वप्रथम शोध कार्य अंग्रेज़ी में, लन्दन विश्वविद्यालय से डॉ. लक्ष्मीधर ने पूरा किया। उनके शोध का विषय था— 'ए लिंग्विस्टिक स्टडी आफ सिक्सटीन्थ सेंचुरी हिन्दी इन स्पेशल रिफरेन्स टू मलिक मुहम्मद जायसी।' हिन्दी भाषा में जायसी पर प्रथम शोध कार्य आगरा विश्वविद्यालय से डॉ. जयदेव कुलश्रेष्ठ ने 1949 ई. में पूरा किया।

उनका शोध विषय था— "जायसी : उनकी कला और दर्शन।" तब से आज तक प्राय: सभी भारतीय विश्वविद्यालयों में जायसी हिन्दी के स्नातक तथा परास्नातक कक्षाओं की विषय-सूची में विद्यमान हैं। शोध के क्षेत्र में जायसी पर अनवरत कार्य हो रहे हैं।

जायसी सम्बन्धी सामग्री हिन्दी में उर्दू-फ़ारसी के सन्दर्भों से आयी है। उर्दू-फ़ारसी की पुस्तकों में जायसी का उल्लेख सूफ़ी सन्त के रूप में आया है। हिन्दी में जायसी को सूफ़ी सिद्ध मानने वाले पहले व्यक्ति ग्रियर्सन थे और आचार्य शुक्ल ने भी ग्रिर्यसन की इसी मान्यता को अपनी स्वीकृति प्रदान की। 'पद्मावत' के परवर्ती अनुवादकर्त्ता शिरेफ महोदय ने यह राय दी कि, 'पद्मावत' के सूफ़ी तत्त्वों को महत्त्व नहीं देना चाहिए, किन्तु हिन्दी आलोचना में उनकी राय को महत्त्व नहीं दिया गया। आगे के समालोचकों ने आचार्य शुक्ल के मत को स्वयं सिद्ध मान लिया। आचार्य शुक्ल ने इस परम्परा का नामकरण 'प्रेममार्गी सूफ़ी शाखा' करते हुए इसे फ़ारसी-सूफ़ी परम्परा से प्रभावित माना। शुक्ल जी का कथन है कि इस परम्परा के कवि सूफ़ी मतानुयायी हैं तथा उनका उद्देश्य सूफ़ी मत का प्रचार करना है। किन्तु जिस समय वे यह मत प्रतिपादित कर रहे थे उस समय इस परम्परा के मात्र आठ आख्यान ही उपलब्ध थे तथा उनमें से छह मुस्लिम कवियों द्वारा रचित थे। किन्तु आज इस परम्परा के पचास से अधिक आख्यान उपलब्ध हैं तथा उनमें से अधिकांश, पैंतीस से अधिक आख्यान हिन्दू कवियों द्वारा रचित हैं। इन हिन्दू कवियों के काव्य का आरम्भ गणेश, सरस्वती, कृष्ण, ब्रह्मा जैसे हिन्दू देवी-देवताओं की स्तुति से होता है। निश्चित ही ये कवि सूफ़ी नहीं थे, न हीं उनका उद्देश्य सूफ़ी मत का प्रचार करना था। शुक्ल जी ने अपनी व्याख्या में यह स्वीकार किया था कि इस परम्परा के प्रेमाख्यान काव्यों की कुछ विशिष्ट शर्तें हैं। इस सम्बन्ध में उनका कथन है कि, "इनकी रचना बिल्कुल भारतीय चरित काव्यों की सर्गबद्ध शैली पर न होकर फ़ारसी की मसनवियों के ढ़ंग पर हुई है, जिनमें कथा सर्गों या अध्यायों के विस्तार के हिसाब से विभक्त नहीं होती, बराबर चली चलती है। केवल स्थान-स्थान पर घटनाओं या प्रसंगों का उल्लेख शीर्ष के रूप में रहता है। मसनवी के लिए साहित्यिक नियम तो केवल इतना ही समझा जाता है कि सारा काव्य एक ही मसनवी छन्द में हो, परम्परा के अनुसार उसमें कथारम्भ के पहले ईश्वर स्तुति, पैगम्बर की वन्दना और उस समय के राजा की प्रशंसा होनी चाहिए। ये बातें पद्मावत, इन्द्रावत, मृगावती इत्यादि सबमें पायी जाती है।" (त्रिवेणी पृ.-15)।

जायसी पर गम्भीर अनुसंधान एवं शोध कार्य करते हुए विजयदेव नारायण साही ने जायसी सम्बन्धी अनेक भ्रान्तियों को मिटाने का प्रयास किया है। उनका कथन है कि, "जायसी के व्यक्तित्व और उनकी कृति पद्मावत के चारों ओर सूफ़ीवाद का

इतना मलबा इकट्ठा हो गया है कि कवि और इसकी कविता का साक्षात्कार करने के लिए सूफ़ीवाद की इस लगभग बद्धमूल धारणा की कुछ विस्तार से उधेड़बुन करना ज़रूरी है।'' (जायसी पृ.-52)। शुक्ल जी की बद्ध मूलधारणा की शल्य क्रिया करते हुए साही जी ने स्वीकार किया कि सूफ़ी सिद्ध मान लिये जाने के कारण जायसी दुहरी उपेक्षा के शिकार हुए। मध्यकाल में वे इसलिए उपेक्षित हुए कि किसी भी सूफ़ी सिलसिले ने उन्हें अपना नहीं माना। आधुनिक काल के आरम्भिक विचारकों, आलोचकों ने उन्हें इसलिए अप्रासंगिक मान लिया कि उनके चारों ओर दक़ियानूस सूफ़ी कवि और तसव्वुफ़ का लबादा ओढे एक सिद्ध का धुन्ध छाया रहा। साही, माताप्रसाद गुप्त, गणपतिचन्द्र गुप्त, भगवती प्रसाद सिंह जैसे विद्वानों ने जायसी के चतुर्दिक छाये इस धुन्ध को काटने की पुरजोर कोशिश की और इसमें सफल भी हुए। इन विद्वानों के अनुसार पद्मावत में सूफ़ी मत को प्रतिपादित करनेवाले तत्त्व जायसी द्वारा रचित न होकर कालान्तर में जोड़े गये क्षेपक हैं। साही लिखते हैं कि, ''सूफ़ीवाद के चौखटे में पद्मावत को कसने का प्रयास करने वाला शायद पहला आदमी वह नामालूम व्यक्ति था जिसने पद्मावत में वह प्रसिद्ध क्षेपक जोड़ा जिसके अनुसार चित्तौड़ तन है, राजा मन है, नागमती दुनियावी-धन्धा है, आदि। इस क्षेपक के अनुसार पद्मावत की पूरी कथा एक रूपक या बड़े पैमाने पर अन्योक्ति हो गयी और यह क्षेपक उस रूपक की कुंजी। इस क्षेपक को पाठ मानने की विवशता ग्रियर्सन और शुक्ल जी, दोनों के सामने थी।'' (जायसी पृ.-52)। साही जी के पूर्व डॉ. माताप्रसाद गुप्त पद्मावत में सूफ़ी मत के प्रचार हेतु जोड़े गये क्षेपक को रेखांकित कर चुके थे। उन्हें इस क्षेपक का पहला आलेख पद्मावत की 17 वीं सदी की एक प्रति में दिखायी दिया। डॉ. भगवती प्रसाद सिंह को शाहजहाँकालीन बज्मी नामक सूफ़ी सन्त एवं शायर द्वारा फ़ारसी में अनूदित पद्मावत की एक प्रति प्राप्त हुई जिसमें नागमती का विरह-प्रसंग ही गायब कर दिया गया है। डॉ. सिंह के अनुसार यह वर्णन सूफ़ी मत के दार्शनिक ढाँचे में सही नहीं बैठ पाता। उस प्रति में सुल्तान अलाउद्दीन का चरित्र भी अधिक उज्ज्वल और प्रशंसित बनाकर चित्रित किया गया है।

ग्रियर्सन और शुक्ल जी के सामने भी वह कुंजी क्षेपक थी किन्तु उसे जायसी रचित मानने के अलावा उनके पास अन्य कोई चारा नहीं था, हाँ शुक्ल जी को सूफ़ी मत वाले रूपक की व्याख्या में असमंजस ज़रूर था। फ़ारसी प्रभाव या सूफ़ी प्रभाव को रेखांकित करते हुए आचार्य शुक्ल पद्मावत की स्वछन्द प्रेम पद्धति को अभारतीय घोषित कर देते हैं। शुक्ल जी के बाद भी अधिकांश आलाचकों ने इसी सूत्र को ग्रहण करते हुए इन कथानकों को फ़ारसी परम्पराओं पर आधारित घोषित किया। आचार्य शुक्ल को भारतीय पद्धति का दिग्दर्शन राम-सीता के विवाहोत्तर प्रेम में दिखायी देता है, जबकि इन प्रेमाख्यान काव्यों में समाज निरपेक्ष स्वच्छन्द प्रेम का चित्रण मिलता

है। इसी कारण वे प्रेम कथानकों को अभारतीय घोषित कर देते हैं। उनकी दृष्टि उन भारतीय प्रेम कथानकों की ओर नहीं गयी जो परम्परा प्रसूत है। ''ऋग्वेद के उर्वशी-पुरुरवा प्रेमाख्यान में, महाभारत के नल-दमयन्ती, तप्ता-संवरण प्रकरणों में ऐसे ही प्रेम का निरूपण हुआ है जो विवाह की मर्यादाओं की अपेक्षा चित्र-दर्शन या स्वप्न-दर्शनजन्य सौन्दर्यानुभूति से अधिक प्रेरित है तथा जिसमें नायिका की प्राप्ति के लिए नायक को भारी संघर्ष या युद्ध करना पड़ता है। वस्तुत: स्वछन्द प्रेम की यही परम्परा संस्कृत के गद्यात्मक रोमांस काव्य (वासवदत्ता, कादम्बरी, दशकुमारचरित आदि) तथा प्राकृत-अपभ्रंश के कथा-काव्य में विकसित होती हुई आधुनिक भारतीय भाषाओं तक पहुँची है।'' (हिन्दी साहित्य का इतिहास सं-नगेन्द्र पृ.-135)। ऐसा नहीं है कि शुक्ल जी की दृष्टि भारतीय स्वच्छन्द कथानकों की ओर नहीं गयी थी। वे संस्कृत से अपभ्रंश तक की कथा परम्परा से विधिवत परिचित थे। किन्तु इस सम्बन्ध में उनका तर्क है कि, ''कृष्ण चरित, कादंबरी, नैषध चरित, मधवानल, कामकन्द कला आदि एकान्तिक प्रेम कहानियों का भी भारतीय साहित्य में प्रचुर प्रसार हुआ है। ये कहानियाँ अरब-फ़ारस की प्रेम-पद्धति के अधिक मेल में थी। नल-दमयंती की प्रेम कहानी का अनुवाद बहुत पहले फ़ारसी क्या अरबी तक में हुआ।'' (जायसी ग्रन्थावली, भूमिका, पृ.-21-30)। शुक्ल जी यह तो स्वीकार करते हैं कि उक्त ग्रन्थों का बहुत पहले फ़ारसी क्या अरबी तक में अनुवाद हुआ है, किन्तु वे पद्मावत के स्वच्छन्द प्रेम-पद्धति को फ़ारसी घोषित करते हैं। शुक्ल जी का यह मत तर्कपूर्ण नहीं है।

आचार्य शुक्ल ने यह मत भी प्रतिपादित किया कि प्रेमाख्यान काव्यों के शिल्प पर फ़ारसी की मसनवी शैली का प्रभाव है। मसनवी में, एक छन्द में सम्पूर्ण प्रबन्ध रचा जाता है। किन्तु प्रेमाख्यान काव्यों पर यह तर्क लागू नहीं होता। प्रेमाख्यान काव्यों में केवल एक ही छन्द का प्रयोग नहीं होता। ''बल्कि कम-से-कम दो छन्द दोहा और चौपाई का प्रयोग मिलता है। वस्तुत: चौपाइयों के बीच बीच में दोहा जैसे दो पंक्तियों के छन्द को धता देकर प्रबन्ध लिखने की परम्परा का सूत्रपात अपभ्रंश के प्रथम प्रबन्धकार स्वयंभू द्वारा हुआ था, जिसका निर्वाह आगे चलकर पुष्पदन्त, धनपाल, नयनन्दी, कनकामर आदि आख्यान रचयिताओं द्वारा हुआ है। अत: दोहा-चौपाई शैली को एक छन्द में रचित मसनवियों की देन बताना सर्वथा असंगत है।'' (हि.सा. का इतिहास-सं. नगेन्द्र, पृ.-138)

प्राय: सभी प्रेमाख्यान काव्यों में संस्कृत-प्राकृत-अपभ्रंश से आती हुई कुछ कथानक रूढ़ियों का प्रयोग मिलता है, जैसे स्वप्न दर्शन, चित्र दर्शन, तोते द्वारा गुण-कथन, शिव मन्दिर में नायक-नायिका का मिलन, राक्षस से नायिका की रक्षा आदि। ये कथा रूढ़ियाँ फ़ारसी प्रेमाख्यानों में अनुपस्थित हैं, इनका स्रोत नितान्त भारतीय

है। अत: यह मानना कि इन प्रेम कथानकों पर फ़ारसी प्रभाव है, तर्क पूर्ण नहीं है। प्राय: सभी कथानकों को मनोरंजक बनाने तथा विस्तार देने के लिए मानवेतर प्राणियों जैसे तोता, हंस, कबूतर, असुर, बेताल, राक्षस, अप्सराओं, परियों आदि की कल्पना की गयी है। सौन्दर्य निरूपण में नखशिख वर्णन, रूप रंग, हाव-भाव आदि सूक्ष्म गुण-कलाओं का समावेश सभी प्रेमाख्यानों में मिलता है। सभी में अतिशयोक्ति के तत्त्व भी समान रूप से मिलते हैं। नायक द्वारा नायिका से मिलने के लिए अनेक बाधाओं को पार करना, प्रणय-निवेदन करना, रति क्रीड़ा का स्थूल चित्रण करना प्राय: सभी प्रेमाख्यानों में चित्रित है। जायसी की पद्मावती की प्रणय-भावना का एक दृश्य द्रष्टव्य है, जब वह अपने हीरामन तोते से कहती है—

*सुनु हीरामनि कहौं बुझाई। दिन दिन मदन सतावै आयी।*
*जोबन मोर भयउ जस गंगा। देह देह हम्ह लाग अनंगा।*
*कवल भँवर ओ ही बन पावै। कोई मिलाइ तन तपनि बुझावै।*

प्रेमाख्यान परम्परा के कवियों ने तत्कालीन समय में, जब ज्ञान-विज्ञान के अन्य साधनों का अभाव था, अपने पाण्डित्य से पाठकों की ज्ञान-पिपासा को शान्त किया । अत: प्राय: सभी ने पाठकों के ज्ञानवर्द्धन का भी उद्देश्य सामने रखा: इस परम्परा के सभी कवियों ने प्रेम, रीति, प्रणय-भावना के निरूपण के साथ-साथ परम्परागत ज्ञान-विज्ञान की तथ्यात्मक जानकारी भी अपने ग्रन्थों में उड़ेल दी। इनमें सन्दर्भ और प्रसंग के अनुसार भारतीय दर्शन, इतिहास, पुराण, ज्योतिष, कामशास्त्र, वैद्यक, चिकित्साशास्त्र, पाकशास्त्र, संगीत, युद्धकला, रीतिशास्त्र आदि का पाण्डित्यपूर्ण चित्रण किया है। कहीं कहीं यह चित्रण इतना विस्तृत एवं ऊबाऊ होने लगता है कि प्रसंग मूल कथा से बहुत दूर चला जाता है। फिर भी तत्समय, पुस्तकीय अभाव के दौर में, कवियों का ज्ञान प्रदर्शन पाठकों के लिए अवश्य उपयोगी रहा होगा।

जायसी का समग्र रचना कर्म फ़ारसी लिपि में रचित है। उनकी भाषा अवधी अवश्य है किन्तु फ़ारसी लिपि के कारण उनका कृतित्व दीर्घ काल तक हिन्दी के अध्ययन क्षेत्र के बाहर रहा। गार्दा द तासी, ग्रियर्सन, आचार्य शुक्ल, डॉ. माताप्रसाद गुप्त, डॉ. शिवसहाय पाठक, डॉ. परमेश्वरी लाल गुप्त, विजयदेव नारायण साही, डा. भगवती प्रसाद सिंह आदि विद्वानों के महत्त्वपूर्ण अनुसन्धान-शोध एवं आलोचना कर्म से जायसी के सम्बन्ध में फैली अनेक भ्रन्तियों का निराकरण हुआ। इन शोधों एवं अध्ययनों के परिणामस्वरूप अब तक जायसी की पच्चीस कृतियों का पता चला है। इनमें पद्मावत, अखरावट, आख़िरी कलाम को आचार्य शुक्ल ने 'जायसी ग्रन्थावली' में सम्पादित किया है। 1957 ई. में डॉ. माताप्रसाद गुप्त ने पद्मावत का सम्पादन करते हुए 'महरी बाइसी' (कहरानामा) नामक जायसी की लघु कृति का प्रकाशन किया। 1959 ई. में डॉ. शिवसहाय पाठक ने जायसी कृत 'चित्ररेखा' (चित्रावत) तथा

'मसलानामा' नामक कृतियों का सम्पादन किया। 1981 ई. में परमेश्वरी लाल गुप्त के अनुसन्धानों के परिणामस्वरूप जायसी की एक महत्त्वपूर्ण कृति 'कन्हावत' प्रकाश में आयी। जिन पच्चीस कृतियों का नाम जायसी से जोड़ा जाता है, उनमें से अधिकांश कृतियाँ अभी भी अप्राप्त हैं, जिनके खोज की आवश्यकता है।

प्रश्न है कि जायसी, 500 वर्ष बीत जाने के पश्चात् आज भी प्रासंगिक हैं या नहीं। उनका कृतित्व आज अपनी अथर्वत्ता रखता है अथवा नहीं। उनके ग्रन्थों की मूल्यवत्ता आज भी ग्रहणीय है अथवा नहीं। सांस्कृतिक-ऐतिहासिक सन्दर्भों के विश्लेषण से यह स्पष्ट है कि जायसी सन्तों की उसी परम्परा में आते हैं जिन्होंने सामाजिक सौहार्द रखने में बड़ी भूमिका अदा की। जायसी ने इस्लाम के भाई चारे की भावना तथा हिन्दू धर्म के वसुधैव कुटुम्बकम् की अवधारणा को एक साथ आत्मसात् किया। उनकी दृष्टि में हिन्दू एवं इस्लाम धर्म सैद्धान्तिक रूप से भले अलग-अलग मार्ग हो, किन्तु लोक जीवन एवं लोक व्यवहार के स्तर पर दोनों में संश्लेषण दिखायी देता है। सन्तों, फ़क़ीरों, सूफियों के प्रति हिन्दू एवं मुसलमान दोनों एक साथ आकर्षित हुए। प्रेमाख्यानमार्गी कवियों ने लोक मानस में प्रेम का बीजारोपण करने तथा साम्प्रदायिक सौहार्द कायम रखने में महत्त्वपूर्ण भूमिका अदा की। जायसी भी इसी परम्परा में आते हैं। उनकी मान्यता है कि हिन्दू-मुसलमान एक ही वृक्ष की दो डालियाँ हैं, दोनों का रक्त-बिन्दु एक है—

*बिरिछ एक लागी दुई डारा। एकहिं ते नाना परकारा।*
*मातु के रकत पिता के बिन्दू। उपजे दुवै तुरक औ हिन्दू।।*

इस कसौटी पर, धार्मिक सौहार्द और सद्‌भाव की कसौटी पर, जायसी आज भी प्रासंगिक है, उपादेय है और उनका कृतित्व आज भी अपनी अथर्वत्ता रखता है।

# लोक साहित्य मानव का आदिम राग है

लोक साहित्य का अभिप्राय है लोक जीवन को अभिव्यक्त करनेवाला साहित्य अर्थात् लोक का साहित्य। ऐसा साहित्य जिसमें लोक अपनी बोली में, बोलचाल की भाषा में, बोलचाल के शब्दों में स्वयं को अभिव्यक्त करे, वह लोक साहित्य है। लोक साहित्य में लोक गीत, लोक गाथा, लोक कथा, लोक नाट्य, लोक स्मरण, लोक गल्प आदि अभिव्यक्ति के कई रूप आते हैं। साहित्य के इन रूपों में देशज, लोकज शब्दों का ही प्रयोग होता है जो आमजन के बीच प्रचलित होते हैं तथा सहज संप्रेषित होते हैं। सभ्यता की दौड़ में जो समाज आगे निकल जाता है, किसी परिनिष्ठित भाषा का प्रयोग करने लगता है, वह समाज इन शब्दों से परहेज़ करता है।

सदियों से दो परम्पराएँ साथ-साथ चलती रही हैं—लोक की परम्परा तथा शास्त्र की परम्परा। शास्त्र की परम्परा का जन्म अपेक्षाकृत बाद में हुआ। शास्त्र की परम्परा के आविर्भाव के पूर्व, अर्थात् एक साहित्यिक भाषा के जन्म के पूर्व लोक की परम्परा ही प्रचलित रही। इस लोक परम्परा में वाचिक विनिमय या बातचीत द्वारा अभिव्यक्ति होती रही। मानव अपने सुख-दु:ख, हानि-लाभ, रिश्तों के जज्बात, दैनिक बातचीत, सब-कुछ लोक भाषा या बोली में करता है। शास्त्र की परम्परा साहित्यिक या परिनिष्ठित भाषा की परम्परा है। ऐसी भाषा की परम्परा जिसका व्याकरण निर्धारित हो चुका है। इसके बरक्स लोक की परम्परा अनगढ़ परम्परा है, लोक में बोली जानेवाली बोली की परम्परा है। यह बोली अकृत्रिम और स्वत:स्फूर्त है। इसे व्याकरण की बन्दिश में क़ैद नहीं किया जा सकता। जहाँ शास्त्रीय परम्परा अनुशासित एवं संस्कारित है, वहीं लोक परम्परा स्वच्छन्द और स्वत:स्फूर्त है। स्वच्छन्द और सहज स्फूर्त होने के कारण लोक साहित्य अत्यन्त ग्राह्य एवं आकर्षक है। लोक साहित्य घी का लड्डू है जो अनगढ़ ही सही, है अत्यन्त स्वादिष्ट। वस्तुत: शास्त्र का जन्म लोक के गर्भ से होता है। लोक ही शास्त्र की जननी है। लोक साहित्य से ही परिनिष्ठित साहित्य का जन्म

होता है। लोक कथा से दुनिया का कथा साहित्य, लोकगीत से दुनिया की सभी कविताएँ तथा लोकनाट्य से ही दुनिया के सभी नाट्यकर्म प्रादुर्भूत हैं। लोक साहित्य मानव-जीवन का आदिम राग है। लोक साहित्य के अध्ययन से हमें तत्कालीन समाज की सांस्कृतिक जड़ों का जीवन परिलक्षित होता है। किसी काल का आम जीवन कैसा है, इसे समझने के लिए तत्कालीन लोक साहित्य के सम्पर्क में जाना होगा। खेती, गृहस्थी, पशुपालन, व्यापार, वाणिज्य की विविध गतिविधियाँ, उससे सम्बन्धित शब्दावली, उससे सम्बन्धित साधन और उपकरण, सभी लोक साहित्य के अध्ययन से खंगाले जा सकते हैं। इसके लिए आवश्यकता है लोक साहित्य के संग्रह की। लोक साहित्य का संग्रह करना बहुत श्रमसाध्य कर्म है, बहुत मेहनत करने के बाद बहुत कम सामग्री हाथ लगती है।

कुछ बात 'लोक' शब्द के बारे में ज़रूरी है। 'लोक' शब्द का शाब्दिक अर्थ है 'देखना' अथवा 'देखनेवाला'। पं. रामनरेश त्रिपाठी जैसे विद्वान् 'लोक' का अभिप्राय 'ग्राम्य जन' से समझते हैं, 'लोक' अर्थात् गाँव में रहनेवाले लोग हैं। किन्तु हजारीप्रसाद द्विवेदी इस अभिप्राय को अस्वीकार करते हैं। उनके अनुसार 'लोक' ग्राम से नगर तक फैली वह जनता है जिसके ज्ञान का आधार पोथियाँ नहीं हैं तथा जो सरल और अकृत्रिम जीवन की अभ्यस्त है। डॉ. कृष्णदेव उपाध्याय के अनुसार 'लोक' उस जनता को कहते हैं जो प्राकृतिक परिवेश में निवास करती हैं, जो अशिक्षित हैं, आधुनिक सभ्यता से दूर हैं तथा असंस्कृत हैं, जिसका विचार एवं जीवन परम्परायुक्त नियमों से नियन्त्रित होता है।

'लोक' शब्द का सबसे प्रथम प्रयोग, अनेक स्थलों पर ॠग्वेद में ही मिलता है। यहाँ इस शब्द का प्रयोग 'जन', 'स्थल' तथा 'जीव' के अर्थ में हुआ है। 'ॠग्वेद के पश्चात् 'लोक' शब्द प्रायः सभी वैदिक ग्रन्थों में प्रयुक्त होता है। अथर्ववेद, ब्राह्मण, उपनिषद्, अष्ठाध्यायी, वार्तिक, महाभाष्य आदि ग्रन्थों में यह शब्द बार-बार आता है। भरतमुनि के नाट्य शास्त्र के 14वें अध्याय में अनेक लोकधर्मी नाट्य प्रवृत्तियों का उल्लेख आया है। भागवतगीता में 'लोक' तथा 'लोक संग्रह' शब्द कई बार आते हैं। गृहसूत्र तो लोक जीवन के कोश माने जाते हैं, विशेष रूप से पारस्कर तथा आश्वलायन गृहसूत्रों में लोक संस्कृति का विशेष उल्लेख मिलता है। इन गृहसूत्रों में लोक क्रियाओं, लोक विश्वासों एवं लोक प्रथाओं का विस्तार से वर्णन मिलता है। जातक ग्रन्थों में भी साधारण जनता के रीति-रिवाजों, खान-पान, रहन-सहन आदि का प्रचुर उल्लेख मिलता है। संस्कृत साहित्य के अनेक ग्रन्थों में उच्च और साधारण जनता की संस्कृतियों, उनकी भाषा, खान-पान, रहन-सहन, रीति-रिवाजों के अन्तर को दिखाया गया है।

कालिदास के ग्रन्थों में शिष्टजन संस्कृत तथा साधारण लोग प्राकृत भाषा का व्यवहार करते हैं।

लोक साहित्य का एक महत्त्वपूर्ण अंश 'लोक गाथा' है। गाथा लम्बे गीत होते हैं जिसमें सामान्य जन किसी लम्बी कहानी को गेयता के साथ अभिव्यक्त करते हैं। 'गाथा' शब्द का सर्वप्रथम प्रयोग भी 'ऋग्वेद में आता है। 'ऋग्वेद के अनेक स्थलों पर 'गाथिन' शब्द का प्रयोग मिलता है जिसका अर्थ है गानेवाला। ऋग्वेद में प्रयुक्त 'ऋक' शब्द का 'गाथा' शब्द से पार्थक्य है। जहाँ 'ऋक' दैवी छन्द है वहीं 'गाथा' मनुष्यों द्वारा निर्मित छन्द है, मानुषी है। 'ऋक' शिष्ट समुदाय द्वारा प्रयुक्त मन्त्र है, जबकि 'गाथा' साधारण जन द्वारा गाये जानेवाले गीत हैं। ये गाथाएँ शतपथ ब्राह्मण तथा ऐतरेय ब्राह्मण में भी पायी जाती हैं। ऐतरेय ब्राह्मण में उल्लिखित गाथाएँ उसी रूप में श्रीमद्‌भागवत के सप्तम स्कन्ध में भी मिलती है। ये गाथाएँ राजसूय यज्ञ, विवाह आदि अवसर पर गायी जाती थीं। विवाह के अवसर पर गाथाओं को गाने का विधान 'मैत्रायणी संहिता' में उपलब्ध होता है। पारस्कर गृह्य सूत्र में विवाह सम्बन्धी तथा आश्वलायन गृह्य सूत्र में सीमन्तोनयन के अवसर पर गाये जाने वाली गाथाओं की प्रथा का उल्लेख मिलता है। ऐसा प्रतीत होता है कि अत्यन्त प्राचीन काल से ही गाथाओं की परम्परा चली आ रही थी। किन्तु प्रथम सदी से पाँचवीं सदी के बीच प्राकृतों के उत्थान से लोक गाथा साहित्य बड़े पैमाने पर सामने आने लगा। सातवाहन शासक हाल ने अपने ग्रन्थ 'गाथा सप्तशती' में अपने समय में प्रचलित एक करोड़ गाथाओं में से सात सौ प्राकृत गाथाओं का संकलन किया है। इस ग्रन्थ से पता चलता है कि उस समय लोकगीतों का प्रचलन भी बहुत था।

वाल्मीकि रामायण तथा श्रीमद्‌भागवत से ज्ञात होता है कि राम तथा कृष्ण के जन्म के अवसर पर उपस्थित स्त्रियों द्वारा मनोरंजक गीत प्रस्तुत किये गये। 12 वीं सदी की प्रसिद्ध कवयित्री वज्जिका ने धान कूटने वाली स्त्रियों द्वारा गाये जाने वाले गीत का रोचक वर्णन किया है। इससे स्पष्ट होता है चक्की पीसना, धान कूटना, ढेकी चलाना, खेती निराना, चरखा कातना आदि कार्य करते हुए स्त्रियाँ गीत गाकर अपनी थकान मिटाती थीं। तुलसी ने सोहन छन्द में 'राम लला नहछू' लिखकर लोकगीत की महत्ता को स्वीकृति दी।

भारत में लोक साहित्य की उपस्थिति यद्यपि प्राचीन समय से रही है किन्तु उनके संग्रह-संकलन का ध्यान, किसी भारतीय को नहीं रहा। इस दिशा में भी सर्वप्रथम अंग्रेज़ एवं पाश्चात्य विद्वानों की ही नज़र गयी। ईस्ट इण्डिया

कम्पनी के अंग्रेज़ प्रशासनिक अधिकारियों ने इस क्षेत्र में पहल किया। यद्यपि उनका ध्यान, भारतीय संस्कृति के प्रति, भारतीय लोक भाषाओं की तरफ़ इसलिए गया था क्योंकि यहाँ उन्हें शासन करना था। प्रशासनिक ज़रूरतों के कारण जनसाधारण की भाषा, उसका रहन-सहन, रीति-रिवाज, यहाँ की परम्परा, इतिहास आदि सब जानना अंग्रेज़ अधिकारियों को ज़रूरी हो गया। इस 'लोक' तथा भारतीय संस्कृति सम्बन्धी अध्ययन के लिए सर विलियम जोन्स ने 1784 ई. में एशियाटिक सोसाइटी की स्थापना की। तत्पश्चात् अंग्रेज़ अधिकारियों ने भारतीय संस्कृति के विविध पक्षों को जानने समझने के लिए गहन अध्ययन एवं शोध कार्य आरम्भ किया। इस दिशा में, भारतीय संस्कृति एवं इतिहास को समझने की दिशा में सर्वप्रथम महत्त्वपूर्ण कार्य कर्नल जेम्स टाड ने किया। वर्षों की कठिन साधना के पश्चात् 1829 ई. में उन्होंने अपना ग्रन्थ 'एनल्स ऐण्ड एण्टीक्वीटीज आव राज स्थान' प्रकाशित किया । इस ग्रन्थ के निर्माण में उन्होंने राजस्थान में प्रचलित लोकगीतों, लोकगाथाओं, वीरगाथाओं से भरपूर मदद लिया। यह भारतीय संस्कृति के अध्ययन का प्रथम व्यवस्थित प्रयास था, अत: इसका विशेष महत्त्व है। इसके पश्चात् भारतीय भूभाग के विभिन्न प्रान्तों में इस तरह के कार्य सामने आने लगे। जे. ऐबट ने पंजाबी लोकगीतों और लोककथाओं पर कार्य किया तो रेवरेण्ड एस. हिल्सप नामक पादरी ने मध्य प्रदेश की जनजातियों का अध्ययन किया । मिस फ्रीयर नामक अंग्रेज़ महिला ने अपनी पुस्तक 'ओल्ड डेकण्स डेज' (1868 ई.) में दक्षिण भारत की लोक कथाओं का संकलन किया। चार्ल्स इ. गावर ने अपनी पुस्तक 'फोक सांग्स ऑव सदर्न इण्डिया' (1871 ई.) में दक्षिण भारतीय चार भाषाओं-तमिल, तेलगू, मलयालम तथा कन्नड़ के लोकगीतों का अंग्रेज़ी अनुवाद संकलित किया। डाल्टन ने अपनी पुस्तक 'डिस्क्रिप्टिव एथ्नोलॉजी आव बेंगाल' (1872 ई.) नामक पुस्तक में बंगाल की विभिन्न जातियों के सम्बन्ध में बहुमूल्य सामग्री का संग्रह किया। इसी प्रकार एम.टी. कोल ने राजमहल की पहाडियों में निवास करने वाली जनजातियों के सम्बन्ध में गहन शोध कार्य सम्पन्न किया।

उपरोक्त प्रयासों को आगे बढ़ाते हुए आर.सी. टेम्पुल ने 'लीजेण्ड्स ऑव द पंजाब, (1884 ई.) में पंजाब के शूरवीरों पर केन्द्रित गाथाओं का संग्रह किया। इस क्षेत्र में लोक साहित्य के क्षेत्र के जाने-माने भाषाविद् जार्ज ग्रियर्सन का कार्य अत्यन्त महत्त्व रखता है। 1884 ई. में प्रकाशित अपने लेख 'सम बिहारी फोक सांग्स' में ग्रियर्सन ने कई भोजपुरी लोकगीतों को उद्धृत किया है। इस कार्य को

विस्तार देते हुए, दो वर्ष पश्चात् उन्होंने बिरहा, जन्तसार, सोहर आदि गीतों का संकलन कर उनका सुन्दर अंग्रेज़ी अनुवाद किया। सम्भवत: यह भोजपुरी लोकगीतों के संग्रह का प्रथम प्रयास है। ग्रियर्सन ने एक भोजपुरी लोकगाथा 'नयका बनजरवा' पर केन्द्रित गीत जर्मनी की एक सुप्रसिद्ध पत्रिका में छपवाया। बाद में उन्होंने 'बिहार पीजेण्ट्स लाइफ़' नामक ग्रन्थ में बिहार के कृषक जीवन से सम्बन्धित शब्दावली का संग्रह किया।

ग्रियर्सन की भाँति, लोक साहित्य के क्षेत्र में महत्त्वपूर्ण कार्य मिर्ज़ापुर में तैनात (1893 ई.) एक अंग्रेज़ कलेक्टर विलियम क्रुक ने किया। उन्होंने उत्तर भारत के जन सामान्य में प्रचलित लोक विश्वासों, अन्ध विश्वासों, टोने-टोटके, नज़र लगने, ग्राम देवता, कुल देवता, भूत प्रेत, रीति-रिवाजों आदि का वर्षों तक विशद अध्ययन किया। उन्होंने अपनी पुस्तक 'पापुलर रिलीजन्स ऐण्ड फोक लोर ऑव नदर्न इण्डिया (1896 ई.) में उत्तर भारत की लोक संस्कृति के विविध तत्त्वों का संकलन किया । विलियम क्रुक के निर्देश पर प्राइमरी स्कूल के अध्यापक पं. राम ग़रीब चौबे ने उत्तर प्रदेश के लोक गीतों का संकलन किया जिसमें हरदौल के गीत, कोयल के गीत, शिशु गीत अत्यन्त प्रसिद्ध हैं। इस दिशा में कार्य करनेवाले अन्य पाश्चात्य विद्वानों में जे. डी. एण्डरसन, आर. लोफ्रीनेस, स्विनर्टन, एफ. हान, यर्स्टन, डब्लू. टी. डेम्स, ई. स्टेक, सी. एच. बोंपस बोडिंग, सालिग मैन, सी. ए. बक आदि विशेष उल्लेखनीय हैं।

सन् 1920 ई. तक, पाश्चात्य विद्वानों के प्रयास से लोक साहित्य की प्रचुर सामग्री का संग्रह हो चुका था। संकलन सम्पादन के कार्य में आगे का कार्य भारतीयों के हिस्से था। कुछ भारतीयों ने 1920 ई. के पूर्व भी इस दिशा में अपनी भूमिका अदा की थी। इनमें बंगाली कवयित्री तरूदत्त (ऐंशेंट वैलेड्स ऐण्ड लीजेंड्स आव हिन्दुस्तान 1882 ई.), लाल बिहारी डे (फोक टेल्स आव बंगाल, 1883 ई.), पं. राम ग़रीब चौबे, डॉ. हीरालाल (द ट्राइब्स ऐण्ड कास्ट्स आव सेंट्रल प्राविंस ऑव इण्डिया, 1916 ई.), ए. जी. आगरकर (ए ग्लासरी आव कास्ट्स, ट्राइब्स ऐण्ड रेसेज इन बड़ौदा स्टेट, 1914 ई.) विशेष उल्लेख के पात्र हैं। 1920 ई. के पश्चात् लोक संस्कृति एवं लोक साहित्य का कार्य, उसके संग्रह का कार्य, संकलन का कार्य और सम्पादन का कार्य भारतीयों ने पूरी तरह अपने हाथ में ले लिया। बंगाल में सर आशुतोष मुखर्जी तथा डॉ. दिनेश चन्द्र सेन, बिहार में राय बहादुर शरदचन्द्र राय, उत्तर प्रदेश में पं. राम नरेश त्रिपाठी, गुजरात में झबेर चन्द्र मेधाणी तथा राजस्थान में

खेताराम माली ने इस क्षेत्र में महत्त्वपूर्ण कार्य किया। हिन्दी क्षेत्र की बोलियों के लोक साहित्य के संकलन का कार्य भी तीव्रगति से हुआ। ब्रजभाषा में डॉ. सत्येन्द्र, अवधी में सत्यव्रत अवस्थी, बुन्देली में पं. शिवसहाय चतुर्वेदी, मालवी में डॉ. श्याम परमार, छत्तीसगढ़ी में डॉ. शयामाचरण दूबे, निमाड़ी में पं. रामनारायण उपाध्याय, कौरवी में राहुल सांकृत्यायन तथा भोजपुरी में डॉ. कृष्ण देव उपाध्याय तथा डॉ. भोलानाथ तिवारी का योगदान उल्लेखनीय है।

# हिन्दी, उर्दू और हिन्दुस्तानी

हिन्दी और उर्दू दोनों भाषाओं की ज़मीन है खड़ी बोली। खड़ी बोली दिल्ली-हरियाणा की स्थानीय बोली का नाम है। पहले इसे 'कौरवी' के नाम से जाना जाता था। जिस समय अलग-अलग अपभ्रंशों से आधुनिक आर्य भाषाओं का विकास हो रहा था, उसी समय शौरसेनी अपभ्रंश से पश्चिमी हिन्दी की पाँच बोलियों का विकास हुआ। ये पाँच बोलियाँ हैं– ब्रज, कौरवी, बुन्देली, कन्नौजी तथा बाँगरू। कौरवी से ही आधुनिक हिन्दी का विकास हुआ। इसी से आधुनिक उर्दू ने भी रूप ग्रहण किया। हिन्दी और उर्दू दोनों भाषाओं का आधार यही कौरवी या खड़ी बोली है। इसी स्थानीय बोली को अमीर खुसरो ने अपनी पुस्तक 'खालिकबारी' में 'हिन्दवी' कहा है। खुसरो की एक अन्य पुस्तक 'नूह-ए-सिपहर' में इसे 'देहलवी' कहा गया है। अबुल फ़ज़ल ने भी इस बोली को 'देहलवी' कहा है। 15 वीं सदी की एक पुस्तक 'कुतुबशतक' में इसका नाम 'हिन्दुई' मिलता है। 'हिन्दुई' शब्द का प्राचीनतम उल्लेख 13वीं सदी के फ़ारसी कवि मुहम्मद औफी की रचनाओं में भी मिलता है। औफी एक जगह एक शायर मसउद साद सलमान लाहौरी (मृ. 1121 ई.) का जिक्र करते हुए उन्हें 'हिन्दुई' का कवि कहता है। बाबर ने अपनी आत्मकथा 'तुजुके-बाबरी' में इसी स्थानीय भाषा को 'हिन्दुस्तानी' कहा है। इससे स्पष्ट है कि दिल्ली-हरियाणा की क्षेत्रीय बोली कौरवी के लिए 'हिन्दवी, हिन्दुई, देहलवी, हिन्दुस्तानी आदि कई नाम प्रदान किये गये। इसी बोली को 18वीं सदी के एक अंग्रेज़ी रिपोर्ट में 'स्टैण्डिग डायलेक्ट' कहा गया था। इसी 'स्टैण्डिग डायलेक्ट' का हिन्दी रूपान्तरण 'खड़ी बोली' कालान्तर में भाषा के रूप में सर्वमान्य हो गया। 'खड़ी बोली' पद का सर्वप्रथम प्रयोग लल्लू लाल ने किया था।

इस खड़ी बोली का विकास दो धाराओं में हुआ। एक धारा विकसित होकर हिन्दी भाषा बनी, वहीं दूसरी धारा विकसित होकर उर्दू कहलायी। जहाँ हिन्दी के विकास का सन्दर्भ है, इसके आरम्भिक प्रयोग 8वीं-9वीं सदी की अपभ्रंश रचनाओं को

मिलने लगते हैं। सन 770 ई. में रचित 'कुवलयमाला' (उद्योतन सुरि कृत) में एक ऐसे हाट का प्रसंग आता है जिसमें विभिन्न स्थानों के लोग अपने-अपने प्रदेश की बोली बोलते हैं। इस हाट में कुरु प्रदेश के व्यापारी के मुख से 'मेरे', 'तेरे' जैसे शब्दों का उल्लेख मिलता है। इसी के कुछ समय बाद 9वीं सदी ई. से सिद्धों-नाथों के साहित्य से खड़ी बोली के प्रारम्भिक अंश दिखायी देने लगते हैं। राहुल सांकृत्यायन की मान्यता है कि सिद्ध साहित्य खड़ी बोली का आंरभिक साहित्य है तथा सरहपा नामक सिद्ध कवि हिन्दी का पहला कवि है। नाथ योगियों ने अपने उपदेशों में खड़ी बोली का ही सहारा लिया।

सिद्ध-नाथों के बाद खड़ी बोली हिन्दी में रचनात्मक साहित्य के प्रस्थान बिन्दु अमीर खुसरो हैं। खुसरो की हिन्दी आमजन के क़रीब आती हुई दिखायी देती है। उनकी हिन्दी में आम जनता के सुख-दु:ख की अभिव्यक्ति मिलती है। उन्होंने इसी बोलचाल की भाषा में दोहे, मुकरियाँ, पहेलियाँ, सावनियाँ जैसे रूपों की रचना की। खुसरो की हिन्दी रचनाएँ आम आदमी की जुबान पर चढ़ती चली गयी। उनके वर्षा गीत आज भी लड़कियाँ सावन में झूला झूलते हुए गाती हैं। उनके ढोलक गीत अब भी शादी-ब्याह के अवसरों पर गाये जाते हैं। खुसरो को अपने हिन्दुस्तानी होने तथा हिन्दी बोलने पर गर्व था।

खुसरो के पश्चात् निर्गुण धारा के सन्त कवियों की भाषा में कहीं-कहीं खड़ी बोली हिन्दी झाँकती हुई दिखायी देती है। भक्तिकाल में कबीर, रैदास, मलूकदास, नामदेव आदि निर्गुण सन्तों की रचनाओं में खड़ी बोली के अंश यत्र-तत्र बिखरे हुए दिखायी देते हैं। वस्तुत: समूचे भक्तिकाल एवं रीतिकाल में ब्रजभाषा एवं उसके बाद अवधी भाषा का ही बोलबाला रहा। आचार्य शुक्ल जैसे विद्वान् खड़ी बोली हिन्दी के साहित्य का आरम्भ गंग कवि की रचना 'चन्द छन्द बरनन की महिमा' (1570 ई.) से मानते हैं तथा उसे खड़ी बोली हिन्दी की प्रथम साहित्यिक कृति मानते हैं। यद्यपि इस कृति पर ब्रजभाषा का प्रभाव है तथा इसकी लिपि गुरुमुखी है। इस कृति के पश्चात रामप्रसाद निरंजनी कृत 'भाषा योगवाशिष्ट' (1741 ई.) को आचार्य शुक्ल परिष्कृत हिन्दी की सबसे पुरानी रचना मानते हैं। फोर्ट विलियम कॉलेज (1800 ई.) की स्थापना के पूर्व लिखी उक्त दोनों पुस्तकों की कड़ी में एक अन्य महत्त्वपूर्ण कृति है दौलतराम द्वारा किया गया 'जैन पदम पुराण' (हरिषेणाचार्यकृत) का अनुवाद (1761 ई.)।

खड़ी बोली हिन्दी के विकास में फोर्ट विलियम कॉलेज का महत्त्वपूर्ण योगदान है। 18 अगस्त 1800 ई. को जान गिलक्राइस्ट महोदय को 'हिन्दुस्तानी' भाषा का प्रोफेसर नियुक्त किया गया। उन्होंने हिन्दी की पाठ्य पुस्तकों का अभाव दूर किया तथा लल्लू लाल एवं सदल मिश्र को हिन्दुस्तानी विभाग का सहायक अध्यापक

नियुक्त करते हुए हिन्दी में किताब लिखने के लिए प्रेरित किया। उनकी प्रेरणा में बाहरी लेखकों ने भी पाठ्य पुस्तकों के लेखन का कार्य किया। उनके विचार से अरबी फ़ारसी मिश्रित 'हिन्दुस्तानी भाषा' ही सर्वाधिक उपयुक्त है। इस दौर में इंशा अल्ला ख़ाँ तथा सदासुखलाल 'नियाज' ने भी हिन्दी के विकास में महत्त्वपूर्ण योगदान दिया।

फोर्ट विलियम कॉलेज ने हिन्दी गद्य लेखन के क्षेत्र में जो कार्य किया उसका लाभ ईसाई मिशनरियों ने खूब उठाया। उन्होंने अपने मत का प्रसार-प्रचार करने के लिए खड़ी बोली हिन्दी को ही अपना माध्यम बनाया। इस शृंखला में प्रेस ने भी महत्त्वपूर्ण कार्य किया। अनेक पत्र-पत्रिकाओं का खड़ी बोली हिन्दी में प्रकाशन शुरू हुआ जिससे हिन्दी काफ़ी समृद्ध हुई। यह सिलसिला आगे जारी रहा और भारतेन्दु हरिश्चन्द्र ने हिन्दी भाषा की ऐसी बुनियाद रखी जिस पर हिन्दी भाषा क्रमिक विकास करती रही। आज यही हिन्दी राजभाषा के पद पर आसीन है।

खड़ी बोली की एक धारा हिन्दी भाषा के रूप में विकसित हुई जिसमें संस्कृत तत्सम, तद्भव तथा देशज शब्दों का प्रयोग होता रहा। समय-समय पर अन्य भाषाओं से आयातित एवं समाज में प्रचलित शब्द भी हिन्दी में सम्मिलित होते गये। वहीं खड़ी बोली की दूसरी धारा उर्दू कहलायी। इसमें अरबी-फ़ारसी शब्दों का वजन अधिक रहा।

दिल्ली-आगरा के मुस्लिम शासन काल में स्थानीय खड़ी बोली में अरबी-फ़ारसी शब्दों के घुलने-मिलने से एक नयी भाषा उर्दू का विकास हो रहा था। यह नयी भाषा उर्दू बाज़ारों तथा सैन्य छावनियों में पलती रही और आम लोगों की ज़ुबान पर चढ़ती गयी। यह भाषा उत्तर भारत में बोयी गयी, उत्तर भारत में पनपी किन्तु इसमें प्रथम लेखन दक्कन में हुआ। उत्तर भारत में गढ़ी गयी यह भाषा अलाउद्दीन खिलजी के दक्षिण भारत अभियान तथा मुहम्मद तुगलक के दौलताबाद में राजधानी परिवर्तन के माध्यम से दक्कन पहुँची। इन सुल्तानों के अभियान के साथ सैनिक, व्यापारी, कर्मचारी, फ़क़ीर जैसे हर तबके के लोग दक्कन में आकर बस गये। ये लोग दिल्ली—आगरा की स्थानीय भाषा अर्थात् खड़ी बोली को अपने साथ ले आये थे। इसी खड़ी बोली में अरबी-फ़ारसी शब्दों के मिश्रण से उर्दूभाषा विकसित हो रही थी। दक्कन में, दौलताबाद के राजधानी बनने के पश्चात्, इस भाषा में तेलुगू, मराठी तथा कन्नड़ के शब्द भी आ मिले। इस मेलजोल से जो भाषा निर्मित हुई वही 'दक्कनी' कहलायी। इसे ही कभी दक्कनी उर्दू और कभी दक्कनी हिन्दी कहा गया। बहमनी, बीजापुर तथा गोलकुण्डा की सल्तनतों में यह 'दक्कनी' विकसित होती रही। इस 'दक्कनी' में प्रथम लेखन बहमनी राज्य के सूफ़ी सन्तों ने किया । चूँकि इसमें अरबी-फ़ारसी शब्दों तथा फ़ारसी काव्य रूपों का प्रयोग था।' अतः इस भाषा का नाम दक्कनी उर्दू प्रचलित हो गया। दक्कनी उर्दू की पहली पुस्तक सूफ़ी सन्त ख्वाजा

बन्दानवाज गेसूदराज (1318–1422 ई.) की 'मेराजुल आशिकीन' मानी जाती है।

गोलकुण्डा तथा बीजापुर की सल्तनतों में दक्कनी उर्दू का विकास आगे भी जारी रहा। गोलकुण्डा के सुल्तान कुली कुतुबशाह (1580–1612 ई.) का समकालीन प्रसिद्ध शायर मुल्ला वजही अत्यन्त लोकप्रिय था। उसकी प्रसिद्ध मसनवी 'कुतुब-मुश्तरी' कुली कुतुबशाह की प्रेमकथा है, जिसमें कल्पना का सुन्दर समन्वय है। मुल्ला वजही की एक अन्य कृति 'सबरस' में तसव्वुफ के सिद्धान्तों का प्रतिपादन है। सुल्तान कुली कुतुबशाह स्वयं अच्छा शायर था तथा 'मआनी' उपनाम से कविताएँ करता था। उसका ग़ज़ल संग्रह उर्दू भाषा का पहला दीवान माना जाता है और उसे उर्दू का पहला साहिबे दीवान शायर कहा जाता है।

बीजापुर के सुल्तान इब्राहीम आदिलशाह (1580–1627 ई.) स्वयं एक अच्छे शायर एवं संगीत के जानकार थे। उनकी संगीत पर आधारित पुस्तक 'किताबे-नौरस' अत्यन्त लोकप्रिय कृति है। उनके आश्रय में उर्दू भाषा क्रमशः समृद्ध होती रही। बीजापुर सल्तनत में दो शायर अत्यन्त उल्लेखनीय है। पहला, अब्दुल जिसने इब्राहीम आदिलशाह सुल्तान की प्रशंसा में 'इब्राहिमनामा' नामक मसनवी की रचना की तथा दूसरा नुसरती जिसको उर्दू कसीदा का प्रथम शायर माना जाता है। नुसरती ने 'अलीनामा' तथा 'गुलशने-इश्क़' नामक दो अत्यन्त लोकप्रिय मसनवी ग्रन्थों की रचना की।

इसके बाद उर्दू के विकास में एक अत्यन्त महत्त्वपूर्ण नाम आता है वली दक्नी का (1668–1744 ई.)। जब औरंगजेब ने मराठों तथा दक्षिणी सल्तनतों का दमन करने के लिए औरंगाबाद को केन्द्र बनाया, उस समय अनेक विद्वान् उत्तर भारत से आकर यहाँ रहने लगे। इसी समय उर्दू के बाबा आदम कहे जाने वाले वली दक्नी ने औरंगाबाद में ग़ज़ल, मसनवी, कसीदा आदि कई उर्दू रचनाएँ की। कर्बला शहीदों पर लिखी गयी उनकी मसनवी 'दह मजलिस' अत्यन्त लोकप्रिय है। उनकी भाषा दक्नी उर्दू और उत्तरी उर्दू के बीच की है। इस समय के एक अन्य शायर सिराजुद्दीन 'सिराज' की मसनवी 'बोस्ताने-ख़याल' भी अत्यन्त लोकप्रिय है। दक्कन की नर्सरी में जिस उर्दू काव्यभाषा का विकास हुआ, वली दक्नी द्वारा वह उत्तर भारत में लाकर रोपी गयी। वली 1700 ई. में पहली बार दिल्ली आये। इस समय दिल्ली में साहित्य की भाषा फ़ारसी का बोलबाला था, जबकि आम बोलचाल की भाषा उर्दू थी। कुछ लोग इस बोलचाल की भाषा में छुटपुट ढ़ंग से रचनात्मक प्रयोग भी कर रहे थे। इस मिली-जुली भाषा को उस समय रेख़्ता कहा जाता था। रेख़्ता का अर्थ भी है मिली-जुली या गिरी-पड़ी। यह एक मिली-जुली खड़ी बोली थी जो साहित्य की भाषा बनने के लिए मचल रही थी। इस मिली-जुली भाषा का पहला शायर जो दिल्ली में ग़ज़ल कह रहा था वह है चन्द्रभान 'बरहमन'। यह शाहजहाँ का समय था। इस मिली-जुली

ज़ुबान या रेख़्ता में जो प्रारम्भिक लेखन हो रहा था, उसमें गम्भीरता नहीं थी। मुहम्मद शाह के शासन काल (1719-1748 ई.) में जब वली दक़नी दूसरी बार (1722 ई.) दिल्ली आये तब उनके प्रभाव से दिल्ली में उर्दू लेखन की प्राण प्रतिष्ठा हुई। इसी समय फ़ारसी में लिखनेवाले अनेक कवि उर्दू की तरफ़ मुड़े। इन कवियों में, जिन्होंने उर्दू का प्रारम्भिक लेखन किया, 'आबरू', 'नाजी', 'मजमून', 'यकरंग', 'आरज़ू' आदि के नाम उर्दू की बुनियाद बनाने के लिए हमेशा उल्लेखनीय रहेंगे। इसकी अगली श्रृंखला में 'फुंगा', 'मजहर', 'शाह हातिम', 'ताँबा', 'रंगीन' तथा 'फ़ाइज़' का नाम आता है। आरज़ू तथा शाह हातिम उर्दू भाषा के परिष्कार के लिए भी जाने जाते है। इस पीढ़ी ने जो उर्दू की ज़मीन तैयार की उसी पर आगे चलकर मीर तकी मीर की पीढ़ी ने काव्य का महल तैयार किया।

मीर की पीढ़ी के शायरों में सौदा, सोज, मीर दर्द, मीर हसन ने उर्दू काव्य को अभूतपूर्व ऊँचाई तक पहुँचाया। यह बादशाह मुहम्मदशाह का शासन काल था। मुगल सत्ता तेजी से कमज़ोर हो रही थी। दिल्ली का सूरज अस्त हो रहा था किन्तु उर्दू का सूरज परवान चढ़ रहा था। नादिरशाह, अहमदशाह अब्दाली तथा अंग्रेज़ क्रमश: दिल्ली पर क़ाबिज़ हुए। दिल्ली के पतन के पश्चात उर्दू शायरी ने क्षेत्रीय दरबारों— लखनऊ, रामपुर, मुर्शिदाबाद, अजीमाबाद (पटना), हैदराबाद, फर्रूखाबाद आदि का रुख़ किया। इन राजदरबारों ने भी उर्दू शायरों को दिल खोलकर आश्रय दिया। मुगल बादशाह बहादुर शाह 'ज़फ़र' के काल में एक बार फिर दिल्ली में उर्दू शायरी का महान् युग शुरू हुआ। इसी काल में शाह नसीर, ग़ालिब, मोमिन, जौक, ज़फ़र ने उर्दू काव्य को अपने लेखन से मालामाल किया। मुगल बादशाह बहादुरशाह ज़फ़र के बाद भी उर्दू लेखन क्षेत्रीय दरबारों में तथा अन्य केन्द्रों में बदस्तूर जारी रहा।

सन् 1792 ई. में स्थापित दिल्ली का गाजीउद्दीन का मदरसा जो बाद में दिल्ली कॉलेज बन गया, उर्दू में नवजागरण का प्रतीक है। गाजीउद्दीन का मकबरा, दिल्ली तथा फोर्ट विलियम कॉलेज (1800 ई.), कलकत्ता के प्रभाव से उर्दू काव्य पर अंग्रेज़ी प्रभाव पड़ना शुरू हुआ। इस नवजागरण के प्रभाव से सन् 1837 ई. में फ़ारसी के स्थान पर उर्दू को अदालती भाषा बना दिया गया। अंग्रेज़ी के प्रभाव से उर्दू में एक नयी सामाजिक चेतना पैदा हुई। इस नवजागरण को सैय्यद अहमद, प्रो. रामचन्द्र, नसीर अहमद, मो. मुहम्मद हुसैन 'आज़ाद', अल्ताफ हुसैन 'हाली', दुर्गा सहाय 'सुरूर' जैसे रचनाकारों ने आगे बढ़ाया। अकबर, चकबस्त और इक़बाल इसी कड़ी में आते हैं। उर्दू साहित्य विकास के रास्ते पर उत्तरोत्तर बढ़ता गया।

आज हिन्दी और उर्दू दोनों समृद्ध भाषाएँ हैं। हिन्दी जब संस्कृतनिष्ठ एवं तत्सम प्रधान हो जाती है तब आम आदमी से दूर हो जाती है। इसी प्रकार उर्दू जब अरबी-फ़ारसी शब्दों से बोझिल हो जाती है तब आवाम से काफ़ी दूर चली जाती है। आज

भी आवाम की भाषा हिन्दुस्तानी है। हिन्दुस्तानी हमारी बोलचाल की जुबान है। भारत के प्रथम राष्ट्रीय स्वतन्त्रता संग्राम (1857 ई.) का मुख-पत्र 'पयामे-आज़ादी' की भाषा हिन्दुस्तानी थी, जिसके सम्पादक थे अजीमुल्ला ख़ाँ। भारतेन्दु हरिश्चन्द्र ने न तो राजा शिवप्रसाद 'सितारे हिन्द' की उर्दूमय गद्य पद्धति को अपनाया और न ही राजा लक्ष्मण सिंह की संस्कृतमय पद्धति का अवलम्बन किया । उन्होंने आम बोलचाल की भाषा हिन्दुस्तानी को अपनाया। भारतेन्दु हिन्दी-उर्दू विवाद पैदा करने वालों की मानसिकता अच्छी तरह समझ रहे थे। उन्होंने नज़ीर अकबराबादी और सूफ़ी परम्परा का अनुसरण करते हुए भाषा का वही उदार रूप अपनाया जो हिन्दुस्तानी है।

हिन्दी–उर्दू विवाद की शुरुआत उस समय हुई जब गिलक्राइस्ट ने फोर्ट विलियम कॉलेज में हिन्दी तथा उर्दू का अलग-अलग विभाग खोला। उन्होंने हिन्दी को देवनागरी में लिखी हुई संस्कृतनिष्ठ भाषा माना तथा उर्दू को अरबी-फ़ारसी शब्दों में फ़ारसी लिपि में लिखी हुई भाषा माना। यहीं नहीं उन्होंने हिन्दी के बरक्स उर्दू को अधिक महत्त्व दिया। यह विवाद आगे भी चलता रहा किन्तु आम जनता आज भी हिन्दुस्तानी बोलती है। हिन्दुस्तानी वही भाषा है जिसका प्रयोग प्रेमचन्द ने किया है। प्रेमचन्द एक स्थान पर लिखते हैं कि, "राजनीतिक, व्यापारिक या धार्मिक नाते जल्द या देर में कमज़ोर पड़ सकते हैं और टूट जाते हैं लेकिन भाषा का रिश्ता समय की और दूसरी बिखरने वाली शक्तियों की परख नहीं करता। बहुत अच्छा होता कि हिन्दी-उर्दू का अलगाव न होता क्योंकि भाषाई अलगाव जातीय विकास में बाधक होता है। हिन्दी-उर्दू में भेद सिर्फ़ लिपि का है। लिपि लिखने के काम आती है, बोलने के नहीं।" भाषाई प्रतिक्रियावादियों ने हिन्दी-उर्दू को भले ही अलगाने की कोशिश की हो किन्तु आम जनता आज भी बोलचाल में हिन्दुस्तानी का प्रयोग करती है। यह भी स्वीकार करना पड़ेगा कि हिन्दी और उर्दू भाषा के स्तर पर एक-दूसरे से काफ़ी दूर जा चुकी हैं। ख़ालिस हिन्दी उर्दू वालों के पल्ले नहीं पड़ती। दोनों की लिपियाँ अलग हैं तथा दोनों के विभाग अलग हैं। फिर भी हिन्दुस्तानी बोलचाल में जिन्दा है और जिन्दा रहेगी। यदि लिपि की बात छोड़ दें तो आज भी अनेक रचनाकार जो कुछ लिख पढ़ रहे हैं, वह हिन्दुस्तानी ही है। नयी पीढ़ी हिन्दुस्तानी भाषा के महत्त्व को समझ रही है और भाषाई अलगाव पैदा करनेवाली शक्तियों के प्रति उदासीन भी हो चुकी है। आवश्यकता इस बात की है कि लिपि चाहे कोई भी हो, हिन्दुस्तानी भाषा ही लेखन में प्रयोग की जाये, वही भाषा जो साधारण जनता भी आसानी से समझ सके।

# अपनी जड़ों को सींचना ही होगा

यह घटना आज से लगभग 1000 वर्ष पहले की है। अपभ्रंशों के गर्भ से उत्तर भारत की सभी भाषाओं-बोलियों का जन्म हो रहा था। अलग-अलग क्षेत्रीय अपभ्रंशों से मराठी, गुजराती, बँगला, असमी, उडिया, पंजाबी, राजस्थानी तथा हिन्दी की बोलियों का उद्‌भव हो रहा था। सभी का आरम्भ एक साथ हो रहा था अत: सभी बोलियाँ हम उम्र हैं। फिर अचानक ऐसा क्या हुआ कि कुछ बोलियाँ अत्यन्त विकसित भाषा बन गयीं जबकि कुछ अत्यन्त पिछड़ गयी। कई बोलियाँ जैसे बँगला, मराठी, गुजराती आदि भाषा के रूप में बहुत आगे निकल गयीं, साहित्यिक भाषा बन गयीं। जबकि कुछ भाषाएँ विकास की दौड़ में अल्प विकसित रह गयीं और बोली तक ही सीमित रहीं, आज भी मात्र बोली ही हैं। हिन्दी की बोलियों में ब्रज, अवधी तथा मैथिली मध्यकाल में साहित्यिक भाषा के रूप में प्रतिष्ठित हुईं, वहीं भोजपुरी, मगही, बघेली, छत्तीसगढ़ी, कन्नौजी, बुन्देली, बाँगरू आदि बोलियाँ आज भी केवल वाचिक आदान-प्रदान तक सीमित हैं। साहित्य की भाषा बनने में उन्हें अभी समय लगेगा।

बोलियों के विकास के पीछे कारण क्या हैं? क्यों कुछ बोलियाँ भाषा बन गयीं जबकि कुछ आज भी बोली तक सीमित हैं? इसके सामाजिक, आर्थिक, सांस्कृतिक कारणों की तलाश ज़रूरी है। इस अध्ययन को हम एक विकसित भाषा बँगला तथा एक अल्प विकसित बोली भोजपुरी के माध्यम से समझने की कोशिश करेंगे। दोनों अपनी-अपनी सांस्कृतिक इकाइयों के बीच, अपने समाजों के बीच सम्पर्क का माध्यम हैं। किन्तु दोनों के बोलने वालों की सोच में बड़ा फर्क है। बंगाली दुनिया के किसी भी कोने में मिलेंगे तो अपनी सम्पर्क भाषा में बात करेंगे। यात्रा करते हुए, मन्दिर में, रेस्तरां में, किसी भी सार्वजनिक स्थान पर वे बँगला में ही बातचीत करेंगे। बंगाली चाहे जितना शिक्षित हों, जितना अमीर हो जाय, उसे अपनी बोलचाल में कोई संकोच नहीं है। उसे बँगला भाषा और बँगालीपन पर गर्व है। चाहे वह विदेशों में पढ़ा हो, अंग्रेज़ी दाँ हो, बातचीत अपनी बँगला में ही करता है। यह उनकी सांस्कृतिक

पहचान है। उसी पहचान से, वे बंगाल से बाहर भी, स्वयं को ईकाई समझते हैं। बंगाली मानुष कहीं भी होगा वह बंगाली बनकर रहना चाहेगा।

इसके विपरीत भोजपुरी समाज का व्यक्ति कहीं भी रहता है, अपने समाज के बाहर अपनी पहचान छिपाना चाहता है। वह अपनी बोली पर गर्व नहीं करता बल्कि संकोच का भाव रखता है। उसे भोजपुरी बोलने में शर्म आती है। वह भोजपुरी में बात करना गँवारूपन समझता है। इसीलिए वह अपने सांस्कृतिक भूभाग के बाहर केवल खड़ी बोली में बात करता है। चाहे वह मज़दूर हो, रिक्शा चलाता हो, चाहे कारोबारी हो सभी अपने क्षेत्र से बाहर भोजपुरी में बात नहीं करते हैं। अमीर है और शिक्षित है तो अंग्रेज़ी में, भले ही बोलने न आती हो, टूटी-फूटी अंग्रेज़ी में बात कर लेंगे किन्तु भोजपुरी में बात नहीं करेंगे।

परिणाम यह हुआ कि बँगला का रचनात्मक विकास हुआ। बँगला भाषा में साहित्य-कर्म का तीव्र विकास हुआ। उच्च कोटि की साहित्यिक रचनाएँ सामने आयीं। बड़े-बड़े रचनाकार पैदा हुए। माइकल मधुसूदन दत्त, बंकिमचन्द्र, रवीन्द्रनाथ टैगोर, शरदचन्द्र जैसे रचनाकारों ने बँगला साहित्य को अत्यन्त ऊँचे आसन पर आसीन कर दिया। दूसरी तरफ़ भोजपुरी वालों का संकोच और हीनताबोध, भोजपुरी को बोली के आसन से ऊपर उठने नहीं दिया। जब किसी भाषा अथवा बोली को उसे बोलने वाले ही हेय समझने लगेंगे तो उसका उत्थान कैसे सम्भव है। यही कारण है कि भोजपुरी आज भी साहित्य की मान्य भाषा नहीं बन सकी। यही स्थिति हिन्दी की अन्य अधिकांश बोलियों की है। खड़ी बोली को छोड़कर हिन्दी की अधिकांश बोलियाँ क्षेत्रीय आदान-प्रदान तक सीमित रह गयीं। हिन्दी की कुछ बोलियों में, जिनमें बड़े रचनाकार पैदा हो सके, साहित्यिक भाषा होने की क्षमता भी विकसित हो सकी। ब्रज, अवधी और मैथिली बोलियाँ सर्जनात्मक भाषा बन सकीं। विशेष रूप से मध्यकाल में। ब्रज में सूरदास, अवधी में तुलसीदास तथा मैथिली में विद्यापति की उपस्थिति ने इन बोलियों को भाषा का गौरव प्रदान किया । उनके प्रभाव और प्रेरणा से इन बोलियों में रचनात्मकता की लम्बी प्रक्रिया शुरू हुई। जबकि भोजपुरी और अन्य हिन्दी क्षेत्र की बोलियों को कोई सूरदास, कोई तुलसीदास या कोई विद्यापति नहीं मिल सका। वर्तमान परिदृश्य में हिन्दी क्षेत्र की सभी बोलियाँ, ब्रज, अवधी तथा मैथिली को सम्मिलित करते हुए, आज खड़ी बोली के विशाल छत्र के नीचे आ खड़ी हो गयीं हैं। खड़ी बोली के साहित्यिक भाषा के रूप में खिलते ही ब्रज, अवधी तथा मैथिली का भी सूर्य अस्त हो चुका है। आज इन भाषाओं में बड़े घनत्व वाला साहित्य नहीं लिखा जा रहा है। जो कुछ लिखा जा रहा है वह स्थानीय स्तर का लोक साहित्य है। यह स्थिति हिन्दी क्षेत्र की सभी बोलियों की है। आज हिन्दी का अर्थ है खड़ी बोली, आज दोनों एक-दूसरे के पर्याय हैं।

यहीं से एक आशंका पैदा होती है, एक प्रश्न खड़ा होता है। हिन्दी की बोलियों का हश्र क्या होगा, इनका भविष्य क्या होगा? जब तक इन बोलियों में साहित्य सृजन नहीं होगा, उनके बोलने वालों में आत्मविश्वास पैदा नहीं होगा, गर्व का एहसास नहीं होगा, तब तक इनका भविष्य समृद्ध नहीं होगा। जब हमारी पीढ़ी ही अपनी बोलियों में बातचीत नहीं करती तो अगली पीढ़ी से क्या उम्मीद हो सकती है। अब तो हर नयी पीढ़ी पिछली पीढ़ी से अधिक अग्रेंजी दाँ होती जा रही है। नयी पीढ़ी अपनी बोलियों के प्रति उदासीन होती जा रही है। ऐसी स्थिति में इन बोलियों को कैसे बचाया जाये, यह एक गम्भीर प्रश्न है। स्कूलों-कॉलेजों के अध्यापक और विद्यार्थी, नौकरी पेशा, व्यापारी अब अधिकांश आदान-प्रदान खड़ी बोली में ही करते है। बाज़ार-हाट में भी अधिकतर खड़ी बोली का प्रयोग होने लगा है। हर माँ बाप चाहता है कि उनकी सन्तान अच्छे स्कूलों-कॉलेजों में शिक्षा प्राप्त करे। अच्छे स्कूल-कॉलेज का मतलब है अंग्रेज़ी माध्यम का स्कूल या कॉलेज। ऐसी स्थिति में बोलियों को कैसे सुरक्षित रखा जाय, उन्हें कैसे रचनात्मक माध्यम बनाया जाय, यह गम्भीर प्रश्न है। अब तो जो परिदृश्य है, उसमें अशिक्षित, पिछड़े और ग्रामीण निवासी ही स्थानीय बोलियों में बातचीत करते हैं। शेष खड़ी बोली या अंग्रेज़ी में आदान-प्रदान करते हैं। अब तो ऐसी स्थिति है कि स्थानीय बोली में बातचीत का अभिप्राय है पिछड़ापन।

ऐसे में एक ही समाधान दिखायी देता है। प्रत्येक रचनाकार को, सृजनधर्मी को, हिन्दी साहित्य के हर बड़े रचनाकार को अपनी क्षेत्रीय बोली में भी रचना कर्म करना होगा। हिन्दी की रोटी खाने वाले हर साहित्यकार को अपनी जड़ों को भी सींचना होगा। यदि अपनी बोली को समृद्ध बनाना है तो उसमें सृजन कर्म करना ही होगा। बँगला, मराठी और पंजाबी की तरह सांस्कृतिक-भाषाई गौरव बोध पैदा करना होगा। यह सब करना होगा ताकि हमारी बोली समृद्ध बने, अगली पीढ़ी तक पहुँच सके, साहित्य की भाषा बन सके। यदि अपनी बोली को अक्षुण्ण रखना है तो हमें अपनी जड़ों को सींचना ही होगा।

भाषा विज्ञान का प्राय: हर विद्यार्थी जानता है कि हर भाषा पहले आम बोलचाल की जुबान से शुरू होती है। जब वह आम जनता के बीच काफ़ी प्रचलित हो जाती है, तब धीरे-धीरे उसमें लिखित रचनाएँ आकार लेने लगती हैं। लेखन का एक सिलसिला शुरू होता है, एकदम सहज रूप में, अभिधा में। यह अभिव्यक्ति इतिवृत्तात्मक होती है। आमफहम बातें ही अभिव्यक्ति का माध्यम होती हैं। धीरे-धीरे उसमें कटाक्ष या लक्षणा पैदा होती है। एक समय वह भी आता है, जब कोई बोली इतनी समृद्ध हो जाती है कि उसमें व्यंजना की क्षमता पैदा हो जाती है, उसमें कलात्मकता आ जाती है। वह व्याकरण-सम्मत हो जाती है। इस प्रकार हर भाषा का इतिहास लगभग एक-सा होता है। भाषा पहले पहाड़ होती है, फिर पठार होती

है, फिर समतल मैदान बन जाती है। समतल इतना कि वह दरिया की तरह बहने लगती है। एक अवस्था वह भी आती है जब भाषा शिथिल होने लगती है, उसका प्रवाह क्षीण होने लगता है। वह मन्थर गति से चलने लगती है और धीरे-धीरे उसमें रचनात्मकता विरल होती जाती है। भारत में संस्कृत, पालि, प्राकृत, अपभ्रंश आदि भाषाओं के इतिहास से यह बात आसानी से समझी जा सकती है। इस दृष्टि से देखें तो उत्तर भारत की बोलियाँ अथवा उपभाषाओं में भाषा बनने की पूरी सम्भावना है। किन्तु यह तभी सम्भव है जब उन क्षेत्रीय भाषाओं में रचनाधर्मिता का आयतन और घनत्व दोनों में वृद्धि हो। यह दायित्व उन क्षेत्रीय भाषाओं को बोलने वाले रचनाकारों का है। मराठी, बंगाली, गुजराती क्षेत्र के रचनाकारों की तरह हिन्दी क्षेत्र के रचनाकारों को भी आगे बढ़कर अपनी-अपनी क्षेत्रीय बोलियों में भी रचना चाहिए। यदि हम ऐसा कर पायें तो इन क्षेत्रीय भाषाओं का भविष्य अवश्य समृद्ध होगा।

# इलाहाबाद की अदबी रवायत

इलाहाबाद की अदबी तहज़ीबी ज़िन्दगी के अनेक रंग हैं। यह शहर अपनी अलग-अलग सांस्कृतिक छवियों के लिए जाना जाता है। आज भी शहर की मौलिक पहचान साहित्य, संगीत, कला और अध्यात्म ही है, जो इसकी रगों में धड़कता है।

इस शहर की एक समृद्ध रवायत वाद, विवाद, संवाद की रही है। यह मतभेदों, असहमतियों के लोकतन्त्र का शहर है। यह वाद-विवाद एवं शास्त्रार्थ का शहर रहा है। लेकिन आज इस शहर की साहित्यिक जमात में वाद-विवाद अच्छा नहीं माना जाता। खण्डन-मण्डन की पुरानी परिपाटी आज क्षीण होती दिखायी दे रही है। निराला के शब्दों में कहूँ तो आज हालत यह है कि, "बोलते हैं लोग ज्यों मुँह फेरकर।"

आज इस शहर के साहित्यिक जीवन में एक नकारात्मक प्रवृत्ति का प्रवेश हो चुका है। धीरे-धीरे इस प्रवृत्ति का आयतन बढ़ता जा रहा है। यह प्रवृत्ति है साहित्यिक छूआछूत की, अदबी फ़िरक़ापरस्ती की। अगर हमसे कोई मतभेद रखता है तो हम उससे बात नहीं करेंगे। अगर वह किसी दूसरे गुट या खेमे का है तो उसके कार्यक्रमों में नहीं जायेंगे। अगर वह किसी अलग वैचारिक संगठन से सम्बन्ध रखता है तो हम उसके साथ मंच साझा नहीं करेंगे। जबकि होना यह चाहिए कि मंच चाहे कोई हो हम अपनी बात ज़ोरदार तरीक़े से रखेंगे। जगह कोई भी हो हम अपनी विचारधारा को तार्किक तरीक़े से पेश करेंगे। लेकिन यह वक्त कुछ और है।

एक समय था जब एक ही मंच पर उपस्थित होकर मतभेद साझा किये जाते थे। परिसंवादों में ज़ोरदार तरीक़े से खण्डन-मण्डन ही नहीं, साहित्यिक वध किया जाता था। विध्वंसात्मक आलोचनाएँ की जाती थी। और यह सब एक मंच से होता था। कार्यक्रम समाप्त होने के पश्चात् वही लोग साथ खाना खाते और

एक-दूसरे का हाल-चाल लेते थे। एक कार्यक्रम में पन्त जी की उपस्थिति में उनकी कृति 'लोकायतन' पर चर्चा के दौरान विजयदेव नारायण साही ने यहाँ तक कह दिया कि "यह कृति न मैंने पढ़ी है और न पढ़ूँगा।" धीरेन्द्र वर्मा और ताराचन्द के बीच हिन्दी-उर्दू के सन्दर्भ में गहरे मतभेद थे किन्तु दोनों एक मंच पर उपस्थित होकर तार्किक ढ़ंग से अपनी बात कह सकते थे। आलोचना में सहमति को सदा अच्छा माना जाता रहा है किन्तु बकौल नामवर सिंह, "आँख मिलाकर बात तो तब हो जब दूसरा आँख मिलाने के लिए तैयार हो।"

यहाँ तो लोग तैयार ही नहीं हैं। ऊपर से फ़तवेबाज़ी अलग की जाती है। यहाँ नहीं जाना है, वहाँ नहीं जाना है। अरे हुज़ूर इलाहाबाद वह शहर है जहाँ वाद, विवाद, संवाद की संस्कृति को ख़ुराक मिलती थी, जहाँ अनेक साहित्यिक आन्दोलनों का जन्म हुआ। साहित्य में उथल-पुथल और हलचल मचाने वाली आलोचना का केन्द्र इलाहाबाद ही बना।

आज परिदृश्य कुछ बदला-बदला है। अब तो साहित्यिक जमात में छूआछूत और साम्प्रदायिकता का प्रवेश हो रहा है। जमकर फ़तवेबाज़ियाँ की जा रही है। कार्यक्रम बेरंग हो रहे हैं, आलोचना की समृद्ध परम्परा क्षीण हो रही है। ऐसे में कबीर याद आते हैं जो अतिवादियों की खबर लेते हैं—"अरे इन दोउन राह न पायी।" लेकिन आज तो कबीर से भी कुछ लोग बिदकते हैं कि उनमें खण्डन-मण्डन बहुत है।

हमें यह नहीं भूलना चाहिए कि मतभेद और असहमतियाँ साहित्य की प्राण वायु हैं। इसके बिना सार्थक साहित्यिक विमर्श की कल्पना नहीं की जा सकती। वह संवाद ही क्या जिसमें वाद-विवाद न हो।

आइये संवाद की उस समृद्ध परम्परा को सहेजा जाय जो हमारी साहित्यिक धरोहर है जो हिन्दी आलोचना के लोकतन्त्र की बुनियाद है। जो हमारे जीवित होने की पहचान है। मैं अगर सुकरात के शब्दों में कहूँ तो, "अपने आप से असहमत होने की अपेक्षा सारी दुनिया से असहमत होना बेहतर समझता हूँ।"

साहित्य की एक और समृद्ध रवायत थी। किसी एक रचनाकार के कृतित्व पर चर्चा के दौरान बिना व्यक्तिगत राग-द्वेष के आलोचनात्मक विश्लेषण होते थे। सकारात्मक ढ़ंग से, तार्किक रूप से कृतित्व का खण्डन-मण्डन किया जाता था। किसी बात का बुरा नहीं माना जाता था। विवेचना संस्था की एक बैठक ने जब पन्त की सद्य: प्रकाशित कृति 'लोकायतन' पर चर्चा आयोजित की, उसमें बड़ी गरमा गरम साहित्यिक बहस हुई। नरेश मेहता, रघुवंश, रामस्वरूप चतुर्वेदी के बाद जब विजयदेव नारायण साही को मंच पर बुलाया गया तब उन्होंने सीधे

सीधे कह दिया कि, ''न उन्होंने यह कृति पढ़ी है और न कभी पढ़ेंगे।'' 'फिर भी पन्त और साही के सम्बन्ध सहज रहे। एक घटना हिन्दुस्तानी एकैडेमी में दूधनाथ सिंह ने बतायी थी। उन्होंने बताया कि एक बार, जब उनकी उम्र लगभग 25 वर्ष की रही होगी, उनकी एक कहानी पर चर्चा आयोजित की गयी। वक्ताओं में रामस्वरूप चतुर्वेदी, नरेश मेहता, रघुवंश, साही आदि उपस्थित थे। उन सबने दूधनाथ सिंह की उस कहानी का रेशा-रेशा उधेड़ डाला, धज्जी उड़ा दी। कमोबेश सभी वक्ताओं का इशारा यही था कि वे कहानी लिखना छोड़ ही दें। दूधनाथ सिंह ने बताया कि उस दिन वे बहुत उदास हुए। कई दिनों तक अन्यमनस्क रहे। किन्तु उन्होंने इससे एक सकारात्मक सबक लिया। खुद से प्रतिज्ञा किया कि वे कहानी लिखते रहेंगे और लोगों को अपनी कहानी के प्रति आश्वस्त भी करेंगे। आज पूरा हिन्दी जगत जानता है कि दूधनाथ सिंह कहानी कला के सिद्ध हस्ताक्षर हैं। अगर आज किसी रचनाकार की कृति पर इतनी तीक्ष्ण प्रतिक्रिया दे दी जाय तो बात दूसरी हो जायेगी। यह है हमारी साहित्यिक रवायत, इसे सहेजकर रखना बहुत ज़रूरी है।

आज अनेक संस्थाएँ हैं जो साहित्य में कारोबार कर रही है। उनका उद्देश्य साहित्यिक नहीं है बल्कि व्यावसायिक है। ये संस्थाएँ पुस्तक-प्रकाशन एवं विमोचन का ठेका लेती हैं। ये भव्य आयोजन करती हैं, जिसका व्यय वही रचनाकार उठाता है जिसकी किताब का विमोचन होता है। इस आयोजन में शहर के स्वनाम धन्य विद्वान्, साहित्यकार उपस्थित होते हैं। कुछ तो ऐसे हैं जो अध्यक्ष या मुख्य अतिथि बनने के लिए लालायित रहते हैं। ये संस्थाएँ ऐसे कथित साहित्यकारों को मंच पर बिठाकर विमोचन संस्कार का आयोजन कराती हैं। वक्तागण पिटे हुए रचनाकार की कृतियों पर तारीफ के पुल बाँध देते हैं। उस कथित रचनाकार की सतही कृति पर ऐसी-ऐसी बातें, अतिशयोक्ति शैली में कही जाती हैं कि उसे अपने ऊपर गर्व होने लगता है। यह गर्व एक दो कृतियों के बाद गुमान में बदल जाता है और रचनाकार महोदय अपने अहंकार में फूलकर कुप्पा हो जाते हैं। ऐसी संस्थाएँ जो विमोचन संस्कार के लिए जानी जाती हैं, शहर में खूब फल-फूल रही हैं। ये संस्थाएँ नहीं बल्कि दुकानें हैं, जो अपना मायाजाल बिछाकर रखती हैं और लगभग हर महीने कोई न कोई रचनाकार उसमें फँस ही जाता है। साहित्य भी धन्धेबाजी का अच्छा माध्यम बन चुका है।

अच्छी बात यह है कि रचनाएँ लिखीं जायँ, रचनाकारों की संख्या दूनी चौगुनी होती जाय, नयी नयी किताबें आयें। किन्तु साहित्य की कलात्मकता पर चोट न लगे। साहित्य के सौन्दर्य में गिरावट न आये। चिन्ता उस्तादों से है, विद्वानों

से है। उन्हें रचनाओं को साहित्य की कसौटी पर कसना चाहिए। उन्हें चाहिए कि ये रचनाकारों की खूबियों को ज़रूर बतायें, साथ-साथ उनकी खामियों को भी रेखांकित करें।

मुझे एक घटना याद है। मेरे एक मित्र ओमवीर सिंह 'देशवाल' का पहला गीत-संग्रह 'मेरे मन तू गा' का विमोचन होना था। यह सन् 1992-93 की घटना है। हम दोनों किताब लेकर जगदीश गुप्त के पास गये और उनसे विमोचन करने का अनुरोध किया। उन्होंने किताब उलट-पुलटकर देखा और कहा कि इस किताब में जो गीत हैं वे गीत की कसौटी पर खरे नहीं उतर रहे हैं और उन्होंने मना कर दिया। बहुत अनुनय विनय के बाद वे तब माने जब ओमवीर 'देशवाल' ने उन्हें कुछ गीत गाकर सुनायें। अन्त में उन्होंने कहा कि कलात्मक सौन्दर्य गीत में भले कम है किन्तु गीतकार के गले में अवश्य है। विमोचन सम्पन्न हुआ। उसमें गुप्त जी आये तथा आचार्य जगन्नाथ पाठक भी उपस्थित थे। अपनी चर्चा में गुप्त जी ने न सिर्फ़ गीत की बारीकियाँ समझायीं बल्कि यह भी कि रचनाकार ने कहाँ-कहाँ गलतियाँ की हैं। आज 'देशवाल' फिल्म जगत में एक सफल गीतकार हैं। सीधे-सीधे, बिना लाग लपेट के अपनी बात कहने वाले आज बहुत कम हैं। अगर कुछ हैं भी तो वे लोग हैं जो अपने को उस्ताद समझने का भ्रम पाले हैं। ऐसे लोग सिर्फ़ खामियाँ गिनाते हैं, सिर्फ़ रचनाकार को खारिज करते हैं, उसे प्रोत्साहित नहीं करते। हाँ! अभी भी हमारे बीच कुछ पुरानी रवायत को जानने समझनेवाले मौजूद हैं जिनसे बहुत कुछ सीखा जा सकता है उनके प्यार और फटकार से बहुत से साहित्य-सूत्र मिल सकते हैं। हमारे शहर में दूधनाथ सिंह एक ऐसा ही नाम हैं जो नये रचनाकारों को प्रोत्साहित करते हैं, शिल्प एवं वस्तु की बारीकियाँ बताते हैं और जहाँ ज़रूरी हो वहाँ चोट भी करते हैं।

यह भी देखा जा सकता है कि नये रचनाकार शिल्प की बारीकियाँ सीखना भी नहीं चाहते हैं। ग़ज़ल कहने लगे लेकिन उन्हें यह नहीं पता कि ग़ज़ल का व्याकरण क्या है। उन्हें बहर और तख़्ती का ज्ञान नहीं है। दोहा आदि छन्द लिखते हैं किन्तु मात्राओं-वर्णों की गणना का ज्ञान नहीं है। वे सीखना भी नहीं चाहते। उन्हें किसी उस्ताद की आवश्यकता नहीं है। वे स्वयं उस्ताद होते हैं। इससे होता यह कि वे अनुभवों की अभिव्यक्ति तो कर लेते हैं किन्तु कला की बारीकियों से अनभिज्ञ रह जाते हैं।

कुल मिलाकर इलाहाबाद शहर, जो अपनी साहित्यिक-सांस्कृतिक अवदान के लिए जाना जाता है, आजकल कुछ कथित साहित्यिक मकड़जालों में उलझा हुआ है। यह भी सच है कि इस तरह के मकड़जाल कमोवेश हर युग में, हर

काल खण्ड में होते हैं। हर काल अच्छे-बुरे, खट्टे-मीठे अनुभवों का समुच्चय होता है। आज भी जिन विसंगतियों की चर्चा ऊपर की गयी है वे नदी के किनारे के अवसाद की तरह है। यह नदी अवसादों को दर किनार कर सतत बहती रहेगी ऐसा विश्वास है। इस नदी के पाट भी चौड़े हैं, इसमें गहराई भी ख़ूब है, प्रवाह भी तीव्र है। इसी की कामना सभी समझदार लोग करते हैं।

# 'है पड़ा मैदान कोसों का अभी ' : हरिऔध

हिन्दी खड़ी बोली कविता के व्यास माने जानेवाले हरिऔध खड़ी बोली हिन्दी की बुनियाद रखनेवाले रचनाकारों में शामिल हैं। वे हिन्दी के उन प्रारम्भिक रचनाकारों में महत्त्वपूर्ण स्थान के अधिकारी हैं जिन्होंने खड़ी बोली को पुष्पित और पल्लवित किया। उनका रचनाकाल तीन युगों—भारतेन्दु युग , द्विवेदी युग तथा छायावाद युग तक विस्तृत है। उनकी रचनाधर्मिता का सिलसिला 1879 ई. में 14 वर्ष की आयु में शुरू हुआ तथा जीवनपर्यन्त चलता रहा। आजीविका आजमगढ़ के स्थानीय तहसीली स्कूल में अध्यापन से शुरू हुई। कालान्तर में राजस्व विभाग में क़ानूनगों के पद पर नियुक्त हुए तथा 33 वर्षों की सेवा के पश्चात सदर क़ानूनगों के पद से 1923 ई. में अवकाश ग्रहण किया। तत्पश्चात 1923 ई. से 1931 तक अर्थात् 16 वर्षों तक काशी हिन्दू विश्वविद्यालय में रहते हुए आपने कबीर वचनावली का सम्पादन किया तथा गद्य और आलोचना पर भी लेखन कार्य किया। जीवन के अन्तिम आठ वर्ष पैतृक स्थान में बिताया जहाँ 1947 ई. में आपका स्वर्गवास हो गया। बाल्यकाल में ही स्थानीय बाबा सुमेर सिंह के प्रभाव से सिक्ख मत में दीक्षित हुए। बाबा सुमेर सिंह के प्रभाव से ही उन्होंने 14 वर्ष की उम्र में ब्रजभाषा में कविता लेखन की शुरुआत की। यद्यपि ब्रजभाषा से उनका सीधा सम्पर्क नहीं था फिर भी उनकी ब्रजभाषा में कृत्रिमता नहीं है। संस्कृत के तत्सम शब्दों को ब्रजभाषा में पिरोकर आपने जो प्रारम्भिक ब्रजभाषा की रचनाएँ की वे रस-कलश में संकलित हैं। इस दौर की रचनाओं पर रीतिकालीन काव्य प्रवृत्तियों का सीधा प्रभाव है।

गद्य में उन्होंने लेखकीय शुरुआत नाट्य तथा उपन्यास लेखन से किया। प्रारम्भ में उनकी दो नाट्य कृतियाँ 'प्रद्युम्न विजय' (1893 ई.) तथा 'रुक्मिणी परिणय' (1894 ई.) सामने आयी। बाद में 'प्रेमकान्ता' (1894 ई.) 'ठेठ हिन्दी का ठाठ' (1899 ई.) तथा 'अधखिला फूल' (1907 ई.) जैसे उपन्यास सामने आये। यद्यपि

उन्होंने साहित्य की कई विधाओं में रचनाएँ कीं किन्तु उन्हें सर्वाधिक ख्याति कवि के रूप में मिली।

भारतेन्दु युग में कविता की भाषा ब्रजभाषा रही। कालान्तर में खड़ी बोली आन्दोलन के प्रभाव तथा महावीरप्रसाद द्विवेदी की पुकार पर हरिऔध ने भी खड़ी बोली में काव्य लेखन आरम्भ किया। प्रारम्भ में खड़ी बोली की कविता के लिए उन्होंने उर्दू भाषा के छन्दों का प्रभाव ग्रहण किया जो तब तक परिष्कृत हो चुकी थी। बाद में द्विवेदी जी की प्रेरणा से संस्कृत तत्सम पदावली एवं छन्दों को अपनाया। इस शैली में उनका 'प्रिय प्रवास' (1914 ई.) हिन्दी खड़ी बोली का प्रथम महाकाव्य है। उनका दूसरा महाकाव्य 'वैदेही वनवास' (1931 ई.) 25 वर्षों के बाद सामने आया।

जिस समय हरिऔध ने खड़ी बोली में लेखन आरम्भ किया उस समय ब्रजभाषा की धूम थी। लाला भगवानदीन लगातार नारेबाजी कर रहे थे कि खड़ी बोली का खड़ापन कान फाड़े डालता है। इसी प्रकार बालकृष्ण भट्ट की मान्यता थी कि खड़ी बोली में जो कर्कशपन है उस कारण कविता की रचना करके उसमें सरसता पैदा करना प्रतिभावान के लिए कठिन है। इसके विपरीत हरिऔध ने खड़ी बोली में कविता लिखकर सिद्ध किया कि इसमें सुन्दर कविता भी लिखी जा सकती है। उनकी खड़ी बोली के तीन रूप है— (1) क्लिष्ट, तत्सम-प्रधान खड़ी बोली, (2) सरल तत्सम-प्रधान खड़ी बोली तथा (3) ठेठ बोलचाल की खड़ी बोली। क्लिष्ट तत्सम-प्रधान लेखन में उन्होंने भाषा में पाण्डित्य का परिचय अधिक दिया किन्तु अपने पाठकों का ध्यान अधिक नहीं रखा। उसमें लम्बे सामासिक पदों की योजना कर उसे और क्लिष्ट बना दिया। इसके विपरीत उनकी ठेठ बोलचाल की भाषा अधिक प्रभावपूर्ण एवं सरल है। उसमें सहजता तथा सम्प्रेषणीयता के तत्त्व मौजूद हैं।

हरिऔध ने काव्यशास्त्र की दृष्टि से तीन शैलियों को अपनाया— प्रबन्ध, प्रबन्ध-मुक्तक तथा मुक्तक शैली। अपने प्रबन्ध 'प्रिय प्रवास' में उन्होंने संस्कृत के वर्णवृत्तों का तथा दूसरे प्रबन्ध वैदेही वनवास में हिन्दी छन्दों का प्रयोग किया। उनके प्रबन्ध-मुक्तक अधिकांशत: छप्पय छन्द में हैं जबकि मुक्तकों में कवित्त, सवैया, दोहा, सोरठा आदि छन्दों के प्रयोग मिलते हैं। अपने समकालीन रचनाकार मैथिलीशरण गुप्त के पौराणिक आग्रह के विरुद्ध हरिऔध सिक्ख मतानुयायी होने के कारण सन्तकवियों की तरह निर्गुण प्रभाव रखते हैं। भारत के प्राचीन गौरव के प्रति जितना मोह गुप्त जी को है हरिऔध को नहीं है। जहाँ गुप्त जी अतीत के प्रति मोहग्रस्त हैं वहीं हरिऔध वर्तमान के प्रति आग्रहशील हैं। प्रकृति चित्रण में जहाँ गुप्त जी उल्लास

के कवि हैं वहीं हरिऔध विषाद के रचनाकार हैं। गुप्त जी की तुलना में उनका गद्य अधिक परिष्कृत है।

हरिऔध को ब्रजभाषा कविता की प्रेरणा बाबा सुमेर सिंह से प्राप्त हुई थी। उन्होंने ब्रजभाषा में अनेक मुक्तकों की रचना की जो उनकी कृति 'रस-कलश' में संग्रहीत है। यह कृति रीतिकालीन प्रवृत्तियों से प्रभावित है। रीतिकाल के प्रचलित सभी रसों को यहाँ शास्त्रीय विधि से स्थान मिला है। इसी के साथ समसामयिक राष्ट्रीय भावना की भी अभिव्यक्ति मिलती है। इस कृति में उन्होंने भारत का गौरव-गान करने के साथ वीर सेनानियों का स्मरण भी किया है। वस्तुतः ब्रजभाषा में राष्ट्र-प्रेम की अभिव्यक्ति करनेवाले कवियों में हरिऔध अग्र पांक्तेय है। रसों का विवेचन तथा नायिका भेद करते समय भी हरिऔध ने युगानुरूप राष्ट्रीय भावना की अभिव्यक्ति की है।

नवजागरण के द्वितीय चरण में अर्थात् द्विवेदी युग में सभी रचनाकार खड़ी बोली की ओर प्रवृत्त हुए। हरिऔध पर भी इसका प्रभाव पड़ा और उन्होंने खड़ी बोली को कविता का माध्यम बनाया। उन्हें उर्दू का भी ज्ञान था, अतः उन्होंने खड़ी बोली का संस्कार उर्दू से ग्रहण किया। उनकी प्रारम्भिक खड़ी बोली की कविता पर उर्दू छन्दों का प्रभाव है। कालान्तर में द्विवेदी जी के प्रभाव से उन्होंने खड़ी बोली कविता में संस्कृत शब्दावली तथा संस्कृत छन्दों का प्रयोग करना शुरू किया। इस प्रकार उनकी खड़ी बोली के दो रूप मिलते हैं। बोलचाल की खड़ी बोली तथा तत्सम प्रधान खड़ी बोली। बोलचाल की खड़ी बोली में उनकी दो कृतियाँ 'बोलचाल' तथा 'चुभते चौपदे' प्रसिद्ध हैं। 'बोलचाल में ठेठ बोलचाल की भाषा का सुन्दर रूप मिलता है। इसमें समाज, धर्म, संस्कृति, आचार-व्यवहार आदि के सम्बन्ध में मुहावरेदार भाषा में कलात्मक अभिव्यक्ति मिलती है। इस कृति में बाल से लेकर तलवे तक और शरीर के सभी अंगों एवं चेष्टाओं की सुन्दर व्यंजना मिलती है। इसी प्रकार 'चुभते चौपदे' में चार-चार पंक्तियों के छन्द में मानव-हित एवं समाज-कल्याण की व्यंजनात्मक अभिव्यक्ति हुई है। इनमें मुहावरों की भरमार है। इसमें भाषा का प्रवाह एवं लालित्य तो ख़ूब है किन्तु कवित्व का सौन्दर्य खण्डित हुआ है।

भाषा एवं कविता दोनों में यदि खड़ी बोली का लालित्य हरिऔध के यहाँ है, तो वह 'प्रिय प्रवास' में है। संस्कृत वर्ण-वृत्तों की शैली में रचित यह खड़ी बोली का प्रथम महाकाव्य है। इसमें कृष्ण के ब्रज से मथुरा प्रवास की कथा है। कथा-सूत्र पौराणिक होते हुए भी इसमें युगीन सामाजिक सांस्कृतिक एवं राष्ट्रीय भावनाओं की सुन्दर व्यंजना है। इसमें कथा-सूत्र ब्योरेवार न होकर मूल प्रसंग से कभी आगे तो कभी पीछे की ओर चलता है। इस नवीन शैली को हिन्दी में प्रस्तुत करने का श्रेय भी हरिऔध को ही जाता है। इसमें कृष्ण युगीन महानायक के रूप में चित्रित है। इस

प्रकार कृष्ण का यह रूप पौराणिक कृष्ण से अलग है। हरिऔध का 'वैदेही वनवास' रामकाव्य है जिसकी कथा में अनेक मौलिक परिवर्तन है। पौराणिक कथा-प्रसंगों को युगानुरूप सँवारने की कला में हरिऔध सिद्ध हस्त है। जहाँ 'प्रिय प्रवास' सुखान्त है वही 'वैदेही वनवास' दु:खान्तक है। दोनों ग्रन्थों के नायक लोकनायक की भूमिका में है। हरिऔध की मौलिकता उनकी प्रत्येक कृति में दिखायी पड़ती है। उनके प्रकृति चित्रण में भी विषाद के चित्र हैं।

हरिऔध की दो पंक्तियों से इस सिलसिले को विराम देता हूँ।

*चार डग हमने भरे तो क्या हुआ*
*है पड़ा मैदान कोसों का अभी ।*

# परदुःखकातरता का रचनाकार : सियारामशरण गुप्त

सियारामशरण गुप्त (4 सितम्बर, 1895–29 मार्च, 1963) की पहली रचना 1914 ई. में प्रकाशित 'मौर्य विजय' नामक काव्य संग्रह है। यद्यपि उनकी पहली कविता 'इन्दु'–में 1910 में ही प्रकाशित हो चुकी थी। अपनी दीर्घकालीन काव्य–यात्रा में उन्होंने 15 काव्य संग्रह (जिसमें 6 खण्डकाव्य है), तीन उपन्यास, एक कहानी संग्रह, एक निबन्ध संग्रह, एक नाटक तथा चार पद्यानुवादों की रचना की। उनकी रचना–यात्रा द्विवेदी युग में आरम्भ हुई और छायावाद, प्रगति–प्रयोगवाद के दौर से गुजरी किन्तु उनकी काव्य–कला अन्त तक द्विवेदीयुगीन अभिधात्मकता पर ही आधारित रही। छायावादी काव्य–प्रवृत्ति से प्रभावित होते हुए भी उन्होंने इतिवृत्तात्मकता का दामन नहीं छोड़ा। उनकी रचनाओं में करुणा, विषाद, विनयशीलता और सहजता के भाव भरे हुए हैं। कहा जाता है कि व्यक्तिगत रुग्णजीवन, पत्नी तथा पुत्री रमा के असामायिक निधन से उनका जीवन करुणाजन्य हो गया। व्यक्तिगत जीवन की रिक्तता, तिक्तता और विषाद की एकरंगी अभिव्यक्ति उनकी रचनाओं में भरी पड़ी है। गाँधीदर्शन के प्रभाव के कारण राष्ट्रप्रेम, विश्व शान्ति, हृदय परिवर्तन, सत्य, अहिंसा, अपरिग्रह, परदुःखकातरता जैसी गाँधीवादी निष्ठाएँ उनके काव्य की आत्मा बन गयीं। कुल मिलाकर सियारामशरण गुप्त अपने शुद्ध सात्विक भावभिव्यक्ति के लिए सदैव स्मरणीय रहेंगे। जो लोग उनके साहित्य में प्रेम, श्रृंगार, उग्रता–प्रखरता, ओज, माधुर्य की तलाश करने की कोशिश करेंगे उन्हें निराशा ही हाथ आयेगी।

कुछ लोगों का अभिमत है कि सियारामशरण गुप्त साहित्य जगत में या तो उपेक्षित रहे अथवा अपने अग्रज मैथिलीशरण गुप्त जैसे बड़े बरगद के नीचे बोन साई बनकर रह गये। किन्तु यह बात सही नहीं है। सियारामशरण गुप्त मैथिलीशरण गुप्त जैसी बड़ी रचनात्मक ऊर्जा के रचनाकार नहीं है यह सत्य है, किन्तु उन्होंने अपनी रचनाधर्मिता से पाठकों और आलोचकों का ध्यान अपनी ओर अवश्य आकर्षित किया है। रामचन्द्र शुक्ल ने उन्हें छायावादी प्रवृत्ति से अलग स्वच्छन्द धारा का कवि कहा है। नन्ददुलारे वाजपेयी के अनुसार, "सियारामशरण जी ने सामाजिक कुरीतियों पर

इतनी तीव्र व्यंग्यमयी और करुण कविता की है कि चित्त पर स्थायी प्रभाव पड़े बिना नहीं रहता। समाज नीति को काव्योपयोगी बनाने की विधि हिन्दी में सियारामशरण जी को सबसे अधिक आती है। इस क्षेत्र में उनकी सफलता अद्वितीय है।'' लक्ष्मीसागर वार्ष्णेय का अभिमत है कि, ''सियारामशरण गुप्त की कविताओं में संवेदनशीलता और परदु:खकातरता की करुणधारा प्रवाहित है। अपने चिन्तन और अनुभूति के कारण उनकी कविताएँ बहुत कुछ छायावादी कविताओं के निकट आ जाती हैं। कल्पना और भावावेग का अभाव ही उन्हें छायावादी कवियों से अलग करता है। उन पर गाँधी जी की विचारधारा का प्रभाव है और वे मानवीय संस्कृति के कवि हैं।'' बच्चन सिंह का मत है कि, ''वास्तव में गुप्त जी मानवीय संस्कृति के कवि हैं। उनमें न कल्पना का उद्वेग है, न भावों का आवेग। उनकी रचनाएँ सर्वत्र एक प्रकार के चिन्तन, आस्था-विश्वासों से भरी हैं, जो उनकी अपनी साधना और गाँधी जी के साध्य-साधन की पवित्रता की गूँज से अभिमण्डित है। लेखक के सरल व्यक्तित्व की तरह ही रचनाओं की वस्तु और शैली सरल है—कहीं पर भी वक्रता नहीं। बाँकपन नहीं। जिनकी सरल और निष्कपट व्यक्तित्व के प्रति आस्था है, उनको ये रचनाएँ विशेष प्रिय होंगी।'' ऐसे ही अन्य आलोचकों ने भी अपने विचार गुप्त जी के सम्बन्ध में दिए हैं। अत: यह आरोप सही नहीं है कि सियारामशरण गुप्त का मूल्यांकन नहीं हो सका। प्राय: सभी साहित्य-इतिहासकारों ने सियारामशरण गुप्त की रचनाओं का मूल्यांकन अल्पाधिक किया ही है। अत: वे उपेक्षित रचनाकार बिल्कुल नहीं हैं। संक्षेप में सियारामशरण गुप्त अद्वितीय रचनाकार भले न हों विशिष्ट रचनाकार अवश्य हैं। उन्हें नज़रअन्दाज़ कर पाना हिन्दी साहित्य के किसी भी इतिहासकार के लिए कठिन है।

द्विवेदी युग में रचनाकारों की दो श्रेणियाँ थीं। एक तरफ़ वे रचनाकार थे जिन्होंने नैतिकता और आचारशास्त्र को महत्त्व दिया दूसरी तरफ़ वे लोग थे जिन्होंने अनुभूति को प्रधानता दी। सियारामशरण दूसरी श्रेणी के रचनाकार थे। उनकी रचनाओं पर चार स्पष्ट प्रभाव है—व्यक्तिगत जीवन के अभावों का प्रभाव, समष्टिगत जीवन के अभावों का प्रभाव, गाँधीवाद का प्रभाव तथा सन्तों का प्रभाव। स्वास्थ्य खराब रहने, श्वास रोग से पीड़ित रहने तथा यौवन में ही दाम्पत्य-प्रेम से वंचित हो जाने के कारण उनकी मानसिक पीड़ा ने व्यापक करुणा का आकार ग्रहण किया। उनकी यह व्यक्तिगत करुणा पराधीन भारत की करुणा बन गयी। अछूतोद्धार, साम्प्रदायिक उन्माद, सामाजिक अत्याचार, अंग्रेज़ी क्रूरता, नारी की विवशता जैसी वेदना उनकी रचनाओं में अत्यन्त कारुणिक रूप से आकार ग्रहण करती हैं। उनके काव्य में विषाद योग का चित्रण हैं। उनकी कृति 'विषाद' में, जो उनकी पत्नी की मृत्यु के पश्चात लिखी गयी, करुणा की अनूभूति बहुत अधिक है। इसमें संग्रहीत रचनाएँ 'शोक गीत'

के रूप में चित्रित है। उनकी सभी रचनाओं के प्रमुख पात्र शोषित एवं दमित हैं। उनकी मूल अनुभूति गाँधीवाद से प्रभावित है। उन्होंने गाँधीवाद के तत्व-चिन्तन को काव्यात्मक रूप दिया है। उनकी कृतियाँ 'आर्द्रा', 'अनाथ', 'दैनिकी', 'उन्मुक्त' आदि गाँधीवाद से प्रभावित हैं।

सियारामशरण अन्तर्मुखी कवि हैं। बिना चीख-पुकार के रचनाधर्मिता का निर्वाह करते हैं। प्रेय की अपेक्षा वे श्रेय का चिन्तन अधिक करते हैं। उन्होंने प्रबन्ध और मुक्तक दोनों शैलियों का प्रयोग किया है। यद्यपि काव्य सौन्दर्य एवं रसानुभूति के स्तर पर वे इतना आकर्षित नहीं करते किन्तु उनके काव्य में करुण एवं शान्त रस का परिपाक बखूबी हुआ है। भाषा के स्तर पर कहीं सरल और कहीं तत्सम-प्रधान भाषा का प्रयोग उनके काव्य में सफलता से किया गया है।

कुछ आलोचकों का आरोप है कि अपनी काव्याभिव्यक्ति को पूर्णत: प्रति फलित न होते देखकर ही गुप्त जी ने अन्य काव्य विधाओं का सहारा लिया, किन्तु यह आरोप निराधार है। प्राय: रचनाकार अपने भावों एवं विचारों के अनुरूप अभिव्यक्ति की विविध शैलियों तथा भाषाई स्वरूपों को अंगीकार करता है। जितना प्रतिभाशाली रचनाकार होगा, उतने ही अभिव्यक्ति के प्रयोग करेगा। गुप्त जी के समकालीन प्रसाद और निराला विधाओं और शैलियों में सर्वाधिक प्रयोग करनेवाले रचनाकार हैं। अगर गुप्त जी में रचनात्मक आवेग की कमी होती तो इतनी अधिक संख्या में उनकी कृतियाँ नहीं आ पातीं। विधाओं और शैली रूपों का वैविध्य उनकी काव्य प्रतिभा को सिद्ध करता है।

# बाल साहित्य का महत्त्व

बाल साहित्य एक ऐसा रचनात्मक साहित्य है जो बाल मनोविज्ञान के अनुरूप सृजित होता है। वही बाल साहित्य अभिष्ट है जो बच्चों की सर्जनात्मक क्षमता का विकास करे, उनमें पुस्तकीय अभिरुचि जागृत करे, अपने परिवेश के प्रति जागरूक बनाये तथा स्वस्थ सौन्दर्यबोध विकसित करे। यहाँ यह स्पष्ट करना होगा कि बाल साहित्य और बालोपयोगी साहित्य में एक विभाजक रेखा है। चाँद पर लिखी एक सुन्दर कविता ज़हाँ बाल साहित्य है वहीं चाँद की भौगोलिक एवं वैज्ञानिक जानकारी बालोपयोगी साहित्य का हिस्सा है। बाल साहित्य अत्यन्त सजग रचनात्मक कृत्य है। यह बाल मन में प्रवेश कर उसके अनुरूप सृजन करनेवाली परकाया प्रवेश की विधा है। बाल साहित्यकार के लिए आवश्यक है कि वह बच्चों की भावना, कल्पना शक्ति, जिज्ञासु प्रवृत्ति तथा उनकी अभिरुचि का ध्यान रखें।

बाल साहित्य जितना समृद्ध होगा, उस भाषा का समग्र साहित्य उतना ही समृद्ध होगा। यहाँ तक कि राष्ट्र का भविष्य आज के बाल साहित्य की दशा और दिशा पर निर्भर करता है। बालकों की पुस्तकीय अभिरुचि जितनी बढ़ेगी, राष्ट्र निर्माण की सम्भावनाएँ उतनी ही बढ़ेंगी। बच्चे सबसे महत्त्वपूर्ण मानव संसाधन हैं, इसलिए राष्ट्र के मानव सूचकांक को निर्धारित करने का सबसे बडा निकष बाल साहित्य ही हो सकता है। बालक का सर्वांगीण विकास स्वस्थ बाल साहित्य के बिना सम्भव नहीं है। नेहरू ने इसी बात को ध्यान में रखकर कहा था कि, "बच्चों का दिमाग़ जिज्ञासाओं और अधिक जानकारियों के लिए लालायित रहता है। इस उद्देश्य को ध्यान में रखकर बच्चों की रुचि के अनुकूल पुस्तकें तैयार की जायें तो बच्चों की अभिरुचि पढ़ने की ओर बढ़ेगी। इंग्लैण्ड के विद्वान पाल हेजार्ड इससे भी आगे जाकर दावा करते हैं कि बच्चों की पुस्तकों के द्वारा इग्लैण्ड का पुर्ननिर्माण किया जा सकता है।

जब पुस्तकें नहीं थीं तब इस अभाव की पूर्ति दादी-नानी की कहानियाँ करती थीं। उन कहानियों के माध्यम से वे बच्चों के अन्दर संस्कारों का रोपण करती थीं।

आज संयुक्त परिवारों के विघटन की स्थिति में यह दायित्व बाल साहित्य ही पूरा कर सकता है। आपाधापी और यान्त्रिक जीवन शैली के कारण माता-पिता अपने दायित्व की पूर्ति मान लेते हैं। किन्तु इन छोटे प्रयासों से बच्चों की अभिरुचि एवं जिज्ञासाओं का परिष्कार नहीं किया जा सकता। इसकी पूर्ति स्वस्थ बाल साहित्य के सृजन द्वारा ही की जा सकती हैं जिसका दायित्व रचनाकारों के ऊपर है।

एक लम्बे समय तक बाल साहित्य के रूप में हमारे पास कथासरितसागर, पंचतन्त्र, हितोपदेश, सिंहासन बत्तीसी, बेताल पचीसी, अकबर-बीरबल, तेनाली राम तथा वीर पुरुषों की कथाएँ प्रचलित थीं, किन्तु वे कहानियाँ समाज के आम जन तक बहुत कम पहुँच पाती थीं। एक लम्बे समय तक यह आमजन अपने बच्चों को भूत-प्रेत, जादू टोने की कहानियाँ ही सुनाता रहा तथा उनका मन बहलाता रहा। प्रेस की स्थापना एवं विकास के साथ पुस्तकों की पहुँच सामान्य जन तक होने लगी। पत्र-पत्रिकाओं के प्रचार-प्रसार से बाल साहित्य का कोना गुलजार होने लगा। विभिन्न भाषाओं से बाल साहित्य का अनुवाद भी होने लगा। प्रारम्भ में संस्कृत की कथाओं, ईसप की कहानियाँ, सिन्दबाद की कहानियाँ, आलिफलैला, ग्रिल की परीकथाएँ, अरेवियन नाइट्स, एलिस इन वण्डर लैण्ड तथा गुलिवर ट्रवेल्स के अनुवाद बच्चों में अधिक लोकप्रिय हुए। आज भी इन कथाओं की माँग वैसे ही बनी हुई है।

हिन्दी में सूरदास बाल साहित्य के आदिगुरू या बाबा आदम होने के अधिकारी है। 'मैया कबहूँ बढ़ेगी चोटी' या 'मैया मैं तो चन्द्र खिलौना लैहों' जैसे सूरदास के अनेक पद बालमन को स्पर्श करते हैं। कुछ विद्वान 1723 ई. में जटमल द्वारा लिखित 'गोरा बादल की कथा' को हिन्दी बाल साहित्य की पहली कृति मानते हैं। वस्तुत: बाल साहित्य भी अन्य आधुनिक विधाओं की तरह भारतेन्दु युग में ही अंकुरित हुआ। स्वयं भारतेन्दु ने बाल साहित्य को प्रोत्साहन देने हेतु 1874 ई. में 'बालाबोधिनी' पत्रिका का प्रकाशन आरम्भ किया । इसी युग में राजा शिवप्रसाद 'सितारे हिन्द', श्रीधर पाठक, महावीरप्रसाद द्विवेदी, बालमुकुन्द गुप्त, अयोध्यासिंह उपाध्याय 'हरिऔध', कामता प्रसाद गुरू, दामोदर सहाय 'कवि किंकर' आदि रचनाकारों ने बाल साहित्य की अनेक कृतियाँ साहित्य जगत को दीं। श्रीधर पाठक कृत 'भारत गीत', 'मनोविनोद', महावीरप्रसाद द्विवेदी कृत 'बालविनोद', बालमुकुन्द गुप्त कृत 'खेल तमाशा', 'खिलौना', हरिऔध कृत 'चन्द्र खिलौना', 'बाल विभव', 'चाँद सितारे', कवि किंकर कृत 'बाल सितारी ' जैसी बाल पुस्तकें भारतेन्दु युग की देन है। इनमें हरिऔध का गीत 'चन्दा मामा दौड़े आओ, दूध कटोरा भरकर लाओ' अत्यन्त लोकप्रिय हुआ।

द्विवेदी युग में मन्नन द्विवेदी गजपुरी का प्रसिद्ध प्रार्थना गीत 'विनती सुन लो हे भगवान, हम सब बालक हैं नादान', मैथिलीशरण गुप्त की कविता 'माँ कह एक कहानी, बेटा समझ लिया क्या तूने, मुझको अपनी नानी', राम नरेश त्रिपाठी का

प्रार्थना गीत 'हे प्रभु आनन्ददाता ज्ञान हमको दीजिये', विद्याभूषण विभु का 'घूम हाथी झूम हाथी' जैसे गीत अत्यन्त लोकप्रिय हुए। द्विवेदी युग में ही प्रेमचन्द की बाल मनोविज्ञान की कहानियाँ जैसे 'कुत्ते की कहानी', 'जंगल की कहानी', 'दो बैलों की कथा' दुर्गा दास राठौर', 'राणा प्रताप' आदि का प्रकाशन हुआ। इस काल के अन्य बाल साहित्यकारों में गोपाल शरण सिंह, देवी प्रसाद गुप्त कुसुमाकर, मुरारी लाल शर्मा 'बन्धु', भूप नारायण दीक्षित, जहूर बख़्श आदि विशेष उल्लेखनीय हैं। इस युग में अनेक बाल पत्रिकाओं का प्रकाशन भी शुरू हुआ जिसमें सरस्वती (इलाहाबाद) बाल हितकार (लखनऊ), छात्र हितैषी (अलीगढ़), बाल प्रभाकर (वाराणसी), बाल मनोरंजन (उज्जैन) तथा शिशु (इलाहाबाद) विशेष लोकप्रिय हुईं।

छायावाद के दौर में बाल साहित्य का वास्तविक उन्नयन हुआ तथा वह तीव्र गति से दौड़ने लगा। इस काल में बाल साहित्यकारों की एक लम्बी श्रृंखला दिखायी देती है। इनमें ठाकुर श्रीनाथ सिंह, शम्भू दयाल सक्सेना, सभा मोहन अवधि या 'स्वर्ण सहोदर', सुभद्रा कुमारी चौहान, सोहन लाल द्विवेदी, महादेवी वर्मा, रमा पति शुक्ल, रामेश्वर दयाल दुबे, रामधारी सिंह 'दिनकर', आर. सी. प्रसाद सिंह, कन्हैया लाल मत्त, शकुन्तला सिरोठिया, द्वारिका प्रसाद महेश्वरी, अमृत लाल नागर, निरंकार देव सेवक, शान्ति अग्रवाल जैसे बाल साहित्यकारों ने द्विवेदी युग में ही अपना सृजन आरम्भ किया। सुभद्रा कुमारी चौहान का बालगीत 'मैं बचपन को बुला रही थी, बोल उठी बिटिया मेरी', दिनकर का बालगीत 'हठकर बैठा चाँद एक दिन माता से यह बोला', द्वारिका प्रसाद माहेश्वरी का 'यदि होता किन्नर नरेश मैं, राजमहल में रहता', 'हाथी घोड़ा पालकी' तथा 'वीर तुम बढ़े चलो धीर तुम बढ़े चलो', शकुन्तला सिरोठिया का 'कारे मेघा पानी दे' जैसे बाल गीत आज भी अत्यन्त लोकप्रिय है।

फिल्म, टीवी, इलेक्ट्रानिक गैजेट्स जैसी तमाम चुनौतियाँ के बावजूद आज भी बाल साहित्य विपुल मात्रा में लिखा जा रहा है। हमारे सामने बाल साहित्यकारों की 'गैलेक्सी' है जिसमें हरिकृष्ण देवसरे, विष्णु प्रभाकर, जय प्रकाश भारती, प्रकाश मनु, शेरजंग गर्ग, दिविक रमेश, बाल शौरिरेड्डी, रमेश तैलंग, सूर्य कुमार पाण्डेय, जाकिर अली रजनीश, चक्रधर नलिन, शकुन्तला कालरा, कृष्ण शलभ, लता पन्त, जगदीश चन्द्र शर्मा, बाबूराम शर्मा विभाकर, भगवती प्रसाद द्विवेदी, नरेश सिंह नीहार, विजय किशोर मानव, अरशद खान, देवेन्द्र कुमार, हिमांशु जोशी, योगेन्द्र दत्त शर्मा, अमर गोस्वामी, क्षमा शर्मा, उषा यादव, रश्मि स्वरूप जौहरी, कृष्णेश्वर डींगर, सुषमा सिंह, उमा सहाय, नन्दल हितैषी, यश मालवीय, रमेश आज़ाद, सूर्य नाथ सिंह, कुसुम लता सिंह, गीतिका गोमत्य, सुनीता, छुन्दराज बलवाणी, श्रीप्रसाद, शंभूनाथ तिवारी चित्रेश, राजनारायण चौधरी, परशुराम शुक्ल, नागेश पाण्डेय संजय, अजय जनमेजय, मोहम्मद फहीम, राजकुमार जैन राजन, गोपी चन्द श्रीनागर, सरोजनी कुलश्रेष्ठ,

जगजीत सिंह, साजिद खान, कमलेश भट्ट कमल, राकेश चक्र, रमेश दूबे, प्रदीप पन्त उज्ज्वल, कमल चमोला, पी.आर. शुक्ल तथा अन्य अनेक रचनाकारों ने, जिन्हें अपनी सीमा के कारण मैं उल्लेख नहीं कर पा रहा हूँ, बहुत अच्छे बाल साहित्य का सृजन किया है तथा करते जा रहे हैं।

बाल साहित्य के प्रचार-प्रसार में बाल पत्रिकाओं का योगदान अत्यन्त उल्लेखनीय है। इन पत्रिकाओं ने घर-घर पैठ बनाकर बाल संस्कारें को सकारात्मक रूप से प्रेरित किया है। इन पत्रिकाओं ने बाल अभिरुचियों के परिष्कार के साथ-साथ बालकों की पुस्तकीय अभिरुचि भी विकसित की। ज्ञानवृद्धि के साथ सौन्दर्य चेतना का विकास भी किया। इन पत्रिकाओं में नटखट, बाल भारती, बाल हंस, हँसती दुनिया, बालवाणी, बच्चों का देश, निर्झर, नन्हें सम्राट्, चन्दा मामा, चंपक, लोट पोट, बाल प्रहरी, सुमन सौरभ, किलकारी, पराग, मेला, समय झरोखा, मधु मुस्कान, बाल मेला, नौनिहाल, चकमक, अनुराग, बाल बिगुल, इन्द्रधनुष जैसी पत्रिकाओं का उल्लेख ज़रूरी है। बाल नाटकों की एक अच्छी पुस्तक 'उमंग' अशोक वाजपेयी के सम्पादन में राजकमल से प्रकाशित हुईं। आज हिन्दी में विपुल मात्रा में तथा उन्नत कोटि का बाल साहित्य मौजूद है। अन्य भाषाओं के उत्कृष्ट बाल साहित्य का अनुवाद भी हो रहा है। आयतन एवं घनत्व दोनों में बाल साहित्य की कृतियों का अनवरत प्रकाशन हो रहा है। पुस्तकों की साज-सज्जा और प्रकाशन में हम अन्तरराष्ट्रीय मानकों को छू रहे हैं। नेशनल बुक ट्रस्ट तथा चिल्ड्रेन बुक ट्रस्ट के अतिरिक्त केन्द्र एवं राज्य सरकारों के अन्य प्रकाशन लगातार अच्छे प्रकाशन कर रहे हैं। 1968 ई. में हरिकृष्ण देवसरे द्वारा हिन्दी बाल साहित्य पर प्रथम शोध के पश्चात् विभिन्न विश्वविद्यालयों में 200 से अधिक शोध कार्य हो चुके हैं तथा आगे भी जारी हैं। बाल साहित्य समीक्षा के क्षेत्र में हरिकृष्ण देवसरे, प्रकाश मनु, जय प्रकाश भारती, श्रीप्रसाद, सुरेन्द्र विक्रम आदि ने उल्लेखनीय कार्य किया है। प्रकाश मनु का 'हिन्दी बाल कविता का इतिहास' तथा जय प्रकाश भारती का 'बाल साहित्य : इक्कीसवीं सदी में' बाल साहित्य सम्बन्धी समीक्षा के दो अत्यन्त महत्त्वपूर्ण ग्रन्थ हैं। आज हम साइबर स्पेस में साँस ले रहे हैं। वैज्ञानिक चेतना का प्रवेश आज बचपन में ही हो जाता है। हिन्दी में विज्ञान लेखन के क्षेत्र में भी काफ़ी उन्नति हुई है। शुकदेव प्रसाद, जयन्त विष्णु नार्लीकर, गुणाकर मूले, यशपाल, विजय कुमार उपाध्याय, लल्लन कुमार प्रसाद, संजीव जायसवाल, संजय, अरविन्द मिश्र तथा जाकिर अली रजनीश जैसे रचनाकार हिन्दी में विज्ञान लेखन के माध्यम से बाल साहित्य को समृद्ध कर रहे हैं।

बाल मनोविज्ञान के सम्बन्ध में खलील जिब्रान कहते हैं कि, "तुम उन्हें प्यार दे सकते हो लेकिन विचार नहीं, क्योंकि उनके पास अपने विचार होते हैं। तुम उनका

शरीर बन्द कर सकते हो किन्तु उनकी आत्मा नहीं, क्योंकि उनकी आत्मा आनेवाले काल में निवास करती है। उसे तुम देख नहीं सकते हो, सपनों में भी नहीं देख सकते हो। तुम उनकी तरह बनने का प्रयत्न कर सकते हो लेकिन उन्हें अपने जैसा बनाने की इच्छा मत रखना, क्योंकि जीवन पीछे की ओर नहीं जाता है और न ही बीते हुए कल के साथ रुकता ही है।" बाल मनोविज्ञान की समझ रखना और उनके लिए लिखना साहित्यकारों के समक्ष एक चुनौती है। बाल मन की अपेक्षाओं पर खरा उतरना एवं सर्जनात्मकता बनाये रखने का काम कुशल रचनाकार ही कर सकता है।

तमाम चुनौतियों के बावजूद जिन बाल साहित्यकारों ने अपनी रचनात्मक ऊर्जा से बालमन को तरंगित किया उनके कृतित्व एवं प्रयास को नमन करता हूँ। आज बाल साहित्य को विस्तार देने की, महत्त्व देने की तथा सहेजने की आवश्यकता है।

# कोई 'सरदार' कब था इससे पहले तेरी महफ़िल में

प्रगतिशील आन्दोलन के प्रतीक पुरुष और अपने सदी की आवाज़ अली सरदार ज़ाफ़री का रचनात्मक व्यक्तित्व अत्यन्त विशाल था। कवि, कहानीकार, नाटककार, आलोचक, कुशल वक्ता, सामाजिक-राजनीतिक सरोकारों से जुड़े सक्रिय कार्यकर्ता ज़ाफ़री साहब बहुमुखी प्रतिभा के मालिक हैं। बलरामपुर (गोण्डा) में जन्मे, अलीगढ़ तथा लखनऊ होते हुए मुम्बई के सफ़र में प्रगतिशील विचारधारा ही उनकी सबसे बड़ी ताक़त थी। इस प्रगतिशील विचारधारा के कारण उनको जीवन में अनेक कठिनाइयों का सामना करना पड़ा, बड़े संघर्षों से गुज़रना पड़ा, किन्तु उन्होंने विचारधारा का दामन नहीं छोड़ा। अलीगढ़ मुस्लिम विश्वविद्यालय से बहिष्कृत किये गये। संघर्ष करके दिल्ली कॉलेज से स्नातक की पढ़ाई पूरी की। लखनऊ विश्वविद्यालय से अंग्रेज़ी साहित्य में परास्नातक करते समय साम्राज्यवाद विरोधी कविताएँ लिखने के कारण गिरफ़्तार किये गये और जेल में डाल दिये गये, किन्तु उनका इन्कलाबी आन्दोलन जारी रहा। इस वैचारिक प्रतिबद्धता के कारण आज़ादी के बाद भी 1949 में उन्हें गिरफ़्तार कर जेल में डाल दिया गया किन्तु जेल से बाहर आते ही आन्दोलन में फिर सक्रिय हो गये। 1953-1954 में प्रगतिशील आन्दोलन में बिखराव के बावजूद अली सरदार ज़ाफ़री का प्रगतिशील वैचारिक सफ़र आजीवन जारी रहा।

जेल में रहे या बाहर, अली सरदार ज़ाफ़री का रचनाकर्म निरन्तर चलता रहा। वे ऐसे रचनाकार थे जिनके लिए लेखन उनके जीवन का हिस्सा था। वे सामान्य लेखकों, रचनाकारों की तरह अनुकूल अवसर का इन्तज़ार नहीं करते थे। सामाजिक-राजनीतिक सक्रियता के बावजूद जो समय निकलता था उसका उपयोग वे रचना कर्म में करते थे। सामान्य रिवायत के विपरीत अली सरदार ज़ाफ़री कहानी से कविता के क्षेत्र में आये। उनके लेखन की शुरुआत 1938 में 'मंज़िल' नामक कहानी संग्रह से हुई तथा 1943 में छपे काव्य संग्रह 'परवाज़' से उन्हें पहचान मिली। उनके 11 काव्य संग्रह, दो नाटक, संस्मरण, कहानी

संग्रह, कबीर, मीर, ग़ालिब, मीराबाई पर सम्पादकीय कार्य, सात महत्त्वपूर्ण उर्दू शायरों पर सम्पादकीय पुस्तक 'कहकशाँ', समालोचना सम्बन्धी पत्र पत्रिकाओं में लेखन, डाक्यूमेण्ट्री फ़िल्म, 'नया अदब' और 'गुफ़्तगू' पत्रिकाओं का सम्पादन; कुल मिलाकर उनकी रचनाधर्मिता का फलक अत्यन्त व्यापक है।

आम आदमी के जीवन के चित्रकार अली सरदार ज़ाफ़री न सिर्फ़ प्रगतिशील आन्दोलन से जुड़े वरन सज्जाद ज़हीर के पाकिस्तान जाने के पश्चात् वे इस आन्दोलन के पर्याय बन गये। मजाज़ और सिब्ते हसन के साथ उन्होंने 'नया अदब' नामक मासिक पत्रिका का लखनऊ से सम्पादन शुरू किया तथा वह अनौपचारिक रूप से प्रगतिशील आन्दोलन की मुख्य पत्रिका बन गयी। जोश, मजाज़, सिब्ते हसन, फिराक़, मुल्कराज़ आनन्द, फ़ैज़, एहतेशाम हुसैन, क़ैफ़ी, अलीम, मजनू इत्यादि साथियों के साथ उन्होंने प्रगतिशील आन्दोलन को बहुत ऊँचाई पर पहुँचा दिया। प्रगतिशील लेखन के पचास सालों के इतिहास पर उनकी पुस्तक 'तरक्की पसन्द अदब' इतनी लोकप्रिय हुई कि उन्हें प्रगतिशील लेखन का इतिहासकार माना जाने लगा। उन्होंने प्रलेस की पहली बैठक में भाग लिया तथा उसके 65 वर्षों का उतार-चढ़ाव अपनी पुस्तक में दर्ज किया। जब 1949 में प्रगतिशील लेखक संघ के भीमरी कान्फ्रेन्स में यह बयान जारी किया गया कि प्रगतिशील लेखक का मार्क्सवादी होना आवश्यक है, अली सरदार ज़ाफ़री को यह आक्रामकता पसन्द नहीं आयी। कम्युनिस्ट पार्टी का सदस्य होने के बावजूद उन्होंने इसका ज़िक्र इस तरह से किया – "तरक्क़ी पसन्द तहरीक़ ने अपनी इन्तिहा पसन्दी के दौर में जो ग़लती की वो यही थी। वहाँ (1949 की कान्फ्रेन्स में) तज्वीज़े मंजूर हुई और जो बयान शाए किया गया उसमें मख़सूस अल्फ़ाज के बग़ैर यही मफ़हूम था कि तरक्की पसन्द अदीब के लिए मार्क्सिस्ट होना ज़रूरी है। इसने उस क़ौस-ओ-क़ज़ह के रंग को बिखेर दिया जिसके एक सिरे पर कम्युनिस्ट सज्जाद ज़हीर थे और दूसरे सिरे पर गाँधीवादी मुंशी प्रेमचन्द और दरम्यान में बहुत से और रंग।" ('तरक्की पसन्द तहरीक की निस्फ सदी'-अली सरदार ज़ाफ़री, पृ. 104)।

अली सरदार ज़ाफ़री को विवादों में भी घसीटा गया, उन्हें नारेबाज कहा गया तथा उन पर समझौतापरस्ती का भी आरोप लगाया गया, किन्तु सारे आरोपों को निराधार करते हुए हिन्दी में रामविलास शर्मा की तरह अदब में ऐसा मकाम हासिल किया जिसे सदियों तक भुलाया नहीं जा सकता। वे मार्क्सवादी चेतना, प्रगतिशील विचारधारा तथा अपनी साहित्यिक कृतियों के कारण हमेशा अमर रहेंगे।

अली सरदार ज़ाफ़री की इन पंक्तियों से विराम लेता हूँ—

*सितारों के पयाम आये बहारों के सलाम आये*
*हजारों नाम-ए-शौक़ मेरे दिल के नाम आये*
*कोई सरदार कब था इससे पहले तेरी महफ़िल में*
*बहुत अहले-सुखन उट्ठे बहुत अहले कलाम आये।।*

# हिन्दी का वाल्टर स्काट: वृन्दावनलाल वर्मा

हिन्दुस्तानी एकैडेमी ने मार्च, 2012 में दो कार्यक्रम आयोजित किये थे, एक फिराक़ पर था दूसरा वृन्दावनलाल वर्मा पर। दोनों कार्यक्रमों की रिपोर्ट पत्रिकाओं में भेजी गयी थी। एक पत्रिका के सम्पादक का फ़ोन आया कि वे फ़िराक़ की रिपोर्ट छाप रहे हैं किन्तु वृन्दावनलाल वर्मा में उनकी कोई रुचि नहीं है। मैं सोचने लगा कि क्या हिन्दी साहित्य का परिदृश्य इतना संकुचित हो गया है, क्या इसमें इतनी संकीर्णता प्रवेश कर चुकी है कि साहित्य की ज़मीन और आसमान दोनों को बाँट दिया गया है। फिर यह ख़्याल आया कि इस तरह के संकुचित विमर्श प्राय: हर काल में चलते रहते हैं और हर दौर की तरह यह दौर भी गुज़र जायेगा। वृन्दावनलाल वर्मा की रचनाधर्मिता कालजयी है, उनका काम विशद एवं महत्त्वपूर्ण है। वे कभी काल-कवलित नहीं होंगे, किन्तु संकीर्ण और संकुचित मनोवृत्तिवाले कल्पित विमर्श अवश्य काल कवलित हो जायेंगे। बचेगा वही साहित्य जो मानवीय मूल्यों की प्रतिष्ठा करता है, जो उन मूल्यों का संवहन करता है। बौद्धिक और मानसिक उत्तेजन पैदा करने वाला साहित्य, जो गर्दो-गुब्बार की तरह आज साहित्यिक आसमान में उड़ रहा है, कल उसकी चर्चा भी नहीं होगी। समय सबसे बड़ा विश्लेषक होता है।

जैसा कि हर बड़े रचनाकार के साथ होता है, वृन्दावनलाल वर्मा पर भी अनेक आरोप लागाए गये। एक आरोप है कि वर्मा जी सामन्तवाद के पोषक हैं, रचनाओं में सामन्ती मूल्यों का संवहन करते हैं। दूसरा आरोप है कि वे पुनरुत्थानवादी है तथा वर्तमान से आँखें चुराकर अतीत के व्यामोह में उलझे हुए हैं। तीसरा आरोप है कि उन्होंने अपने उपन्यासों में इतिहास को तोड़-मरोड़ कर प्रस्तुत किया है।

जहाँ तक, पहले आरोप का प्रश्न है कि वर्मा जी सामन्तवाद के पोषक हैं, यह पूर्णत: बेमानी है। वस्तुत: प्रेमचन्द और वृन्दावनलाल वर्मा दोनों समकालीन सन्दर्भों में सामन्तवाद को अपने-अपने तरीक़े से चुनौती दे रहे थे। जहाँ प्रेमचन्द सामन्ती अत्याचारों, अन्धविश्वासों, जातीय भेदभाव आदि का विरोध कर रहे थे। वहीं वृन्दावनलाल वर्मा अपने उपन्यासों में नारी शौर्य, नारी समानता, नारी सम्मान की

मिसाल दे रहे थे। वे पुरुषार्थ के बरक्स नारी अस्मिता की चुनौती पेश कर रहे थे। उनके पात्र प्रतिक्रियावादी, साम्राज्यवादी उपनिवेशवादी शक्तियों के दमन को हमेशा तैयार रहते हैं। वस्तुतः वृन्दावनलाल वर्मा राष्ट्रीय चेतना की सम्पृक्ति वाले रचनाकार है। ऐसे समय जब राष्ट्रीय आन्दोलन एक बड़ी साम्राज्यवादी शक्ति को चुनौती दे रहा था, वर्मा जी अपने औपन्यासिक पात्रों–लक्ष्मीबाई, दुर्गावती, अवन्ती बाई, पद्मिनी, मृगनयनी, लाखी आदि के शौर्य आत्म बलिदान, त्याग जैसे उदात्त गुण को रेखांकित कर जनभावना को प्रेरणा प्रदान करते हैं।

जहाँ तक अतीत में विचरने तथा पुनरुत्थानवादी होने का प्रश्न है, वर्मा जी तत्कालीन निराशा और हताशा में भारत के गौरवशाली अतीत का चित्रण करके भारतीय जनजीवन में राष्ट्रीयता की भावना का प्रवेश कराना चाहते थे। उनका तरीक़ा अलग था, किन्तु उद्देश्य वही था जो प्रेमचन्द का था। उन्होंने सामग्री इतिहास से अवश्य ली है, किन्तु वातावरण की सृष्टि जीवन से जुड़कर किया है। उनकी ज़मीन इतिहास है किन्तु उनका उद्देश्य तत्कालीन जनजीवन में राष्ट्रीयता, राष्ट्रप्रेम, नैतिकता आदि का प्रवेश कराना है। भारतीय राष्ट्रीय चेतना की सम्पृक्ति वाले हिन्दी के रचनाकारों में वृन्दावनलाल वर्मा अग्रपांक्तेय है। उनकी इसी भूमिका की ओर संकेत करते हुए डॉ. रामविलास शर्मा कहते हैं कि, "हिन्दी कथा साहित्य के इतिहास में यह एक युगान्तर था। सामाजिक समस्याओं में बेहद दिलचस्पी लेने वाले एक देशभक्त लेखक ने अपने इतिहास को एक नये प्रकाश में देखा था।" भारत की सोयी हुई जनता में आत्मविश्वास पैदा कर एक बड़ी साम्राज्यवादी शक्ति के सामने खड़े होने योग्य बनाने में गौरवशाली अतीत का वर्णन आवश्यक है। यही कार्य अपने तरीक़े से राममोहन राय, विवेकानन्द, तिलक, अरविन्द, गाँधी भी कर रहे थे।

वृन्दावनलाल वर्मा पर यह आरोप लगाया गया कि वे इतिहास को तोड़-मरोड़कर प्रस्तुत करते हैं। यह आरोप प्रायः प्रत्येक ऐतिहासिक उपन्यासकार पर लगाया गया। हिन्दी में यह आरोप गुरुभक्त सिंह भक्त, प्रसाद, चतुरसेन शास्त्री, भगवतीशरण उपाध्याय, यशपाल, हजारीप्रसाद द्विवेदी, राहुल सांकृत्यायन, रांगेय राघव आदि महत्त्वपूर्ण रचनाकारों पर भी लगाया गया। आलोचक यह आरोप लगाते समय प्रायः यह भूल जाते हैं कि रचनाकार इतिहासकार नहीं होता है बल्कि वह रचनाओं में इतिहास रस का प्रस्तोता होता है। इस सम्बन्ध में लेस्ली स्टीफन की मान्यता है कि ऐतिहासिक उपन्यासकार न तो इतिहासकार को सन्तुष्ट कर पाता है न ही साहित्यिक पाठक को। इतिहासकार रचना में एक छोटी-सी असंगति या कल्पना को बड़ी भूल मान लेता है और रचना से अलग हो जाता है। दूसरी ओर पाठक रस के मार्ग में ऐतिहासिक विवरण से विघ्न पड़ने पर रचना से विरक्त हो जाता है। किन्तु वृन्दावनलाल वर्मा पर लेस्ली स्टीफन की बातें लागू नहीं होती हैं क्योंकि इतिहास रस

का औपन्यासिक शिल्प में इतना सुन्दर परिपाक अन्यत्र नहीं मिलता। इतनी व्यापकता के साथ इतिहास को साहित्य में प्रतिष्ठित करने का कार्य अद्वितीय है। इस सम्बन्ध में गोपाल राय की टिप्पणी है कि, "वृन्दावनलाल ने अपने उपन्यासों में इतिहास का अधिक सृजनात्मक स्तर पर उपयोग किया है।" डॉ. नगेन्द्र का कथन है कि, "शुद्ध ऐतिहासिक उपन्यासों की रचना परम्परा को आरम्भ करने का श्रेय भी उन्हीं को प्राप्त है।"

वृन्दावनलाल वर्मा ने अधिकांश उपन्यासों में बुन्देलखण्ड के परिवेश का चित्रण किया है। सजीवता और प्रभाव की दृष्टि से यह आवश्यक है कि रचनाकार अपनी रचना में उसी वातावरण को सृजित करे जिसे उसने जिया है अथवा भोगा है। जीवन के अनुभव ही अभिव्यक्ति पाकर साहित्य बन जाते हैं। अत: वर्मा जी ने भी अपने चतुर्दिक बुन्देलखण्ड के परिदृश्य को रचनाओं में रेखांकित किया है। इस सन्दर्भ में वे एक घटना का उल्लेख करते हैं। एक बार उनके मित्र बोधराज साहनी के घर उनके पंजाबी मेहमान आये हुए थे। आपस में बातें कर रहे थे—"यहाँ के आदमी मरियल हैं, सड़ियल हैं, औरतें मजबूत हैं। जंगल, पहाड़, झील और नदियों के सिवा और है क्या यहाँ? जानवर आदमी से ज़्यादा अच्छे हैं।" मेहमान हँस रहे थे और वर्मा जी के दिल पर छूरियाँ चल रही थी। "जी में ऐसी आग लगी जो कभी नहीं बुझी, उस दिन से बुन्देलखण्ड की एक-एक कंकड़ी, एक-एक बूँद, एक-एक पत्ती और कली मन में रमने लगी।" यह आग आजीवन जलती रही और वर्मा जी की लेखनी बुन्देलखण्ड के वैभवशाली इतिहास को उपन्यासों और नाटकों में पिरोती रही । बुन्देलखण्ड के प्रति उनका अनुराग वैसा ही है जैसे अंग्रेज़ी के ऐतिहासिक उपन्यासकार वाल्टर स्काट का स्काटलैण्ड के प्रति तथा मेरिया एवर्थ का आयरलैण्ड के प्रति है। इस सम्बन्ध में प्रभाकर माचवे का कथन है कि, "वे अपनी भूमि के निकट का ही विषय चुनते हैं उससे बाहर नहीं जाते।" ऐतिहासिक उपन्यास लेखन में लोकप्रियता के कारण उन्हें हिन्दी का 'वाल्टर स्काट' भी कहा जाता है।

# अमरकान्त का जाना

अमरकान्त नहीं रहे, यह सूचना जब मिली तो सबसे पहला ख़्याल मेरे जेहन में यही उभरा कि इलाहाबाद के साहित्य का गुम्बद धराशायी हो गया। आज यह एहसास पैदा हो रहा है, कि जो गुम्बद गिरा था, वह मात्र आभासी था। वस्तुत: हिन्दी साहित्य में अमरकान्त अमर हैं, अविस्मरणीय हैं, चिरस्थायी हैं। रचनाकार का सच यही है कि वह मर के भी नहीं मरता। फूल के मुरझाने के बाद उसकी ख़ुशबू की तरह रचनाकार की ख्याति भी दिशाओं में फैल जाती है। जिसे अश्क ने चेखव के नज़दीक माना, यशपाल ने गोर्की कहा, उस अमरकान्त के बिना हिन्दी कथा साहित्य की चर्चा अधूरी है। कबीर की तरह, "साँईं इतना दीजिये, जामें कुटुम समाय..." का वैचारिक आग्रह रखने वाले अमरकान्त ने निर्वाह के लिए ज़रूरी साधनों के साथ अपना रचनात्मक सफ़र जारी रखा। समकालीनों द्वारा शुरुआती दौर में महत्त्व न दिये जाने तथा जान-बूझकर की गयी उपेक्षाओं के बावजूद वे अपनी रचनाधर्मिता को धार देते रहे। उनकी निश्छल हँसी उनके सहज व्यक्तित्व का आईना थी।

अमरकान्त ने सिर्फ़ लिखने के लिए या तुच्छ लोकप्रियता हासिल करने के लिए नहीं लिखा। उनका लेखन एक प्रतिबद्ध रचनाकार का लेखन था जो गहरे सामाजिक सरोकारों से जुड़ा था। मार्क्सवादी रूझान के बावजूद उन्होंने मार्क्सवादी फार्मूलेबाजी को अपने ऊपर हावी नहीं होने दिया। आधुनिक होते हुए भी आधुनिकता के मकड़जालों एवं नुमाइशों से दूर रहे। जहाँ कमलेश्वर, राजेन्द्र यादव, निर्मल वर्मा की समकालीन त्रयी नगरीय असंगतियों-विसंगतियों तथा दाम्पत्य जीवन में सेक्स जनित कुंठाओं को विषय बनाती रही, वहीं अमरकान्त प्रेमचन्द की परम्परा को आगे बढ़ाते हुए देशी परिवेश से जुड़े रहे। उनकी दुनिया दलित-शोषित, समाज के हासिये पर अभिशप्त जीवन जीने वाले निम्न मध्यमवर्गीय पात्रों की दुनिया है। अमरकान्त ने आजीवन रोजी-रोटी का संघर्ष किया और उसी संघर्ष को उनके पात्र भी आगे बढ़ाते रहे। अमरकान्त की तरह उनके पात्र भी कोई बड़े सपने नहीं देखते बल्कि अपनी

दैनिक आवश्यकताओं की पूर्ति और रोजी-रोटी के संघर्ष में लिप्त रहते हैं। वे साधारण ज़िन्दगी के रचनाकार हैं। इस सम्बन्ध में रेणु टिप्पणी करते है कि, "अमरकान्त जैसा सहज एवं साधारण ज़िन्दगी को उठाने वाला कथा लेखक और कविता में केदारनाथ अग्रवाल जैसा कवि मौजूद न होता तो शायद मैं वह सब न लिख पाता जो मैं लिख सका हूँ। (नया ज्ञानोदय नवम्बर 06 पृ. 37)।

अमरकान्त ने अपने आसपास जो देखा, जो अनुभूत किया, जो भोगा, जो जिया, जो सोचा उसे ही अपने रचना संसार में दर्ज किया। उनका कथा साहित्य उनके आसपास के जीवन का बोलता हुआ दस्तावेज़ है। उनके लिए गम्भीर बात को उलझाकर पेश करना कला नहीं है बल्कि गम्भीर बात को सरलता से पेश करना कला है। वे अपने अनुभव को संवेदना की आँच में पकाते हैं फिर अभिव्यक्त करते हैं। इस सम्बन्ध में वे स्वयं कहते हैं कि, "जो आपके सामने घटित हो रहा है सिर्फ़ वही रचना नहीं है बल्कि अपने चारो ओर देखने के बाद आपके भीतर जो घटित हो रहा है, वही रचना है।" (अमरकान्त: व्यक्तित्व और कृत्तित्व की पड़ताल, सम्पादक रवीन्द्र कालिया-ममता कालिया पृ.107)।

साहित्य का मूल्य उसकी प्रमाणिकता में निहित होता है और प्रमाणिकता मौलिकता की ज़मीन पर अंकुरित होती है। यह मौलिकता रचनाकार के दृष्टिकोण, अन्तर्दृष्टि तथा सोच की मौलिकता है। इसी मौलिकता का ही दूसरा नाम रचनात्मक प्रतिभा है। अमरकान्त के लिए लेखन भी एक निजी मामला है। निजी है इसीलिए मौलिक है। वे कहते हैं कि, "...भाई हमारा गला छोड़िए, हम न आपके लिए लिख रहे हैं न दूसरों के लिए। किसी को आनन्दित करने के लिए भी हम नहीं लिख रहे हैं। वह हमारा निजी मामला है। हम स्वान्त:सुखाय लिख रहे हैं। 'स्पष्ट है कि अमरकान्त का कथा संसार उनके हृदय और मस्तिष्क में अंकुरित होता है और वे उन घटनाओं, पात्रों, समय और सन्दर्भों से गहराई से जुड़ जाते हैं। वे अपने को ही पृष्ठों में ढालते हैं। इन वैयक्तिक अनुभवों से गुज़रना ही साहित्य की संस्कृति है।"

'तद्‌भव' के एक लेख 'जीवन क्यों जिया' में इलाहाबाद के अपने समकालीनों पर टिप्पणी करते हुए नामवर सिंह अमरकान्त के सम्बन्ध में लिखते हैं कि, "...इन लोगों में से सबसे प्रतिभावान् अमरकान्त थे, चुप रहते, सबको समझते और सब पर मन-ही-मन हँसते।" (तद्‌भव 2012, अंक 25, पृ.17) जिस प्रतिभा की ओर नामवर जी ने संकेत किया है वह अमरकान्त की मौलिकता ही है। चुप रहना, समय को आँकना, उससे संवाद बनाना और चुपचाप उसे पृष्ठों में ढालना। अमरकान्त जीवन भर समय को ही साधते रहे, चुपचाप, बिना किसी शोर के। जिस लेखकीय ईमानदारी की बात की जाती है और जिसके बिना रचनाधर्मिता की बड़ी रेखा नहीं खींची जा सकती, अमरकान्त उस लेखकीय ईमानदारी की मिसाल है। अमरकान्त

ने इसी ईमानदारी का परिचय देते हुए समय के विरोधाभासों, अन्तर्द्वन्द्वों का चित्रण किया। वे कहते हैं कि, ''समय परिवर्तनशील है। वह अपने अन्दर अनेक विरोधाभासों, अन्तर्द्वन्द्वों, संघर्षों और सम्भावनाओं को लिए आगे बढ़ रहा है। जो रचनाकार इस समय की प्रगतिशील सच्चाइयों को पहचानता है वही उसे शब्दों में उतार सकता है जिससे उसकी कृतियाँ उस समय की पहचान बन जाती हैं। यह काम उतना ही कठिन है, शायद उतना ही कठिन जितना तलवार की धार पर चलना।''

अमरकान्त अपनी पढ़ाई छोड़कर गाँधी के प्रभाव में भारत छोड़ो आन्दोलन में कूद पड़े। वे आज़ादी के बाद असन्तोष एवं मोह भंग की पीढ़ी के रचनाकार हैं, जो गाँधी के सुराज को महज नारा बनते देख रहे थे। जिस आख़िरी आदमी तक सुराज को पहुँचाने का सपना गाँधी ने देखा था, वही आख़िरी आदमी अमरकान्त का कथा नायक बना। उस आम आदमी के जीवन संघर्षों को उन्होंने उसी की भाषा में बयाँ किया। वे अपने को विषय वस्तु तथा भाषा दोनों को अलंकरण एवं नाटकीयता से दूर रखते हैं। इस सम्बन्ध में उनके समकालीन कथाकार मार्कण्डेय कहते हैं कि, ''अमरकान्त टूटते हुए मध्यमवर्गीय पात्रों के दुःख दर्द का सजीव चित्रण प्रस्तुत करने में अपना सानी नहीं रखते। परिस्थितियों के व्यंग्य को उभारकर वे अपने कथानक को ऐसा मोड़ देने में समर्थ हैं जो पाठक को तिलमिला देता है।'' (मानव कहानियाँ-मार्कण्डेय पृ-21)

# मानव और समाज

सामान्यतः बोल-चाल की भाषा में समाज का अभिप्राय व्यक्तियों के समूह से है। सामाजिक प्राणी होने के नाते मनुष्य न केवल साथ-साथ रहता है बल्कि आपस में अन्त:क्रिया करते हुए सामाजिक तन्त्र का भी निर्माण करता है। यह तन्त्र संगठित भी हो सकता है, असंगठित भी । इस प्रकार किसी भी संगठित और असंगठित समूह को समाज कह दिया जाता है, जैसे – पुरुष समाज, महिला समाज, विद्यार्थी समाज, हिन्दू समाज, मुस्लिम समाज, प्रार्थना समाज, आर्य समाज, ब्रह्म समाज आदि। समाज से समूह, संस्था या समिति सभी का बोध होता है। अर्थशास्त्र, राजनीति शास्त्र, मानव शास्त्र, समाज शास्त्र 'समाज' शब्द को अपने-अपने दृष्टिकोण से देखते हैं। आम आदमी और विद्वानों की भी समाज सम्बन्धी अपनी अलग अवधारणाएँ हैं। कोई भी समाज प्रवृत्तियों, आस्थाओं और आदर्शों की ज़मीन पर ही खड़ा होता है। प्रत्येक समाज में एक ओर सहयोग, सहकार, सामुदायिकता की भावना होती है, वहीं दूसरी ओर उसमें आन्तरिक द्वन्द्वों के द्वारा ही सामाजिक परिवर्तन और सामाजिक विकास की प्रक्रिया आगे बढ़ती है। समाजशास्त्र में 'समाज' शब्द का प्रयोग एक विशिष्ट अर्थ में होता है। यहाँ व्यक्तियों के आपसी सामाजिक सम्बन्धों के आधार पर निर्मित व्यवस्था को समाज कहा जाता है। अनेक समाजशास्त्रियों ने समाज को परिभाषित करने की कोशिश की हैं, जिसमें से कुछ समाज शास्त्रियों की परिभाषाओं से हम समाज का अर्थ एवं आशय समझने की कोशिश करेंगे।

मैकाइवर के शब्दों में समाज सामाजिक सम्बन्धों का जाल है। जार्ज सिमल ने समाज को अन्त:क्रिया द्वारा स्थापित व्यक्तियों का समूह कहा है। फेयर चाइल्ड ने समाज को व्यक्तियों का ऐसा समूह माना है जो अपने हितों एवं उद्देश्यों को पूरा करने के लिए आपस में सहयोग करते हैं। मोरिस गिन्सवर्ग के अनुसार समाज व्यक्तियों का ऐसा समूह है जो व्यवहार के ढंग (Modes of Behaviour) द्वारा संगठित होता है। पारसन्स समाज को साधन-साध्य सम्बन्धों की क्रिया से उत्पन्न जटिल मानवीय सम्बन्ध मानते हैं। गिडिंग्स के अनुसार समाज औपचारिक सम्बन्धों का योग है, संगठन है, संघ है। रयूटर

समाज को एक अमूर्त अवधारणा मानते हैं जो व्यक्तियों के समूह में सूक्ष्म रूप से व्याप्त होती है।

विद्वानों की उपर्युक्त परिभाषाओं से कुछ मूलभूत तत्त्व स्पष्ट होते हैं कि समाज एक समूह या संगठन है जो पारस्परिक सम्बन्धों, अन्तःक्रियाओं, प्रवृत्तियों, आदर्शों, सहयोग एवं सहकार पर आधारित है। इस तरह समाज एक जड़ वस्तु न होकर सम्बन्ध स्थापित करने की एक प्रक्रिया है और इस प्रक्रिया में द्वन्द्व एवं संघर्ष अनिवार्यतः पाये जाते हैं। प्रत्येक समाज श्रम विभाजन पर टिका होता है जो उसके उद्देश्यों की पूर्ति करता है। समाज की प्रकृति परिवर्तनशील होती है। सामाजिक परिवर्तन एक सार्वभौम प्रक्रिया है। इस परिवर्तन से व्यक्तियों की भूमिकाएँ बदलती रहती हैं तथा आपसी अपेक्षाएँ भी देश-काल-परिस्थिति के सापेक्ष परिवर्तित होती रहती हैं। आज प्रत्येक समाज वैसा ही नहीं है जैसा वह सैकड़ों हजारों वर्ष पूर्व था। समाज की ईकाई मनुष्य है। मनुष्य को समझे बिना समाज को समझ पाना कठिन है। सबसे पहले मानव की उत्पत्ति को समझना ज़रूरी है। मानव की उत्पत्ति कब और कैसे हुई? यह रोचक विषय है। मानव की उत्पत्ति के सम्बन्ध में प्राचीन काल से ही अनेक अवधारणाएँ प्रचलित थीं, किन्तु उसे वैज्ञानिक ढंग से सबसे पहली बार प्रस्तुत करने का श्रेय चार्ल्स डार्विन को जाता है। डार्विन ने 1859 ई. में प्रकाशित अपनी पुस्तक 'Origins of Species' में जीवों की उत्पत्ति एवं उद्विकास का सिद्धान्त प्रस्तुत किया। इस सिद्धान्त के अनुसार सभी जीव एक कोशिका से उत्पन्न हुए तथा उनका क्रमिक उद्विकास होता गया। डार्विन का मत है कि जीवों का उद्विकास सरलता से जटिलता की ओर तथा समानता से भिन्नता की ओर हुआ है। डार्विन की दूसरी कृति 'The Descent of Man' (1871) में मनुष्य के उद्विकास को प्रमाण सहित दर्शाया गया है। प्राणी जगत के इतिहास में मानव सबसे नवीनतम जीव है। मानव तथा उच्च कोटि के बन्दरों (Apes) में आश्चर्यजनक समानता पायी जाती है जिससे अनुमान होता है कि दोनों के पूर्वज एक ही शाखा के थे।

पृथ्वी पर जीवन के विकास तथा मानव के उद्विकास के कालक्रम से समझने के लिए वैज्ञानिकों ने एक भूगर्भशास्त्रीय समय तालिका (Geological Time Table) तैयार किया है। इस तालिका में भूगर्भशास्त्रीय समय को पाँच भागों में विभाजित किया गया है—1. आरकियोजोइक युग , 2. प्रोटेरोजोइक युग , 3. पैलियोजाइक युग , 4. मेसोजोइक युग तथा 5. सेनोजोइक युग । भूगर्भशास्त्रीय प्रमाणों के आधार पर ज्ञात होता है कि पृथ्वी पर जीवन की उत्पत्ति लगभग 2.7 अरब वर्ष पूर्व 'आरकियो जोइक युग' में हुई थी। पृथ्वी पर प्रथम जीवधारी एककोषीय 'प्रोटोजोआ' था। इस एक कोषीय जीव में परिवर्तन हुआ और बहुकोषीय जीव 'मेटाजोआ' का जन्म 1.2 अरब वर्ष पूर्व 'प्रोटेरोजोइक' युग में हुआ। जीवन एवं मानव के विकास को निम्नांकित भूगर्भ शास्त्रीय समय तालिका से आसानी से समझ सकते हैं—

## जियोलात्रिवल टाइम स्केल

| युग (Era) | काल (Period) | आरंभ का अनुमानित वर्ष ( इ.पू. ) | जीवन का रूप |
|---|---|---|---|
| 1. आरकियोजोइक | प्रीकैम्ब्रियन | 2,70,00,00,000 (2.7 अरब) | एक कोषीय जीव (प्रोटोजोआ) |
| 2. प्रोटेरोजोइक | प्रीकैम्ब्रियन | 1,20,00,00,000 (1.2 अरब) | बहुकोषीय जीव (मेटाजोआ) |
| 3. पैलियोजोइक | 1. कैम्ब्रियन | 55,00,00,000 (55 करोड़) | रीढ़ विहीन जीव |
| | 2. ओर्डोविसियन | 49,00,00,000 (49 करोड़) | रीढ़ वाले जीव |
| | 3. साइलुरियन | 39,50,00,000 (39.50 करोड़) | जबड़ाविहीन मछली |
| | 4. डेवोनियन | 35,50,00,000 (35.50 करोड़) | जबड़े वाली मछली |
| | 5. कार्बोनिफेरस | 30,50,00,000 (30.50 करोड़) | उभयचर जीव, पेड़-पौधे |
| | 6. पर्मियन | 22,00,00,000 (22 करोड़) | स्तनपायी, सरीसृप |
| 4. मेसोजोइक | 1. ट्राएसिक | 19,50,,00,000 (19.50 करोड़) | अण्डज स्तनपायी |
| | 2. जुरासिक | 16,00,00,000 (16.00 करोड़) | शिशुधानिक स्तनपायी |
| | 3. क्रेटेशियस | 12,50,00,000 (12.50 करोड़) | योनिज, कीटभक्षी |
| 5. सेनोजोइक | 1. इवोसीन | 6,00,00,000 (6 करोड़) | प्रारंभिक प्राइमेट्स |
| | 2. ओलिगोसीन | 3,50,00,000 (3.5 करोड़) | उच्च प्राइमेट्स |
| | 3. मायोसीन | 1,90,00,000 (1.9 करोड़) | पोंगोएड (गुरिल्ला) |
| | 4. प्लायोसीन | 70,00,000 (70 करोड़) | होमिनोयड (होमोइरेक्टस) |
| | 5. प्लाइस्टोसीन | 10,00,000 (10 लाख) | मानव (नियंडरथल से होमोसीपियन्स तक) |

भूगर्भशास्त्रीय समय तालिका से मानव के उद्विकास की संक्षिप्त स्थिति दर्शायी गयी है। विश्व के विभिन्न हिस्सों से प्राप्त मानव-कंकालों के अवशोषों का अध्ययन मानव के पूर्वजों को समझने में सहायता करता है। डॉ. वाइडनरीज ने मानव अवशेषों को तीन भागों में विभाजित किया है (1) प्राचीन मानव, (2) पूर्व मानव, (3) नव मानव। प्राचीन मानव के अवशेष एशिया के चीन एवं जावा से मिले हैं। ये अवशेष मध्य प्लीस्टोसीन युग के हैं। सबसे प्राचीन मानव रामापिथेक्स (Ramapithecus) है जिसके उपरी जबड़े के जीवाश्म 1930 ई. में लुईस महोदय को भारत की शिवालिक पर्वतमाला से प्राप्त हुए थे। इसके अवशेष अफ्रीका, चीन, जर्मनी तथा यूनान से भी प्राप्त हुए हैं। यह पहला मानव था जो खड़े होने की शुरुआत कर रहा था। क्रमशः विकसित होते हुए प्राचीन मानव रमापिथेकस पूर्वमानव तथा नवमानव (Homo Sapiens) तक पहुँच गया। होमोसेपियन्स मानव विकास की अन्तिम कड़ी माना जाता है जिसे मेधावी मानव कहा गया। आज का मनुष्य उसी की सन्तान है। इसका प्रारम्भिक समय लगभग 20 हजार वर्ष पूर्व का है। इसी होमोसेपियन्स मानव से आज के सभी मनुष्य-काकेशायड, निग्रोयड, मंगोलायड, मेडिटेरेनियन आदि प्रजातियों की उत्पत्ति हुई है।

पृथ्वी जितने जीव हैं, उनमें मानव एक विशिष्ट प्राणी है। उसकी मेधा ने अपने विकासशील ज्ञान के सहारे ब्रह्माण्ड के गोपन रहस्यों को जानने का प्रयास किया। वह मूलतः सामाजिक प्राणी है। मानव और समाज में अन्योन्याश्रित सम्बन्ध है, एक के बिना दूसरे की कल्पना नहीं की जा सकती।

व्यक्ति और समाज के बीच गहरा सम्बन्ध है। मनुष्य की सामाजिक प्रकृति उसकी मौलिक विशेषता है। व्यक्ति और समाज के बीच सम्बन्धों को लेकर पाश्चात्य विद्वानों में काफी मतभेद है। इस सम्बन्ध में दो प्रमुख सिद्धान्त प्रचलित हैं : 1—सामाजिक अनुबन्ध का सिद्धान्त तथा 2—जैविक या जीव अवयव का सिद्धान्त। प्रथम सिद्धान्त के अनुसार समाज की उत्पत्ति एक अनुबन्ध के माध्यम से हुई जो व्यक्तियों के बीच हुआ। द्वितीय सिद्धान्त के अनुसार समाज अनिवार्यतः एक जैविक संरचना है तथा व्यक्ति इस संरचना की इकाई है। इस सिद्धान्त में समाज को शरीर माना गया है, जिसके विभिन्न अंग हैं। जिस प्रकार अंगों को शरीर से अलग करने पर उनकी कोई सत्ता नहीं रह जाती, उसी प्रकार व्यक्ति का समाज से पृथक कोई अस्तित्त्व नहीं है। उपर्युक्त दोनों विचारधाराओं का संक्षिप्त परिचय इस प्रकार है—

1. सामाजिक अनुबंध का सिद्धान्तहाब्स (1588-1679 ई.), लाक (1632-1704 ई.) तथा रुसों (1712-1779 ई.) के विचारों पर आधारित हैं। तीनों विद्वानों के अनुसार मानव प्रारम्भ में आदिम अवस्था में था। वह प्रकृति की व्यवस्था के अनुरूप जीवन जीता था अत: वह स्वतन्त्र था। उस समय उस पर सामाजिक दबाव या नियम नहीं लागू होते थे बल्कि वह प्राकृतिक नियमों के अनुसार संचालित होता था। यह पूर्णत: प्रकृति पर आश्रित था, उसी तरह जैसे पशु-पक्षी प्रकृति पर निर्भर होते हैं। वह प्रकृति की

सहायता से अपनी सभी आवश्यकताओं की पूर्ति करता था। धीरे-धीरे मानव की जनसंख्या बढ़ती गयी और उसी अनुपात में उसकी कठिनाइयाँ भी बढ़ती गयीं। कठिनाइयों के कारण उसका जीवन संघर्षमय होता गया तथा वह अपने स्वार्थों की पूर्ति के लिए आपस में टकराने लगा। जो व्यक्ति शक्तिशाली था उसका संसाधनों पर अधिकार था, जो कमज़ोर था वह वंचित था। 'Might is right' या 'जिसकी लाठी उसकी भैंस' की कहावत लागू हो रही थी। यही से विशेषाधिकार सम्पन्न और विशेषाधिकार हीन अथवा शोषक-शोषित का भेद शुरू हो गया। मत्स्य-न्याय के कारण संघर्ष और अराजकता बढ़ने लगी। यहीं से एक समझौते की आवश्यकता महसूस की जाने लगी। हाब्स के अनुसार अपनी रक्षा और समान हितों की पूर्ति के लिए व्यक्तियों ने मिलकर एक समाज की स्थापना की। लॉक के अनुसार प्राकृतिक अवस्था की अव्यवस्था, अनिश्चितता तथा प्राकृतिक नियमों के उल्लंघन को रोकने के लिए आपसी सहमति से समाज का निर्माण किया गया। रुसों के अनुसार प्रत्येक व्यक्ति की स्वतन्त्रता की रक्षा के लिए सभी ने मिलकर एक समझौता किया कि प्रत्येक व्यक्ति अपने अधिकार एवं शक्तियाँ समाज को अर्पित करेंगे और समाज द्वारा बनाये गये नियमों का पालन करेंगे। समाज की स्थापना के पश्चात् प्राकृतिक नियमों का स्थान समाज द्वारा निर्मित नियमों ने ले लिया और व्यक्ति की स्वतन्त्रता सीमित हो गयी। एडम स्मिथ और उनके समर्थकों की भी मान्यता है कि पारस्परिक रूप से आर्थिक उद्देश्यों की पूर्ति के लिए निर्मित समाज एक कृत्रिम व्यवस्था है।

2. जीव अवयव या जैविक सिद्धान्त के अनुसार समाज एक शरीर की भाँति कार्य करता है। जिस प्रकार शरीर के अनेक अंग होते हैं उसी प्रकार समाज के भी अनेक अंग होते हैं। शरीर से अलग किसी अंग की पृथक् सत्ता नहीं रह जाती, इसी प्रकार व्यक्ति का समाज से पृथक् कोई अस्तित्व नहीं रह जाता। यह सिद्धान्त हरबर्ट स्पेंसर के नाम से विशेष रूप से जुड़ा है। उनके अनुसार समाज रूपी शरीर की ईकाई (Cell) व्यक्ति होते हैं। समाज के विभिन्न अंग के रूप में संस्थाएँ और समितियाँ कार्य करती है। इस सिद्धान्त के समर्थकों का मानना है कि शरीर के समान समाज भी उत्पन्न होता है और बाल्यावस्था, युवावस्था, प्रौढ़ावस्था, वृद्धावस्था से गुजरते हुए मृत्यु को प्राप्त होता है। अत: समाज के बिना व्यक्ति का कोई महत्त्व एवं अस्तित्व नहीं है।

जहाँ सामाजिक अनुबंध का सिद्धान्त व्यक्ति को प्रधानता देकर समाज को गौड़ मानता है वहीं जैविक सिद्धान्त व्यक्ति को गौड़ मानते हुए समाज का महत्त्व स्वीकार करता है। जैविक सिद्धान्त से मिलता-जुलता एक अन्य सिद्धान्त भी प्रतिपादित किया गया है जिसे सामूहिक मन या मस्तिष्क का सिद्धान्त (Group Mind Theory) कहा जाता है। प्रसिद्ध मनोवैज्ञानिक विलियम मैगडूगल तथा कुछ अन्य विद्वानों ने व्यक्ति और समाज के सम्बन्धों को स्पष्ट करने के लिए इस सिद्धान्त को स्वीकृति प्रदान की। सर्वप्रथम प्लेटों ने अपने 'Republic' नामक पुस्तक में सामूहिक मन के महत्त्व को स्वीकार किया है।

इन विद्वानों के अनुसार व्यक्ति के मन या मस्तिष्क की तरह समाज का मन या मस्तिष्क भी होता है। जिसे सामूहिक मन कहा गया है। जैसे व्यक्ति अपने व्यक्तिगत हितों के लिए सोचता है उसी प्रकार समाज अपने सामूहिक हितों के लिए सोचता है। सामूहिक हितों के सामने व्यक्तिगत हितों का कोई अस्तित्व नहीं होता। इस प्रकार यह सिद्धान्त भी नैतिक सिद्धान्त की तरह व्यक्ति को समाज के सामने गौड़ समझता है।

उपर्युक्त सभी सिद्धान्त अंशत: दोषमुक्त और अंशत: दोषयुक्त हैं। वस्तुत: व्यक्ति और समाज एक-दूसरे के पूरक हैं, उन्हें एक-दूसरे से पृथक् नहीं किया जा सकता। एक-दूसरे के बिना व्यक्ति या समाज की कल्पना भी नहीं की जा सकती। दोनों का अपना अलग महत्त्व है। समाज से अलग मानव शिशु पशु की तरह व्यवहार करने लगता है और व्यक्तियों के बिना समाज एक काल्पनिक अनुभूति मात्र रह जाता है। अत: दोनों एक-दूसरे पर निर्भर हैं। व्यक्ति के 'स्व' का विकास समाज में होता है तथा सामाजिक 'स्व' का विकास व्यक्तियों के समाजीकरण से ही सम्भव हो पाता है।

# भारतीय समाज और वर्ण-व्यवस्था

भारतीय मानव समाज के हल्के-फुल्के साक्ष्य पाषाण काल से ही मिलने लगते हैं। पूर्वपाषाण काल के तीनों काल खण्डों — 1. निम्न पूर्व पाषाण काल (Lower Paleolithic), 2. मध्य पूर्व पाषाण काल (Middle Paleolithic) तथा 3. उच्च पूर्व पाषाण काल (Upper Paleolithic) से मानव संस्कृति के प्रारम्भिक पुरातात्त्विक साक्ष्य प्राप्त होते हैं। निम्न पूर्व पाषाण काल में पंजाब की सोहन नदी घाटी की सोहन संस्कृति तथा मद्रास के समीप बदमदुरै तथा अत्तिर पक्कम की हैण्ड एक्स संस्कृति भारत की सबसे प्राचीन संस्कृतियाँ हैं। मध्य पाषाण काल में महाराष्ट्र की नेवासा संस्कृति तथा पूर्व पाषाण काल में उ.प्र. की बेलन घाटी एवं सोन घाटी, मध्य प्रदेश में भीमबेटका तथा बाघोर, महाराष्ट्र में इनामगाँव आदि संस्कृतियों से मानव के जनजीवन के साक्ष्य मिलते हैं। इसी प्रकार मध्य पाषाण काल (Mesolithic Period) में राजस्थान के बागोर, गुजरात के लंघनाज, म.प्र. के आदमगढ़, भीमबेटका तथा उ.प्र. के सराय नाहर, दमदमा आदि स्थलों से मानव संस्कृति के पुरातात्त्विक साक्ष्य प्राप्त होते हैं। नव पाषाण काल में कश्मीर के बुर्जहोम, गुफकराल, उ.प्र. के कोलडिहवां, महगड़ा, पंचोह, बिहार के चिराण्ड, बरुडीह, उड़ीसा के मयूरभंज, कर्नाटक के मास्की, ब्रह्मगिरि तथा आन्ध्र प्रदेश के नागार्जुनकोंड एवं सिंगनपल्ली नामक स्थलों से संस्कृति के पुरातात्त्विक अवशेष मिलते हैं। उक्त संस्कृतियों से प्राप्त पुरा साक्ष्यों से मानव-समाज का आदिम अनुमान तो होता है किन्तु उसकी स्पष्ट रूपरेखा नहीं प्राप्त होती है।

भारत की प्राचीनतम सभ्यता सिन्धु घाटी सभ्यता से मानव समाज का संगठन स्पष्ट होने लगता है। यद्यपि इस सभ्यता की लिपि प्राप्त हुई है किन्तु उसे पढ़ने में अभी तक सफलता न मिलने के कारण उनके सामाजिक संगठन पर दावे के साथ कुछ भी कहना मुश्किल है। चूँकि प्रत्येक समाज में वर्ग-असमानता पायी जाती है अत: यह कहा जा सकता है सैन्धव समाज में भी उच्च एवं निम्न वर्ग था। यह कथन वहाँ से प्राप्त विशाल भवनों तथा लघु भवनों के साक्ष्य से सिद्ध होता है।

वैदिक साहित्य की रचना करनेवाले आर्यों की सभ्यता अर्थात् वैदिक सभ्यता की सांस्कृतिक धारा सातत्य रूप से आज भी बहती आ रही है। प्रारम्भ में 'ऋग्वैदिक' काल की निर्वाह-अर्थव्यवस्था के अनुरूप समाज कबाइली संगठन था। 'ऋग्वेद के पुरुष सुक्त (10:90) के आधार पर ब्राह्मण, क्षत्रिय (राजन्य), वैश्य एवं शूद्ररूपी चतुर्वर्णी समाज की कल्पना की गयी थी, किन्तु यह वर्ण-विधान केवल व्यक्ति के कर्म पर निर्भर था। यद्यपि ब्राह्मण तथा क्षत्रिय उच्च वर्ग या विशेषाधिकार सम्पन्न वर्ण था, किन्तु वैश्य एवं शूद्र वर्णों पर किसी प्रकार की अपात्रताएँ नहीं लादी गयीं थी। 'ऋग्वैदिक' समाज में वर्णित दास एवं दस्यु अनार्यों तथा युद्धबन्दियों के लिए प्रयोग किये गये हैं। यद्यपि घरेलू कार्यों में दास-प्रथा प्रचलित थी किन्तु आर्थिक उत्पादन में दास प्रथा का अस्तित्व नहीं था। परिवार में सम्मिलित रूप से दादा-दादी, नाना-नानी, पितामह, पिता, चाचा सभी लोग रहते थे। नारी की स्थिति अच्छी थी तथा उस पर किसी तरह अपात्रताएँ नहीं लादी गयी थीं। समाज पितृसत्तात्मक था तथा पुत्र का जन्म वरदान माना जाता था।

उत्तर वैदिक कालीन समाज भी वर्ण-व्यवस्था पर आधारित था तथा इस समय वर्ण जन्म पर आधारित होने लगे थे। ब्राह्मण और क्षत्रिय का अधिकार एवं वर्चस्व बढ़ने लगा था तथा उत्पादन पर उनका नियन्त्रण था। अधिकार क्षेत्र बढ़ने तथा उत्पादन अधिशेष पर नियन्त्रण को लेकर ब्राह्मण और क्षत्रिय के बीच तनाव के भी संकेत मिलने लगे। वर्ण-व्यवस्था में कट्टरता आने लगी थी जिससे जाति प्रथा की शुरुआत हुई, किन्तु जाति-प्रथा अभी इतनी मजबूत नहीं थी। शूद्रों को छोड़कर शेष तीनों वर्णों में अभी भी अन्तर्जातीय-अन्तर्वर्णी विवाह सम्भव थे। शूद्रों की स्थिति में गिरावट आ गयी थी, उसे तीनों वर्णों का सेवक (अन्यस्य प्रेष्य:) कहा गया है। किन्तु अभी तक समाज में अस्पृश्यता की भावना का उदय नही हुआ था। उपनिषदों में वर्णित सत्यकाम जाबालि तथा जनश्रुति के आधार पर कहा जा सकता है कि शूद्रों को शास्त्र से वंचित नहीं किया गया था। यद्यपि ऐतरेय ब्राह्मण में कन्या को चिन्ता का कारण बताया गया है तथा मैत्रायणी संहिता में स्त्री को द्युत और मदिरा की श्रेणी में रखा गया है, किन्तु अभी भी नारी की स्थिति अच्छी थी। उन्हें धर्म, शिक्षा, राजनीति तथा सम्पत्ति के अधिकार प्राप्त थे। बाल विवाह का प्रचलन नहीं था किन्तु बहु विवाह एवं विधवा विवाह प्रचलित थे। संयुक्त परिवार की प्रथा पूर्ववत् थी तथा पिता को सर्वोच्च अधिकार प्रदान किया गया था। धीरे-धीरे व्यवसायों के वंशानुगत होने से जाति-प्रथा बलवती हो रही थी। दास प्रथा का उत्पादन के क्षेत्र में भी प्रचलन होने लगा।

उत्तरोत्तर भारतीय समाज में वर्ण-व्यवस्था एवं जाति प्रथा कट्टर होती गयी। दास प्रथा, अस्पृश्यता तथा असमानता की स्थिति धीरे-धीरे दयनीय होती गयी। समाज

क्रमशः जटिल होता गया। शूद्रों एवं स्त्रियों की स्थिति में गिरावट आती गयी।

भारतीय समाज को जितना वर्ण-व्यवस्था ने प्रभावित किया है उतना किसी अन्य तत्त्व ने नहीं। वैदिक काल से अपने अस्तित्व में आने के पश्चात वर्ण-व्यवस्था निरन्तर प्रवाहमान रही है तथा क्रमशः जड़ीभूत होती गयी है। पूरा भारतीय समाज (मुस्लिम, ईसाई को छोड़कर) वर्ण-व्यवस्था की नींव पर टिका है। लम्बे समय तक, कमोबेश आज भी, व्यक्ति का प्रभाव एवं महत्त्व वर्ण-व्यवस्था द्वारा निर्धारित होता रहा है। प्रत्येक वर्ण के विशिष्ट कर्त्तव्य निर्धारित किये गये हैं। व्यक्ति को वर्ण चुनने की स्वतन्त्रता नहीं है क्योंकि यह व्यवस्था जन्म पर आधारित है। समाज में ऊँच-नीच की भावना पैदा करने में वर्ण-व्यवस्था का सर्वाधिक योगदान है। ब्राह्मणवादी मनः स्थिति वाला हर व्यक्ति यह तर्क देता है कि वर्ण-व्यवस्था ने भारतीय समाज को वैज्ञानिक एवं सुविचारित धरातल प्रदान किया है। यह तर्क दिया जाता है कि वर्ण-व्यवस्था द्वारा व्यक्ति का सर्वांगीण विकास होता है तथा कर्त्तव्य-बोध पैदा होता है। यह भी कहा जाता है कि वर्ण-विधान से सामाजिक सन्तुलन एवं समन्वय बना रहता है। आश्चर्य है कि आज के समय में, लोकतांत्रिक चेतना के बावजूद, बहुत से लोग वर्ण-व्यवस्था की वकालत करते मिल जायेंगे।

'वर्ण' शब्द संस्कृत के 'वरी' धातु से बना है जिसका अर्थ है 'वरण करना' या 'चुनना'। सम्भवतः इसका अभिप्राय किसी विशेष वृत्ति या व्यवसाय को चुनने से है। 'वर्ण' शब्द का सर्वप्रथम प्रयोग 'ऋग्वेद' में मिलता है। वहाँ यह रंग के अर्थ में प्रयुक्त किया गया है। 'ऋग्वेद' में आर्य और अनार्य की भिन्नता वर्ण से दर्शायी गयी है। तत्कालीन समाज में यह एक प्रकार का सांस्कृतिक विभाजन था, जो दो भिन्न जनजातियों को दर्शाता है। प्रायः प्रत्येक विजयी वर्ग स्वयं को विजित वर्ग से श्रेष्ठ समझता है। तुर्क तथा ईसाई भी भारत विजय के पश्चात् गुण एवं रक्त सम्बन्धी अपनी श्रेष्ठता पर गर्व करते थे तथा भारतवासियों को हीन समझते थे। आर्यों को भी अपनी श्रेष्ठता पर गर्व था। अतः उन्होंने अनार्यों को हीन समझकर, उन पर अनेक दुर्वृत्तियों का आरोप किया। आर्यों ने उन्हें अनार्य या दास, 'मृध्रवाचः' (अमधुर वाची), 'अनासः' (चपटी नाक वाला), 'अव्रत' (व्रतों का पालन न करने वाला) तथा 'अदेवयुः' (वैदिक देवताओं को अस्वीकार करने वाला) कहा है। कर्म विभाजन के आधार पर आर्य तीन वर्णों—ब्राह्मण, क्षत्रिय तथा वैश्य में विभाजित हुए तथा अनार्य अथवा युद्ध बन्दी आर्य शूद्र की कोटि में रखे गये। 'ऋग्वैदिक' काल में कर्म पर आधारित वर्ण-व्यवस्था उत्तर वैदिक काल में जन्म पर आधारित कर दी गयी तथा धीरे-धीरे कट्टर होती गयी। नियम एवं रूढि से आबद्ध होकर वर्ण-व्यवस्था ने पूरे भारतीय समाज की गतिशीलता को समाप्त कर दिया। समाज पर वर्ण-व्यवस्था को थोपने के लिए दैवी सिद्धान्त का सहारा लिया गया तथा कहा गया है कि वर्ण-

व्यवस्था ईश्वरीय है, इसे स्वयं ईश्वर (विराट् पुरुष) ने पैदा किया है। यह असमानता का औचित्य, प्राय: प्रत्येक युग में, प्रत्येक देश में ईश्वर के सहारे ही सिद्ध किया गया है। यह बात भी ध्यान देने की है कि श्रम-विभाजन का यह प्रयास विश्व पुरुष के बहाने उच्च वर्गों ने ही किया है, निम्न वर्गों का उसमे कोई योगदान नहीं है। उच्च वर्गों द्वारा लादी गयी इस व्यवस्था को स्वीकार करने के अलावा निम्न वर्गों के पास कोई चारा नहीं था। वर्ण-व्यवस्था की नींव गहरी होती गयी तथा धीरे-धीरे समाज के निम्न वर्गों ने भी इसे ईश्वरीय विधान समझकर अपना लिया। इसकी सामाजिक स्वीकृति का प्रमाण है कि अलबरुनी ने भी 11 वीं सदी में इसकी उत्पत्ति के दैवीय सिद्धान्त के बारे में अपनी पुस्तक 'किताबुल हिन्द' में उल्लेख किया है। इतना ही नहीं व्यवस्थाकारों ने यह विधान किया किया कि वर्ण-धर्म का पालन करके ही मोक्ष प्राप्त किया जा सकता है। इसी आधार पर कर्म-फल तथा पुनर्जन्म की व्याख्या की गयी। कहा गया कि वर्ण में उत्पत्ति पिछले जन्मों के कर्मों का फल है। अच्छा कर्म करनेवाला अगले जन्म में उच्च वर्ण में पैदा होता है और बुरा कर्म करनेवाला निम्न वर्ण या अशुभ योनियों में पैदा होता है। महाभारत के शान्ति पर्व (188:10) में उल्लेख हैं कि प्रारम्भ में केवल ब्राह्मण ही थे, कालान्तर में अपने कर्मों की हीनता के कारण समाज में कई वर्ण हो गये। इस सम्बन्ध में कौशिक 'ऋषि की कथा का वर्णन मिलता है (प्राचीन भारत का सामाजिक इतिहास: जयशंकर मिश्र, पृ.63)। "कौशिक ऋषि ने एक अत्यन्त विद्वान् और ज्ञानी व्याध (बधिक) को मांस विक्रय करते हुए देखकर उससे पूछा कि वह क्यों मांस विक्रय कर रहा है। इस प्रश्न का उत्तर देते हुए उस व्याध ने कहा—"हे द्विज, मैं अपने वर्ण का विहित कर्म कर रहा हूँ। अत: मैं अपने उस धर्म का अनुपालन कर रहा हूँ जिसके लिए ब्रह्मा ने मुझे उत्पन्न किया है। धर्मानुसार अपने कर्म का अनुगमन करके ही अपने से उच्च और निम्न वर्ण वाले मनुष्यों की सेवा कर सकने में समर्थ हो सकता हूँ। भाग्य बलशाली है। अत: पूर्वजन्म के कर्मों और परिणामों को समाप्त करना असम्भव है। इस जन्म में जो मैं कर्म कर रहा हूँ, वह पूर्वजन्म के ही कार्यों का परिणाम है। मोक्ष उसी को प्राप्त होता है जो अपने धर्म का यथोचित पालन करता है।" इस कर्म सिद्धान्त का प्रतिपादन करते हुए गौतम ऋषि कहते हैं—"अनेक जातियों तथा श्रेणियों के लोग, जो सदा अपना कर्त्तव्य पालन करते हुए जीवनयापन करते हैं, वे मृत्यु के उपरान्त अपने सत्कर्मों का फल भोगते हैं और अपने पुण्य के अवशिष्ट भाग के प्रताप से ऐसे श्रेष्ठ देशों, जातियों तथा परिवारों में पुन: जन्म लेते हैं, जो सुन्दरता, दीर्घ जीवन, वेद ज्ञान, सदाचरण, धन, सुख तथा बुद्धिमत्ता से युक्त होते हैं। जो इसके विपरीत ढंग से कार्य करते हैं वे नष्ट हो जाते हैं और पुन: विभिन्न निम्न स्थितियों में उत्पन्न होते हैं" (गौतम धर्म सूत्र 58, पृ. 235)। आपस्तम्ब ने भी कर्म सिद्धान्त को इसी दृष्टिकोण से प्रतिपादित

किया है—"पापी लोग नीची जातियों में, यहाँ तक कि पशुओं के रूप में जन्म लेते हैं। जो व्यक्ति ब्राह्मण का सोना चुराता है, यदि वह ब्राह्मण है तो चांडाल के रूप में, यदि क्षत्रिय है तो पौलाक्ष के रूप में, यदि वैश्य है तो वैन (मिश्रित जाति) के रूप में जन्म लेता है। नीची जातियों के लोग उच्च जातियों में पुनः जन्म लेते हैं, यदि उन्होंने अपने कर्त्तव्यों का पालन निष्ठापूर्वक किया हो। इसी प्रकार उच्चतर जातियों के लोग अपने निर्धारित कर्त्तव्यों की अवहेलना के परिणामस्वरूप नीची जातियों में पुनः जन्म लेते हैं।" (आपस्तम्ब धर्मसूत्र पृ. 102.3)। इस कर्म सिद्धान्त का प्रत्यक्ष प्रभाव समाज पर यह पड़ा कि कोई शूद्र या वैश्य चाहे जितना प्रतिभाशाली हो ब्राह्मण के लिए निर्धारित कर्म को करने से डरने लगा। उसे यह भय था कि ऐसा करने पर वह निम्न योनियों में पैदा होगा। इस कर्म सिद्धान्त ने भारतीय समाज को बड़ी प्रतिभाओं से वंचित कर दिया।

वर्ण-व्यवस्था के विरुद्ध पहली प्रतिक्रिया उपनिषदों में दिखायी देती है जहाँ सामाजिक प्रभुसत्ता अथवा वर्चस्व को लेकर ब्राह्मण और क्षत्रिय वर्ग के बीच टकराव के संकेत मिलते हैं। इस प्रतिद्वन्द्विता के प्रतिनिधि वशिष्ठ और विश्वामित्र थे। इस समय तक वर्ण-व्यवस्था पूर्णतः जन्म पर आधारित हो चुकी थी। ब्राह्मण-कर्म करने के बावजूद विश्वामित्र की ब्राह्मण बनने की मनोकामना पूर्ण नहीं हो पायी। एक स्थान पर उनका कथन है कि, "क्षत्रिय की शक्ति को धिक्कार है। ब्राह्मण की एक ही गदा से मेरे समस्त शस्त्र नष्ट हो गये (रामायण 56.23)। पुरोहित कर्म के बावजूद वे ब्राह्मण पुरोहित नहीं हो पाये। आपस्तम्ब धर्मसूत्र (1.1.15) में उल्लेख है कि अयोग्य एवं अज्ञानी ब्राह्मण भी सभी वर्णों में श्रेष्ठ है। इस मान्यता के विरुद्ध पहली प्रतिक्रिया क्षत्रियों द्वारा हुई। इसका एक कारण उत्पादन अधिशेष पर नियन्त्रण भी रहा होगा। महाभारत में क्षत्रिय कर्म करनेवाले द्रोणाचार्य को सदैव ब्राह्मण ही माना गया।

इसी तरह की प्रतिक्रिया की अगली अभिव्यक्ति बौद्ध एवं जैन आन्दोलनों द्वारा हुई। बुद्ध तथा महावीर दोनों ने वर्ण-व्यवस्था एवं जाति प्रथा को अंस्वीकार किया था। एक जातक कथा में कहा गया है कि किसी व्यक्ति की पृच्छा का उत्तर देते हुए बोधिसत्व ने कहा कि 'सदाचारी और धार्मिक लोग, धार्मिक दृष्टि से विख्यात किसी से उसकी जाति के विषय में नहीं पूछते। वस्तुतः मनुष्य का जीवन सद्‌वृत्तियों एवं सद्‌व्यवहारों से उन्नत होता है तथा सदाचार और ज्ञान ही उसके प्रधान आधार होते हैं (सोशल आर्गनाइजेशन इन नार्थ ईस्ट इण्डिया, पृ. 19)। एक स्थल पर उल्लेख आता है कि दो व्यक्तियों के बीच यह विवाद हुआ कि मनुष्य जन्म से ब्राह्मण है या कर्म से। इस विवाद का निपटारा करते हुए बुद्ध ने कहा कि मनुष्य कर्म से ब्राह्मण है (सोशल आर्गनाइजेशन इन नार्थ ईस्ट इण्डिया पृ. 209)। बुद्ध किसी भी

सामाजिक व्यवस्था को जन्म पर आधारित न मानकर कर्म पर आधारित मानते थे। जैन धर्म भी कर्म-प्रधान समाज-व्यवस्था की स्वीकृति देता है।

अनेक लोग यह मानते हैं कि वर्ण-व्यवस्था समाज को संगठित रखने का सुन्दर प्रयास है। यह व्यवस्था लोगों को अपने कर्त्तव्यों एवं दायित्वों का निर्वाह करने की प्रेरणा देती है। कुछ लोग तर्क देते हैं कि यह व्यवस्था श्रम-विभाजन का सर्वोत्तम प्रयास थी जिससे व्यक्ति को आरम्भ से ही उसकी आजीविका का प्रशिक्षण मिलता था। कुछ लोग इसे शक्ति सन्तुलन स्थापित करने तथा विकेन्द्रीकरण के प्रयास के रूप में देखते हैं। देखने का हर व्यक्ति का अलग नजरिया होता है और इस अर्थ में प्रत्येक व्यक्ति स्वतन्त्र है। शास्त्रों से अनेक उदाहरण लेकर यह भी सिद्ध किया जा सकता है कि यह व्यवस्था समतावादी थी तथा व्यास, वाल्मीकि, विदुर, जनक, विश्वामित्र आदि ने जन्मना वर्ण से कर्मणा वर्ण में परिवर्तन किया था। यह भी तर्क दिया जाता है यह व्यवस्था शरीर के अंगों की तरह जैविक रूप से कार्य करती है तथा इसी अर्थ में ब्रह्मा ने अपने अंगों से वर्णों की सृष्टि की है। यदि उपर्युक्त तर्क स्वीकार किये जा सकते हैं तो केवल ऋग्वैदिक समाज तक ही इनकी सीमा हो सकती है, आगे नहीं हो सकता है कि इस व्यवस्था द्वारा समाज में व्यवस्था बनी रही हो। किन्तु इसके पीछे इस व्यवस्था की पूर्णता नहीं बल्कि धर्म का यह भय था कि अपने वर्ण धर्म का निर्वाह न करने पर अगले जन्म में वर्ण से नीचे गिर जायेंगे। दूसरा कारण यह स्वार्थ था कि मरने के बाद स्वर्ग या मोक्ष जैसी अच्छी स्थिति प्राप्त होगी। धर्म ने समाज को अपने मोह पाश में ऐसे जकड़ रखा था कि वर्ण में पैदा होना सदैव ईश्वरीय माना गया। अतः इस देश में वर्ण-व्यवस्था के विरुद्ध सामाजिक क्रान्ति पैदा नहीं हो सकी। धर्म के प्रति भय ही इस व्यवस्था को स्वीकार करने का प्रधान कारण था। यह माना जा सकता है कि अप्रत्यक्ष रूप से धर्म भीरुता ने ही एक व्यवस्था कायम रखने में भूमिका अदा की, यद्यपि इसके दूरगामी परिणाम अत्यन्त भयावह हुए।

वर्ण-व्यवस्था के पक्ष में दिये गये तमाम तर्कों के बावजूद यदि निष्पक्षता से विचार किया जाये तो इसका पूरा चरित्र एवं स्वरूप स्पष्ट हो जाता है। ब्राह्मण-ग्रन्थों, धर्मसूत्रों, स्मृतियों, पुराणों आदि ग्रन्थों से अनेक उद्धरण इसके पक्ष में खोजे जा सकते हैं किन्तु कोई भी प्रगतिशील, विवकेशील व्यक्ति इसे न्यायपूर्ण, समतावादी और मानव कल्याणकारी स्वीकार नहीं कर सकता। हाँ इसे तात्कालिक, उपयोगितावादी और अवसरवादी व्यवस्था के रूप में अवश्य स्वीकार किया जा सकता है। यह बात कहाँ तक स्वीकार्य है कि ब्राह्मण चाहे जितना अज्ञानी, अपवित्र और दुर्गुणी हो, वह पूजनीय है। इस व्यवस्था ने समाज के एक बहुत बड़े समूह को शूद्र, अन्त्यज, श्वपच मानकर लम्बे समय तक मानवीय शोषण किया है तथा मानवीय सिद्धान्तों एवं मूल्यों

की उपेक्षा की है। अलौकिकता, धर्म और मोक्ष के सिद्धान्तों के आधार पर वर्ण-व्यवस्था को न्यायपूर्ण सिद्ध करने के सभी दावे मानवीय नैतिक मानदण्डों पर धराशायी हो जाते हैं।

आगे चलकर भक्ति आन्दोलन के सन्तों तथा 19वीं सदी के पुनर्जागरण-सुधार आन्दोलनों ने वर्ण-व्यवस्था को सीधे चुनौती दी। गाँधी ने जहाँ वर्ण-व्यवस्था को मान्यता प्रदान करते हुए उसे कर्म पर आधारित माना, वहीं अम्बेडकर ने इसे पूरी तरह अस्वीकार कर दिया। आज के आधुनिक युग में वर्ण-व्यवस्था पूर्णत: अप्रासंगिक हो चुकी है। आज वर्ण का स्थान वर्ग तथा वर्ण चेतना का स्थान वर्गीय चेतना ले चुकी है। बिना वर्ग विभाजन के किसी भी समाज की उपस्थिति असम्भव है। आज वर्ण के स्थान पर वर्गीय समूहों जैसे—उद्योगपति, राजनेता, प्रशासक, किसान, मज़दूर अथवा प्रशासन तन्त्र में श्रेणी-1, श्रेणी-2, श्रेणी-3 तथा श्रेणी-4 की मान्यता स्वीकार की जा रही है।

# जाति-व्यवस्था : एक विचित्र संरचना

भारत में जाति-व्यवस्था एक जटिल एवं अनोखी व्यवस्था है। यह व्यवस्था भारतीय समाज में इतनी गहराई तक धँसी है कि यह स्वाभाविक लगने लगती है। व्यक्ति की पहली पहचान जाति ही होती है। भारतीय समाज में जाति एक ऐसी संस्था है जिसका प्रभाव व्यक्ति के पूरे जीवन पर पड़ता है। यद्यपि संवैधानिक और क़ानूनी स्तर पर जाति को अस्वीकार किया गया है किन्तु व्यावहारिक स्तर पर व्यक्ति के खान-पान, सामाजिक सम्बन्ध, शादी-ब्याह आदि जाति-व्यवस्था पर टिके होते हैं। यह व्यवस्था संसार की अनोखी व्यवस्था है जो मात्र भारतीय समाज में ही पायी जाती है। आज भारत में लगभग 3000 जतियाँ या उपजातियाँ विद्यमान हैं जिसके आधार पर जन्म से लेकर मृत्यु तक व्यक्ति का जीवन स्तर, रहन-सहन, व्यवहार आदि निर्धारित होता है। इस संस्था के आधार पर व्यक्ति पर अनेक नियन्त्रण, निषेध तथा मर्यादाएँ लादी जाती है। जाति-व्यवस्था की स्थापना के पीछे अभिजात्य वर्गों के हित कार्य कर रहे थे तथा इसके द्वारा समाज का एक बड़ा समूह धीरे-धीरे वंचित या शोषित की श्रेणी में आता गया। सामाजिक स्तरीक़रण का निर्धारण इस तरह किया गया कि हजारों वर्षों से यह व्यवस्था आज भी समाज के लिए एक चुनौती बनी हुई है।

जाति शब्द 'जन' धातु से उत्पन्न है जिसका अर्थ है जन्म या प्रजाति। अर्थात् ऐसी व्यवस्था जो जन्म पर आधारित हो। जाति-व्यवस्था की उत्पत्ति कैसे हुई इस सम्बन्ध में विद्वानों में मतभेद है। इसकी उत्पत्ति सम्बन्धी अनेक अवधारणाएँ पायी जाती है। एक मान्यता के अनुसार 'ऋग्वेदीय वर्णों के बीच अन्तवर्णी वैवाहिक सम्बन्धों से उत्पन्न वर्ण सकरों से जाति प्रथा की शुरुआत हुई। यद्यपि 'ऋग्वेद' के पुरुष सुक्त में वर्णों का उल्लेख तो मिलता है किन्तु जाति का कोई उल्लेख नहीं मिलता है। अत: स्पष्ट है कि, "ऋग्वैदिक काल में जाति-व्यवस्था का अस्तित्व नहीं था। उपनिषद्, महाभारत, गीता आदि में भी जाति की संस्था का उल्लेख नहीं मिलता। यद्यपि विद्वानों की मान्यता है कि प्रारम्भिक रूप में जाति-व्यवस्था की उत्पत्ति उत्तर वैदिक काल (1000-500 ई.पू.) में हुई है। मनुस्मृति पहला ग्रन्थ है जिसमें जाति-

प्रथा पर प्रकाश डाला गया है। इसमें पुरुष सुक्त में वर्ण-उत्पत्ति को स्वीकार करते हुए कहा गया है कि जातियों की उत्पत्ति वर्ण संकरता अर्थात् वर्णों के बीच प्रतिलोम विवाहों (निम्न वर्ण का पुरुष और उच्च वर्ण की स्त्री के बीच विवाह) के फलस्वरूप हुई है। मनु के अनुसार प्रतिलोम विवाहों से उत्पन्न वर्ण-सकरों को समाज एक उप-जाति में रखकर स्वीकार करता है। जैसे-जैसे वर्ण-संकरों की संख्या बढ़ती गयी जातियों की संख्या भी बढ़ती गयी। धीरे-धीरे समाज में चार मुख्य जातियों के अलावा अन्य उपजातियाँ अस्तित्व में आने लगी। डा. डी. एन. मजूमदार का मत है कि, "भारत में आने के पहले ही आर्यों में सामाजिक विभाजन मौजूद था और वे ब्राह्मण, क्षत्रिय तथा वैश्य वर्ण में विभाजित थे। दविड़ों को परास्त करने के पश्चात् उन्हें शूद्र वर्ण के रूप में स्वीकार कर लिया गया तथा निम्नतम श्रेणी में रख दिया गया। लम्बे समय तक विदेशी आक्रमणों के फलस्वरूप अनेक प्रजातीय तथा सांस्कृतिक समूहों के बीच अन्तर्विवाहों के कारण हिन्दू जाति-व्यवस्था का अविर्भाव हुआ (Races and Culture of India: D.N. Majumdar पृष्ठ. 301)। हर्बर्ट रिजले के अनुसार जाति-व्यवस्था की उत्पत्ति में प्रजातीय सम्पर्क, इस सम्पर्क से उत्पन्न वर्ण संकरता तथा वर्ण भेद की शुद्धतावादी भावना, तीनों का योगदान रहा है। रक्त की शुद्धता और वर्ण संकरता के आधार पर पैदा हुई ऊँच-नीच की भावना जाति-व्यवस्था के मूल में है (People of India – Herbert-Risley पृष्ठ. 56)। डा. धुरिये ने भारतीय जाति-व्यवस्था को ब्राह्मणवादी नीति का परिणाम माना है। उनके अनुसार 'इण्डो आर्यन प्रजाति के लोगों में रोमन संस्कृति के अभिजात्य तत्त्व पहले से ही मौजूद थे जो अपना एकाधिकार तथा दासों में दासता की प्रवृत्ति बनाये रखना चाहते थे। इसी प्रवृत्ति के चलते उन्होंने यहाँ के पराजित मूल के निवासियों को दास या शूद्र कहना शुरू किया। अपनी शुद्धता को बनाये रखने तथा उसकी रक्षा करने के लिए आर्यों ने अनेक प्रकार के कर्मकाण्डों को विकसित किया (Caste, Class and Occupation–G.S. Ghurye पृष्ठ. 173)। धूरिये का निष्कर्ष है कि, "भारत की जाति-व्यवस्था इण्डो आर्यन संस्कृति के ब्राह्मणों की सन्तान है जिसका पालन-पोषण गंगा-यमुना के मैदान में हुआ और यहीं से इसे देश के अन्य भागों में ले जाया गया।" (वही-पृष्ठ. 172)।

वर्णसंकर या प्रजातीय सिद्धान्त से अलग कुछ विद्वान् जाति-व्यवस्था की उत्पत्ति के पीछे व्यवसाय या पेशा को स्वीकार करते हैं। नेसफील्ड के अनुसार 'जाति-व्यवस्था धार्मिक आधार पर नहीं बल्कि व्यावसायिक आधार पर विकसित हुई है। आरम्भ में व्यवसाय कर्म पर आधारित थे किन्तु बाद में जन्म पर आधारित हो गये। जन्म पर आधरित होने के कारण यह समूह पीढ़ी-दर-पीढ़ी उसी व्यवसाय को अपनाता गया और वह समूह एक जाति के रूप में परिवर्तित हो गया' (Brief View of The Caste System – जान नेसफील्ड पृष्ठ. 170)। इसी व्यावसायिक सिद्धान्त को दहलमन (Dahlmann) ने भी समर्थन किया । उनका मत है कि समाज व्यावसायिक समूहों में बँटता चला गया और प्रत्येक व्यावसायिक समूह एक विशिष्ट जाति बनता गया। चारो वर्णों के अन्तर्गत अनेक व्यावसायिक समूह उपजातियों के रूप में विकसित होते गये।

होकार्ट, सेनार्ट जैसे विद्वान् भारतीय जाति-व्यवस्था को धार्मिक क्रियाओं और कर्मकाण्डों की व्युत्पत्ति मानते हैं। होकार्ट के अनुसार धार्मिक क्रियाएँ अनेक स्तरों पर विभाजित थी तथा इनकी संख्या अधिक होती थी। प्रत्येक क्रिया के लिए कुछ विशेष व्यक्तियों की आवश्यकता होती थी, जैसे मन्त्रोच्चार के लिए पुरोहित, निमन्त्रण देने के लिए नाई, फूल लाने के लिए माली, सामान्य सेवा के लिए कहार आदि। आरम्भ में चार वर्णों का विभाजन इन धार्मिक क्रियाओं के फलस्वरूप हुआ। चारों वर्णों के लिए चार अलग रंगों-सफेद, लाल, पीला तथा काला का विधान धार्मिक क्रियाओं की पवित्रता की ओर संकेत करता है। बाद में धार्मिक क्रियाओं के आधार पर अलग-अलग सामाजिक स्थितियों का निर्धारण हुआ। इसी प्रकार सेनार्ट की मान्यता है कि जाति-व्यवस्था की उत्पत्ति कुल देवता की पूजा और भोजन सम्बन्धी निषेध की भिन्नता पर आधारित है।

हट्टन का कथन है कि भारतीय जाति-व्यवस्था की उत्पत्ति से सम्बन्धित कारणों को भारतीय सामाजिक परिस्थितियों में ही ढूँढ़ा जा सकता है। उन्होंने 1931 की जनगणना के आधार पर जाति-व्यवस्था की उत्पत्ति का अध्ययन तीन पक्षों को सामने रखकर किया – 1. व्यवसाय का अनुवांशिक रूप, 2. विवाह, खान-पान तथा सामाजिक निषेध तथा 3. ऊँच-नीच की भावना। उनका अध्ययन ऐसी जनजातियों पर केन्द्रित है जिनमें लम्बे समय तक कोई परिवर्तन नहीं हुआ था। हट्टन का विश्वास है कि आदिवासियों या मूल निवासियों में अनेक प्रकार के निषेध (टैबू) प्रचलित हैं जो उनके खान-पान, विवाह तथा अन्य सामाजिक व्यवहारों पर लागू है। भारत में आने के पूर्व चूँकि सामाजिक भेदभाव आर्यों में पहले से ही विद्यमान था। अत: उन्होंने मूल निवासियों के निषेधों को निश्चित रूप दे दिया तथा उन्हें विशेष जाति के रूप में मान्यता प्रदान की। इन निषेधों के कारण पूरा समाज ऊँच-नीच सामाजिक समूहों में विभाजित हो गया तथा जाति के रूप में संगठित हो गया।

संक्षेप में जाति-व्यवस्था उत्तर वैदिक काल में अस्तित्व में आयी जब वर्ण-व्यवस्था जन्म पर आधारित हो गयी। धीरे-धीरे अन्तर्जातीय विवाहों, विदेशी आक्रमणकारी समूहों, श्रम विभाजन, युद्ध दासों, व्यावसायिक श्रेणियों के संगठित होते जाने के कारण जाति-व्यवस्था विकसित होती गयी। जाति-व्यवस्था एक बहुआयामी सामाजिक

व्यवस्था है। इसका सांस्कृतिक पहलू भी है। सामाजिक और सांस्कृतिक पहलुओं को जोड़कर ही भारतीय जाति-व्यवस्था को समझा जा सकता है।

प्रश्न उठता है कि क्या जाति-व्यवस्था केवल भारत में है अथवा अन्य देशों में भी इसका अस्तित्व है। इस सम्बन्ध में विद्वानों में मतभेद है। ड्यूमों और पोकाक जैसे समाजशास्त्री यह मानते हैं कि जाति-व्यवस्था केवल भारत की विशिष्टता है। उनकी धारणा है कि भारतीय समाजशास्त्र पवित्रता और अपवित्रता के मूल्यों पर आधारित है और इसी समाजशास्त्रीय मूल्य का परिणाम है भारतीय जाति-व्यवस्था। कतिपय समाजशास्त्री इस मान्यता को स्वीकार नहीं करते। इन समाज शास्त्रियों में धूरिये, बार्थ तथा लीच का नाम अग्रणी है। घूरिये ने भारत के बाहर अन्य देशों में भी जाति-व्यवस्था की उपस्थिति को रेखांकित किया है। उन्होंने मिश्र, पश्चिम एशिया, चीन, जापान, अमेरिका, इटली तथा यूरोप के आदिवासियों में जाति-व्यवस्था सम्बन्धी लक्षणों को पाया है। उनका कथन है कि मध्यकालीन यूरोप में आदिवासी अपने समूह की सदस्यता को जन्म के आधार पर निर्धारित करते थे। उनके अनुसार मिश्र, रोम तथा मैक्सिकों में भी समाज का विभाजन जन्म पर आधारित समूहों में था। जापान में ऐसे समूह हैं जो आपस में विवाह नहीं कर सकते। फ्रेडरिक बार्थ ने जाति के लक्षणों को मुस्लिम समाज में भी रेखांकित किया है। वे उत्तरी पाकिस्तान के मुसलमानों में जाति प्रथा के लक्षण पाते हैं। यद्यपि वे मानते हैं कि जाति प्रथा का जो स्वरूप भारत में है वह पाकिस्तान में नहीं है। लीच ने श्रीलंका के सिंहलियों में भी अन्तर्विवाह (समूह के अन्दर विवाह) तथा अपवित्रता के तत्त्वों को पाया है।

आज अधिकांश समाजशास्त्री इस तथ्य को स्वीकार करते हैं कि जाति-व्यवस्था भारतीय हिन्दू-समाज की विशिष्टता है तथा इस रूप में अन्यत्र नहीं पायी जाती। इस सम्बन्ध में श्री निवास की मान्यता है कि जाति-व्यवस्था हिन्दू-समाज की अद्‌भुत घटना है जो केवल भारत में नहीं मिलती है। उनके अनुसार अपवित्रता की धारणा तथा धर्म-कर्म के सिद्धान्त भारतीय जाति-व्यवस्था को विशिष्ट बना देते हैं। दीपांकर गुप्ता का भी मत है कि जाति-व्यवस्था को भारतीय समाज से पृथक् करना कठिन है। होकार्ट तथा बोगले जैसे समाजशास्त्री भी जाति-व्यवस्था को भारतीय समाज का अभिन्न तत्त्व मानते हैं।

आगे बढ़ने के पूर्व जाति, जनजाति और प्रजाति के अन्तर को समझ लेना ज़रूरी है। जब जाति-व्यवस्था अस्तित्व में आयी तब जनजाति या आदिवासी इस व्यवस्था से बाहर थे और आज भी बाहर है। आदिवासी मुख्यधारा से पृथक् एक सांस्कृतिक इकाई है। पवित्रता-अपवित्रता की विचारधारा जनजातियों में नहीं पायी जाती है। प्रत्येक आदिवासी समूह अपने आप में स्वायत्त हैं। जाति में ऊँच-नीच की सोपानिक व्यवस्था पायी जाती है किन्तु जनजातियों में सोपानिक व्यवस्था का अस्तित्व नहीं है।

इसी प्रकार जाति एवं प्रजाति भी अलग-अलग अवधारणाएँ है। प्रजाति एक जैविक अवधारणा है। इसका भाषा और संस्कृति से कोई सम्बन्ध नहीं है। आजकल किसी वर्गीय समूह या दबाव समूह के लिए भी प्रजाति (Race) शब्द का प्रयोग होने लगा है जिससे प्रजातीय भेदभाव का नया रूप सामने आया है।

आज अनेक कारणों से जाति की संरचना ढीली पड़ती जा रही है या टूट रही है। इन कारणों में लोकतन्त्रीकरण, औद्योगिकीकरण, पश्चिमी प्रभाव, शिक्षा, बाज़ार, यातायात एवं संचार के साधन आदि महत्त्वपूर्ण है। कहा जाता है कि जातियों को करीब लाने में मन्दिर, मस्जिद, चर्च आदि से अधिक रेलवे ने सकारात्मक भूमिका अदा की है। रेल में सफर करनेवाला सिर्फ़ यात्री होता है और उसके साथ बैठा व्यक्ति सिर्फ़ सहयात्री होता है। इसी प्रकार बाज़ार, रेस्तराँ आदि में व्यक्ति सिर्फ़ एक ग्राहक होता है, वहाँ उसकी जातिगत पहचान समाप्त हो जाती है। शहरीकरण भी एक महत्त्वपूर्ण कारक है जो जाति संरचना पर कारगर प्रहार कर रहा है। आज जाति-व्यवस्था अपनी सुरक्षा दो माध्यमों—खान-पान और विवाह के द्वारा कर रही है, किन्तु धीरे-धीरे अब जाति के बाहर भी वैवाहिक सम्बन्ध बनने लगे हैं जिससे जाति संरचना शिथिल हो रही है। अन्तर्जातीय विवाह ही जाति प्रथा का समूल नाश कर सकता है। किन्तु यह स्वीकृति हासिल करने में समाज को एक लम्बी दूरी तय करनी है। जातिगत महासभाएँ एवं संगठन इस मार्ग में नये अवरोध बनकर उभर रहे हैं। आज व्यवसाय की स्वतन्त्रता, वैश्वीकरण तथा संचार साधनों ने जाति-व्यवस्था की जड़ता को तोड़ा है किन्तु जाति के प्रतिबन्ध अभी तक बने हुए हैं। भारतीय पुनर्जागरण आन्दोलन, गाँधी, अम्बेडकर आदि ने जाति उन्मूलन के लिए जो प्रयास किये उनका उल्लेख भी आवश्यक है।

जाति एवं वर्ण-व्यवस्था के प्रति पहली प्रतिक्रिया छठी सदी ईसा पूर्व महात्मा बुद्ध एवं महावीर स्वामी द्वारा व्यक्त की गयी। बुद्ध के समय जाति-व्यवस्था पूर्णत: : स्थापित हो चुकी थी। बुद्ध ने इस व्यवस्था को अन्यायपूर्ण मानते हुए इसकी घोर निन्दा की। जाति-व्यवस्था पर आधारित दण्ड विधान की भर्त्सना करते हुए बुद्ध ने कहा कि दण्ड विधान अपराध के अनुरूप होना चाहिए न कि जाति के अनुसार। प्रत्येक जाति में अच्छे और बुरे दोनों तरह के व्यक्ति मिलते हैं। अत: अच्छे और बुरे व्यक्ति का निर्धारण कर्म करता है न कि जाति। बुद्ध का कथन था कि जन्म से न कोई ब्राह्मण होता है, न ही शूद्र, व्यक्ति के कर्म ही उसे महान और निम्न बनाते हैं। महावीर स्वामी ने भी जाति-व्यवस्था पर प्रहार किया तथा बताया कि व्यक्ति की सामाजिक स्थिति उसके कर्म से निर्धारित होती है, जन्म से नहीं। जाति-व्यवस्था के उन्मूलन का प्रथम प्रयास यद्यपि उपनिषदों में मिलता है किन्तु उसकी स्पष्ट प्रतिक्रिया बुद्ध एवं महावीर द्वारा की गयी।

बुद्ध एवं महावीर की परम्परा में भक्तिकालीन सन्तों ने भी जाति—व्यवस्था पर करारा आघात किया। कबीर एवं नानक ने जाति एवं वर्ण-व्यवस्था के खण्डन में तथा मानव-समता का पाठ पढ़ाने में अपना पूरा जीवन समर्पित कर दिया। कबीर ने विषम सामाजिक परिस्थितियों में भी जाति प्रथा का डटकर विरोध किया तथा समता-विरोधी प्रत्येक शक्ति को करारा जवाब दिया। उनके अनुसार ईश्वर के लिए कोई जाति नहीं होती, पवित्र कर्म करनेवाला व्यक्ति ईश्वर को प्यारा है। नानक ने बिना किसी का दिल दुःखाये, प्रेम से मानवीय समता का पाठ पढ़ाया। उन्होंने अपने शब्दों में समता का ऐसा व्यावहारिक रूप प्रस्तुत किया कि उनके धर्म में छोटी-बड़ी जातियों, हिन्दू-मुसलमानों सभी को जीवन के सभी क्षेत्रों में समान मर्यादा प्राप्त हुई। कबीर और नानक की तरह दादू, चैतन्य, ज्ञानेश्वर, रामदास, तुकाराम, नामदेव आदि भक्तिकाल के सभी सन्तों ने जाति-व्यवस्था के विरुद्ध अभियान छेड़ा तथा समता का स्वर बुलन्द किया।

आधुनिक काल में जाति उन्मूलन का सर्वप्रथम प्रयास 19वीं सदी के पुनर्जागरण समाज सुधार आन्दोलन ने किया। 18वीं सदीके अन्त तक आते-आते जाति-व्यवस्था हिन्दू समाज का लौह ढाँचा बन चुकी थी। यह समाज की आधारभूत संरचना बन चुकी थी। जहाँ एक तरफ़ हिन्दू धर्म हिन्दू समूह की सांस्कृतिक एकता का आधार था वहीं जाति-व्यवस्था हिन्दू समूह के विभाजन का कारण थी। आदमी के जन्म से ही उसका पेशा निर्धारित हो जाता था। उसकी स्थिति अपरिवर्तनीय थी, उसका सामाजिक स्थान जाति द्वारा ही निर्धारित था। सोपानिक क्रमबद्धता, ऊँच-नीच का विधान, असमानता, सजातीय विवाह, भोजन-व्यवहार पर निषेध, व्यवसाय की स्वतन्त्रता का अभाव आदि जाति-व्यवस्था के प्रमुख लक्षण थे। जाति-व्यवस्था के इस चरित्र को सर्वप्रथम राममोहन राय ने रेखांकित किया तथा इसके उन्मूलन का प्रयास किया। उन्होंने हिन्दू धर्म ग्रन्थ 'महानिर्वाण-तन्त्र' के आधार पर सिद्ध किया कि जाति-व्यवस्था की अब कोई आवश्यकता नहीं है। उनके द्वारा स्थापित 'ब्रह्म समाज' ने जाति-व्यवस्था के विरुद्ध जेहाद छेड़ दिया। राममोहन राय के बाद ब्रह्म समाज के देवेन्द्रनाथ टैगोर तथा केशवचन्द्र सेन ने जाति-व्यवस्था की घोर निन्दा की। केशवचन्द्र सेन प्रतिक्रियावादी हिन्दू धर्म-ग्रन्थों के घोर आलोचक थे। उनके नेतृत्व में राममोहन राय के सामाजिक विद्रोह भावना की चरम परिणति हुई।

जाति-व्यवस्था के विरुद्ध जो अभियान ब्रह्म समाज ने शुरू किया था उसे बाद के अनेक संगठनों तथा उनके संस्थापकों ने जारी रखा। 'आर्यसमाज' के संस्थापक दयानन्द सरस्वती ने यद्यपि वर्ण-व्यवस्था की वकालत की थी, किन्तु वे वर्ण को कर्म पर आधारित मानते थे जन्म से नहीं। शिक्षा प्राप्त करने, वेद पढ़ने, यज्ञोपवीत धारण करने तथा अन्य अधिकारों के लिए समाज का द्वार, जो ऊँची जातियों तक सीमित

था, उन्होंने शूद्र तथा स्त्री के लिए खोल दिया तथा इसके लिए आन्दोलन भी किया। उन्होंने वर्णों की समानता की बात की तथा उनका निर्धारण व्यवसाय के आधार पर करने की वकालत की। किन्तु यह आन्दोलन ब्रह्म समाज एवं प्रार्थना समाज की तरह जाति भंजक न होकर सुधारात्मक आन्दोलन था। विवेकानन्द ने यद्यपि अस्पृश्यता तथा असमानता का विरोध किया किन्तु जाति-व्यवस्था की सामाजिक व्याख्या करते हुए इसे श्रेणीबद्ध उत्थान का माध्यम माना। वे जाति-व्यवस्था के उन्मूलन की बजाय जाति-व्यवस्था का पुन: समायोजन चाहते हैं। वे ब्राह्मण को जाति की बजाय श्रेणी मानते हुए प्रत्येक व्यक्ति को आध्यात्मिक उत्थान के माध्यम से ब्राह्मणत्व की प्राप्ति की सलाह देते हैं। उनके अनुसार ब्राह्मण जाति और ब्राह्मण अलग-अलग चीज़ है। ब्राह्मणत्व एक सद्‌गुण है जिसे प्रत्येक व्यक्ति, चाहे वह किसी भी जाति का हो, प्राप्त कर सकता है। विवेकानन्द ने बताया कि जाति एक सामाजिक व्यवस्था है न कि धार्मिक जबकि बुद्ध से राममोहन राय तक सभी सुधारकों ने इसे धार्मिक संस्था मानने की भूल की। उनके अनुसार भारत में प्रत्येक व्यक्ति को ब्राह्मणत्व की प्राप्ति करनी है, ब्राह्मणत्व हमारा आदर्श है जिसे जाति-व्यवस्था को बनाये रखकर ही प्राप्त कर सकते हैं। विवेकानन्द की मान्यता है कि प्रत्येक समाजों की तरह भारतीय समाज भी समूहों में विभाजित है जिसे हम जाति के रूप में जानते है। यह एक प्राकृतिक व्यवस्था है। आगे चलकर विवेकानन्द ने कहा कि, "एक समय था जब जाति-व्यवस्था हिन्दू समाज के लिए बहुत उपयोगी थी किन्तु आज तो यह सारे देश में सड़न पैदा कर रही है। यदि हिन्दू धर्म को जीवित रखना है तो जाति-व्यवस्था को भी शीघ्रातिशीघ्र समाप्त कर देना चाहिए।

गाँधी और अम्बेडकर दोनों समाज से अस्पृश्यता का निवारण चाहते थे किन्तु दोनों के दृष्टिकोण अलग थे। गाँधी हिन्दू धर्म को श्रद्धा की दृष्टि से देखते थे, किन्तु वे साम्प्रदायिक नहीं थे। जाति-व्यवस्था के प्रति उनके विचार समय के साथ परिपक्व होते गये। प्रारम्भ में गाँधी स्वीकार करते थे कि जाति को धर्म से पृथक् नहीं किया जा सकता। ब्रिटिश मानव शास्त्री ओमेले के अनुसार गाँधी हिन्दू धर्म को जीवित रखने के लिए जाति-व्यवस्था को आवश्यक मानते थे। गाँधी के विचारों में 1936 ई. के बाद महत्त्वपूर्ण परिवर्तन आया जब उन्होंने कहा कि, "जाति का धर्म से कोई सरोकार नहीं है। जाति एक परम्परा मात्र है।" गाँधी धर्म को महत्त्वपूर्ण मानते थे। उनका मानना था कि धर्म को अपना कर ही व्यक्ति सत्य और नैतिकता की तलाश करता है। इसके लिए धर्म के नियमों का पालन करना अनिवार्य है। वस्तुत: गाँधी सुधारवादी थे, परिवर्तनवादी नहीं। अत: वे वर्ण-व्यवस्था को स्वीकार करते हुए उसकी जातिगत कुरीतियों को सुधारना चाहते हैं। उनके सुधार का एक तरीक़ा था अस्पृश्यता का अन्त करना।

गाँधी के विपरीत अम्बेडकर जाति-व्यवस्था को जड़ से उखाड़ देना चाहते हैं। उनकी नजर में जाति-व्यवस्था एक अन्धविश्वास है जो धर्म के नाम पर लादा गया है। जन्म से लेकर मृत्यु तक व्यक्ति जाति के मकड़ जाल में उलझा रहता है। अम्बेडकर व्यक्तिगत जीवन में जाति-व्यवस्था की कड़ुवाहट का अनुभव कर चुके थे। वे मानते थे कि जाति-व्यवस्था को हिन्दू धर्म से अलग करना सम्भव नहीं है। अत: वे धर्म परिवर्तन की बात करने लगते है। एक स्थान पर उन्होंने लिखा है कि, "लोगों से यह कहना कि वे जाति-व्यवस्था को छोड़ दें इसका मतलब है कि उन्हे धर्म की मौलिक धारणा छोड़ने को कहना हुआ। हिन्दू, वेद और शास्त्रों में इतना विश्वास रखते हैं कि उन्हें जाति-व्यवस्था के उन्मूलन के लिए कहना बेमानी है।" अम्बेडकर की मान्यता थी कि हिन्दू धर्म की मुख्य धारा में सुधार की गुंजाइश नहीं है। अत: उनके सामने अन्य धर्म में प्रवेश लेने की मजबूरी थी। अपने बौद्ध धर्म स्वीकार करने की व्याख्या उन्होंने अपनी अन्तिम पुस्तक "द गास्पिल ऑफ महात्मा बुद्ध" में की है। जाति-व्यवस्था शूद्रों के शोषण का माध्यम है जिसके द्वारा उन्हें गन्दे अमानवीय कार्यों को करने के लिए बाध्य किया जाता है तथा उन्हें अपवित्र माना जाता है। अम्बेडकर ने दलित जातियों को सलाह दिया कि वे उन अमानवीय गन्दे कार्यों को छोड़ दे जिनके कारण उन्हें नीच और अस्पृश्य माना जाता है। यदि वे मैला साफ करने, मरे जानवरों की खाल निकालने जैसे कार्यों को छोड़ देंगे तो उच्च वर्ग के लोगों को भी यह कार्य करना पड़ेगा, जो उन्हे अछूत और त्याज्य समझते हैं। यही रास्ता है जो उन्हें बराबरी की ओर ले जायेगा। इसी से उनके अन्दर सदियों से पल रही हीनता की भावना समाप्त हो सकेगी। उनका दूसरा सुझाव था कि अशिक्षा को दूर करके ही दलित सवर्णों के समकक्ष आ सकते हैं। अम्बेडकर के इन विचारों का प्रभाव भी पड़ा तथा वे प्रशंसित भी हुए किन्तु अपनी प्रतिक्रियाओं में वे कहीं-कहीं इतने आक्रोश में भी आये किस वर्णजातियों के प्रति उनकी आलोचना विद्वेष तक पहुँच गयी। किन्तु उनका उद्देश्य सकारात्मक था।

गाँधी, अम्बेडकर की तरह लोहिया भी एक सामाजिक विचारक थे तथा जाति प्रथा के उन्मूलन के सम्बन्ध में उनके विचार भी महत्त्वपूर्ण है। उनकी मान्यता थी कि, "आज तक जितने भी सुधारवादी आन्दोलन हुए सब-के-सब सनातन हिन्दू व्यवस्था द्वारा उदरस्थ कर लिये गये और जातिवाद का भयानक दलदल अभी भी बना हुआ है। यह दलदल इतना गहरा है कि बड़ा-से-बड़ा पत्थर इसके गर्भ में कहाँ चला जाता है, कुछ भी पता नहीं चलता। जब तक यह दलदल सुखा नहीं दिया जाता, भारत में जातिवाद का नाश नहीं हो सकता।" उनकी मान्यता है कि द्विजों को छोड़कर अन्य सारी जातियाँ व्यक्तित्व विहीन बना डाली गयी हैं। सारा सुधार आन्दोलन द्विजों तक ही सीमित रहा है। दलित समुदाय इन आन्दोलनों से अप्रभावित रहा है और

निर्जीव तथा व्यक्तित्वहीन बना रहा है। उनका कहना है कि जब तक शूद्र समुदाय व्यक्तित्व नहीं प्राप्त करता तब तक यह दलदल नहीं सूखेगा। वे टिप्पणी करते हैं कि द्विजों ने 5000 वर्षों से वाक कला अर्जित की है, वे लाखों की चोरी करके भी आदर्शवादी बने रह सकते हैं और शूद्र चवन्नी, अठन्नी की चोरी करके पकड़ा जाता है। ऐसी स्थिति में शूद्रों के बीच दो तरह की प्रवृत्तियाँ जागृत हो रही हैं—प्रथम जलन की और द्वितीय द्विजों के चरणों में सिर झुकाकर कुछ अधिकार हासिल करने की। वे अम्बेडर को प्रथम और जगजीवन राम को द्वितीय श्रेणी में रखते हैं। उनके अनुसार दोनों तरीक़े समानता हासिल करने में असफल हैं। वे चाहते हैं कि शूद्रों के बीच से ऐसे नेता निकले जो न जलन वाले हों न सिर झुकाने वाले बल्कि वे इतने गौरवशाली हों कि द्विज भी उनके पीछे चलने में गर्व का अनुभव करें। इसके लिए उन्होंने सरकारों को शूद्रों को संरक्षण देने का सुझाव दिया। जाति-व्यवस्था के कारगर उन्मूलन के लिए उन्होंने अन्तर्जातीय विवाहों को आवश्यक बताया। इसके लिए उन्होंने युवाओं को आगे आने का आह्वान किया।

# दास प्रथा : भारतीय समाज की विद्रूपता

दासता मानव समाज का कोढ़ है। इसका अस्तित्व प्रागैतिहासिक काल से रहा है। दुनिया की सभी प्राचीन सभ्यताओं में दास प्रथा किसी-न-किसी रूप में विद्यमान रही है। यूनानी सभ्यता ने दास प्रथा को दार्शनिक आधार भी प्रदान किया है। यूनानी दार्शनिकों की मान्यता रही है कि दासों की अनुपस्थिति में बुद्धिजीवी वर्ग साहित्य, कला, विज्ञान के उच्च मानकों का विकास नहीं कर सकता। भारतीय परिदृश्य में भी दास प्रथा का प्रचलन अत्यन्त प्राचीन काल से है। सिन्धु घाटी सभ्यता के विशाल भवनों के साथ छोटे कमरों का अस्तित्व इस बात का संकेत देता है कि इसमें दास अथवा सेवक रहते थे। 'ऋग्वेद' में दास-दस्यु शब्द प्राप्त होता है। आर्य अनार्यों को 'दास' या 'दस्यु' कहते थे। आर्यों ने अनार्यों को युद्ध में हराया था और अनेक अनार्य दास के रूप में बंधक बना लिये गये। 'ऋग्वेद' (2.12.4) में कहा गया है कि इन्द्र ने 'दास वर्ण' को नीचे गुहा में स्थापित किया। दासों को 'कृष्ण वर्ण' भी कहा गया है। 'ऋग्वेद' के एक उल्लेख (4.16.13) के अनुसार सोम देव ने 'कृष्ण वर्ण' का हनन किया था। उन्हें 'असुर वर्ण' भी कहा गया है (7.72.2)। 'ऋग्वेद' के एक सन्दर्भ (4.30.31) के अनुसार 30 हजार दास माया से मुर्च्छित कर दिये गये। एक स्थान पर (10.22.8) कहा गया है कि हे शत्रु नाशन तू दासों का बध कर और उनका विनाश कर। दासों को उपहार में भेंट भी किया जाता था। 'ऋग्वेद' के एक स्थल (8.19.36) पर कहा गया है कि पुरुकुत्स के पुत्र त्रसदस्यु ने उसे पचास युवतियाँ प्रदान की थीं। 'ऋग्वेद' की अनेक 'ऋचाओं के द्रष्टा ऋषि कक्शिवन एक दासी पुत्र ('ऋषिदीर्घतमा के संयोग से) थे। इसी प्रकार एक अन्य द्रष्टा ऋषि कवशऐलूष भी दास पुत्र थे। 'ऋग्वेद में दास प्रथा के अन्य अनेक साक्ष्य उपलब्ध हैं। किन्तु 'ऋग्वेद' में कहीं ऐसा वर्णन नहीं मिलता जिससे पता चले कि तत्कालीन अर्थव्यवस्था अर्थात् कृषि क्षेत्र में दासों का प्रमुख भाग था।

उत्तर वैदिक काल में दासों के सम्बन्ध में अनेक साहित्यिक साक्ष्य मिलते हैं। ऐतरेय ब्राह्मण के एक साक्ष्य (39.8) से ज्ञात होता है कि एक राजा ने अपने अभिषेक के अवसर पर पुरोहित को दस हजार दासियाँ और दस हजार हाथी भेंट में दिये थे। कठोपनिषद् के एक प्रसंग (1.1.25) में यमराज नचिकेता से कहता है कि तू रथों और बाजों के साथ रमणियों को माँग ले और अपनी सेवा करा। वृहदारण्यक उपनिषद् में एक स्थल पर (4.4.23) जनक याज्ञवल्क्य से ब्रह्म ज्ञान प्राप्त करने के पश्चात् कहते हैं कि मैं श्रीमान् को विदेह देश देता हूँ और स्वयं को आपकी दासता के लिए समर्पित करता हूँ। इन कथनों से प्रमाणित होता है कि उस काल में दासों एवं दासियों का आदान-प्रदान होता था, जो उच्च वर्णों की सेवा में प्रवृत्त थे। यह भी सच है कि वैदिक दासों के साथ यूनान एवं रोम की तरह कटु व्यवहार नहीं होते थे। वैदिक काल में दास धन चुका कर दासता से मुक्त हो सकता था, किन्तु ऐसा बहुत कम ही सम्भव रहा होगा। प्रोफ़ेसर कीथ वैदिक काल में कृषि क्षेत्र में दासता को स्वीकार करते हैं, किन्तु उपलब्ध साक्ष्यों से उनके कथन की पुष्टि नहीं होती है। धर्मसूत्रों, स्मृतियों, महाभारत, रामायण आदि हिन्दू शास्त्रों से दास प्रथा के अनेक साक्ष्य मिलते हैं। मनु, याज्ञवल्क्य, नारद, कात्यायन ने दासों का विशद चित्रण किया है। दासों के प्रकार, उनके कर्त्तव्य, स्वामी का व्यवहार आदि प्रसंगों पर शास्त्रकारों ने विस्तार से विचार किया है। यहाँ उनका उल्लेख करना अनावश्यक होगा।

बौद्ध युग में दासों को कृषि क्षेत्र में नियुक्त किया जाने लगा। 'दीर्घ निकाय' एवं 'मज्झिम निकाय' में दास-दासियों का विस्तृत उल्लेख मिलता है। जातक ग्रन्थों में भी दासों के अनेक विवरण मिलते हैं। एक जातक ग्रन्थ में उल्लेख है कि एक ब्राह्मण को राजा ने सौ दासियाँ प्रदान की। एक अन्य जातक से पता चलता है कि एक ब्राह्मण ने भिक्षाटन से सौ कार्षापण इकट्ठा किया जिससे वह दास-दासियों का क्रय करना चाहता था। यद्यपि मेगास्थनीज (चौथी सदी ई. पू.) ने लिखा है कि, "भारत में दास प्रथा' नहीं है। कौटिल्य मानते हैं कि सन्तानों को बेचने या प्रदान करने वाला मलेच्छ दण्डनीय नहीं है। किन्तु वे कहते हैं कि आर्यों की सन्तान दास नहीं बनायी जा सकती। मौर्यकाल में भी दास प्रथा का उल्लेख अनेक सन्दर्भो से प्राप्त होता है। अशोक ने अपने नवें शिलालेख में दासों के प्रति उचित व्यवहार करने का निर्देश दिया है। भारत में तत्कालीन समाज में दासों के प्रति अमानवीयता का व्यवहार नहीं होता था। शायद इसीलिए मेगास्थनीज कहता है कि भारत में दास प्रथा नहीं थी।

समय और परिस्थितियों के साथ दासों के अनेक प्रकार होते गये। शास्त्रकारों ने दासों को अनेक कोटियों में विभाजित किया। महाभारत में चार प्रकार के दासों का वर्णन है—1. युद्ध बन्दी, 2. जुए में पराजित, 3. दान में प्रदत्त तथा 4. क्रय किये

गये दास। कौटिल्य ने सात प्रकार के दास बताये हैं—1. आत्म विक्रयी, 2 उदर दास (जो पेट पालने के लिए दास बन गये), 3. प्रक्षेपानुरूप दास (जो अपने को बंधक रखकर धन लेते थे), 4. दण्ड प्रणीत दास (जो अर्थ दण्ड न चुकाने के कारण दास बन गये), 5. ध्वजाहृत दास (जो युद्ध बन्दी होने के कारण दास बने), 6. दाय भाग में प्राप्त (उत्तराधिकार में), 7. गर्भवती दासी से उत्पन्न दास। इसी प्रकार मनु ने भी सात प्रकार के दासों का वर्णन किया है— 1. ध्वजाहृत (युद्ध बन्दी), 2. भक्त दास (भोजन-प्राप्ति के लोभ में), 3. गृहज (दासी पुत्र), 4. क्रीतदास (खरीदा हुआ), 5. दत्तिम (दान में प्राप्त), 6. पैतृक (पिता की परम्परा से), 7. दण्ड दास (दण्ड या 'ऋण न चुका सकने के कारण)। इसी तरह नारद ने भी आठ प्रकार के दासों का उल्लेख किया है— 1. प्राप्त किया हुआ, 2. स्वामी द्वारा प्रदत्त, 3. 'ऋण न चुका सकने के कारण, 4. जुएँ में स्वयं हारा हुआ, 5. स्वयं दासता ग्रहण करने वाला, 6. एक निश्चित समय के लिए स्वयं को दास बनाने वाला, 7. दासी के प्रेम पाश में अपने को दास बनाने वाला तथा 8. आत्मविक्रय करने वाला। याज्ञवल्क्य तथा नारद ने मत व्यक्त किया है कि उच्चवर्ण का व्यक्ति अपने से निम्न वर्ण का दास नहीं हो सकता। कात्यायन का मत है कि ब्राह्मण दास नहीं हो सकता। व्यवस्थाकारों ने दास मुक्ति के भी अनेक विधान किये हैं।

यह स्वामियों पर निर्भर करता था कि वे दासों के साथ व्यवहार कैसे करें। यह बहुत कुछ उनके स्वभाव पर निर्भर करता था कि वे कटु, निर्मम, बर्बर अथवा सहृदय व्यवहार दासों के साथ करें। एक जातक ग्रन्थ के अनुसार एक दासी प्रतिदिन बाहर मज़दूरी करने जाती थी तथा मज़दूरी लाकर स्वामिनी को देती थी। एक दिन जब वह मज़दूरी घर नहीं ला सकी तो स्वामिनी ने उसे द्वार पर ढकेल दिया तथा रस्सियों से पीटा। एक अन्य जातक से पता चलता है कि वाराणसी की एक श्रेष्ठि कन्या अपने दासों को निर्ममता से पीटती थी। इसी प्रकार की निर्ममताओं का उल्लेख अनेक जातक ग्रन्थों में भरा पड़ा है। इसी प्रकार दासों के प्रति मानवीय एवं सहृदय व्यवहार का उल्लेख भी जातक ग्रन्थों में बहुतायत है। कहीं कहीं उल्लेख मिलता है कि दास-दासी घर के अन्य सदस्यों की तरह ही रहते हैं और सुविधाएँ प्राप्त करते हैं। एक जातक की कथा के अनुसार कटाहक नामक दास अपने स्वामी-पुत्र के साथ ही पला बढ़ा और शिक्षा प्राप्त किया। दासी से प्रेम सम्बन्ध के भी उदाहरण मिलते हैं। ऐसा उल्लेख मिलता है कि कोशल नरेश ने शाक्यवंशी महानाम क्षत्रिय की दासी-पुत्री वासभखत्तिया से विवाह किया था जिसका पुत्र आगे चलकर कोशल का युवराज बना। कौटिल्य का मत है कि स्वामी एवं दासी से उत्पन्न सन्तान तथा उसकी माँ दोनों दासता से मुक्त हो जाते हैं। उद्दालक जातक की एक कथा के अनुसार ब्राह्मण एवं उसकी दासी से उत्पन्न उद्दालक से उसके

पिता ने कहा कि, "तुम ब्राह्मण हो इसमें कोई संशय नहीं।" स्वामी और दासी से उत्पन्न पुत्र को 'दासेर' कहा जाता था।

प्राचीन व्यवस्थाकारों ने दास मुक्ति के भी अनेक विधान किये हैं। कौटिल्य ने ऐसे दासों का विस्तार से वर्णन किया है जो मूल्य चुकाने के पश्चात दासता से मुक्त हो सकते थे। नारद के अनुसार यदि स्वामी किसी भयंकर खतरे से दास द्वारा बचा लिया जाता है तो वह दासत्व मुक्ति का अधिकारी बन जाता है। विज्ञानेश्वर ने 15 प्रकार के दासों की मुक्ति का विवेचन किया है।

भारत में मुस्लिम आक्रमण के पश्चात दास प्रथा में वृद्धि हुई। यहाँ तक कि दासों को नपुंसक तक बना देने की क्रूर प्रथा का आरम्भ हुआ। ऐसे ही नपुंसक दासों को हरम में रखा जाता था। यह प्रथा ब्रिटिश काल में भी यथावत चलती रही। एक रिपोर्ट के अनुसार 650 ई. से 1905 ई. के दौरान पौने दो करोड़ से ज़्यादा लोगों को दास बनाकर अन्य देशों में बेचा गया। आज भी दास प्रथा बँधुआ मज़दूरी के रूप में जारी है। यह अमानवीय ग़ुलाम प्रथा दुनिया के अनेक देशों में मौजूद है। जानवरों की तरह इन्सानों की भी ख़रीद-फरोख़्त की जाती है। उन्हें कल-कारखानों तथा घरेलू कार्यों में नियोजित किया जाता है। स्त्री ग़ुलामों को वेश्या वृत्ति के लिए मजबूर किया जाता है। संयुक्त राष्ट्र संघ की एक रिपोर्ट के अनुसार मादक पदार्थों और हथियारों की तस्करी के बाद तीसरे स्थान पर मानव तस्करी है। एक अन्य रिपोर्ट के अनुसार दुनिया भर में क़रीब पौने तीन करोड़ ग़ुलाम हैं। पूर्वी अफ्रीका के सूडान देश में तो ग़ुलाम प्रथा को सरकारी मान्यता प्राप्त है। वहाँ ग़ुलाम बच्चों तथा महिलाओं से अत्याचारपूर्वक व्यवहार किया जाता है। इण्डोनेशिया, थाइलैण्ड, मलयेशिया, फिलीपींस जैसे देशों में बच्चियों एवं महिलाओं से जबरन वेश्यावृत्ति करायी जाती है तथा उन्हें खाड़ी देशों में वेश्यावृत्ति के लिए बेचा जाता है। भारत में बँधुआ मज़दूरी के रूप में कुछ क्षेत्रों में आज भी दास प्रथा विद्यमान है। यद्यपि राष्ट्रपति के अध्यादेश (1975 ई.) द्वारा बँधुआ मज़दूरी प्रथा को समाप्त घोषित कर दिया गया है किन्तु यह सिलसिला आज भी जारी है। रोज़गार मन्त्रालय के एक आँकड़े के अनुसार भारत के 19 राज्यों में 2 लाख 86 हजार 612 बँधुआ मज़दूरों की पहचान की गयी तथा उन्हें मुक्त कराया गया। किन्तु उन्हें अभी तक पुनर्वासित नहीं कराया जा सका है। इन बँधुआ मज़दूरों में सबसे अधिक तमिलनाडु, कर्नाटक, उड़ीसा, राजस्थान, बिहार और उत्तर प्रदेश से थे।

बँधुआ मज़दूरी का एक उदाहरण ही यहाँ काफ़ी है। बिहार के एक गाँव पाई पुरा बरकी में बँधुआ मज़दूर जवाहर मांझी को 40 किलो अनाज के बदले अपनी पत्नी और चार बच्चों के साथ तीस साल तक एक बड़े काश्तकार के खेतों पर काम करना पड़ा। उसकी गलती सिर्फ़ यही थी कि वह 40 किलो अनाज का क़र्ज़ नहीं

उतार सका था। आज भी देश में बाल मज़दूरी, बँधुआ मज़दूरी का कारोबार जारी है। ऐसे मज़दूरों को भट्ठों, लघु उद्योगों आदि में कड़ी मेहनत के लिए बाध्य किया जाता है फिर भी उन्हें दो वक्त की भर पेट रोटी नसीब नहीं हो पाती। आज भी पिछड़े समाजों में यह सामाजिक विसंगति विद्यमान है जिसके प्रति जागरूकता का धर्मयुद्ध छेड़ना बहुत ज़रूरी है।

# भारतीय दलित चेतना एवं अस्पृश्यता का विकास

समाज के हासिये पर रहनेवाली जातियाँ जो आर्थिक, शैक्षिक तथा सामाजिक रूप से दलित हैं, दलित जाति के अन्तर्गत आती हैं। दलित मराठी भाषा का शब्द है, इसका सर्वप्रथम प्रयोग ज्योतिबा फुले ने 19वीं सदी के अन्तिम दशक में किया। इनमें अधिकांश शूद्र आते हैं। अस्पृश्यों की स्थिति और भी खराब है क्योंकि ये शूद्र की श्रेणी से भी बाहर, अर्थात् समाज से बाहर या हासिये से बाहर के माने जाते रहे हैं। इन्हें अशुद्ध माना गया तथा नगर एवं गाँवों में इनके लिए पृथक् आवासीय व्यवस्था की गयी। शूद्र एवं अस्पृश्य जातियों को ही सम्मिलित रूप से दलित, पतित, बाह्य, भग्न, हरिजन आदि नामों से पुकारा गया है। सदियों से इन दलित जातियों पर कठोर प्रतिबन्ध लगाये गये। जैसे उन्हें धार्मिक एवं आर्थिक अधिकारों से वंचित रखा गया, कपड़े पहनने से रोका गया, आभूषण, चप्पल, जूते का प्रयोग वर्जित किया गया, शिक्षा एवं धार्मिक पुस्तकों के अध्ययन पर प्रतिबंध लगाया गया, मन्दिरों में प्रवेश, सार्वजनिक कुओं, तालाबों के इस्तेमाल का अधिकार नहीं दिया गया, सूर्योदय से पूर्व तथा सूर्यास्त के पश्चात् ग्राम या नगर में प्रवेश करना निषिद्ध किया गया तथा केवल मिट्टी के कर्त्तव्यों के प्रयोग की अनुमति दी गयी। इसके साथ-साथ अन्य अनेक प्रकार के प्रतिबन्धों से उन्हें लादा गया तथा उन पर अनेक प्रकार के अत्याचार किये गये, प्रताड़ित किया गया। आज भी उनकी स्थिति कमोबेश दयनीय है।

सबसे पहले अनुसूचित जाति (S.C.) शब्द का प्रयोग 1927 ई. में साइमन कमीशन ने किया था। इससे पूर्व ब्रिटिश काल में इसे दलित वर्ग (Depressed Class) कहा जाता था। 1935 ई. के ब्रिटिश संविधान में इन्हें अनुसूचित जाति का ही नाम दिया गया। यहीं से भारतीय संविधान में भी अनुसूचित जाति शब्द ग्रहण किया। भारतीय संविधान के अनुच्छेद-34 में प्रावधान किया गया कि, "किसी भी राज्य या केन्द्र शासित प्रदेश में राज्यपाल की सलाह से राष्ट्रपति किन्हीं जातियों, प्रजातियों या जनजातियों या उनके भाग या जातियों, प्रजातियों या जनजातियों के उपसमूहों को विशिष्ट घोषित कर सकता है, और ये उस प्रदेश या केन्द्र शासित प्रदेश के सम्बन्ध

में संविधान के सन्दर्भ में अनुसूचित जातियाँ मानी जायेंगी। विभिन्न प्रदेशों में अनुसूचित जातियों की जो तालिका बनी है, उसका आधार यही प्रावधान है। अनुसूचित जातियों के लिए सबसे बड़ा मानदण्ड है उनका सामाजिक, शैक्षणिक तथा आर्थिक पिछड़ापन। सामान्यत: भारत की कुल जनसंख्या का 15 प्रतिशत भाग अनुसूचित जातियों का है।

सदियों से इन दलित जातियों को ऊपर उठने का अवसर नहीं दिया गया। ब्रह्मा के चरणों से उत्पन्न होने की कपोल कल्पित कथा के आधार पर इन्हें समाज की सेवा तथा सफाई का कार्य दिया गया। उच्च जातियों की सेवा करना और उनकी कृपा पर जीवित रहना ही इनकी क़िस्मत रही। 1976 ई में जैफरे महोदय ने केरल की 'इकवा' नामक दलित जाति के सम्बन्ध में लिखा कि, "इनके लिए छतरी या कन्धे के वस्त्र का प्रयोग वर्जित था...इनकी स्त्रियाँ वक्षस्थल नहीं ढँक सकती थीं तथा विशेष प्रकार के आभूषण नहीं पहन सकती थीं।" अधिकांशत: ये सफ़ाई का कार्य करती थीं या गावों में खेतिहर मज़दूर के रूप में शोषण का शिकार बनती थीं। इनकी स्थिति जानवरों से भी बदतर रही है। ग़रीबी, अशिक्षा, बेरोज़गारी, मृत्यु दर यह दलितों का स्थायी भाव बन चुका है। भेद-भाव, असमानता, अस्पृश्यता इनके स्वायी तत्त्व है। आज भी ग्रामीण भारत में अस्पृश्यता का बोलबाला है। गाँवों में सार्वजनिक कुओं, तालाबों, स्कूलों, होटलों आदि में यह भेद-भाव आज भी दिखायी पड़ता है। दलितों की पिटाई, दलित महिलाओं से बलात्कार, दलितों का कत्ल, उनका घर जला देना जैसे नृशंस कृत्य आज भी जारी है।

यद्यपि दलितों के प्रति अत्याचार सदियों से होते आ रहे हैं किन्तु समय समय पर ऐसे प्रयास भी सामने आये हैं जिन्होंने सामाजिक भेद-भाव, असमानता, अस्पृश्यता को मिटाने का कार्य किया। ऐसे प्रयासों में सबसे प्रारम्भिक प्रयास महात्मा बुद्ध एवं महावीर का है जिन्होंने ब्राह्मणवादी सामाजिक विभाजन को अस्वीकार कर दिया तथा समानता के आधार पर सभी जातियों-वर्गों को स्वीकार किया। इसी तरह भक्ति आन्दोलन के सन्तों रामानन्द, कबीर, नानक, तुकाराम, एकनाथ, नामदेव, रविदास, मलूकदास, दादू आदि ने जाति-पाति, वर्ण-व्यवस्था का खण्डन किया तथा मानव मात्र को स्वीकृति प्रदान की। किन्तु संगठित रूप से जातिगत भेदभाव, असमानता तथा अस्पृश्यता के विरुद्ध आन्दोलन ब्रिटिश काल में ही शुरू हो सका। प्रारम्भ में यह आन्दोलन उन लोगों द्वारा शुरू किया गया जो स्वयं दलित नहीं थे किन्तु धीरे-धीरे आन्दोलन का नेतृत्व स्वयं दलित जातियों के नेताओं ने सँभाल लिया। ब्रिटिश काल में जातिगत भेदभाव के विरुद्ध जो प्रयास शुरू हुए उनमें केशव चन्द्र सेन तथा उनका प्रार्थना समाज, दयानन्द सरस्वती तथा उनका आर्य समाज, महात्मा फुले तथा उनका सत्य शोधक समाज,

गोखले तथा उनका 'सर्वेण्ट्स ऑफ इण्डिया सोसाइटी' तथा रानाडे आदि का महत्त्वपूर्ण योगदान है।

आधुनिक काल में दलित आन्दोलन का आरम्भ महात्मा फुले (1827-1890) द्वारा हुआ। उन्होंने दलितों के उत्थान के लिए 'सत्य शोधक समाज' की स्थापना की तथा 'ग़ुलामगीरी' नामक पुस्तक की रचना की। इस पुस्तक के माध्यम से उन्होंने ब्राह्मणवादी प्रपंचों का भण्डाफोड़ किया तथा दलितों की मुक्ति की राह प्रकाशित करने के लिए उन्होंने अंग्रेज़ों की प्रशंसा की। उन्होंने अछूतों एवं स्त्रियों के लिए स्कूल खोले। ग़ुलामगीरी की भूमिका में वे लिखते है कि, "इसे लिखने का उद्देश्य शूद्रों को यह बताना है कि ब्राह्मणों ने उनके साथ किस तरह छल किया, साथ ही सरकार की भी आँखें खोलना है कि उसकी उच्चवर्गीय शिक्षा पद्धति सरकार के हितों के लिए भी कितनी घातक है।" माली जाति में जन्में फुले ने अंग्रेज़ी सरकारी स्कूल की शिक्षा से मानवाधिकारों को समझने का प्रयास किया तथा इस ज्ञान का उपयोग दलित चेतना के उत्थान में किया। उन्होंने वैदिक ब्राह्मण धर्म के विरोध में 'सार्वजनिक सत्य धर्म '(1889 ई.) की स्थापना की तथा निम्न जातियों की मुक्ति का मार्ग सुझाया।

दलित आन्दोलन को संरक्षण प्रदान करने तथा सहयोग देने का महत्त्वपूर्ण कार्य कोल्हापुर के राजा शाहू जी महाराज (1874-1922) ने किया । उनकी भावना दलित उत्थान के प्रति समर्पित थी। विद्यालयों में दलित छात्रों के प्रति अमानवीय व्यवहार एवं छूआछूत को देखकर उन्होंने 1919 ई में एक आदेश द्वारा बिना किसी भेद-भाव के छात्रों को एक साथ बैठने का आदेश दिया तथा उल्लंघन करनेवालों को दण्ड का प्रावधान किया। उन्होंने कोल्हापुर शिक्षा संस्थान में 50 सीटे दलित छात्रों के लिए आरक्षित कर दी। वे कैम्ब्रिज विश्वविद्यालय से उच्च शिक्षा (एल. एल. डी.) प्राप्त थे तथा शिक्षा का महत्त्व समझते थे। उन्होंने दलितों को शिक्षा के लिए प्रेरित किया। सामाजिक न्याय के प्रश्न पर तिलक से उनका गम्भीर मतभेद था। जब अम्बेडकर को शोध करने के लिए इंग्लैण्ड जाना था, तब इस कार्य में शाहू जी महाराज ने उनकी भी मदद की। उनकी मृत्यु पर अम्बेडकर ने लिखा कि, "शाहू जी के निधन से मेरा एक महान् उपकारी संरक्षक तथा दलितों का मसीहा चला गया।"

केरल में दलित आन्दोलन के प्रवर्तक नारायण गुरु (1855-1928) थे, जिन्होंने दलित एझवा जाति की मुक्ति के लिए 1902 में 'श्री नारायण धर्म परिपालन योगम' (एस.एन.डी.पी.वाई.) नामक संस्था की स्थापना की। इस संस्था के माध्यम से अनेक स्कूलों-कॉलेजों की स्थापना की गयी। नारायण गुरु ने जाति प्रथा के विरुद्ध बड़ा आन्दोलन खड़ा कर दिया तथा सामाजिक समानता के लिए जीवनपर्यन्त कार्य किया। उन्होंने एक धर्म, एक जाति, एक ईश्वर का नारा दिया तथा कहा कि, "जाति

मत पूछो, जाति मत बताओ और जाति के बारे में मत सोचो।'' अनेक स्थलों पर इन्होंने अछूतों के लिए मन्दिर बनवाए जिसमें बिना किसी जाति-पाँति के भेद के प्रवेश दिया जाता था। केरल के ट्रावनकोट प्रान्त में कोट्टायम के निकट शिव मन्दिर से वायकोम सत्याग्रह (1924-25) की शुरुआत हुई। इस आन्दोलन ने दलितों के अधिकारों की व्यवस्थित लड़ाई लड़ी। यह पहला व्यवस्थित दलित आन्दोलन माना जाता है। इतिहास में पहली बार इस आन्दोलन ने दलितों के सामाजिक अधिकारों को भारतीय राजनीति के समक्ष प्रस्तुत किया। वायकोम के प्रसिद्ध शिव मन्दिर में अवर्णों को मन्दिर-प्रवेश की अनुमति नहीं थी। यही नहीं ये दलित लोग मन्दिर के आसपास की सड़क पर भी नहीं चल सकते थे। जब कि ईसाई और मुस्लिम इन मार्गों का प्रयोग कर सकते थे। यहाँ तक कि प्रसिद्ध आध्यात्मिक दलित सन्त श्री नारायण गुरु को भी इन मार्गों पर रोक दिया गया था। सबसे पहले केरल के एझवा दलित जाति ने 1905 ई. में इन मार्गों को सभी के लिए खोलने की माँग की किन्तु इसे अस्वीकार कर दिया गया। श्री नारायण गुरु के शिष्य तथा एस. एन. डी. पी. योगम के संस्थागत सचिव के. टी. माधवन ने वायकोम सत्याग्रह का नेतृत्व किया। गाँधी तथा वी. रामास्वामी ने भी इस आन्दोलन को अपना नेतृत्व तथा सहयोग प्रदान किया। 1924 ई. में प्रारम्भ हुए वायकोम सत्याग्रह का आल इण्डिया कांग्रेस कमेटी ने नेतृत्व किया। अन्ततः 1936 में हुए एक समझौते के द्वारा दलितों को मन्दिर प्रवेश की स्वीकृति मिल गयी। यह आन्दोलन पूर्णतः अहिंसक आन्दोलन था।

पेरियार ई. वी. रामास्वामी (1879-1973 ई.) भी भारत के प्रमुख दलित नेताओं में से एक हैं, जिन्होंने दलित उत्थान के लिए 'आत्मसम्मान आन्दोलन' या दविड़ आन्दोलन का सूत्रपात किया। उनका जन्म मद्रास के इरोडु नामक स्थान पर एक सम्पन्न बाजिलस (गरेडिया) परिवार में हुआ था। अवर्ण होने के कारण उन्होंने बचपन से जाति एवं वर्ण पर आधारित क्रूर एवं कटु घटनाओं का अनुभव किया था। उन्होंने 1919 ई. में भारतीय राष्ट्रीय कांग्रेस में प्रवेश लिया तथा 1925 ई. में यह कह कर इस्तीफा दे दिया कि कांग्रेस केवल ब्राह्मणों के हित में कार्य करती है। वे वायकोम आन्दोलन में भी सम्मिलित हुए। 1939 में जस्टिस पार्टी (टी. एम. नायर द्वारा 1917 में स्थापित) के अध्यक्ष बने तथा इस पार्टी का नाम 1944 ई. में परिवर्तित कर 'द्रविड़ कझगम' रख दिया जिससे अलग होकर सी. एन. अन्नादुराई ने 1949 ई में 'द्रविड़ मुन्नेत्र कझगम' नामक अलग पार्टी बना लिया था। पेरियार ने आत्म-सम्मान, स्त्री-सम्मान तथा जाति-उन्मूलन पर बहुत जोर दिया। इनकी मान्यता थी कि ईश्वर का अस्तित्व ही ब्राह्मणवाद को स्वीकृति प्रदान करता है, अतः जब तक ईश्वर रहेगा, तब तक ब्राह्मण और छूआछूत रहेगा। इसी आधार पर इन्होंने ईश्वर, ब्राह्मण, जाति एवं वर्ण को अस्वीकार कर दिया। 'पेरियार रामायण' ग्रन्थ द्वारा इन्होंने

ब्राह्मणवादी मान्यताओं का खण्डन किया तथा रावण की जगह राम तथा लक्ष्मण के पुतले जलाने का आहवान किया। उन्होंने 'शक्ति द्वारा मुक्ति' का नारा दिया। उन्होंने 1938 ई. में हिन्दी विरोधी आन्दोलन भी चलाया। वे कहते थे कि वर्ण-व्यवस्था को खत्म करने के लिए ब्राह्मणों तथा अन्य उच्च वर्णों का उच्च शिक्षा एवं तकनीकी संस्थानों में प्रवेश अगले 15 वर्षों तक रोक देना चाहिए। 'तमिलनाडु तमिलों के लिए' का नारा भी उन्हीं द्वारा दिया गया।

दलित आन्दोलन के क्षेत्र में बंगाल का आदि आन्दोलन या 'आदि धर्म आन्दोलन' तथा आन्ध्र प्रदेश का 'आदि आन्ध्र आन्दोलन' भी महत्त्वपूर्ण स्थान रखता है। इन आन्दोलनों की विचारधारा एक समान थी तथा वे अपने को देश का मूल निवासी मानते थे तथा आर्यों द्वारा थोपी गयी जाति-व्यवस्था को अस्वीकार करते थे। इसी प्रकार का एक दलित आन्दोलन 'दलित पैन्थर' के नाम से 1973 में महाराष्ट्र में शुरू हुआ। जिस तरह पश्चिम बंगाल, आन्ध्र प्रदेश, बिहार, झारखण्ड में नक्सलपन्थी आन्दोलन चल रहे हैं, उसी तरह दलित पैन्थर आन्दोलन भी हिंसा को सामाजिक परिवर्तन का माध्यम मानता है। कालान्तर में इस आन्दोलन में भी बिखराव आ गया।

दलित आन्दोलन के क्षेत्र में 'गाँधी व अम्बेडकर का आगमन विशेष महत्त्वपूर्ण है। गाँधी जहाँ वर्ण-व्यवस्था के भीतर जातिगत समानता की बात करते हैं, अम्बेडकर वर्ण-व्यवस्था एवं जाति-व्यवस्था दोनों को समाप्त कर देना चाहते हैं। गाँधी उदारवादी चिन्तक होने के कारण ऐसे तर्क देते थे मानों असमानता प्राकृतिक देन हो। उनका तर्क था जैसे हाथ की अँगुलियाँ बराबर नहीं होती है या पेड़ की सारी पत्तियाँ एक समान नहीं होती है, वैसे ही समाज में सब एक समान नहीं होते। इस बिन्दु पर नारायण गुरु ने गाँधी को जवाब दिया था कि ये फर्क सिर्फ़ बाहरी है, सारी पत्तियों के रस का स्वाद एक समान होता है। अम्बेडकर का गाँधी से विरोध भी इसी बिन्दु पर था। जहाँ अम्बेडकर अस्पृश्यता और जातिगत भेद को धर्म से जोड़कर धर्म तथा शास्त्रों के ख़िलाफ़ भी विद्रोह करते है, वहीं गाँधी धर्म और शास्त्रों को श्रद्धापूर्वक स्वीकार करते हैं। अस्पृश्यता के दोनों विरोधी थे, एक वर्ण-व्यवस्था के अन्दर अस्पृश्यता का उन्मूलन चाहता था, दूसरा वर्ण-व्यवस्था का ही उन्मूलन करना चाहता था। अम्बेडकर देश की आज़ादी के पहले ही वर्ण-व्यवस्था तथा अस्पृश्यता का सवाल सुलझा लेना चाहते थे। उनको लगता था ब्रिटिश साम्राज्यवाद के अधीन दलित समस्या का समाधान सरल है। उनकी आशंका थी कि आज़ादी के बाद सवर्णों की सरकार होगी और वे वही करेंगे जो हजारों साल तक करते आये हैं। पृथक् निर्वाचन मण्डल के प्रश्न पर गाँधी और अम्बेडकर के बीच मतभेद बहुत अधिक बढ़ गये। गाँधी चाहते थे कि दलितों के लिए पृथक् निर्वाचन मण्डल की व्यवस्था

करने की बजाय हिन्दुओं के लिए निर्धारित 'सीटों' में दलितों को आरक्षण दिया जाय। जबकि अम्बेडकर पृथक् निर्वाचन मण्डल की माँग कर रहे थे। अम्बेडकर के माध्यम से दलित प्रश्न एक व्यापक राष्ट्रीय मुद्दा बन गया। अन्ततः पूना पैक्ट द्वारा 1932 ई. में एक समझौता हुआ तथा दलितों को सीटों को आरक्षण एवं अन्य रियायतें दी गयीं।

गाँधी ने अपने प्रयास से अछूतोद्धार को 1920 में कांग्रेस के एजेण्डा में शामिल करवाया। उन्होंने 'हरिजन सेवक संघ' का गठन किया तथा 'हरिजन' नामक पत्र निकालना शुरू किया । अस्पृश्यता के विरुद्ध उन्होंने जोरदार आवाज़ उठायी तथा 1933 ई. में यरवदा जेल से रिहा होने के पश्चात 9 महीने तक देशव्यापी भ्रमण किया। गाँधी के सामाजिक चिन्तन पर धर्म का गहरा प्रभाव था, क्योंकि मूलतः वे धार्मिक व्यक्ति थे। इसी कारण उनके सामाजिक-आर्थिक विचारों में ही उनके अन्तर्विरोध भी थे। वर्ण-व्यवस्था की स्वीकृत के साथ वे सम्पत्ति के असमान वितरण के भी पक्षकार थे। इसी कारण उनके चिन्तन में, विशेष रूप से सामाजिक सवालों के सन्दर्भ में प्रगतिशीलता का अभाव था।

गाँधी के विपरीत अम्बेडकर दलित उत्थान के सन्दर्भ में अत्यन्त व्यावहारिक दृष्टिकोण रखते थे। उन्होंने 1920 ई. से 'मूक नायक' पत्रिका का प्रकाशन शुरू किया तथा दलित-प्रश्न को गम्भीरता से उठाना शुरू किया । 1927 ई. में 'बहिष्कृत भारत' नाम से एक मराठी पत्रिका का सम्पादन शुरू किया तथा 'बहिष्कृत हितकारिणी सभा' का गठन किया। लन्दन के तीनों गोलमेज सम्मेलनों में भाग लेकर ब्रिटिश सरकार के समक्ष दलितों की दयनीय स्थिति का खाका प्रस्तुत किया। मुसलमानों की तरह उन्होंने दलितों के लिए पृथक् निर्वाचन मण्डल की माँग की। इसी प्रश्न पर गाँधी से असहमति हुई तथा 1932 ई. में पूना पैक्ट हुआ। महार जल सत्याग्रह, नासिक सत्याग्रह, मन्दिर प्रवेश अभियान जैसे दलित आन्दोलनों को नेतृत्व प्रदान किया । दलितों के विरुद्ध किये जा रहे अत्याचारों, नृशंसताओं, अन्यायों के विरद्ध आवाज़ बुलन्द करनेवाले अम्बेडकर ने 1935 में हिन्दू धर्म त्याग दिया। खेतिहर मज़दूरों, श्रमिकों, निर्धन किसानों के प्रश्नों को उठाने तथा सरकार को आकर्षित करने के लिए उन्होंने 1936 ई. में 'स्वतन्त्र मज़दूर पार्टी' की स्थापना की तथा इस पार्टी के माध्यम से 1937 ई. के चुनावों में हिस्सा लिया। ब्रिटिश सरकार से अछूतों के लिए पुलिस तथा सेना में आरक्षण की माँग की। वे आज़ाद भारत के पहले क़ानून मन्त्री बने, संविधान की ड्राफ्टिंग कमेण्टी के चेयरमैन चुने गये। 'हिन्दू कोड बिल' तथा 'लखनऊ सम्मेलन' पर प्रधानमन्त्री नेहरू से मतभेद के कारण उन्होंने मन्त्री-पद त्याग दिया। 1956 में लाखों अनुयायियों के साथ बौद्ध धर्म ग्रहण किया, उसी वर्ष उनका निधन हो गया।

अम्बेडकर की मान्यता थी कि जाति भेद एवं अस्पृश्यता हिन्दू समाज का स्टील फ्रेम है। धर्म द्वारा इसका औचित्य सिद्ध किया जाता है, अर्थात् जाति-व्यवस्था धर्म द्वारा स्वीकार्य व्यवस्था है। अत: अम्बेडकर ने महात्मा फुले तथा पेरियार की तरह धर्म के मूल पर चोट किया। उन्होंने दलितों को शिक्षा प्राप्त करने तथा अपने प्रति होनेवाले अन्यायों के विरोध में खड़े होने का आह्वान किया। शिक्षा को उन्होंने शेरनी का दूध कहा जिसे पीकर दलितों को अपना गीदड़पन छोड़ शेर की तरह दहाड़ना होगा। दलित आन्दोलन की आवाज़ बुलन्द करने के लिए उन्होंने 'आल इण्डिया डिप्रेस्ड क्लास फेडरेशन' की स्थापना की तथा दलितों को राजनीतिक रूप से संगठित करने का प्रयास किया जिसे व्यावहारिक जामा कांशीराम ने पहनाया।

भारतीय संविधान ने अनुसूचित जातियों के उत्थान एवं कल्याण के लिए अनेक प्रावधान किये हैं (अनु. 15, 16, 17, 23, 25, 46, 330, 332, 335 तथा 338)। अस्पृश्यता को संवैधानिक प्रावधानों से समाप्त कर दिया गया है। नौकरियों में अनुसूचित जातियों के लिए आरक्षण की व्यवस्था (अनु. 16 तथा 335) प्रदान की गयी है। उन्हें सार्वजनिक स्थानों के प्रयोग करने का वैसा ही अधिकार है जैसा किसी भी नागरिक को है। उन्हें शैक्षणिक एवं आर्थिक प्रोत्साहन की व्यवस्था की जा रही है। बँधुआ मज़दूरी तथा दास-प्रथा को समाप्त कर दिया गया है। शोषण एवं सामाजिक अन्याय से उन्हें बचाने की गारण्टी दी गयी है। संसद एवं विधान मण्डलों में उनका प्रतिनिधित्व आरक्षित किया गया है (अनु. 330, 332)। इसी प्रकार नौकरियों में 15 प्रतिशत तथा जन प्रतिनिधित्व में 14 प्रतिशत स्थान अनुसूचित जातियों को आरक्षित किया गया है। शिक्षा, तकनीकी विकास, चेतना का विकास, शहरीकरण आदि कारकों से दलितों की स्थिति बेहतर हुई है। एस. सी ऐण्ड एस. टी. ऐक्ट 1980 में दलितों के प्रति अत्याचार रोकने के लिए कड़े दण्डात्मक प्रावधान किये गये हैं। किन्तु सारे प्रावधानों के बावजूद दलितों की स्थिति में मामूली अन्तर ही आया है। आज भी वे सामाजिक रूप से हेय हैं, आर्थिक रूप से ग़रीबी रेखा के नीचे हैं, शैक्षणिक रूप से पिछड़े हैं, राजनैतिक रूप से जागरूक नहीं हैं तथा कुल मिलाकर बहुत कमज़ोर हैं। इसी का परिणाम है कि उनमें असन्तोष, आक्रोश और विद्रोह जैसी प्रवृत्तियों का जन्म हुआ है। आज हमारे देश में दलित चेतना का जन्म हो चुका है। यह चेतना जैसे-जैसे व्यापक होगी, वैसे-वैसे दलित समाज भी मुख्यधारा में शामिल होते जायेंगे किन्तु इसके लिए अभी इन्तज़ार करना है।

# अन्य पिछड़ा वर्ग का पिछड़ापन

भारतीय संविधान के अनुच्छेद 15 एवं 16 में पिछड़ा वर्ग (B.C.) शब्द का प्रयोग किया गया है। इन अनुच्छेदों में सामाजिक तथा शैक्षणिक रूप से पिछड़े वर्गों के लिए विशेष प्रावधान करने हेतु राज्यों को अधिकार दिये गये हैं। समाज के अति कमज़ोर वर्गों अर्थात् दलित या अनुसूचित जाति, जनजाति से अलग करने के लिए 'अन्य पिछड़ा वर्ग' (OBC) शब्द प्रयोग किया गया। ऐतिहासिक सन्दर्भ में 'पिछड़ा वर्ग' शब्द का सर्वप्रथम प्रयोग 1917-18 में किया गया। 1937 ई. त्रावणकोर राज्य ने शैक्षणिक और आर्थिक दृष्टि से पिछड़े समुदाय का प्रयोग किया। अन्य पिछड़ा वर्ग का तात्पर्य है कि समाज का वह वर्ग जो अनुसूचित जाति एवं जनजाति से अलग है तथा सामाजिक एवं शैक्षिक रूप से पिछड़ा हुआ है।

भारतीय संविधान का अनुच्छेद 340 भारत के राष्ट्रपति को यह अधिकार देता है कि सामाजिक एवं शैक्षणिक रूप से पिछड़े वर्गों की स्थिति की समीक्षा के लिए एक आयोग का गठन करे। संविधान के इस प्रावधान के अनुसार राष्ट्रपति ने 1953 में काका कालेलकर की अध्यक्षता में एक पिछड़ा वर्ग आयोग का गठन किया । इस आयोग का कार्य सामाजिक एवं शैक्षणिक रूप से पिछड़े हुए वर्गों के लिए आधार या कसौटी तय करना तथा उनके पिछड़ेपन को रेखांकित करना था। चूँकि पिछड़ेपन को मापने की कोई अखिल भारतीय कसौटी नहीं है तथा पिछड़ेपन की स्थिति हर राज्य में अलग-अलग है, अत: काका कालेलकर ने जो आधार तय किये वे थे—जाति क्रम के आधार पर सामाजिक स्थिति, शैक्षणिक पिछड़ापन या साक्षरता प्रतिशत, सरकारी सेवा में अपर्याप्त प्रतिनिधित्व, व्यापार और उद्योग के क्षेत्र में अपर्याप्त प्रतिनिधित्व। इस आयोग ने 2 वर्ष में 2,399 जातियों और समुदायों की सूची तैयार की तथा उनके सामाजिक-आर्थिक विकास के लिए कुछ सुझाव भी दिये। किन्तु इस आयोग की सिफारिशों को सरकार ने लागू नहीं किया। इसके बाद कर्नाटक आदि कुछ राज्यों ने भी पिछड़े वर्गों के लिए

कुछ विशेष आयोग नियुक्त किये। धीरे-धीरे पिछड़े वर्गों के लिए विशेष प्रावधान के लिए राष्ट्रीय स्तर पर माँग उठने लगी। जनता पार्टी की सरकार ने अपने चुनाव घोषणा-पत्र में पिछड़े वर्गों हेतु किये गये वादों को पूरा करने के लिए लोकसभा सदस्य वी. पी. मण्डल की अध्यक्षता में एक पिछड़ा वर्ग आयोग का गठन (1977 ई.) किया । सरकार ने इस मण्डल कमीशन के समक्ष कुछ मुद्दे रखे—1. सामाजिक एवं शैक्षणिक पिछड़ेपन की कसौटियाँ निर्धारित करना, 2. पिछड़े वर्गों के विकास के लिए उपाय सुझाना, 3. केन्द्र, राज्य तथा केन्द्र शासित प्रदेशों में पिछड़े वर्गों के अपर्याप्त प्रतिनिधित्व की जाँच करना तथा, 4. समेकित रिपोर्ट तैयार कर प्रस्तुत करना। कसौटी तय करते समय मण्डल कमीशन ने यह मानक रखा कि आर्थिक दृष्टि से सम्पन्न होने के बावजूद यदि कोई वर्ग या समुदाय सामाजिक या शैक्षणिक रूप से पिछड़ा है तो वह पिछड़े वर्ग (एस. सी. एवं एस. टी. को छोड़कर) के अन्तर्गत आयेगा। कसौटी तय करते समय मण्डल आयोग ने जातियों को आधार बनाया तथा यह तथ्य प्रस्तुत किया कि देश की जनसंख्या का 52 प्रतिशत पिछड़े वर्ग के अन्तर्गत आता है। अत: इस 52 प्रतिशत आबादी को नौकरियों में आरक्षण दिया जाना आवश्यक है। इस कमीशन ने पिछड़े वर्ग के अन्तर्गत कुल 3,742 जातियों को सम्मिलित किया। मण्डल कमीशन के सुझाव के महत्वपूर्ण बिन्दु निम्नवत है—

1. अन्य पिछड़े वर्गों के लिए नौकरियों में 27 प्रतिशत आरक्षण दिया जाय।

2. 27 प्रतिशत का सिद्धान्त प्रोन्नति में भी लागू किया जाय।

3. अनुसूचित जातियों जनजातियों की तरह पिछड़े वर्गों को भी आयु सीमा में छूट दी जाय।

4. केन्द्र एवं राज्य सरकार, सार्वजनिक प्रतिष्ठान, बैंक, सरकारी सहायता प्राप्त किसी संस्थान, विश्वविद्यालय तथा महाविद्यालयों में आरक्षण लागू किया जाय। यह रिपोर्ट 1980 ई. में सरकार को सौंप दी गयी। 1982 ई. में संसद के दोनों सदनों में चर्चा के बाद इसे परीक्षण के लिए सचिवों की एक समिति के समक्ष प्रस्तुत कर दिया गया। 8 वर्ष बाद 1990 ई. में जनमोर्चा सरकार के प्रधानमन्त्री वी. पी. सिंह के द्वारा यह मण्डल कमीशन रिपोर्ट मन्त्रिमण्डल में रखी गयी तथा स्वीकार कर ली गयी। सरकार ने ओ. बी. सी. के लिए नौकरियों में 27 प्रतिशत आरक्षण की घोषणा की। 1991 में नरसिंह राव सरकार ने 25 सितम्बर, 1991 को एक अधिसूचना जारी कर 'क्रीमी लेयर' का प्रावधान किया तथा पिछड़े वर्गों में ग़रीबों को वरीयता दी। अपने लागू होने के समय से ही

'मण्डल रिपोर्ट' विवाद के घेरे में रहा। इसका व्यापक विरोध भी हुआ। अन्ततः यह मामला सुप्रीम कोर्ट पहुँचा। 5 नवम्बर 1992 में सर्वोच्च न्यायालय ने अपने फ़ैसलों में पिछड़े वर्गों के लिए 27 प्रतिशत आरक्षण को मंजूरी दे दी। न्यायालय के निर्णय के महत्त्वपूर्ण बिन्दु इस प्रकार थे— 1. पिछड़ापन को रेखांकित करने के लिए 'जाति' का आधार सही है, 2. किसी भी दशा में 50प्रतिशत से अधिक सीटों पर आरक्षण न हो, 3. पिछड़े वर्गों में सम्पन्न लोगों को आरक्षण न प्रदान किया जाय, 4. तकनीकी संस्थाओं की नौकरियों में आरक्षण न प्रदान किया जाय, 5. पदोन्नति में आरक्षण न दिया जाय, 6. क्रीमी लेयर को तय करने के लिए केन्द्र सरकार को निर्देश दिया गया, 7. केन्द्र एवं राज्य सरकारें, जातियों को पिछड़े वर्ग में सम्मिलित करने के लिए या बाहर करने के लिए आयोगों का गठन करें।

पिछड़े वर्ग को रेखांकित करने के लिए काका कालेलकर तथा मण्डल आयोगों ने जाति को आधार बनाया। कालेलकर का कथन था कि जाति भेद को इसी प्रकार से समाप्त किया जा सकता है, क्योंकि काँटे को निकालने के लिए काँटे से काम लेना पड़ता है। पिछड़े वर्ग के लोग जब आगे बढ़ जायेंगे तो यह व्यवस्था अपने आप समाप्त हो जायेगी। किन्तु इतना शीघ्र ऐसा होता नहीं दिखायी दे रहा। अम्बेडकर ने संविधान सभा में कहा था कि आरक्षण हर स्थिति में समयबद्ध होने चाहिए किन्तु आज आरक्षण का लाभ जिन्हें मिलना चाहिए वहाँ तक नहीं पहुँच पा रहा है। आरक्षण का लाभ पिछड़े वर्गों के अभिजन ही उठा पाते है, अति पिछड़ों की स्थिति वैसी ही रहती है। अनेक कारणों एवं तर्कों से पिछड़े वर्ग के इस आरक्षण का खण्डन भी किया जाता है। मसलन इसमें जाति को आधार बनाया गया, जातियों की पहचान की गयी किन्तु पिछड़े वर्गों की नहीं, जातियों का आगणन 1931 की जनसंख्या के आधार पर किया गया, रेखांकन की कसौटी वैज्ञानिक नहीं है आदि। किन्तु इन विरोधों के बावजूद आरक्षण का दर्शन उचित है तथा सामाजिक एवं शैक्षणिक रूप से पिछड़े वर्गों के लिए आवश्यक है। इसके पक्ष में भी अनेक तर्क दिये जा सकते है; जैसे-प्रत्येक प्रदेश में आरक्षण की कसौटी अलग-अलग है, गुजरात में राजपूत पिछड़े वर्ग की सूची में है जबकि वहाँ पटेल उस सूची में नहीं है। यादव हरियाणा की सूची में नहीं है जबकि उ.प्र., बिहार में पिछड़े वर्गों की सूची में सम्मिलित है। यह तर्क कि इससे प्रशासनिक अक्षमता पैदा होगी, उसी प्रकार का तर्क है जैसे ब्रिटिश लोगों द्वारा आज़ादी के प्रश्न पर भारतीयों के बारे में दिया जाता था। यह आरक्षण उसी तरह का प्रयास है जैसे एक पिता अपने पुत्रों में सबसे कमज़ोर पुत्र को विशेष

संरक्षण प्रदान करता है और अन्य भाई भी उसे सहयोग देते हैं। एक महत्त्वपूर्ण तथ्य है कि भारतीय समाज में हमेशा से ही जाति के द्वारा व्यक्ति की योग्यता एवं पात्रता तय की जाती रही है। इसी आधार पर, आवश्यक बुराई मानते हुए, आरक्षण द्वारा पिछड़े वर्गों को आगे लाना है। हाँ यह देखना कि आरक्षण का लाभ जिन्हें मिलना चाहिए उन्हें मिल रहा है या नहीं, यह दायित्व सरकारों का है।

# कृषक समुदाय की स्थिति

अंग्रेज़ों के आने के पूर्व भारत की अर्थव्यवस्था आदिम हल बैल तथा साधारण औजारों पर टिकी दस्तकारी पर निर्भर थी। गाँव आत्मनिर्भर होते थे। उपयोग की सारी वस्तुएँ गाँव में ही निर्मित होती थीं तथा वस्तु-विनिमय द्वारा उनका आदान-प्रदान होता था। केवल नमक ही एकमात्र वस्तु था जो गाँव के बाहर से आयात किया जाता था। ये आत्मनिर्भर गाँव सदियों से भारतीय अर्थव्यवस्था की मूल इकाई थे। सर चार्ल्स मेटकाक के शब्दों में, ''विदेशी आक्रमण हुए, राजवंश बदले, आपसी लड़ाइयों के बाद विभिन्न राज्यों के भूभागों का नया बँटवारा हुआ, नये राज्य बने और बिगड़े लेकिन आर्थिक इकाई के रूप में गाँवों की हैसियत ज्यों-की-त्यों रही।.... राजवंश लुढ़कते रहे, क्रान्तियाँ होती रही , हिन्दू, पठान, मुगल, मराठा, सिक्ख, अंग्रेज़ क्रमश: मालिक बने, लेकिन ग्राम समुदाय यथापूर्वक बने रहे।'' इस सम्बन्ध में ए. आर. देसाई लिखते हैं कि, ''सारा गाँव, गाँव की ज़मीन का मालिक होता था। ग्राम पंचायत गाँव की पूरी आबादी का प्रतिनिधित्व करती थी और जोत खण्डों के रूप में ज़मीन को किसान परिवारों के बीच बाँट देती थी। परिवार के सभी सदस्यों के सहयोग से और आदिम हल-बैल की मदद से प्रत्येक जोत-खण्ड में खेती होती थी। किसान परिवार को परम्परा से अपने-अपने जोत-खण्डों पर पैतृक अधिकार था।''

भारत में ज़मीन का स्वामित्व सदियों से ग्राम समुदाय के पास था। भूमि न वैयक्तिक सम्पत्ति थी, न राजा की सम्पत्ति थी न मध्यस्थों की थी। राजा या मध्यस्थ भूराजस्व या उत्पादन के एक निश्चित अंश पर ही दावा कर सकते थे। ग्राम समुदाय या पंचायत यह राजस्व किसानों से वसूलकर राजा के प्रतिनिधि तक पहुँचा देती थी। मध्यस्थों का आपसी संघर्ष गाँव से वसूले गये राजस्व के हिस्से को लेकर था, कृषि की उन्नति से उनका कोई लेना-

देना नहीं था। गाँव के लोगों की ज़रूरतें इस कृषि से पूरी हो जाती थी। मोटा-महीन खाना और मोटा-महीन पहनना, प्रकृति के क़रीब रहना, उत्सव मनाना यही गाँव का जीवन था। गाँव की महत्त्वाकांक्षाएँ बड़ी नहीं थी, पूँजीवाद और बाज़ारवाद का प्रभाव नहीं पड़ा था अत: ग्रामीण जीवन सीमित, संकुचित और उत्सवधर्मी था। सामूहिकता, सहकारिता, समुदायिकता उसकी विशेषता थी। वास्तव में ग्राम छोटे छोटे गणराज्य थे। गाँव की कृषि और लघु उद्योग निम्नस्तर के थे। वस्तुओं का उत्पादन अपने उपभोग के लिए होता था। गाँव में जो अधिशेष उत्पादन था वह साप्ताहिक हाटों में लाया जाता था। लोगों का व्यवसाय उनकी जाति पर पूर्णत: निर्भर था। बैलगाड़ी आवागमन का प्रमुख माध्यम थी। गाँव की इकाई व्यक्ति न होकर परिवार था। गाँवों का बाहरी दुनिया से कोई वास्ता नहीं था। ये गाँव द्वीप की तरह थे। तीर्थ, शादी-विवाह पर ही गाँव के लोग बाहर जाते थे। निम्न स्तर का आर्थिक जीवन एवं प्रकृति के सामने असहायता के कारण गाँव अन्धविश्वास, धार्मिक कर्मकाण्ड, प्रकृति की शक्तियों के समक्ष समर्पण, उत्सवधर्मिता के बीच धीरे-धीरे सरक रहा था।

यह कहा जा चुका है अंग्रेज़ों के पूर्व ग्राम समुदाय ही भूमि का वास्तविक स्वामी था। किसान का ज़मीन पर मालिकाना अधिकार न था। राजा भी भूमि का स्वामी नहीं होता था। भूराजस्व सामूहिक रूप से गाँव की ज़िम्मेदारी थी। गाँव का कारीगर स्वतन्त्र उत्पादक न होकर ग्राम समुदाय द्वारा नियुक्त जन सेवक जैसा था। श्रम विभाजन स्पष्ट नहीं था। कृषि केन्द्रित होने पर भी किसान परिवार सूत कातने, रस्सी बुनने जैसा अन्य काम भी कर लेता था। समाज की इकाई व्यक्ति नहीं बल्कि परिवार था। अलाउद्दीन खिलजी तथा अकबर जैसे सुल्तानों-बादशाहों ने कृषि सम्बन्धी सुधार अवश्य किये किन्तु आधारभूत कृषि सम्बन्धों में कोई मौलिक परिवर्तन नहीं हुआ। ज़मीन पर ग्राम समाज का परम्परागत अधिकार बना रहा। सत्ता का प्रतिनिधि तहसीलदार गाँवों से सामूहिक रूप से भू-राजस्व वसूल करता था और खजाने में जमा करवाता था। अंग्रेज़ों के आने के पूर्व तक गाँव की मिल्कियत ग्राम समुदाय के पास थी जो सरपंच के माध्यम से कृषि उत्पादन का निश्चित भाग भूमि कर के रूप में जमा करता था।

अंग्रेज़ों ने भूराजस्व व्यवस्था में आमूल परिवर्तन कर दिया। अब ज़मींदारी व्यवस्था (स्थायी बन्दोबस्त) तथा रैयतवारी व्यवस्था का जन्म हुआ। सर्वप्रथम 1793 ई. में लार्ड कार्नवालिस ने बंगाल, बिहार और

उड़ीसा में स्थायी बन्दोबस्त लागू किया और स्थायी रूप से ज़मींदारों को भूमिकर की वसूली का अधिकार दे दिया। पूर्व में जो तहसीलदार थे उन्हीं में से अधिकांश ज़मींदार हो गये। पहले उन्हें केवल भूराजस्व वसूल करने का अधिकार था, अब वे भूमि पर मिल्कियत का अधिकार भी हासिल कर लिए। यह मिल्कियत स्थायी थी तथा उन्हें एक निश्चित रकम ब्रिटिश खजाने में जमा करनी पड़ती थी। बाद में एक नयी व्यवस्था भी आजमायी गयी जिन्हें अस्थायी भूमि बन्दोबस्त कहा गया। इस व्यवस्था में भी ज़मींदार की मिल्कियत स्थायी किन्तु उनके द्वारा जमा किया जानेवाला भू-राजस्व पुनरीक्षित किया जा सकता था। इसका उद्‌देश्य था ब्रिटिश सरकार को अधिक लाभ पहुँचाना। एक तीसरी भूमि व्यवस्था भी थी जिसे रैयतवारी प्रथा कहा जाता है। यह प्रथा सर्वप्रथम 1820 ई. में सर टामस मुनरो (मद्रास का गर्वनर) द्वारा मद्रास प्रान्त में शुरू की गयी जिसे बाद में अन्य प्रान्तों में भी लागू किया गया। इससे ज़मीन की मिल्कियत ज़मींदार की जगह रैयत या किसान के पास थी। ज़मींदारी एवं रैयतवारी प्रथाएँ निजी या व्यक्तिगत मिल्कियत के सिद्धान्त पर आधारित थी। अंग्रेज़ों के आने के पूर्व निजी भू-स्वामित्व का सिद्धान्त प्रचलन में नहीं था। इस प्रकार देश के 20 प्रतिशत भूभाग (बंगाल, बिहार और उत्तरी मद्रास के कुछ हिस्से) पर स्थायी बन्दोबस्त, 30 प्रतिशत भूभाग (संयुक्त प्रान्त, पंजाब, मध्य प्रदेश, बंगाल और बंबई के कुछ हिस्से) पर अस्थायी बन्दोबस्त तथा 51 प्रतिशत भूभाग (बम्बई, सिंध, बरार, मद्रास, असम तथा अन्य हिस्सों) पर रैयतवारी बन्दोबस्त लागू किया गया।

नयी भू-व्यवस्था में ज़मीन निजी सम्पत्ति हो गयी तथा पण्य वस्तु की तरह प्रयोग होने लगी। अंग्रेज़ों के आने के पूर्व लगान फसल या उत्पादन का एक हिस्से के रूप में निर्धारित किया जाता था किन्तु अब वह ज़मीन पर आधारित होने लगा। भारत की प्राक ब्रिटिश भू-व्यवस्था सामन्ती प्रकृति की भी, अब उसका पूँजीवादी रूपान्तरण हुआ। यह आत्मनिर्भर, स्वपर्याप्त कृषि पर आधारित ग्राम समुदाय पर बहुत बड़ा आघात था जिसके दूरगामी परिणाम हुए। अब फसल चाहे अच्छी हो या बुरी ज़मीन पर आधारित निश्चित धनराशि रुपये में जमा किया जाना अनिवार्य था। किसान को राजस्व हर हाल में चुकाना होता था। यदि किसान किसी कारण भू-राजस्व नहीं चुका पाता तो अब वह ज़मीन को रेहन पर रखकर या बेचकर लगान चुकाता था। भारतीय इतिहास में पहली बार बाज़ार में बेचने के लिए उत्पादन शुरू हुआ। लगान के बोझ और महाजन के 'ऋण चुकाने के लिए

यह आवश्यक हो गया कि किसान बाज़ार के लिए उत्पादन करे। फलतः वह खास क़िस्म की फसले उगाने पर जोर देने लगा। कृषि व्यवस्था में परिवर्तन से कृषि सम्बन्धों में भी रुपान्तरण हुआ। ग्रामीण हस्तशिल्प भी बुरी तरह प्रभावित हुआ। अब हर चीज़ सस्ती दर पर बाज़ार में उपलब्ध थी। परिणामस्वरूप गाँव का दर्जी, नाई, कुम्हार, धोबी आदि का पेशा भी बाज़ार की जद में आया और उसका भी वाणिज्यीकरण हो गया। वन-क़ानूनों के बन जाने के बाद गाँव के बाहर वन भूमि एवं चारागाहों के निःशुल्क उपभोग का अधिकार भी जाता रहा। अब वन राजकीय सम्पत्ति हो गये। एक प्रकार से आत्मनिर्भर सामन्ती ग्राम-व्यवस्था का विनाश अनिवार्य एवं प्रगतिशील कार्य था।

इस नयी भूमि व्यवस्था के अच्छे और बुरे दोनों परिणाम हुए। अच्छे परिणामों में कृषि के संकीर्ण चरित्र की जगह राष्ट्रीय चरित्र का उद्‌भव, वैज्ञानिक-मशीनी खेती का प्रयोग, व्यक्ति के कृषि अधिकारों का निर्धारण, सुसम्बद्ध जोतों की स्थापना, तकनीकी विकास, ग्रामीण जड़ता की समाप्ति, कृषि का वाणिज्यीकरण आदि रूपान्तरण दिखायी देते हैं। किन्तु इससे यह अर्थ निकालना कि किसानों की स्थिति में सुधार हुआ और वे सम्पन्न हुए, पूर्णतः बेमानी है। क्रमशः किसानों की दरिद्रता और 'ऋणग्रस्तता बढ़ती गयी, उनके भूस्वामित्व का अपहरण होता गया और उनकी स्थिति खराब होती गयी। ज़मीन के निजी स्वामित्व तथा उसके पण्य वस्तु बनते ही परिवारों का अपघटन शुरू हुआ। जोतों का विभाजन, उपविभाजन का सिलसिला शुरू हो गया तथा यह प्रवृत्ति क्रमशः बढ़ती गयी। कृषि का वाणिज्यीकरण होने से किसान मण्डी एवं व्यापारियों पर निर्भर होता गया। व्यापारी और महाजन किसान को शिकारी की तरह देखने लगे। भारतीय कृषि 'मानसून का जुआ' होने के कारण अतिवृष्टि, अनावृष्टि तथा अन्य कृषि संकटों से जूझती रही और किसान तंगहाली से गुजरता रहा। बढ़ती 'ऋणग्रस्तता तथा महाजनी चंगुल में फँसते जाने के कारण किसानों की बेदखली की घटनाएँ भी बढ़ती गयीं। इस सम्बन्ध में रायल कमीशन आफ एग्रीकल्चर (1928 ई.) की रिपोर्ट उल्लेखनीय है— "भारतीय किसान प्रायः लाभ और प्रतिफल के लिए नहीं; वरन जीवन निर्वाह के लिए खटता था। भूमि की अति संकुलता, जीवन निर्वाह के वैकल्पिक साधनों एवं अपनी दुर्दशा से बचने के उपायों की कमी इन सबके कारण कहीं भी, किसी भी शर्त पर फ़सल उगाने को किसान लाचार था। खाद्य सामग्री के लिए उसे मिन्नत चिरौरी करनी पड़ती है। यद्यपि जितनी उसकी चल-अचल सम्पत्ति

है, उससे अधिक उस पर महाजन का 'ऋण है, जहाँ उसकी ज़मीन महाजन के हाथ में चली गयी है, वहाँ किसी भी क़ायदे क़ानून से उसकी ज़रूरतें पूरी नहीं हो सकतीं, काश्तकारी का कोई भी क़ानून उसकी रक्षा नहीं कर सकता। (भारतीय राष्ट्रवाद की सामाजिक पृष्ठभूमि – ए. आर. देसाई, पृ. 49)।

ऋणग्रस्तता के कारण किसान धीरे-धीरे कृषि दास बनकर रह जाता था। भारत में नयी कृषि दासता के सम्बन्ध में रायल कमीशन ऑफ एग्रीकल्चर ने टिप्पणी की है— "आर्थिक दासता किस हद तक पहुँच गयी और साहूकार की पकड़ कितनी मजबूत है इसके दो उदाहरण दिये जा सकते हैं। बिहार और उड़ीसा में 'कमिऔटी' नाम की प्रथा प्रचलित थी यह व्यवहारतः कृषि दासों द्वारा खेती की प्रथा है। कमिया लोग अपने मालिक के बाँधे हुए नौकर हैं, 'ऋण के मूल पर जो सूद आता है इसके एवज में उन्हें सारे भृत्योचित काम करने पड़ते हैं। ज़मींदार की निजी ज़मीन पर खेती के लिए जो मज़दूर बहाल होते हैं, उन्हें सबसे पहले काम के लिए हाजिर होना पड़ता है। इस तरह अग्रिम राशि इसी शर्त पर दी जाती थी कि कृषि सम्बन्धी काम के लिए मज़दूर के बुलाने पर तुरन्त आ जाय। ऐसे मज़दूर जिन दिनों अपने साहूकार के लिए काम करते हैं उन दिनों के लिए उन्हें अन्न राशि मज़दूरी के रूप में मिलती है। इस प्रथा में कमिया लोगों का अधःपतन अवश्यभावी है...कमिया अपनी मज़दूरी के लिए मोल-तोल नहीं कर सकता है... ठेकेदार सड़क की मरम्मत के लिए निर्बंध मज़दूर को जो मज़दूरी देता है उसकी सिर्फ़ एक तिहाई मज़दूरी ही कमिया को दी जाती है... जो समय बच जाता है उसमें काम करके कभी-कभी कुछ पैसे जमा कर लेता है। इसके अतिरिक्त और कभी उसे पैसा देखने को भी नहीं मिलता। अतः इस बात की कोई उम्मीद नहीं कि वह अपनी क़र्ज़ की मूल राशि चुकाकर कभी भी स्वतन्त्र हो सकता है। कमिऔटी का शर्तनामा सारी ज़िन्दगी के लिए दण्डाज्ञा है।" (भारतीय राष्ट्रवाद की सामाजिक पृष्ठभूमि – ए. आर. देसाई, पृ. 50)

वर्तमान में कृषक समाज की जो भी समस्याएँ हैं वे सभी अंग्रेज़ों की औपनिवेशिक कृषि नीति का ही परिणाम है। गुन्नार मिर्डल के अनुसार यह औपनिवेशिक नीति और कुछ न होकर किसान को पिछड़ा हुआ और ग़रीब बनाये रखने की नीति थी। जबकि अंग्रेज़ों का तर्क था कि भारतीय किसान इसलिए ग़रीब हैं क्योंकि वह उत्सवों-त्योहारों में अपव्यय करता है, उसके रीति-रिवाज बहुत खराब है, उसकी जनसंख्या अधिक है तथा

भूमि पर अतिरिक्त वजन है। संयुक्त परिवार प्रथा तथा जाति-व्यवस्था को भी अंग्रेज़ों ने किसानों की समस्या का महत्त्वपूर्ण कारक माना। किन्तु यह सच नहीं है। वस्तुतः औपनिवेशिक कृषि नीति, ज़मींदारी व्यवस्था, महाजनों के शोषण के कारण भारतीय किसान दरिद्र और 'ऋणग्रस्त होता गया, उसकी ज़मीन ज़मींदारों, साहूकारों और महाजनों के हाथ में जाने लगी और वह खेतिहर मज़दूर बनता चला गया। हाँ, इतना ज़रूर हुआ कि कृषि अब राष्ट्रीय विषय बन गयी और कालान्तर में कृषि को राष्ट्रीय स्तर पर समृद्ध करने की दिशा में भी प्रयास होने लगे।

ब्रिटिश काल में सरकार और किसान के बीच कई मध्यस्थ थे। ब्रिटिश रियासतों में इसे ज़मींदार कहते थे और देशी रियासतों में जागीरदार कहा जाता था। आज़ादी के पश्चात् कृषि क्षेत्र के मध्यस्थों, ज़मींदारों-जागीदारों को समाप्त करने का निर्णय लिया गया। कृषि को संविधान की समवर्ती सूची में रखा गया। अर्थात् केन्द्र सरकार और राज्य सरकार दोनों कृषि विषय पर क़ानून बना सकती थी किन्तु विवाद की स्थिति में केन्द्र सरकार का क़ानून प्रभावी होगा। कृषि क्षेत्र में आज दो प्रकार के काश्तकार दिखायी देते हैं—भूस्वामी तथा ग़ैर भूस्वामी। भूस्वामी काश्तकारों की तीन श्रेणियाँ हैं—बड़े भूस्वामी, मध्यम भूस्वामी तथा निम्न भूस्वामी। इसी प्रकार ग़ैर भू-स्वामी भी दो प्रकार के हैं—बटाईदार तथा खेतिहार मज़दूर। खेती करने वालों में लगभग एक तिहाई खेतिहर मज़दूर हैं।

आज़ादी के पश्चात् प्रायः सभी प्रान्तीय सरकारों ने भूमि सुधार कार्यक्रम लागू किये। भूमि सुधार कार्यक्रमों का उद्‌देश्य है कि भूमि का उचित आबण्टन हो। आज़ादी की लड़ाई के समय ही यह बात भारतीय राजनेताओं के जेहन में थी कि आज़ादी के पश्चात् भूमि का उचित बँटवारा किया जायेगा। नेहरा ने कांग्रेस के कई सम्मेलनों में इस आशय की घोषणा कई बार की थी। विनोबा भावे कहा करते थे कि भूमि ईश्वर की देन है और इस पर सभी का समान अधिकार है तथा इसे जन जन में समान रूप से बाँटा जाना चाहिए। आज़ादी के पश्चात् राज्यों ने भूमि सुधार सम्बन्धी जो क़ानून बनाये उनका उद्‌देश्य प्रायः निम्नलिखित रूप में है—

1. भूमि का पुनर्वितरण किया जाय ताकि भारतीय समाज में समाजवादी व्यवस्था को कायम किया जाय ताकि भूमि स्वामित्व की असमानता कम हो।

2. भूमि की हदबन्दी की जाय अर्थात् अधिकतम सीमा निर्धारित किया जाय और उस सीमा से अधिक भूमि का बँटवारा सीमान्त और भूमिहीनों में किया जाय।

3. ज़मींदारी व्यवस्था का उन्मूलन किया जाय।

भूमि सुधार के उद्देश्यों को हासिल करने में भारतीय समाज पूरी तरह चूक गया। भूमि सुधार के जो क़ानून बनाये गये उन्हें पूरी तरह लागू नहीं किया जा सका। परिणामस्वरूप भूमि सम्बन्धी असमानता बढ़ती गयी। आज भी कुल काश्तकारों का 51 प्रतिशत सीमान्त कृषक हैं तथा उनकी संख्या क्रमश: बढ़ती जा रही है। दूसरी ओर 20 एकड़ से अधिक के स्वामित्व वाले कृषकों की संख्या मात्र 5 प्रतिशत है और ये कुल कृषि भूमि के 14 प्रतिशत के स्वामी हैं। रिजर्व बैंक के एक आँकड़े के अनुसार 1981 में सबसे ग़रीब किसानों के पास मात्र 0.4 प्रतिशत भूमि थी जबकि बड़े किसानों के पास 49.5 प्रतिशत ज़मीन थी। इससे स्पष्ट है कि भूमि सुधार के कार्यक्रम पूर्णत: असफल रहे हैं। इसके विपरीत चीन ने भूमि सुधारों को सफलता पूर्वक लागू करके एक बड़ा लक्ष्य हासिल किया है।

आज़ादी के 70 वर्ष बाद भी भूमि सुधार एक अहम् सवाल बना हुआ है। राष्ट्रीय प्रतिचयन सर्वेक्षण की एक रिपोर्ट (2006) के अनुसार 95.65 छोटे एवं सीमान्त श्रेणी के किसान कुल कृषि भूमि के 62 प्रतिशत भूमि के मालिक हैं जबकि 3.5 प्रतिशत मध्यम और बड़ी श्रेणी के किसान 37.72 प्रतिशत भूमि के मालिक हैं। एक व्यापक वर्ग ऐसा भी है जिनके पास निवास या घर बनाने के के लिए भी ज़मीन नहीं है और वे बंजारों की तरह जीवन जीने के लिए मजबूर हैं। औद्योगीकरण व विकास परियोजनाओं के लिए कृषि भूमि का व्यापक हस्तान्तरण भी एक गम्भीर चिन्ता का विषय है। पिछले दो दशकों में लगभग 7,50,000 एकड़ भूमि खनन एवं खदानों के लिए तथा 2,50,000 एकड़ भूमि औद्योगिक परियोजनाओं के लिए हस्तान्तरित की जा चुकी है।

वर्ष 2007 में एकता परिषद् तथा सहयोगी संगठन द्वारा जनादेश पदयात्रा के पश्चात् भारत सरकार से निर्णायक बातचीत के क्रम में भूमि सुधारों में अपूर्ण कार्य सम्बन्धी समिति (2008 ई.) का गठन किया गया। इस समिति ने भारत के 18 राज्यों के भ्रमण के पश्चात् 'राष्ट्रीय भूमिसुधार नीति' का विस्तृत प्रारूप तैयार किया। राष्ट्रीय समिति की सात उपसमितियाँ गठित की गयीं। उपसमितियों ने व्यापक बहस और क़ानून बनाने के लिए निम्नलिखित बिन्दुओं को सामने रखा—1. भूमि हदबन्दी और भूमि का

आबण्टन, 2. भूदान भूमि , 3. बटाईदारी क़ानून और भूमि सुधार, 4. आवास और आवासीय भूमि , 5. वन भूमि , 6. आदिवासी भूमि अलगाव, 7. आदिवासी भूमि अलगाव और पंचायत विस्तार अधिनियम (1996), 8. शासकीय भूमि , 9. घुमन्तू जातियों के भू-अधिकार, 10. महिलाओं के भूमि अधिकार, 11. सामुदायिक भूमि संसाधन, 12. कृषि भूमि का ग़ैर कृषि प्रयोजन हेतु परिवर्तन, 13. ऊसर भूमि व सरकारी भूमि , 14. भूमि उपयोग तथा पर्यावरण, 15. अनुसूचित जातियों के अधिकार, 16. भूमि प्रबन्धन, 17. उत्तर पूर्व क्षेत्र में भूमि सुधार, 18. भूमि सुधार हेतु सम्भावित कार्यक्रम, 19. भूमि सुधार हेतु प्रस्तावित प्रबन्धन।

भूमि सुधारों का परिणाम न मिलने से कृषक वर्ग में असन्तोष का उभरना स्वाभाविक है। भारतीय किसान की नियति है कि वह अपने गाँव में पैदा होता है, खेती बाड़ी करता है और वहीं मर जाता है जिसकी ख़बर दूर तक नहीं पहुँचती। उसके जीवन में कोई व्यापक बदलाव नहीं आता है। कृषि की असमानता का आलम यह है कि गाँव में ही कुछ किसान यन्त्रों के माध्यम से कृषि करते हैं वहीं कुछ कृषक आज भी आदिम हल बैल के सहारे जूझ रहे हैं। क्षेत्रीय असमानता भी बहुत अधिक है। जहाँ कुछ क्षेत्रों में कृषि काफ़ी विकसित हो चुकी है वहीं कुछ क्षेत्र में व्यापक असन्तोष विद्यमान है। यह असन्तोष ब्रिटिश काल में भी था। इसी असन्तोष का परिणाम था कि ब्रिटिश काल में चम्पारण सत्याग्रह (1917), खेड़ा सत्याग्रह (1918), एका विद्रोह (मदारी पासी के नेतृत्व में 1921-22), वारदौली आन्दोलन (1927), तेभागा आन्दोलन (1946) जैसे कृषक आन्दोलन फूट पड़े। 1926 ई. में स्वामी सहजानन्द ने बिहार में किसान सभा का गठन किया तथा उसके दस वर्ष बाद 1936 ई. में अखिल भारतीय किसान सभा का गठन हुआ जिसकी पहली बैठक 1936 में ही जयप्रकाश नारायण की अध्यक्षता में लखनऊ में आयोजित हुई।

आज़ादी के बाद भी किसानों का असन्तोष कम नहीं हुआ है। आज़ादी के बाद पहला आन्दोलन हैदराबाद राज्य में हुआ जिसे तेलंगाना आन्दोलन कहा गया। यह 1948 ई. में शुरू हुआ और 1952 ई. तक चला। यह आन्दोलन जागीरदारी व्यवस्था के प्रति विद्रोह था। बेगार और शोषण के विरुद्ध इस आन्दोलन का नेतृत्व कम्युनिस्ट तथा समाजवादी दलों ने किया। ग़रीब किसानों ने सशस्त्र गुरिल्ला युद्ध के माध्यम से जागीरदारों एवं निजाम शाही सत्ता से शक्तिशाली प्रतिरोध किया। 1949 में निजामशाही के विलय के पश्चात् भारत सरकार की पहल से 1952 में यह आन्दोलन समाप्त हुआ

तथा जागीरदारी व्यवस्था समाप्त कर दी गयी। इसी प्रकार पश्चिम बंगाल में दार्जिलिंग के सिलीगुड़ी परगना स्थित नक्सलबाड़ी गाँव में 1967 ई. में नक्सलबाड़ी आन्दोलन शुरू हुआ। यह आन्दोलन चारु मजूमदार और नागभूषण पटनायक के नेतृत्व में साहूकारों और भूस्वामियों के विरुद्ध था। यह आन्दोलन भी हिंसात्मक था तथा 1971 ई. तक चला। इसी प्रकार के कृषक आन्दोलन तमिलनाडु, महाराष्ट्र तथा अन्य प्रान्तों में भी शुरू हुए। इन आन्दोलनों के फलस्वरूप अनेक कृषक संघों का जन्म हुआ जैसे तमिलनाडु में सी. नारायण नायडू के नेतृत्व में 'इण्डियन फारमर्स ऐण्ड ट्रवाइलर्स पार्टी' (1982), महाराष्ट्र के. एम. जी बोकड़े के नेतृत्व में 'महाराष्ट्र कपास उत्पादक शेतकारी संघ' (1972), पंजाब में खेतीबाड़ी ज़मींदार यूनियन (K.J.D.U., 1972), भारतीय किसान यूनियन (B.K.U., 1998) आदि। भारतीय किसान यूनियन ने उत्तर भारत में किसानों की आवाज़ उठाने का महत्त्वपूर्ण कार्य किया जबकि दक्षिण भारत में कोई शक्तिशाली किसान संघ गठित नहीं हो सका।

विनोबा भावे के भूदान आन्दोलन, हरित क्रान्ति, पंचवर्षीय योजनाओं, बीस सूत्री कार्यक्रम, एकीकृत ग्रामीण कार्यक्रम (IRDP), ग़रीबी हटाओ तथा अन्त्योदय कार्यक्रमों के माध्यम से किसानों की समस्याओं का समाधान करने की कुछ कोशिशें की गयी किन्तु अभी भी भारतीय किसान समाधान के ठोस उपायों की प्रत्याशा में आज भी जी रहे हैं।

# जनजातीय समाज का सच

जिसे हम आदिवासी, वन्य जाति, गिरिजन, अरण्यवासी आदि नामों से जानते हैं उसी वर्ग को भारतीय संविधान 'अनुसूचित जनजाति' के नाम से सम्बोधित करता है। यह समाज देश की कुल जनसंख्या का लगभग 8.6 प्रतिशत है। 2011 की जनगणना के अनुसार भारत में आदिवासियों की जनसंख्या 10.43 करोड़ थी, जो इंग्लैण्ड की कुल जनसंख्या के बराबर थी। जनजातियों की संख्या के आधार पर अफ्रीका महाद्वीप के बाद भारत दूसरे स्थान पर है। जनसंख्या के हिसाब से सबसे ज़्यादा आदिवासी मध्य प्रदेश में (1.7 करोड़) तथा जनसंख्या प्रतिशत के हिसाब से सर्वाधिक मिजोरम (94.4 प्रतिशत) राज्य में है। संघीय राज्यों में सर्वाधिक प्रतिशत लक्षद्वीप (94.8 प्रतिशत) का है। भारत में लगभग 461 जनजातीय समूहों की पहचान की गयी है जिनमें सर्वाधिक संख्या गोंड़ जनजाति की है जो लगभग 36 लाख है, ये कुल जनजातीय जनसंख्या का 55.3 प्रतिशत है। दूसरा स्थान भील जनजाति को है। भौगोलिक दृष्टि से जनजातियों केा 4 क्षेत्रों में बांटा गया है—

1. हिमालय क्षेत्र– यह क्षेत्र जम्मू कश्मीर से लेकर मेघालय, मणिपुर, त्रिपुरा तक फैला हुआ है। (11 प्रतिशत)

2. मध्यक्षेत्र– मध्यप्रदेश, बंगाल, बिहार, उड़ीसा। (57 प्रतिशत)

3. पश्चिमी भारत– राजस्थान, गुजरात, महाराष्ट्र। (25 प्रतिशत)

4. दक्षिण भारत– आन्ध्र प्रदेश, कर्नाटक, केरल, तमिलनाडु, लक्षद्वीप, अण्डमान निकोबार। (7 प्रतिशत)

भारतीय जनजातियाँ विभिन्न प्रजातीय समूहों से सम्बन्धित हैं। इन प्रजातीय समूहों में प्रोटो आस्ट्रोलायड, मंगोलियन तथा नेग्रीटो प्रमुख है। भाषाई आधार पर उन्हें तीन समूहों में विभाजित किया जाता है – आस्ट्रिक (सन्थाल, मुण्डा, भूमिज आदि), द्रविड़ (ओराव, टोण्डा, चैचू आदि) तथा चीनी-तिब्बती (गारों, भूटिया आदि)। धार्मिक दृष्टि से जनजातीय आबादी का 89 प्रतिशत हिन्दू, 5.5 प्रतिशत

ईसाई, 0.3 प्रतिशत बौद्ध, 0.2 प्रतिशत मुस्लिम तथा 5 प्रतिशत अन्य धर्मों को मानने वाले हैं।

अंग्रेज़ी में जिसे 'ट्राइब्स' तथा 'इण्डिजेनस' कहा गया उसी समूह को भारतीय संविधान में 'अनुसूचित जनजाति' कहा गया है। इस पद का प्रथम प्रयोग ब्रिटिश सरकार द्वारा किया गया था। सन् 1874 ई. में अंग्रेज़ी हुकूमत ने अनुसूचित क्षेत्र अधिनियम पारित किया जिसके द्वारा आदिवासी समूहों के लिए अनुसूचित जनजाति श्रेणी कहा गया। 1919 ई. के (माण्टेग्यू चेम्सफोर्ड रिफार्म पर आधारित) अधिनियम द्वारा जनजातीय क्षेत्रों को पृथक् क्षेत्र की मान्यता दी गयी तथा 1935 के अधिनियम द्वारा इन लोगों के लिए स्थानों का आरक्षण दिया गया। स्वतन्त्रता के बाद 1950 में आदिवासी समूहों की संख्या 212 थी जो आज 461 हो चुकी है।

आदिवासी या जनजातीय समूह वे समूह है जो सभ्यता की दौड़ में पीछे रह गये। ये लोग आज भी प्रकृति की गोद में जीवन जीते हैं तथा आदिम संस्कृति में सहजता महसूस करते हैं। इनका रहन सहन मुख्य धारा के रहन सहन से अलग आदिम क़िस्म का है। ये अधिकांशतः पहाड़ों या जंगलों में रहते हैं। प्रकृति के अनुसार जीवन जीने के अभ्यस्त होते हैं। वे इस देश के मूल निवासी हैं जो आर्यों से पहले से इस देश की भूमि पर रहते आये हैं। कृषि और पशुपालन इनका मुख्य पेशा है। ये आदिम तरीक़े से कृषि करते हैं जो केवल आत्मनिर्वाह के लिए होती है। ये बिल्कुल अलग रहना चाहते हैं तथा किसी भी बाहरी हस्तक्षेप को सहन नहीं कर सकते हैं। किसी भी परिवर्तन के विरोधी है तथा बिल्कुल यथा स्थितिवादी हैं। हाँ इतना ज़रूर है कि मुख्यधारा की कुछ चीज़ों को अनायास ही अपनाते रहते हैं। ये समूह हिन्दू वर्ण-व्यवस्था के बाहर है। वे स्वयं को हिन्दू नहीं मानते अतः उनमें जाति और धर्म-वर्ण जैसी कुरीतियाँ नहीं है। एक आँकड़े के अनुसार (के. एस. सिंह के सर्वेक्षण के आधार पर) आदिवासियों की जनसंख्या का केवल 11.8 प्रतिशत लोगों ने वर्ण-व्यवस्था को स्वीकार किया है। यह सर्वेक्षण भी बहुत प्रमाणिक नहीं है।

प्रत्येक जनजातीय समूह के रहन सहन, पहनावा, खान-पान, वैवाहिक नियम, व्यक्तिगत सम्पत्ति, अन्तर्विवाह के तरीक़े अलग-अलग होते हैं। इन्हीं विशेषताओं के आधार पर ही एक आदिवासी समूह दूसरे आदिवासी समूह से पृथक् होता है। धार्मिक आधार पर जनजातियाँ मुख्यतः जीववादी विश्वासों को मानने वाले लोग हैं। जीवात्मवादी विश्वास के अनुसार सभी जड़ और चेतन में स्थायी या अस्थायी रूप से आत्मा होती है, सभी कार्य आत्माएँ ही संचालित करती हैं तथा मनुष्य जीवन पर उन्हीं का अधिकार होता है। जादू-टोने के द्वारा आत्माओं को नियन्त्रित किया जा सकता है। वे भूत प्रेत आदि विकृत आत्माओं में विश्वास करते हैं।

जनजातीय समाज अनेक समस्याओं से ग्रस्त है। वे आज भी मुख्य समाज धारा से अलग जंगलों और पहाड़ों में सिमटे हैं तथा आदिम जीवन जीने के लिए मजबूर हैं। जो कृषि से जुड़े हैं, उनकी कृषि आदिम तरीक़े से होती है। आज भी उनके निर्वाह का तरीक़ा शिकार या भोजन संग्रह का है। जनजातीय स्वास्थ्य की स्थिति अत्यन्त दयनीय है। अधिकांश कुपोषण के शिकार है। ये ग़रीबी रेखा के नीचे जीवन जीने के लिए अभिशप्त हैं। चिकित्सा सुविधाएँ उनकी पहुँच से बाहर हैं। अत: उनकी जन्मदर और मृत्युदर दोनों अधिक है। जनजातियाँ अति अशिक्षित और निरक्षर हैं। उनकी अर्थव्यवस्था अभी निर्वाह तक सीमित है। उनमें ग़रीबी, 'ऋणग्रस्तता की समस्या बहुत गम्भीर है। बड़े उद्योगों, बाँधों आदि के निर्माण से उनके विस्थापन और पुनर्वास की गम्भीर समस्याएँ उत्पन्न हुई हैं। उनकी सबसे बड़ी समस्या है मुख्य धारा की गतिविधियों की नकल अर्थात् उनका सामाजिक, आर्थिक परिवर्तन। इस सामाजिक आर्थिक परिवर्तन से उनमें संक्रमण की गम्भीर स्थिति बनी हुई है। उनकी व्यवस्था में किसी भी बाहरी हस्तक्षेप से उनमें गहरा असन्तोष पैदा होता है।

समाज की मुख्यधारा के हस्तक्षेप के कारण जनजातीय क्षेत्रों में अनेक आन्दोलन भी ब्रिटिश काल में ही शुरू हो चुके थे। इन आन्दोलनों की प्रकृति रूढ़िवादी तथा प्रतिक्रियावादी थी। ये अपनी संस्कृति के हस्तक्षेप के विरुद्ध शुरू हुए यथास्थितिवादी आन्दोलन थे। ये आन्दोलन कृषि, वन, संस्कृति में बाहरी लोगों के हस्तक्षेप तथा उनके शोषण के फलस्वरूप उभरे थे। इन आन्दोलनों ने कोल विद्रोह (1795 एवं 1831 ई.), कोन्ध विद्रोह (1817 ई.) गारो-खासी विद्रोह (1829 ई.), कछारी विद्रोह (1839 ई.) नागा विद्रोह (1844 एवं 1879 ई.) उफला विद्रोह (1875 ई.) गोंड विद्रोह (1886 ई.), मुण्डा विद्रोह (1889 ई.) तथा मिजो विद्रोह (1910 ई.) उल्लेखनीय है। सुरजीत सिन्हा ने पाँच प्रकार के जनजातीय आन्दोलन बतायें हैं:—

1. 18वीं, 19वीं शताब्दी के दौरान ब्रिटिश काल में नृजातीय (ethnic) विद्रोही आन्देालन जैसे मुण्डा आन्दोलन (वीरसा मुण्डा के नेतृत्व में), 1932 के कोल विद्रोह, 1857-58 का संथाल विद्रोह, 1880 के बाद के दशक में नागा विद्रोह।

2. उच्च हिन्दू जातियों से प्रतिस्पर्द्धा करते हुए सुधारात्मक आन्दोलन, आरावों में भगत आन्दोलन, भूमिजों का वैष्णव आन्दोलन, संथालों में खेरवार आन्दोलन।

3. स्वातन्त्र्योत्तर काल में भारतीय संघ के भीतर जनजातीय राज्यों के लिए राजनैतिक आन्दोलन जैसे छोटा नागपुर तथा उड़ीसा में झारखण्ड आन्दोलन, असम व मध्यप्रदेश में पहाड़ी राज्य आन्दोलन।

4. पृथक्कतावादी आन्दोलन जैसे नागा और मिजो आन्दोलन।

5. कृषि अशान्ति से सम्बन्धित आन्दोलन जैसे नक्सलबाड़ी (1967) तथा विरसादल आन्दोलन (1968)

जनजातीय समस्याओं के समाधान के लिए ब्रिटिश सरकार ने ईसाई मिशनरियों के सहयोग से आदिवासी क्षेत्रों में स्कूल अस्पताल आदि खोले। किन्तु उनका मुख्य उद्देश्य आदिवासियों को ईसाई बनाना था। फलत: आदिवासी इस औपनिवेशिक शासन में एकाकीपन के शिकार बने रहे। आज़ादी के पश्चात् भारतीय सरकार ने आदिवासियों के लिए संवैधानिक दिशा निर्देशों के क्रम में कई प्रावधान किये। भारतीय संविधान के अनुच्छेद 46 में अनुसूचित जनजातियों को अन्य कमज़ोर वर्गों के साथ आर्थिक संरक्षण प्रदान किया गया है। नेहरू ने आदिवासियों के विकास के लिए पंचशील अर्थात् पाँच सिद्धान्त दिए– 1. आदिवासियों पर बहुसंख्यक संस्कृति न थोपना तथा उनकी परम्परागत संस्कृति को प्रोत्साहन देना। 2. भूमि और वनों पर आदिवासी अधिकारों को मानना। 3. आदिवासी नेताओं को प्राविधिक कर्मियों के द्वारा प्रशासनिक व विकास कार्यक्रमों का प्रशिक्षण देना। 4. आदिवासी क्षेत्रों को अधिक प्रशासन से दूर रखना तथा 5. मानव चरित्र के विकास के आधार पर परिणामों का आंकलन करना, धन के आधार पर नहीं। 1860 ई में यू. एन. ढेबर की अध्यक्षता में अनुसूचित जनजाति आयोग का गठन किया गया। पंचवर्षीय योजनाओं में आदिवासियों के लिए कई विकास कार्यक्रम चलाए गये जिनका मुख्य उद्देश्य था उनका आर्थिक सुधार तथा उनके जीवन स्तर को सुधारना, उनका पुनर्वास करना, उनके लिए शिक्षण-प्रशिक्षण कार्यक्रम आयोजित करना, स्त्री-बच्चों के लिए विशेष कार्यक्रम चलाना तथा उनके लिए घरेलू एवं लघु उद्योगों का प्रशिक्षण देना।

जनजातीय क्षेत्रों के विकास के लिए केन्द्र सरकार ने तीन उपागम अपनायें है— 1. जनजाति उपयोजना क्षेत्र (Tribal Sub Plan Area), 2 माडा (MADA) अर्थात् मोडिफाइड एरिया डेवलपमेण्ट एजेन्सी तथा 3 स्पेशल प्रोजेक्ट फार प्राइमिटिक ट्राइब्स। इन तीन उपागमों द्वारा राज्य सरकारें केन्द्र सरकार के सहयोग से जनजाति विकास के कार्यक्रम लागू कराती हैं। राज्य के किसी क्षेत्र में यदि कुल जनसंख्या का 50 प्रतिशत जनजातीय जनसंख्या है तो राज्य उस क्षेत्र को 'अनुसूचित क्षेत्र' घोषित करते हुए आदिवासियों के विकास की योजनाएँ लागू करता है।

सरकारी योजनाओं तथा आन्तरिक एथनिक प्रक्रिया द्वारा आदिवासी समाज में क्रमिक परिवर्तन आना स्वाभाविक है। अनुसूचित जातियों की तरह जनजातीय समाज का संस्कृतिकरण एक सामाजिक प्रक्रिया है। सामाजिक धार्मिक आन्दोलनों के माध्यम से आदिवासी समाज धीरे-धीरे बदलाव के दौर से गुज़र रहा है। शहरीकरण एवं औद्योगीकरण का भी उन पर प्रत्यक्ष अप्रत्यक्ष प्रभाव पड़ता रहा है। रोज़गार की तलाश में आदिवासी युवक नगरों की ओर भाग रहे हैं। उनके माध्यम से नगरीय तत्त्व आदिवासी समाजों में न चाहते हुए भी प्रवेश करते रहते हैं। इन प्रभावों के माध्यम से उनके समाज में भी स्तरीक़रण का वर्ग-विभाजन पैदा हुआ है। उनके समाज में

भी अमीर कृषक, मध्यम कृषक, ग़रीब कृषक तथा कृषि मज़दूर जैसे स्तरीक़रण पैदा हो चुके हैं। सरकारी योजनाओं का लाभ अमीर एवं मध्यम श्रेणी के आदिवासी ही उठा पाते हैं। परिणामस्वरूप उनमें ग़ैर बराबरी की खाई भी बढ़ती जा रही है। उनमें उपभोक्तावाद, अभिजन का उदभव, उद्यमी और व्यापारी वर्ग का जन्म जैसी स्थितियाँ भी पैदा हो रही हैं। यह सब उनके परिवर्तन, विकास और मुख्यधारा में जुड़ने का संकेत दे रहा है, किन्तु उनके बीच आर्थिक-सामाजिक खाईं भी बढ़ती जा रही है, यह चिन्ता का विषय है। वे अपने उद्योगों-सूअर पालन, मुर्गी पालन, मछली पालन, कुटीर उद्योगों के लिए साहूकारों के क़र्ज़ पर निर्भर करते हैं अत: उनका शोषण भी बदस्तूर जारी है। विकास और पहचान को बनाये रखने के द्वन्द्व में उलझा आदिवासी समाज आज दोराहे पर है। वे संक्रमणकालीन स्थितियों में जीने के लिए बाध्य हैं। किन्तु विकास और परिवर्तन का रास्ता संक्रमण से ही गुजरता है।

# राष्ट्रीय अस्मिता : यक्ष प्रश्न

लोकतन्त्र पूँजीवाद की आत्मा है और उदारवाद उसकी जीवनी शक्ति है। इन्हीं दो विचारधाराओं के सहारे पूँजीवाद ने अपना विस्तार किया है। सामन्तवादी एवं मध्यकालीन विकृतियों के निदान में पूँजीवाद की महत्ता को नकारा भी नहीं जा सकता। पूँजीवाद ने अर्थव्यवस्था, समाज, धर्म, राजनीति, विज्ञान आदि हर क्षेत्र के बन्द एवं बासी हो चुके ढाँचे को एक गति प्रदान किया है। आधुनिकता, तार्किकता एवं वैज्ञानिकता के वातावरण का सृजन किया। लोकतन्त्र एवं उदारवाद पूँजीवाद के शिशु हैं। पूँजीवादी जीवन दर्शन के प्रकाश में अनेक जटिल प्रश्नों का समाधान भी खोजा गया। ऐसा लगने लगा कि पूँजीवादी फ़लसफ़ा ही मानव-गतिविधियों का सफलतापूर्वक नियमन कर सकता है एवं सामाजिक स्वास्थ्य के लिए यही उपचार यथेष्ट है। किन्तु पूँजीवादी सिद्धान्तों का व्यावहारिक दुष्परिणाम अतिशीघ्र दिखायी पड़ने लगा। लाभ पर आधारित अतिरिक्त मूल्य ने समाज में आर्थिक असमानता की खाईं खोदनी शुरू कर दी एवं शोषण का अन्तहीन सिलसिला चल पड़ा। शोषण से असन्तोष और असन्तोष से चोरी-डकैती, बलात्कार, आतंकवाद, उग्रवाद का जन्म हुआ। समाज एवं राष्ट्र का नैतिक पतन हुआ तथा घोर अराजकता का दौर शुरू हुआ। भ्रष्टाचार इसी पूँजीवादी अराजकता का शिशु है।

पूंजीवाद एक अनिवार्य ऐतिहासिक अवस्था है। युगीन परिस्थितियों में सामन्ती अन्तर्विरोधों एवं विसंगतियों का समाधान पूँजीवाद ही दे सकता था। यह समय की माँग थी एवं युगीन परिस्थिति की आवश्यकता थी। किन्तु धीरे-धीरे पूँजीवाद अपने ही बनाये जाल में उलझ गया। जो व्यवस्था स्वयं में एक समाधान थी, उसी के सामने प्रश्न चिह्न खड़े होने लगे। कालान्तर में इन्हीं प्रश्नों का हल खोजने तथा पूँजीवादी जटिलताओं को सुलझाने के फलस्वरूप कल्याणकारी राज्य की अवधारणा का जन्म हुआ। किन्तु मात्र अवधारणा से समाज का कल्याण नहीं हो सकता था। बल्कि उसे कार्यान्वित

करनेवाली मशीनरी का नैतिक होना भी ज़रूरी था।

पूँजीवाद प्रारम्भ से ही अपने अन्तर्विरोधों का शिकार रहा। जहाँ उसके गर्भ से एक तरफ़ लोकतन्त्र एवं उदारवाद जैसे उच्चमूल्य सामने आये वहीं असमानता, शोषण, पारिवारिक एवं सामाजिक विघटन, अलगावाद, एकाकीपन जैसी विभीषिकाएँ भी पैदा हुई। कुछ नवीन मूल्यों का कहीं सृजन हुआ तो कुछ आदर्शों एवं मूल्यों का ह्रास भी हुआ। मूल्यों के ह्रास का खामियाजा दुनिया के सबसे बड़े लोकतन्त्र अर्थात् भारत को भी भुगतना पड़ा। यह चिन्ता का गम्भीर विषय है कि इस देश को भ्रष्टाचार के दलदल में धँसने से कैसे रोका जाय। अब इस विषय का प्रवर्तन सिवा बहस के लिए नहीं, रोशनी की लकीरों के सूत्र तलाशने के लिए किया जाना चाहिए। देश भ्रष्टाचार के कारण पतन के कगार पर खड़ा है एवं यह पतन पूँजीवादी शक्तियों के द्वारा निर्देशित हो रहा है।

किसी भी राष्ट्र की गति एवं दिशा का निर्धारण वहाँ का शासन करता है। शासन राष्ट्र-रूपी गाड़ी का ड्राइवर है। जिस देश का शासन शक्ति और सत्ता के नशे में झूम रहा हो, राष्ट्र को दुर्घटना से कोई नहीं बचा सकता। हमारे लिए यह राष्ट्रीय चिन्ता का विषय है कि हमारे देश का शासन सूत्र उन हाथों में है जो दलाली में काले हो चुके हैं। नेतृत्व में न तो देश के प्रति प्रतिबद्धता है न ही जनता के प्रति सरोकार है। शासन के उच्च पदों पर बैठे हमारे राजनेता अपने निजी स्वार्थों के लिए राष्ट्र-निधि का शोषण-दोहन कर रहे हैं। एक रिपोर्ट के अनुसार भ्रष्ट नेतृत्व ने समाज की जीवन शक्ति जोंक की तरह चूस ली है। हमारी रहनुमाई करने वाले एवं संसद तथा विधानसभाओं में बैठनेवाले 98 प्रतिशत राजनेता राजनीति को व्यवसाय मानकर आते हैं। अब राजनीति मिशन की बजाय प्रोफेशन बन चुकी है। स्वार्थ के लिए राजनीति, अपराधी द्वारा राजकीय संरक्षण के लिए राजनीति, आर्थिक लाभ के लिए राजनीति, अर्थात् आज की राजनीति का जनसेवा, समाज सेवा, राष्ट्र सेवा से बहुत दूर का रिश्ता है। राजनीति इतनी विकृत हो चुकी है कि इसमें उद्योग ज़गत् एवं अपराध जगत् की भागीदारी बढ़ती जा रही है। अब तो एक स्वच्छ एवं ईमानदार छवि वाले नागरिक का राजनीति में प्रवेश बहुत मुश्किल हो गया है। अर्थ एवं अपराध की ताक़त के सामने वह घुटने टेक देगा। अपराधीकरण की प्रवृत्ति इतनी तेजी से बढ़ रही है कि गुण्डों—माफियाओं एवं हत्या के अपराधियों को राजनीतिक संरक्षण एवं 'जेड-प्लस' जैसी महँगी सुरक्षा व्यवस्था प्रदान की जा रही है। दूसरी तरफ़ आम आदमी का जीवन ख़तरे में फँसता जा रहा है। अपराधिक

छवि के राजनेता मन्त्रिमण्डल में शामिल हो जाते हैं। ऐसे में हम किस तरह का शासन देने जा रहे हैं। आम जनता के बारे में सोचने की किसे पड़ी है? धिक्कार है ऐसे शासन को, दुर्भाग्य है इस देश का जहाँ योजनाओं का 85 प्रतिशत शासन एवं प्रशासन के गलियारों में समाप्त हो जाता है और 15 प्रतिशत से समूचा देश चल रहा है। यह अत्यन्त गम्भीर प्रश्न है। यदि शासन में इसी तरह के भ्रष्ट एवं अयोग्य लोग आते रहेंगे तो हम देश में कैसी व्यवस्था ला पायेंगे, यह गम्भीर प्रश्न है? हास्यापद स्थिति और भी हो जाती है जब यह सब लोकतन्त्र के नाम पर होने लगता है। अब राजनीति के पीछे स्वच्छ सामाजिक मूल्यों एवं उच्च आदर्शों को खोजना बेमानी लगता है। इस समय हमारे सामने राजनीतिक पहचान का संकट खड़ा हो गया है। अपराधीकरण, दलबदल, भ्रष्टाचार, भाई-भतीजावाद और लूट-खसोट बदस्तूर जारी है। राजनेताओं के संवादों में कोई गहरी संवेदना नहीं रह गयी है। वे जब नैतिक मूल्यों की बात करते हैं तो लगता है कि दलाल भजन गा रहे हैं। राष्ट्रीय आन्दोलन के दौरान जिन आदर्शों एवं मूल्यों का सृजन हुआ था उनका अब पूरी तरह लोप हो चुका है। राष्ट्र एवं समाज की समस्त बुराइयों की शुरुआत या उनको हवा देने का कार्य राजनेताओं द्वारा ही किया जा रहा है।

शासन की भ्रष्टशैली का परिणाम है प्रशासनिक शिथिलता, प्रशासनिक अकर्मण्यता तथा लोक एवं तन्त्र (लोक सेवक) के बीच बढ़ती खाँई। विलासिता में आकण्ठ डूबा यह वर्ग सेवा की शपथ लेने के घंटे भर बाद ही उसे भूल जाता है। कुछ लोक सवेक निःसन्देह अपने ज़मीर की आवाज़ पर, राष्ट्र के प्रतिनिष्ठा रखते हुए, स्वच्छता एवं ईमानदारी का परिचय देते हुए अपने दायित्व का निर्वाह करना चाहते हैं लेकिन भ्रष्ट नेतृत्व का कोपभाजन भी उन्हें ही बनना पड़ता है। ऐसे अधिकांश लोक सेवक समय की नब्ज को टटोलते हुए परिस्थिति से समझौता कर लेते हैं एवं भ्रष्टाचार के वाहक बनते हैं। कार्यालयों में लाल फीताशाही आम बात है। एक आम आदमी अपनी समस्याओं का समाधान कराना चाहे तो बहुत मुश्किल है। वह कार्यालयों का चक्कर लगाता रहेगा और थक कर एक दिन 'स्वतः शान्त हो जायेगा। राजनीतिक पहुँच की ही विजय होती है। डार्विन के 'सर्वाइवल ऑफ फिटेस्ट' का सिद्धान्त यहाँ भी लागू होता है। माउत्से तुंग ने कहा था कि 'शक्ति बन्दूक की नली से बहती है' यह कथन आज पूर्णतः सत्य है। अपराधीकरण का शिकंजा शासन-प्रशासन पर कसता जा रहा है। 'अन्याय जिधर है उधर ही शक्ति है।' आम आदमी सिर्फ़ चिल्ला सकता

है, चिल्लाते-चिल्लाते मर सकता है और इससे ज़्यादा कुछ नहीं कर सकता। नौकरशाही अब सिर्फ़ स्वयं के हितों की पूर्ति करती है। जनहित अब उसके लिए अर्थहीन शब्द है। शासन द्वारा प्रशासन में अनावश्यक हस्तक्षेप से पैदा हुई नौकरशाही की हताशा एवं तज्जनित कोप का भाजन आम आदमी बन रहा है। पूरी नौकरशाही का राजनीतिकरण हो चुका है। सरकार के बदलते ही प्रशासनिक फेर-बदल शुरू हो जाती है। फलस्वरूप नौकरशाहों की प्रतिबद्धता अपने पक्षपाती दलों के साथ होती है। लोक कल्याण का उससे दूर-दूर तक कोई सम्बन्ध नहीं है। जो प्रशासन राष्ट्र की विकास-प्रक्रिया में महत्त्वपूर्ण भूमिका अदा कर सकता है वह अपना आत्म विश्वास खो चुका है एवं खोखला हो चुका है। इस नकारात्मक आशय से लैस नौकरशाही आत्मसन्तुष्टि एवं अहंमन्यता की भावना के वशीभूत आम जनता से क्रमशः कटती गयी है। हमारे संविधान निर्माताओं की प्रशासन से जो अपेक्षा की थी वह मिट्टी में मिल रही है।

आज जनजीवन के हर क्षेत्र में भ्रष्टाचार अपना शिकंजा कसता जा रहा है। पण्डित जवाहरलाल नेहरु ने कहा था कि हम सब भ्रष्टाचार के इतने आदी हो चुके हैं कि अब उसे जीवन का सामान्य मार्ग मान बैठे हैं। भ्रष्टाचार दैनिक जीवन का अभिन्न अंग बन चुका है। अब इस बात पर आश्चर्य नहीं होता कि फलां व्यक्ति ने भ्रष्ट तरीक़े अपना धन कमाया बल्कि आश्चर्य तब होता है जब कोई यह कहता है कि अमुक व्यक्ति पूर्णतः ईमानदार है। ईमानदारी भी सिर्फ़ सापेक्षिक रह गयी है। जिसका अभिप्राय है कि एक व्यक्ति दूसरे से कम भ्रष्ट है। नैतिक पतन की कोई सीमा नहीं रह गयी है। ऊपरी आमदनी ही प्रतिष्ठा बन चुकी है। जिसकी ऊपरी आमदनी नहीं होती है, वह इस समाज का इज़्ज़तदार व्यक्ति नहीं होता। ऊपर से नीचे तक भ्रष्टाचार समाज की धमनियों में बह रहा है। अब भ्रष्टाचार वर्तमान सभ्यता एवं संस्कृति का अभिन्न अंग बन चुका है। विडम्बना इस बात की है कि बुद्धिजीवी शिक्षित व्यक्ति सार्वजनिक मंचों, गोष्ठियों, सेमिनारों आदि में भ्रष्टाचार के विरुद्ध व्याख्यान देता है किन्तु स्वयं ही भ्रष्टाचार में आकण्ठ डूबा रहता है। उसके ज्ञान एवं क्रिया में कोई सामंजस्य नहीं होता है। धीरे-धीरे भ्रष्टाचार को वैचारिक रूप से स्वीकार कर लिया गया है। इसे अन्य कटु सत्यों की तरह एक नियति माना जाने लगा है। इस उदासीनता एवं उपेक्षा ने भ्रष्टाचार का प्रचार-प्रसार ही किया है। समाज का नैतिक मूल्य इतना अधोगामी हुआ है कि इस भयावह दुष्प्रवृत्ति का विरोध करने का नैतिक साहस किसी में नहीं बचा है।

स्वतन्त्रता के पश्चात् भ्रष्टाचार में तेजी से वृद्धि हुई है। 1955-60 तक प्रशासन में निचले स्तर पर ही भ्रष्टाचार था जो इंस्पेक्टर या विकास अधिकारी के स्तर तक ही था। ऊपर का प्रशासनिक वर्ग सामान्यत: ईमानदार था किन्तु अब ऊपर से नीचे तक भ्रष्टाचार सामान्य शिष्टाचार बन चुका है। सच तो यह है कि भ्रष्टाचार ही ऐसा क्षेत्र है जिसमें भारत ने सर्वाधिक प्रगति की है। भ्रष्टाचार की वजह से प्रति वर्ष क्रमश: 32 हजार करोड़ रुपये की अवैध हेरा-फेरी होती है। यह धन गुप्त खाते में चला जाता है।

इस भ्रष्ट शासन, भ्रष्ट राजनेता, भ्रष्ट प्रशासन एवं भ्रष्टाचार का प्रत्यक्ष परिणाम यह रहा है कि समाज, अर्थ-व्यवस्था, धार्मिक व्यवस्था आदि हर स्तर में अराजकता, अवसाद एवं अपसंस्कृति का बोलबाला है। राष्ट्र के प्रति निष्ठा एवं राष्ट्रीय अनुशासन में शिथिलता आती जा रही है। युवा पीढ़ी असन्तोष, हताशा कुण्ठा एवं ऊहापोह की अवस्था से गुजर रही है। दिशाहीनता एवं मार्गदर्शन के अभाव में युवक उग्रवाद, आतंकवाद एवं अलगाववाद जैसे रास्तों पर भटक रहे हैं। तस्करी, चोरी, डकैती, बलात्कार जैसे अपराधों की संख्या बढ़ रही है। कला एवं साहित्य में अश्लीलता एवं अपसंस्कृति को प्रचारित किया जा रहा है। हमारा नैतिक पतन किस हद तक होगा कहा नहीं जा सकता। सामाजिक-सांस्कृतिक मूल्यों के ह्रास की कोई सीमा नहीं है। साम्प्रदायिकता, जातीयता, भाषावाद एवं क्षेत्रवाद जैसी भयानक बीमारियों ने भारत को खोखला बनाना शुरू कर दिया है। अब तो स्वार्थ द्वारा प्रेरित व्यक्तिगत लाभ ही हर व्यक्ति का उद्‌देश्य रह गया है। अत: देश पतन के गर्त की तरफ़ सरकता जा रहा है।

कौन बचायेगा इस देश को? चप्पे-चप्पे पर राष्ट्रद्रोही दीमक इसे चाट रहे हैं। बोहरा कमेटी ने नेतृत्व की कलई खोल दी है। राजनेताओं का अपराधियों-तस्करों से साँठ-गाँठ एवं अपराधी माफियाओं द्वारा चलायी जा रही सामान्तर सरकार के भण्डाफोड़ से भी देश की आँख नहीं खुल पा रही है। बोहरा कमेटी की रिपोर्ट से सभी राजनेता सन्न रहे गये हैं। राजनेता-अपराधी एवं उद्योगपति का भ्रष्ट त्रिगुट जोंक बनकर राष्ट्र का ख़ून चूस रहा है। फिर किससे आशा की जाय? उन लोगों से जो दलाली खाते हैं, या उन लोगों से जो माफिया एवं उद्योगपतियों से चुनाव ख़र्च के नाम पर करोड़ों हज़म कर जाते हैं। जैन बन्धुओं का 65 करोड़ रुपया खाने वाले लोग देश में कौन-सी सामाजिक-आर्थिक क्रान्ति लायेंगे यह गम्भीर प्रश्न है। अपने-अपने स्तर पर आर्थिक दोहन करने वाले अधिकारी, इंजीनियर, डाक्टर,

आडीटर, क्लर्क आदि देश की प्रगति में भागीदारी करेंगे या अपने आवास में संगमरमरी टाइल्स लगायेंगें। किससे उम्मीद किया जाय? व्यवस्थापिका, कार्यपालिका एवं न्यायपालिका तीनों के दामन पर कालिख पुत चुकी है। पहले इस देशरूपी बगीचे के किनारे-किनारे कँटीली झाडियाँ थीं किन्तु अब तो क़दम-क़दम पर बबूल उग आये हैं। पहले हंसों की बहुलता थी किन्तु अब तो कौवे हर जगह काँव-काँवकर रहे हैं। विडम्बना तो यह है कि अब कौवे ही हंसों का कैरियर रिपोर्ट लिख रहे हैं। अब हंसों को कौवों की मर्ज़ी पर रहना पड़ रहा है।

वस्तुतः देश का मस्तिष्क कोमा की स्थिति में है। बुद्धिजीवी वर्ग नपुंसक बन चुका है। वह राजनीतिक अवसरवाद एवं यथास्थितिवाद का शिकार हो चुका है। सेमिनार, गोष्ठियों, सम्मेलनों में व्याख्यान देकर अपना इतिश्री समझनेवाला तथाकथित बुद्धिजीवी वर्ग अपना आत्मविश्वास खो चुका है। आज यह बुद्धिजीवी वर्ग सत्ता का मोहरा बनकर रह गया है। बुद्धिजीवी वर्ग बन्द कमरों में, चाय की चुस्कियों के बीच वैचारिक क्रान्ति का दम्भ भरता है और बाहर सत्ता के आगे दुम हिलाता है। आज़ादी के पहले मध्यमवर्गीय बुद्धिजीवी वर्ग ने राष्ट्रीय आन्दोलन का नेतृत्व किया था। उसके सामाजिक, आर्थिक, राजनैतिक सरोकार थे उसकी प्रतिबद्धता थी, ईमानदार थी। किन्तु आज यह वर्ग भी गुटबन्दी का शिकार है। साहित्य एवं पत्रकारिता दोनों अपनी क़लम की ताक़त सत्ता के हाथों गिरवी रख चुके हैं। अब जमीर की आवाज़ पर क़लम में धार नहीं आती बल्कि किसी सत्ता एवं मंच की इच्छा के अनुरूप आती है। आज इस देश का चाणक्य सत्ता का दलाल बन चुका है और चन्द्रगुप्त गली-गली कंचे खेल रहा है।

फिर देश की अस्मिता की रक्षा कैसे होगी? यह अस्मिता सिर्फ़ राजनैतिक अस्मिता नहीं है। उससे भी अधिक हमें राष्ट्रीय अस्मिता की चिन्ता है। कहीं ऐसा न हो कि भारत की भारतीयता मर जाय, उसकी संस्कृति विनष्ट हो जाय और केवल भूगोल बचा रहे। क्योंकि किसी भी राष्ट्र का निर्माण सिर्फ़ उसके भूगोल से नहीं होता। राष्ट्र का निर्माण उसके ऐतिहासिक एवं सांस्कृतिक मूल्यों से होता है। जब देश की सांस्कृतिक अस्मिता ही ख़तरे में पड़ जाय तो देश अपने आप अस्पताल के बिस्तर पर चला जाता है। उसे आपरेशन और उपचार की ज़रूरत पड़ती है। अब भारत की राष्ट्रीय अस्मिता अपने अन्तर्विरोधों से ग्रस्त है। उसमें अपने अन्दर की शक्तियों द्वारा ही गतिरोध पैदा किया जा रहा है। साथ ही संचार माध्यमों द्वारा विज्ञापित पाश्चात्य सांस्कृतिक मूल्य भी हमारी सांस्कृतिक परिधि पर

लगातार आघात कर रहे हैं। इन मूल्यों की टकराहट का अंजाम क्या होगा, यह विचारणीय प्रश्न है। वैसे तो भारत पर अनेक विदेशी संस्कृतियों का आक्रमण हुआ किन्तु अधिकांश संस्कृतियाँ भारत की सांस्कृतिक महासागर में विलीन हो गयी। कुछ ने सांस्कृतिक सामंजस्य स्थापित कर लिया। किन्तु अंग्रेज़ों द्वारा परोसी गयी पाश्चात्य संस्कृति अपने समस्त विकसित प्रतिमानों के साथ भारत की आत्मा को जकड़ लेना चाहती है। कहीं-न-कहीं हर भारतीय नागरिक पाश्चात्य अपसांस्कृतिक मूल्यों का वाहक बनता जा रहा है। ऐसी स्थिति में भारतीय मनीषा को आत्म मन्थन करना पड़ेगा। हमें विश्वास है कि भारतीय मनीषा अपना उपचार स्वत: करना जानती है। भारतीय राष्ट्र की जड़ें बहुत गहरी हैं, उसकी साखें भी लचकना जानती है। राष्ट्र आँधी तूफ़ान में लचक जायेगा किन्तु टूट नहीं सकता। 'यूनान-मिश्र-रोमां सब मिट गये जहाँ से' लेकिन हम आज भी मजबूती से खड़े हैं। राष्ट्र के शरीर पर कुछ खरोंचे आ सकती हैं किन्तु इसकी आत्मा को कोई छू भी नहीं सकता। भारत ही वह वातावरण दे सकता है, वह ज़मीन दे सकता है जहाँ आत्मीयता, समरसता एवं वसुधैव कुटुम्बकम की भावना विकसित हो सकती है। आइये इस राष्ट्र के ऊपर के खरोचों को मिटाने के लिए श्रमदान एवं जीवनदान दें।

# धर्म है ख़ुशबू, फूल का रंग नहीं

क्या है धर्म? अशोक के मन में भी यह प्रश्न उठा था।। वह अपने दूसरे स्तम्भ लेख में प्रश्न करता है— किं चु ये धम्मे? और आगे स्वयं उत्तर देता है— अपासिनवे, बहुकयाने, दया, दाने, सचे, सोचये, साधवे-माधवे च। अर्थात् धर्म अल्प पाप है, अधिक कल्याण है, दया है, दान है, सत्यवादिता है, पवित्रता है, मृदुता है, साधुता है। आम आदमी धर्म के बारे में सोचता है कि पूजा-पाठ, कर्मकाण्ड ही धर्म है। एक व्यक्ति समझता है कि मन्दिर, मस्जिद, चर्च, गुरुद्वारों में पूजा, नमाज, प्रेयर, अरदास आदि अदा करना ही धर्म है। ऐसा व्यक्ति समझता है कि हिन्दू, इस्लाम, ईसाई, सिक्ख, पारसी, यहूदी आदि धर्म है, तथा उसमें उत्पन्न व्यक्ति, उन्हें मानने वाले व्यक्ति को उनके आचारशास्त्र का पालन करना ही धर्म है। एक व्यक्ति कहता है कि मनुष्य का कर्त्तव्य, उसका दायित्व, उसका इन्सानी फ़र्ज़ ही धर्म है। कोई यह भी कहता है कि जीव का स्वभाव, मनुष्य का स्वभाव ही धर्म है। जितने ही व्यक्ति उतनी परिभाषाएँ, जितने व्यक्ति उतने आशय।

दुनिया के प्रत्येक कोने में धर्म सम्बन्धी अनेक चिन्तन मौजूद हैं। दुनिया की सभी पुरानी सभ्यताएँ धार्मिक हैं, धार्मिक मालूम होती हैं तथा धार्मिक दिखायी देती हैं। सभी सभ्यताओं में पूजा-पाठ के संकेत मिलते हैं। सभी सभ्यताएँ अपनी प्रारम्भिक अवस्था में प्राकृतिक शक्तियों की उपासना कर रही होती हैं। सभी प्राचीन सभ्यताएँ प्राकृतिक शक्तियों का मानवीकरण कर उसकी उपासना कर रही होती हैं। प्राचीन मानव, आदिमानव जो प्रकृति का विश्लेषण कर सका, उसके अनुसार उसे जहाँ भय हुआ और जहाँ आश्चर्य हुआ, जहाँ शुभत्व दिखा, उन सभी शक्तियों को वह दैवीय समझने लगा। उन सबकी पूजा करने लगा। वर्षा हुई, तूफ़ान आया, बाढ़ आयी, भूकम्प आया तो वह वर्षा का देवता, तूफ़ान का देवता, जल का देवता, भूमि का देवता, पृथ्वी का देवता गढ़ लेता है और उसकी उपासना करने लगता है। शान्ति की प्रार्थना करने लगता है। गाय दूध देती है, कल्याणकारी है तो उसकी पूजा करने लगता है। कबीलाई समाज इन शुभ-अशुभ शक्तियों में

से ही अपने कबीले के लिए प्रतीक चुन लेता है। प्रायः सभी सभ्यताओं के आरम्भिक धार्मिक संकेत इसी रूप में मिलते हैं।

सभ्यता के विकास के साथ ही धर्म के चिन्तन का भी विकास होता है। समय के साथ धार्मिक चिन्तन का स्वरूप भी बदलता है। समाज प्राकृतिक शक्तियों का मानवीकरण करके उन्हें देवता के रूप में प्रतिष्ठित करता है। उन देवताओं की मूर्तियाँ बनाता है। उन्हें अलग-अलग नाम देता है। उन्हें किसी स्थान पर स्थापित करता है और पूजा घर बना लेता है। फिर इन पूजा घरों को अलग-अलग नाम देता है, मसलन मन्दिर, मस्जिद, चर्च, गुरुद्वारा, सिनेगांग आदि। फिर इन पूजा घरों में धार्मिक कार्य करने वाले विशिष्ट वर्ग का उद्भव होता है, जैसे पुरोहित, मुल्ला, पादरी, ग्रन्थी आदि। यह वर्ग विविध धार्मिक कृत्य सम्पन्न करता है, धीरे-धीरे समृद्ध होता जाता है और समाज में धर्म का भय दिखाकर सम्मान पाता है। सम्मान बना रहे इसके लिए यह वर्ग भ्रम, पाखण्ड, कर्मकाण्ड, प्रपंच का सहारा लेता है। पूरा मध्यकालीन समाज इन तथाकथित धर्माचार्यों के शिकंजे में फँसा रहा। इन धर्माचार्यों ने ईश्वर का भय दिखाकर समाज में अपना प्रभुत्व बनाये रखा तथा धर्म के लबादे में अनाचार करता रहा। कोई प्रश्न खड़ा करने की हिम्मत नहीं कर सकता था, कोई उन पर उँगली नहीं उठा सकता था। मध्यकाल में यह वर्ग अन्धविश्वास फैलाकर, कर्मकाण्डों में उलझाकर समाज का, धर्म भीरू समाज का शोषण करता रहा। धर्म का आधार है विश्वास, इसी विश्वास को धर्म के पाखण्डी ध्वजवाहकों ने अपना हथियार बनाया। आम जनता को अदृश्य, अलौकिक भय दिखाकर वे अपनी दुकान चलाते रहे। मन्दिर, मस्जिद, चर्च, खुलते रहे, पूजा-स्थलों की नयी-नयी निर्मितियाँ बनती रहीं, साथ ही धरती पर अशान्ति बढ़ती गयी, अनाचार बढ़ता रहा, युद्ध होते रहे, इन्सानी मूल्यों का ह्रास होता रहा। जितने पूजा-स्थल बनते गये, बढ़ते गये उतना ही पाखण्ड बढ़ता रहा, कर्मकाण्ड बढ़ते रहे। पूरे मध्यकाल में इस तरह के अंधकार को फैलाने का कार्य इसी तथाकथित धर्म ने किया। लगातार कोशिशें हुई कि जनता की आँखें, उनके मन-मस्तिष्क की आँखें बन्द रखी जाय। लगातार कोशिशे हुई कि जनता में धर्म का भय बनाये रखा जाय। लगातार प्रयास हुए कि आम जन को कर्मकाण्डों-अन्धविश्वासों में उलझाये रखा जाय। जनता जितनी डरती रहेगी ये दुकाने उतनी ही सजती रहेंगी। जनता में जितनी ही अन्धभक्ति होगी, ये मठाधीश उतने ही समृद्ध होते रहेंगे। पूरे मध्ययुग में पूजा स्थलों ने जितना धन कमाया, जितना आमजन का शोषण किया उतना राज्यों-साम्राज्यों ने नहीं किया। धर्म के लबादे में, आवरण में, ईश्वर के नाम पर जितनी ठगी हुई और आज हो रही है, उसका कोई अन्त नहीं है।

अन्धविश्वास और धर्मभीरुता का परिणाम यह हुआ कि समाज इन धार्मिक पाखण्डियों की मुट्ठी में क़ैद रहा। ये डराते रहे, समाज डरता रहा। ये रास्ता बताते रहे, समाज उस पर आँख बन्द कर चलता रहा। ये समाधान बताते रहे, समाज बिना प्रश्न किये अपनाता रहा। धर्मभीरुता ने समाज की आँखें इस कदर बन्द कर दी कि लोग ऐसी स्थिति में भले-बुरे का विचार ही नहीं कर पाते। जो धर्म का आवरण ओढ़े हुए, बाल दाढ़ी बढ़ाए हुए बाबा जी बता दें वही सन्मार्ग है। मध्यकाल में यह प्रवृत्ति भयंकर थी। सारे साम्राज्य, दुनिया के सभी राष्ट्र इस प्रवृत्ति के शिकंजे में फंसे हुए थे। राजनीति पूरी तरह धर्म का ग़ुलाम हो चुकी थी। समाज का सबसे आदरणीय सम्मानीय व्यक्ति वही था और कमोबेश अब भी है, जो धर्म का लबादा ओढ़े है। मध्यकालीन सामन्ती चेतना ने व्यक्ति, समाज एवं राष्ट्र सबको जड़ीभूत कर दिया। धर्म के पिंजड़े में विज्ञान भी क़ैद रहा। जो धर्म ने बता दिया उसे ही वैज्ञानिक सत्य मान लिया गया। धर्म ने कहा कि सारे ग्रह नक्षत्र पृथ्वी की परिक्रमा करते हैं, सबने इस पर विश्वास कर लिया। धर्म कहता रहा कि धरती चपटी है, किनारे पर जाकर मनुष्य पाताल में गिर जायेगा और समाज इसे मानता रहा। दूर की यात्राएँ वर्जित थीं। धर्म के इशारे पर एक राष्ट्र दूसरे राज्य पर युद्ध थोपता था और उस पर क़ब्ज़ा कर लेता था।

धर्म ने अनेक सामाजिक कुरीतियों को जन्म दिया है। भारत में सती प्रथा धर्म की अन्धी अवधारणा का प्रतिफल थी। धर्म ने समाज में यह अन्धविश्वास पैदा किया कि सती होने वाली, पति की चिता पर बैठकर जलनेवाली स्त्री मृत्यु के बाद स्वर्ग जायेगी। यह स्वर्ग जाने की कामना, देवी बनने की आकांक्षा इतनी बलवती हो गयी कि कुछ ने स्वेच्छा से तथा कुछ ने समाज द्वारा समझाने-बुझाने पर अपना आत्मदाह किया । सदियों तक स्वर्ग और नरक धर्म के दो हथियार बन रहे, आज भी बने हुए हैं। स्वर्ग का प्रलोभन और नरक का भय मनुष्य के जीवन को परिचालित करता रहा, सकारात्मक रूप से भी, नकारात्मक रूप से भी। अच्छा क्या है, बुरा क्या है, इसका विश्लेषण पादरी, पुरोहित, मुल्ला करते रहे। समाज में जितनी अन्धभक्ति होगी, ये मठाधीश उतने ही समृद्ध होते रहेंगे। पूरे मध्य युग में पूजा स्थलों ने जितना धन कमाया, जितना आमजन का शोषण किया उतना राज्यों-साम्राज्यों ने नहीं किया। धर्म के लबादे में, आवरण में, ईश्वर के नाम पर जितनी ठगी हुई और आज हो रही है, उसका कोई अन्त नहीं है।

धार्मिक पाखण्डियों ने भाग्यवाद को अपने ब्रह्मास्त्र के रूप में इस्तेमाल किया। यह ब्रह्मास्त्र आज भी चलाया जा रहा है। भाग्यवाद सदियों से जातिगत, वर्गगत शोषण का सबसे बड़ा आधार रहा है। गीता में कहा गया-'चतुर्वर्ण मया सृष्टौ गुण कर्मविभागश:' यह किस अर्थ में कहा गया इसका विश्लेषण अन्य

तरीक़े से भी किया जा सकता था। इसकी वर्गीय व्याख्या भी हो सकती है। किन्तु ऐसा न करते हुए यह मान लिया गया कि चार वर्णों की सृष्टि ब्रह्म ने, कृष्ण ने की है। जो वर्ण विभाजन है और इस आधार पर वर्ण-व्यवस्था चलती रही। इससे बाहर जाकर, लम्बे समय तक, सदियों तक किसी ने नहीं सोचा। यहाँ तक गाँधी जैसे विचारक ने तथा विवेकानन्द जैसे चिन्तक ने भी इससे बाहर जाकर सोचने की ज़रूरत नहीं समझी। गाँधी वर्ण-व्यवस्था को मानते रहे, भले ही कर्मणा मानते हो, वर्ण-व्यवस्था को अनिवार्य मानते रहे। विवेकानन्द भी जाति-प्रथा का विश्लेषण करते हुए उसे समाज का अनिवार्य ढाँचा मान बैठे। यह सब उस मोटे आवरण, धार्मिक पाखण्ड के आवरण की देन है जो हटते-हटते भी अपना प्रभाव बनाये हुए है।

यह समझने की बात है कि हिन्दुओं एवं मुसलमानों की पर्दा प्रथा सामाजिक अराजकता और युद्धों के वातावरण में उत्पन्न हुई। किन्तु इस कुप्रथा को धर्म का सैद्धान्तिक आधार प्रदान कर दिया गया। धर्म के ठेकेदारों ने पर्दाप्रथा को धार्मिक दृष्टि से अनिवार्य बना डाला और आधी दुनिया अँधेरे में जीने के लिए विवश हो गयी। इस पर्दादारी ने उन्हें बहुत पीछे ढकेल दिया। सामाजिक विकास में वे पुरुषों से काफ़ी पीछे रह गयीं। धर्म ने इसका विश्लेषण इस तरह से किया कि स्त्री को पर्दे में रहना चाहिए। लाज, शर्म, हया स्त्री का आभूषण है। उसे आँख होते हुए अन्धा बना दिया गया। उसने भी धीरे-धीरे अपनी स्थिति को स्वीकार कर लिया, हालातों से समझौता कर लिया और इसे अपनी नियति मान ली। कालान्तर में धर्म द्वारा इसे सैद्धान्तिक आधार दे दिया गया, धार्मिक रूप से उचित और नैतिक ठहराया गया। तथाकथित धर्म ने स्त्री और शूद्र को कितना पीछे ढकेल दिया, सामाजिक विकास से कितना वंचित कर दिया इसका मूल्यांकन नहीं किया जा सकता। इसकी क्षतिपूर्ति नहीं हो सकती। सदियों तक दोनों सिसकते रहे। धर्म अपने उन्माद में इनके प्रति आँखें बन्द किये रहा। धर्म ने एक विचार यह दिया कि पाप-पुण्य तथा सुख-दुःख व्यक्ति के कर्मों के कारण और परिणाम है, उसके प्रारब्ध के कारण और परिणाम हैं। अर्थात् व्यक्ति की जो भी नारकीय स्थिति है उसका कारण वह स्वयं या उसकी परिस्थिति नहीं बल्कि उसका प्रारब्ध है, उसके पूर्वजन्मों के संस्कार हैं। अतः मनुष्य को अपनी नियति स्वीकार कर लेनी चाहिए। यदि वह ग़रीब है तो यह ग़रीबी उसका प्रारब्ध है। यदि वह किसी जाति में पैदा हुआ है तो यह उसका प्रारब्ध है। यदि वह किसी का दास है तो यह दासता उसके पूर्व जन्मों के संस्कार का परिणाम है। ग़रीबी, जाति एवं दासता मनुष्य या उसकी परिस्थितियों से निर्मित नहीं है बल्कि उसके पूर्व जन्मों के कर्म हैं जो अब भी पीछा कर रहे हैं। धर्म ने सामाजिक कुरीतियों को, मानवीय विकारों

को, धर्म का आधार प्रदान कर सबको मानने के लिए विवश कर दिया। यदि कोई अन्धा है तो उसने पूर्व जन्म में कोई पाप किया था। यदि कोई लँगड़ा है तो उसने पूर्व जन्म में कोई कुत्सित कार्य किया था। अत: उन्हें ईश्वर ने दण्ड दिया है और उन्हें यह दण्ड भुगतना ही होगा। यदि कोई भीख माँग रहा है तो यह समाज और सत्ता व्यवस्था का दोष नहीं है बल्कि उसके पीछे उसके पूर्वजन्मों के कर्म हैं। इस प्रकार धर्म ने आर्थिक सामाजिक विकास के सारे दरवाज़े बन्द कर दिये, सारी खिड़कियाँ बन्द कर दीं, यही नहीं रोशनदान भी बन्द कर दिये। अब इन्सान भाग्यवाद के अंधकार में घुटन भरी ज़िन्दगी जीने के लिए अभिशप्त हो गया। यह सब व्याख्याएँ धर्माचार्यों द्वारा की गयीं। वे धर्म के ठेकेदार बन बैठे। अब व्यक्ति और समाज की भलाई उनकी कृपा पाकर ही हो सकती है। वे धरती पर ईश्वर के प्रतिनिधि बन बैठे। वे गुरु है, उपदेशक है, आचार्य है, वे पूजा करते है तभी जजमान का कल्याण होता है। वे नमाज पढ़ायेगें तभी जन्नत मिल सकती है। वे 'प्रेयर' करेंगे तभी जनकल्याण हो सकता है। जनता उनके हाथ में कठपुतली हो गयी। भारत में 'ऋग्वैदिक काल में प्रत्येक व्यक्ति को पूजा-पाठ स्वयं करने का अधिकार था। धीरे-धीरे यह केवल पुरोहितों का अधिकार रह गया। बच्चे के जन्म से मृत्यु तक अनेक संस्कार बना डाले गये। हर संस्कार की पूजा पद्धति बना दी गयी। हर पूजा में जजमान से धन की उगाही की जाती है। यह सब अनिवार्य है। यदि कल्याण पाना है तो यह सब करना ही है। क्योंकि पुरोहित भगवान् का प्रतिनिधि है। वह गलत हो ही नहीं सकता है। ब्राह्मण के घर जन्म लेने वाला बालक पूजनीय बन जाता है। वह चाहे कितना ही अशिक्षित हो, कितना ही लम्पट हो, अपवित्र हो वह हमेशा पूजनीय है, पवित्र है, वन्दनीय है । उसे भले ही संस्कृत पढ़ने न आती हो, वह गलत सही मन्त्र पढ़ता हो, किन्तु उसका हमेशा सम्मान होता रहा। जनता यह मान बैठी है उसका यह विश्वास है कि उस ब्राह्मण की पूजा करने से ही उसका कल्याण हो सकता है। यह केवल हिन्दू धर्म में ही न हीं प्रचलित है, दुनिया के सारे धर्म इस पुरोहित प्रथा के शिकार रहे, आज भी शिकार हैं।

यह पादरी-पुरोहित-मुल्ला का जो वर्ग है, मध्यकाल में सर्वाधिक पूजनीय था। तत्कालीन समय में जनता यह सोच ही नहीं सकती थी कि यह वर्ग गलत भी हो सकता है। यदि इस वर्ग ने किसी को प्रताड़ित किया, किसी का शोषण किया तो उसे भी प्रसाद मान लिया गया। आशीर्वाद मान लिया गया। यह वर्ग धर्म के आवरण में रंगरेलियाँ मनाता रहा, ऐश करता, भोग-विलास में लिप्त रहा किन्तु किसी ने उसके ख़िलाफ़ कुछ बोलने की जुर्रत नहीं की। सदियों तक स्त्री, कथित शूद्र, कथित दास सभी उसके शोषण के शिकार रहे। कोई उसके ख़िलाफ़

बोल नहीं सका, बोल भी नहीं सकता था। उन्होंने गुण्डे पाल रखे थे। उनके पास बाहुबल था, धनबल था, धर्म का बल था। इसी वर्ग ने मन्दिर, मस्जिद, चर्च, गुरुद्वारे आदि खोले, समय के साथ उनकी ये दुकानें बढ़ती रही और दुनिया में उनकी ताक़त बढ़ती गयी। जैसे-जैसे उनकी ताक़त भी बढ़ती गयी, वैसे-वैसे अन्धविश्वास पनपते रहे, अधर्म बढ़ता रहा, अनैतिकता का प्रसार होता रहा, कर्मकाण्डों के मकड़जाल फैलते रहे और आदमी बौना होता रहा। इस वर्ग ने मनुष्यता को बहुत हानि पहुँचायी, आज भी हानि पहुँचायी जा रही है। इसी वर्ग ने प्राचीन और मध्यकालीन सामाजिक विधान बनाये। फ्रांस की राज्यक्रान्ति के पूर्व वहाँ जो समाज था उसमें पादरी वर्ग अत्यन्त शक्तिशाली था। देश की ज़मीन का पाँचवा हिस्सा चर्च के पास था जिसका उपभोग पादरी वर्ग करता था। वह आम जनता से 'टाइथ' नामक कर वसूलता था। उसकी आमदनी असीमित थी। भारत में जो मन्दिरों को ग्राम दान दिये गये, उससे अकूत धन वहाँ सग्रहित होता गया।

धर्म के तथाकथित झण्डा बरदारों ने कोशिश की कि जनता की आँख बन्द ही रहे। वे भरकस कोशिश करते है कि समाज उन पर श्रद्धा और विश्वास बनाये रखे। वे शोषण करते रहे, आमजन शोषण के लिए प्रस्तुत होता रहा और अन्ध श्रद्धा, अन्धविश्वास फैलता रहा। अधिकतर संन्यासी, जो कल भी थे और आज भी हैं, अपने पारिवारिक जीवन में पराजित होकर सन्यस्त होते हैं। ऐसे संन्यासी जब सांसारिक जीवन में अपनी भूमिका में 'फेल' हो जाते हैं और हारकर किसी आश्रम में शरण ले लेते हैं, तब किसी मन्दिर के पुरोहित बन जाते हैं। संन्यस्त समाज का संन्यास मात्र दिखावा है। वे अन्दर से भोगी रहे, विलासी रहे, बस ऊपर से धार्मिक आवरण ओढ़ लिया। वे जानते है कि सांसारिक जीवन अत्यन्त कठिन है। उन्हें पता है कि आम जनता साधुओं, संन्यासियों पर अन्धश्रद्धा के कारण आसानी से भरोसा कर लेती है। उनका भोग यहाँ भी आकर समाप्त नहीं होता। वे बाहर से त्यागी और संन्यासी होते हैं जबकि अन्दर से घोर विलासी बने रहते हैं। उनके बाहरी आवरण से जनता आकर्षित हो जाती है। उन्हें अलौकिक शक्तियों का मालिक मान लेती है। समाज समझता है कि इन बाबाओं के आशीर्वाद से उनका कल्याण होगा। आज इन आश्रमों में, धार्मिक मठाधीशों के पास सुख सुविधा के अकूत साधन उपलब्ध हैं। जिन साधनों को कमाने में सांसारिक, पारिवारिक गृहस्थ के पसीने छूट जाते हैं, यहाँ आसानी से उपलब्ध होते हैं। जनता इन आश्रमों, मन्दिरों तथा संन्यासियों को उपहारस्वरूप बहुत सारे पदार्थ भेंट करती है। अपनी कमाई पर ये आश्रम बिना "टैक्स" दिए ऐश करते हैं। अगर समाज का सबसे अधिक किसी ने नुकसान किया है तो वह यही वर्ग

है। जो सच्चे त्यागी हैं, जो सच्चे भक्त हैं, जो सच्चे सन्यस्त हैं, वे अकिंचन और उपेक्षित रह जाते हैं। जो वास्तविक सन्त हैं, वे हाशिये के बाहर ही रह जाते हैं। दुनिया उन्हें ही सन्त मान लेती है जो सोने चाँदी के सिंहासनों पर बैठे होते हैं, जिनका बड़ा पेट होता है, जिनके पीछे चँवर डुलाती सुन्दरियाँ खड़ी होती हैं और बड़े-बड़े राजनेता जिनका चरण-वन्दन करते हैं। जो बड़ी-बड़ी गाडियों से चलते हैं, जिनके आश्रमों में पाँच सितारा सुविधाएँ होती हैं। जो कुछ शब्द जाल बुनना जानते हैं, जो तर्क का मायाजाल फैलाने में माहिर होते हैं। क़दम-क़दम पर ऐसे आश्रम, मठ आसानी से मिल जायेंगे, चप्पे—चप्पे पर ऐसे ठग टकरा जायेंगे। वैसे भी भारत धार्मिक देश है।

वस्तुतः संसार में सबसे बड़ी संक्रामक बीमारी है मानसिक अशान्ति। हर व्यक्ति अशान्त है, दुःखी है। दुःख शारीरिक है, दुःख मानसिक है, दुःख आर्थिक है। इस दुःख का इलाज करनेवाली अनेक दुकाने समाज में मौजूद हैं। जिसकी जहाँ तक पहुँच है, वहाँ पहुँच जाता है। कोई चिकित्सक के पास जाता है कोई तान्त्रिक के पास जाता है तो कोई ज्योतिषी के पास जाता है। कोई कहीं नहीं पहुँच पाता या पहुँचने की क्षमता नहीं होती तो ओझा-सोखा के पास ही पहुँच जाता है। समाज में दुःख के इलाज के लिए कई तरह की दुकानें खुली हुई हैं। ये दुकानें वही लोग चला रहे हैं जो स्वयं सबसे अधिक दुःखी है। चेहरे पर झूठी हँसी चिपकाए ये लोग दुःख का समाधान दे रहे हैं। यह बात उसी तरह है जैसे बिग लगाया हुआ चिकित्सक गंजों को बाल उगाने की दवा दे रहा है। यह कारोबार ख़ूब फल-फूल रहा है। कोई बता रहा है कि दुःख का कारण ग्रह-नक्षत्र हैं, बुरे ग्रहों का प्रभाव है। कोई बता रहा है कि दुःख का कारण ब्रह्म या पिशाच है। कोई बता रहा है कि दुःख का कारण पूर्वजन्म के कर्म हैं। समाधान भी सभी के पास हैं। सभी दुःख के इलाज का दावा कर रहे हैं। कोई ताबीज दे रहा है, कोई गण्डा पहना रहा है, कोई यज्ञ-पूजा करा रहा है, कोई झाड़ फूँक कर रहा है तो कोई ओझाई कर रहा है। अर्थात् दुःख की दवा सबके पास है। सभी ऊँची आवाज़ में अपनी बोली लगा रहे है। यह जो कारोबार है, पूरी दुनिया में फल फूल रहा है। मरीज और भी मरीज होते जा रहे हैं, तरह तरह के चिकित्सक और भी मोटे होते जा रहे हैं। वस्तुतः यह इलाज नहीं है, एक तरह का शोषण है। यह एक तरह का मानसिक शोषण है, आर्थिक शोषण है किन्तु मरीज को इसका अभास नहीं है। उसे पता नहीं चलता कि जहाँ वह इलाज के लिए गया है, वहाँ बीमारी और गम्भीर होती जा रही है। उसे नहीं पता कि जहाँ वह इलाज करा रहा है वहाँ डाक्टर नहीं एक पाखण्डी बैठा है। उसे इस बात की जानकारी नहीं है कि वह एक दलदल में फँस चुका है। धीरे-धीरे वह निर्जीव होता जा रहा है। धीरे-धीरे

मरणासन्न होता जा रहा है। यह आस्था, श्रद्धा और विश्वास की दुनिया है जहाँ भावनाएँ छली जाती हैं। जहाँ भक्ति भावना का शिकार किया जाता है। जहाँ गुरु ही शिष्य को वशीभूत कर, उसका शोषण कर रहा है। फिर भी भक्तजन झूम रहे हैं, नाच रहे हैं, गा रहे हैं। उन्हें होश नहीं है। उनकी ज़मीन धीरे-धीरे खिसक रही है, फिर भी आभास नहीं है। मार्क्स ने ठीक ही कहा है कि... धर्म एक अफीम है।

दुनिया के सारे धर्म आन्तरिक स्वरूप में एक हैं। सभी धर्मों का अन्त:पक्ष एक है। सभी धर्म इन्सान को और भी ख़ूबसूरत बनाने के लिए, बेहतरी के लिए पथ निर्मित करते हैं। सबका सैद्धान्तिक पक्ष मानव की उन्नति के लिए मार्ग निर्देश है। सभी धर्मों का एक ही मूल है, एक ही गन्तव्य है, सबका एक ही उद्देश्य है। धर्मों की आन्तरिक एकता के कारण उनके मूल उद्देश्य उनके अर्थ और उनके प्रयोजन को लेकर कोई भेद नहीं है, कोई मतभेद नहीं है। सभी एक ही परमतत्व की मान्यता रखते हैं। अन्तिम रूप से सभी एक सत्ता को ही स्वीकार करते हैं। इस प्रकार आन्तरिक स्तर पर दुनिया के धर्मों में कोई झगड़ा नहीं है। अगर झगड़ा है तो बाहरी तल पर है। क्योंकि सारे झगड़े की सामग्री इसी बाहरी तल पर इकट्ठा है। इसी तल पर सारे पूजा गृह हैं। इसी तल पर सभी धर्मोपदेशक हैं। इसी तल पर सभी धर्म ग्रन्थ हैं। झगड़ा इन्हीं के बीच हैं। झगड़ा पूजा-गृहों के बीच है। झगड़ा धर्म प्रचारकों में हो रहा है झगड़ा धर्मग्रन्थों को लेकर, उनके व्याख्याकारों के बीच हो रहा है। सारे झगड़े बाहरी तल पर हैं। अन्दर सारे धर्मों की एकता है। सबकी अनुभूतियाँ एक हैं। सबकी संवेदनाएँ एक-सी है। दया, करुणा, ममता, सारे मानवीय मूल्य एक से हैं। झगड़ा केवल मानव निर्मित सिद्धान्तों का है, अवधारणाओं का है। झगड़ा केवल मानव निर्मित नैतिक मूल्यों का है। एक की पसन्द अलग है, दूसरे की अलग। एक उत्तर पसन्द करता है तो दूसरा दक्षिण, तीसरा पूरब पसन्द करता है तो चौथा पश्चिम। सारे झगड़े रास्तों, साधनों को लेकर है, साध्य सभी का एक है। सारे झगड़े रंगों को लेकर हैं, बाहरी रंग को लेकर हैं, आन्तरिक रूप से सभी रंगहीन हैं। सबका एक रंग है, वह रंग है इन्सानियत का रंग।

बाहर सब लड़ रहे हैं, अन्दर सबके शान्ति है। बाहर युद्ध हो रहा है, अन्दर शान्ति है। बाहर मन्दिर-मस्जिद लड़ रहे हैं, पुजारी-मौलवी लड़ रहे हैं, गीता-कुरान लड़ रहे हैं। आन्तरिक रूप से हिन्दू और इस्लाम दोनों एक हैं। दोनों परमतत्व को मानते हैं। दोनों एक परमसत्ता को स्वीकार करते हैं। दोनों मानते हैं कि एक ही नूर से, एक ही प्रकाश से पूरा ब्रह्माण्ड, पूरी कायनात की उत्पत्ति है। दोनों मानते हैं कि एक ही सत्ता है जो पूरे जगत् का संचालन करती है। सभी

धर्मों की एकता का एक ही सूत्र है और वह है परमसत्ता। लड़ाई दुकानों के बीच है। लड़ाई दुकान चलाने वालों के बीच है। लड़ाई वस्तु जगत् के स्तर पर है। लड़ाई सिर्फ पदार्थवादियों के बीच है। लड़ाई तत्ववादियों के बीच नहीं है। अन्तर्जगत के स्तर पर कोई लड़ाई नहीं है।

एक पोंगापन्थी कर्मकाण्ड को ही धर्म मानता है। इसलिए वह बाहर परिधि पर ही उलझा रहता है, उसी तल पर चक्कर काटता रहता है। एक कर्मकाण्डी कभी तत्त्व तक नहीं पहुँच सकता। तत्त्व तक पहुँचने के लिए उस आँख की आवश्यकता है जो कर्मकाण्ड की निस्सारता को देख ले। जब तक यह चेतना पैदा नहीं होती तब तक धर्म के वास्तविक मर्म को समझा नहीं जा सकता। धर्म का वास्तविक मर्म है कि मानव-मानव में कोई भेद नहीं है। धर्म का वास्तविक मर्म है कि धर्म केवल एक है और वह है मानव धर्म। धर्म के नाम पर जो संस्थाएँ काम कर रही हैं, वे धर्म नहीं हैं धर्म का व्यापार करनेवाली दुकानें हैं। धर्म का वास्तविक मर्म यह है कि परमतत्त्व से अपना सम्बन्ध व्यक्ति स्वयं जोड़ सकता है, उसके लिए किसी बिचौलिए या ठेकेदार की ज़रूरत नहीं है। धर्म का वास्तविक मर्म है कि मूर्ति, मन्दिर, मस्जिद आदि प्रतीक उस परमतत्त्व के मार्ग की रुकावटें हैं। इनके माध्यम से धर्म का लाभ नहीं हो सकता । दिखावे की प्रार्थना-नमाज अथवा सामूहिक प्रार्थना-नमाज आदि मात्र कर्मकाण्ड हैं। जो कर्मकाण्डी है वही नास्तिक है। आस्तिक वही है जो एक 'अस्ति' में यकीन करता है। नास्तिक वह है जो किसी भी अस्ति में विश्वास न करता हो। दूसरी व्याख्या के अनुसार नास्तिक वह है जो अनेक अस्ति में या मूर्ति में या मस्जिद-मन्दिर जैसे क़ैदखानों में अस्ति की तलाश करता है। धर्म के इस मर्म को समझने वाला ही सबसे बड़ा धार्मिक है। वस्तुतः फूल का रंग धर्म नहीं, फूल की खुशबू धर्म है। फूल तोड़ने पर उसे होने वाले दर्द का एहसास धर्म है। यदि धर्म का सच्चा मर्म समझ में आ जाय तो पूरी मनुष्यता आनन्द से परिपूरित हो जायेगी। दर्द और करुणा का एहसास जिसे है वही धार्मिक है। पीरपराई को जानने वाला ही धार्मिक है। धर्म के इस अहसास को बाँटने वाला धार्मिक है। मुट्ठी खोलकर जीने वाला धार्मिक है। मनुष्य, जो अपने हित से ऊपर अन्य के हित को महत्त्व दे वही धार्मिक है। धर्म के इस सच्चे एहसास को पूरी मनुष्यता तक पहुँचाने वाला ही धार्मिक है।

# पत्थर टूट जाते हैं पानी बहता रहता है

सभी प्राणी दु:खी हैं और प्राणी का अस्तित्व दु:ख के बिना सम्भव ही नहीं है। प्राण है तो दु:ख है। शरीर में सांस चल रही है तो दु:ख कहीं पास में ही होगा। प्रश्न उठता है कि आख़िर क्यों हैं सब दु:खी? दु:ख आता ही क्यों है? बिना दु:ख के जीवन सम्भव क्यों नहीं है? लोग वृद्ध क्यों होते हैं? लोग मरते क्यों हैं? यही प्रश्न राजकुमार सिद्धार्थ के समक्ष भी खड़े हुए थे। क्या कमी हो सकती है एक राजकुमार को? शरीर के सारे सुख और साधन उसे उपलब्ध थे। जीवन की सभी सुविधाएँ मौजूद थी, उसके पास ख़ुश रहने के सभी आधार विद्यमान थे। फिर क्यों दु:खी हुआ वह राजकुमार? वस्तुत: शरीर की सुख-सुविधाएँ शरीर को आराम दे सकती हैं किन्तु मन को नहीं। मन शरीर का दूसरा ध्रुव है। मन शरीर से अलग भी है, शरीर का अंश भी है। मन के इसी द्वन्द्व ने उस राजकुमार को बेचैन कर दिया था। न वह सो पाता, न सुकून पाता। वह एक बेचैनी, एक तड़प के साथ जी रहा था। बेचैनी इतनी बढ़ गयी कि एक दिन पत्नी और नवजात शिशु को छोड़कर निकल पड़ा, संसार से दूर, जंगल की तरफ़।

वह राजकुमार, जो 29 साल की उम्र में घर छोड़ता है, दर-दर की ठोकरें खाता है और सूखकर काँटा हो जाता है। वह खोज रहा है कुछ अनकहा, कुछ विशिष्ट, कोई जीवन सूत्र जो उसके दु:ख का समाहार कर दे। उसकी बेचैनी को शान्त कर दे, उसकी तड़प को मिटा दे। वह जीवन का शोध कर रहा है। उसके शोध का विषय है दु:ख क्यों है? दु:ख का कारण क्या है? दु:ख का समाधान क्या है? इस शोध में मार्गदर्शन के लिए वह आचार्यों के पास भटक रहा है। कभी एक आश्रम में तो कभी दूसरे आश्रम में। समाधान नहीं मिल रहा है। वह तरह-तरह की साधनाएँ अपनाता है। कभी सांख्य, कभी योग, कभी तप-त्याग, कभी काया-कलेश। सूखकर काँटा हो जाता है। शरीर को तपा देता है, फिर भी मन पर नियन्त्रण नहीं कर पाता। एक दिन सुजाता का खीर खाता है, तप तोड़ देता है। एक शाम उसे स्वर सुनायी देता है वीणा के तारों को इतना मत खींचो कि वे टूट जाय, इतना ढीला मत कर

दो कि संगीत बेसुरा हो जाय। आधी रात में उसे प्रकाश मिल जाता है, जीवन का महत्त्वपूर्ण सूत्र मिल जाता है। उसे अपने 6 वर्ष के शोध का समाधान मिल जाता है। उसे ज्ञान का सूत्र मिल जाता है। निर्वाण मिल जाता है, उसे मोक्ष प्राप्त हो जाता है।

आख़िर क्या है उसका मोक्ष। क्या है यह निर्वाण? मैं इसे ज्ञान-सूत्र मानता हूँ। उसे जीवन के जटिल प्रश्नों के कुछ सूत्र मिल गये। दु:ख सम्बन्धी प्रश्नों के उत्तर मिल गये, शंका के समाधान प्राप्त हो गये। जो सूत्र उसे मिले थे, वे हैं—1 यह संसार दु:खमय है, 2. दु:ख का कारण है, 3 दु:ख का समाधान है 4. दु:ख समाहार के मार्ग है।

वह राजकुमार अब समझ चुका था कि यह पूरी दुनिया दु:खमय है। वह कहता है कि जन्म लेना ही दु:ख का कारण है। वह कहता है कि जन्म लिया तो मरना निश्चित है। वह कहता है कि जन्म लिया तो मृत्यु निश्चित है। शरीर धारण किया है तो शरीर और मन के दु:ख स्वत: उत्पन्न होंगे और विस्तार में जाकर वह राजकुमार जो अब भिक्षुक बन चुका है, बताता है कि जन्म लेने की प्रवृत्ति, सांसारिक विषयों में लिप्त रहने की प्रवृत्ति, विषय भोग की अभिलाषा, अर्थात् तृष्णाएँ, आसक्तियाँ ही हमारे दु:ख का कारण हैं। हमारी एषणाएँ ही दु:ख का कारण हैं। जैन दर्शन का तत्त्व विज्ञान भी मानता है कि वासनाएँ ही जीव को जड़ तत्त्वों (पुद्गल) की ओर आकृष्ट करती हैं। जीव-अजीव (जड़) का संयोग ही बंधन है तथा दोनों का वियोग ही मोक्ष है।

दुनिया के सारे धर्म, सारे दर्शन, मानव जाति के समस्त तत्व—चिन्तन मुक्ति या मोक्ष की इसी गुत्थी को लगातार सुलझा रहे हैं। अपने-अपने तरीक़े से, अपने-अपने तर्कों के साथ सभी दार्शनिक मानवीय वेदना का समाधान कर रहे हैं।

जब समस्या के कारण का पता चल जाय तो समाधान की शुरुआत हो जाती है। अत: सभी तत्त्व चिन्तन इस बात का प्रयास करते हैं कि पहले कारण का पता चल जाय। सभी इसी दिशा में शोध करते हैं कि समस्या की उत्पत्ति का उत्स पाया जाये। सभी रोग के इलाज के पहले उसकी डायग्नोसिस करते हैं एक बार डायग्नोसिस हो जाय तो इलाज प्रारम्भ हो सकता है, इलाज आसान हो सकता है।

विश्लेषण से यह बात सामने आती है कि हमारी समस्या के दो स्थल हैं-शरीर और मन। शरीर की समस्या का इलाज मेडिसिन से हो सकता है। जबकि मन की समस्या का इलाज केवल मेडिटेशन से ही हो सकता है। जैसी व्याधि होगी वैसा ही इलाज होगा। अत: समस्या के तल का विश्लेषण आवश्यक है। पूरब ने समस्या को अपने तरीक़े से समझा है और पश्चिम ने अपने तरीक़े से। पूरब ने आत्मा को महत्त्व दिया, पश्चिम ने शरीर को। पूरब में परा विद्या अर्थात् ब्रह्म विद्या अथवा सांसारिकता

से परेवाली विद्या का विकास किया। पूरब ने शरीर को नश्वर माना, शरीर को आत्मा के सापेक्ष कम महत्त्व दिया, अतः यहाँ मेडिटेशन तो बहुत अधिक विकसित हुआ किन्तु मेडिसिन का विकास कम हुआ। मेडिसिन के क्षेत्र में उतना काम नहीं हो सका। इसके विपरीत पश्चिम ने शरीर को महत्त्व दिया अतः वहाँ मेडिसिन का विकास, मेडिकल तकनीक का विकास, सर्जरी का विकास बहुत अलग ढंग से और बहुत तीव्र गति से हुआ।

सूक्ष्म दृष्टि से देखने पर शरीर और मन अलग नहीं हैं। शरीर की वेदना से मन प्रभावित होता है और मन की वेदना शरीर को प्रभावित करती है। मन दु:खी होकर शरीर को भी दु:खी कर देता है, शरीर को बीमार कर देता है। दोनों एक ही सिक्के के दो पहलू हैं। आधुनिक शोधों से यह निष्कर्ष निकला कि जब मन आहत होता है तो धीरे-धीरे शरीर को कमज़ोर कर देता है और उसे बिस्तर तक ले जाता है। प्रत्येक बीमारी किसी-न-किसी तरह से मन से जुड़ी होती है। फ्रायड के मनोचिकित्सा के सिद्धान्तों ने चिकित्सा जगत् में एक नयी क्रान्ति पैदा कर दी। फ्रायड हर समस्या को मन से व्युत्पन्न मानता है। उसने मानव मन की सूक्ष्म परतो का विश्लेषण किया। उसने मानव मन को समझने के लिए अनेक प्रयोग किये। एक दिन फ्रायड ने सुबह -सुबह सड़क पर टहलते हुए देखा कि एक बालक ने एक पत्थर उठाकर एक पिल्ले को दे मारा। पिल्ला वही गिरा, छटपटाया और थोड़ी देर में मर गया। उसकी हत्या फ्रायड को गहराई तक बेध गयी। वह बालक के पास गया, उससे पूछा कि उसने पिल्ले को क्यों मारा। उसने पूछा कि पिल्ले ने उसका क्या बिगाड़ा था। बच्चा रोने लगा, हिचक-हिचक कर रोने लगा। जाहिर था कि बच्चे को अपने अपराध का बोध था। वह समझ रहा था कि उसने गलत किया है। फ्रायड के बार-बार पूछने पर उसने बताया कि सुबह जब वह स्कूल के लिए तैयार हो रहा था, उस समय उसकी माँ ने उसे किसी बात पर थप्पड़ मारा। छोटी-सी बात पर, ऐसी कोई बड़ी गलती नहीं थी बच्चे की, पर माँ ने बच्चे को थप्पड़ मारा। फ्रायड ने बच्चे से पूछा कि उसका घर कहाँ है। बच्चे से पता लेकर वह उसकी माँ से मिला और पूछा कि उसने बच्चे को क्यों मारा। माँ दु:खी थी, अपने कृत्य पर उसे भी अफसोस था। उसकी आँख में आँसू आ गये, बच्चे को मारने की आत्मग्लानि उसकी आँखों से छलक रही थी। उसने बिलखते हुए बताया कि कल रातभर वह सो नहीं सकी। रातभर करवटें बदलती रही। वह बेचैन थी। क्योंकि पिछली शाम को उसके पति से उसका बहुत झगड़ा हो गया था। पति ने उसे बहुत भला बुरा कहा, उसे कुलटा और बदचलन तक कहा। वह तड़प उठी थी। यह उसकी बेचैनी थी, उसकी गहन वेदना थी, रातभर जागने का परिणाम था कि सुबह बच्चे को उसने थप्पड़ लगा दिया। मन बेचैन था अतः बच्चे पर हाथ उठा दिया। अब फ्रायड उसके पिता के पास गया। अब पिता

ने अपनी आप बीती सुनायी, अपने कार्यालय की घटना बताई। उसके बॉस ने सिर्फ़ इसलिए डाँटा कि उसने एक छोटी-सी मानवीय गलती कर दी। एक अनजाने में हुई छोटी-सी ग़लती की इतनी बड़ी सजा कि बॉस ने उसे न सिर्फ़ फटकारा, बल्कि गालियाँ तक दीं। अब फ्रायड को सारा मामला समझ में आ गया। हर व्यक्ति कहीं -न-कहीं आहत था। एक आहत मन से दूसरा मन आहत होता गया। अन्त में व्यथा का पहाड़ पिल्ले पर टूट पड़ा, उसे जान से हाथ धोना पड़ा। इस तरह के अनेक प्रयोग फ्रायड ने किये। अन्ततः उसने यह निष्कर्ष निकाला कि मन ही मानव को संचालित करता है। उसकी समस्त भावनाओं का, समस्त कमजोरियों का, उसकी समस्त शक्तियों का केन्द्र मन ही है। मन का सन्तुलन ही मानव जीवन का सन्तुलन है।

वस्तुतः देखा जाय तो मानव अपने मन के दो ध्रुवों के बीच जीवन जीता है। एक ध्रुव भावना है, दूसरा ध्रुव बुद्धि है। इन्हीं ध्रुवों के बीच मानव जीवन की समस्त गतिविधियाँ संचालित होती हैं। यदि मनुष्य भावना के ध्रुव पर जाता है तो वहाँ पागल होने का खतरा है, यदि बुद्धि के ध्रुव पर जाता है तो वहाँ पशु होने का खतरा है। दोनों ही ध्रुवान्तों पर खतरा है। एक तरफ़ राग की पराकाष्ठा है, दूसरी तरफ़ विराग की पराकाष्ठा। जीवन दोनों के बीच है, मध्य में है। भावना और बुद्धि के मध्य में ही जीवन का सन्तुलन है। राग और विराग के बीच ही वीतरागिता का स्थल है। इसे ही बुद्ध ने मध्यम मार्ग कहा। यही वह कसावट है जहाँ संगीत पैदा होता है। इतना कसा हुआ नहीं कि कर्कश हो, इतना ढीला नहीं कि बेसुरा हो। यह सन्तुलन ही माधुर्य पैदा कर सकता है, राग-विराग के बीच, भावना और बुद्धि के बीच, तर्क और विश्वास के बीच।

कुल मिलाकर जीवन एक प्रबन्धन है, सन्तुलन बनाने का प्रबन्धन। हर व्यक्ति प्रबन्धन कर रहा है, जीवन को 'मैनेज' कर रहा है। एक भिखारी भी, एक उद्योगपति भी, एक राजनेता भी , सभी प्रबन्धन में लगे हैं। कोई शरीर को मैनेज कर रहा है, कोई मन को मैनेज कर रहा, कोई समय को, कोई तनाव को, कोई घर को, कोई बच्चे को, सभी अपने-अपने मैनेजमेण्ट में लगे हैं। सबके अपने तरीक़े हैं, अपने सुभीते हैं, लेकिन कर सभी वही रहे हैं। गौतम बुद्ध ने जो निर्वाण प्राप्त किया, जो मोक्ष प्राप्त किया, जो उनको सूत्र मिला वह सूत्र और कुछ नहीं था बल्कि मानव जीवन के प्रबन्धन का सूत्र है। वह सूत्र क्या है? इसे सभी जानते-समझते हैं। इसके सिद्धान्त से सभी परिचित हैं। यह सूत्र है शरीर को सन्तुलन में रखने का, मन के सन्तुलन का। मन और शरीर को सन्तुलन में रखने का, मन और शरीर के प्रबन्धन का। प्रायः सभी ने यही बात की, यही सूत्र दिये, एक ही रास्ता बताया। बुद्ध ने भी वही रास्ता बताया। यह रास्ता पहले भी था, आज भी है और कल भी रहेगा। वह

रास्ता है चित्त वृत्तियों के निरोध का, वह रास्ता है आत्मशोधन और आत्मासाक्षात्कार का। इस रास्ते पर पहले शरीर का प्रबन्धन करना होता है, शरीर पर नियन्त्रण करना होता है। शरीर के प्रबन्धन के बाद मन का प्रबन्धन शुरू होता है। शरीर और मन के प्रबन्धन का अर्थ है शरीर और मन के बीच एक सन्तुलन की तलाश करना जहाँ से जीवन संगीत उत्पन्न हो सके।

बुद्ध ने शरीर और मन के प्रबन्धन के लिए आष्टांगिक मार्ग बताये। ये आठ मार्ग और कुछ नहीं शरीर और मन के प्रबन्धन के सिद्धान्त हैं। ये आठ मार्ग हैं—सम्यक दृष्टि अर्थात् दृष्टि का सम्यक् होना। सम्यक् संकल्प अर्थात् असाक्तियों के त्याग का संकल्प लेना। सम्यक वाक अर्थात् वाणी को सम्यक् रखना। सम्यक् कर्मान्त अर्थात् सम्यक् कर्मों का अनुसरण करना। सम्यक् आजीव अर्थात् जीविका के साधनों को सम्यक् रखना। सम्यक् व्यायाम अर्थात् शरीर और मन की उन्नति के लिए सदैव प्रयत्नशील रहना। सम्यक् स्मृति अर्थात् सत धारणा का स्मरण और असद् धारणा का त्याग करना। सम्यक समाधि अर्थात् मन अथवा चित्त की एकाग्रता। आष्टांगिक मार्गों के परिशीलन से स्पष्ट है कि ये मार्ग शरीर और मन को एक व्यवस्था में लाने का एक सद्प्रयास है।

दुःखों से मुक्ति का यह सिद्धान्त, दुःखों के शमन का यह मार्ग बुद्ध के पूर्व भी था। योग दर्शन की मान्यता है कि चिद्वृत्तियों के निरोध एवं शमन से ही दुःखों से मुक्ति सम्भव है। शारीरिक और मानसिक वृत्तियों के दमन तथा मन, बुद्धि अहंकार पर विजय द्वारा ही योग की प्राप्ति हो सकती है। योग अर्थात् आनन्द की अवस्था, आत्मा और परमात्मा के मिलन की अवस्था, इसे ही गीता में समत्व योग या समभाव कहा गया है। सांख्य दर्शन भी मानता है कि सांसारिक जीवन दुःखमय है। सांख्य तीन प्रकार के दुःख मानता है। 1. आध्यात्मिक दुःख, 2-आधिभौतिक दुःख तथा 3. आधिदैविक दुःख। शरीर और मन से उत्पन्न दुःख ही आधिभौतिक दुःख है। आध्यात्मिक दुःख बाह्य पदार्थों से या उनके कारण से प्राप्त दुःख है तथा आधिदैविक दुःख का तात्पर्य है अलौकिक कारणों से उत्पन्न दुःख। सांख्य के अनुसार, मानव जीवन का परम उद्देश्य है— दुःखों से मुक्ति पाना। इसे सांख्य मोक्ष, अपवर्ग या पुरुषार्थ कहते हैं। सांख्य की मान्यता है कि सभी दुःख मन के अनुभव हैं, आत्मा के नहीं अर्थात् सुखी या दुःखी मन होता है, आत्मा नहीं। अज्ञान के कारण मनुष्य आत्मा को मन से सम्पृक्त मानता है। अत: अज्ञान ही दुःख का मूल कारण हैं। सांख्य के अपवर्ग (मोक्ष) का अर्थ है आत्मा को अपने मूल निरपेक्ष सत्ता का ज्ञान हो जाना। बुद्ध भी द्वादश निदान अर्थात् कार्य-कारण की शृंखला में अन्तिम-कड़ी 'अविद्या' को ही दुःख का मूल कारण मानते हैं। गीता का द्वितीय अध्याय भी ज्ञान द्वारा मोक्ष की बात करता है। न्याय दर्शन भी , सांख्य की तरह, आत्मा का मन से संयोग होने

को ही दु:ख का कारण मानता है एवं आत्मा की मन से निरपेक्षता को समझने के लिए तत्त्वज्ञान की आवश्यकता बताता है। यह तत्त्वज्ञान ही मोक्ष का, अपवर्ग का आधार है। कुल मिलाकर, समेकित रूप से देखने पर प्राय: सभी भारतीय दर्शन अज्ञान को ही दु:ख का, बंधन का कारण मानते हैं।

मैंने एक विद्यार्थी की तरह, गीता को जो समझा है, उससे यह आशय निकाल सका कि गीता एक मनोवैज्ञानिक ग्रन्थ है। मनोवैज्ञानिक इसलिए कि इसमें हर व्यक्ति के मन के अनुकूल, स्वभाव के अनुकूल कुछ-न-कुछ है। एक आस्तिक के लिए या इष्ट के प्रति पूर्ण समर्पित भक्त के लिए भक्तिमार्ग का प्रतिपादन है। निष्ठापर्वूक कर्म के प्रति समर्पित एक कर्मनिष्ठ व्यक्ति को निष्काम कर्मयोग की बात सहज ही आकर्षित करती है। ज्ञान, बुद्धि एवं तार्किक स्वभाव वाले व्यक्ति के लिए ज्ञानमार्ग अर्थात् ज्ञान द्वारा आत्म-साक्षात्कार का विधान है। आपका स्वभाव जैसा है, उसके अनुरूप गीता का कोई-न-कोई अध्याय मौजूद है। इस रूप में मुझे गीता और मनोशास्त्र की किसी अन्य सुन्दर किताब में कोई अन्तर नहीं दिखायी पड़ता। उसी गीता से अर्जुन ने युद्ध में प्रवृत्त होकर हिंसा का रास्ता चुना, तिलक ने उग्र विचार ग्रहण किये तो उसी गीता से गाँधी और विनोबा ने अहिंसा एवं करुणा का अवलम्बन लिया। यह गीता ज्ञान, भक्ति, कर्म की प्रेरणा देती है। जहाँ गाँधी गीता के प्रशंसक हैं तो नाथूराम गोडसे भी गीता का अनन्य अनुरागी है। टाल्सटाय, थोरो, रस्किन, विल्किन जैसे पाश्चात्य विद्वान भी गीता के दीवाने हैं। गीता को दुनिया भर में पढ़ा गया, पढ़ा जा रहा है, पढ़ा जाता रहेगा किन्तु आज भी भारत में अधिकांशत: गीता पीले वस्त्र में लिपटा हुआ, मन्दिर या पूजा गृह में रखा हुआ ग्रन्थ है। कम-से-कम 70 प्रतिशत लोग तो यही समझ रहे हैं, एक धर्मग्रन्थ ही मानते हैं। मुझे विवेकानन्द की यह बात बहुत अपील करती है कि—"मैं गीता को समुद्र में फेंक दूँगा यदि वह विधवा के आँसू पोंछने में असमर्थ है।" आज भी अधिकांश भारतीय धर्मग्रन्थों की दासता से उबर नहीं पाये हैं। किसी ग्रन्थ को धर्म ग्रन्थ मानकर पढ़ने वाले उसके सत्य तक उसके अर्थ और आशय तक पहुँच ही नहीं सकते। वे जो भी अर्थ ग्रहण करेंगे, जो भी आशय ग्रहण करेंगे वह उसी प्रकार का होगा जैसा एक प्रच्छन्न सन्त का उपदेश होता है।

गीता एक जीवन दर्शन है। गीता में प्रदत्त जीवन-प्रबन्धन के सिद्धान्त अत्यन्त उपयोगी हैं। गीता भी प्रबन्धन के उन्हीं सूत्रों की बात करती है जिनका संकेत ऊपर किया गया है। बात वही है किन्तु शब्द अलग हैं। सूत्र पुराने हैं बस कहने का तरीक़ा बदल गया है। सिद्धान्त वही हैं बस इसके उदाहरण बदल गये हैं। गीता के श्लोकों में जीवन के प्रबन्धन के सूत्र बिखरे हैं। मानवीय वेदना, पीड़ा, दु:ख, कष्ट, सन्त्रास से बाहर निकलने के अनेक संकेत मौजूद हैं। अर्जुन को द्वन्द्व होता है। विजय प्राप्त कर क्या मिल जायेगा? स्वजनों की हत्या करके प्राप्त सत्ता का क्या अर्थ? और यह

भी सत्य है कि द्वन्द्व अर्जुन को ही हो सकता है, भीम को नहीं। द्वन्द्व बुद्धि को ही होगा, आस्था को नहीं। जहाँ बुद्धि है, वहीं संशय है और जहाँ संशय होगा वहीं द्वन्द्व होगा। जहाँ द्वन्द्व होगा वहीं दु:ख का अहसास भी गहरा होगा। तो अर्जुन को ही द्वन्द्व होगा, अर्जुन को ही वेदना होगी, विषाद होगा। चूँकि विषाद अविद्या के कारण है तो उसका समाहार विद्या ही करेगी। द्वन्द्व है अज्ञानता के कारण तो उसका समाधान ज्ञान ही करेगा। अज्ञान का अंधेरा है तो उसका समाहार ज्ञान का प्रकाश ही होगा। इसी पृष्ठभूमि में गीता ने अर्जुन को जीवन में प्रवृत्त होने के सूत्र दिए। पुन: गाण्डीव उठाने को प्रेरित किया। अन्त में अर्जुन के द्वन्द्व समाप्त होते हैं और वह कर्म पथ पर आगे बढ़ जाता है।

गीता को कर्मकाण्ड और आख्यान ने बहुत अधिक आच्छादित कर रखा है। अधिकांश व्याख्याकारों ने कृष्ण को विष्णु का अवतार मानकर गीता के वास्तविक प्रकाश को रोकने का काम किया है। सबसे अधिक नुकसान धार्मिक पाखण्डियों ने किया है, अपनी दुकान चलाने के लिए। एक अत्यन्त सहज बात को जटिल बनाकर पेशकर गीता के सन्देश को अनावश्यक रूप से असहज बनाया गया है। वस्तुत: सत्य अत्यन्त सहज है, अत्यन्त सरल है, हम हैं कि उसे जटिल बना देते हैं। जटिल बनाकर समझते भी हैं, समझाते भी हैं। गीता का तत्त्व यही है कि जीवन में सहजता पैदा हो जाय। जीवन सहज होगा तभी सन्तुलन पर खड़ा होगा। न रागी होगा, न विरागी, वीतरागी हो जायेगा। क्योंकि रागी होना भी ख़तरा पैदा करेगा, विरागी होना भी खतरा पैदा करेगा। राग से आसक्ति, तृष्णा, कामना आकांक्षा जैसी एषणाएँ जन्म लेती हैं। इसी प्रकार से विरागी होने पर हठ, अहंकार, ईर्ष्या, बैर, घृणा जैसी वितृष्णाएँ पैदा होती हैं। दोनों स्थितियाँ ख़तरनाक हैं। दोनों स्थितियाँ सहजता में बाधक हैं। गीता का उपेदश सहज होने का उपदेश है। उपदेश नहीं बल्कि सन्देश। उपदेश भ्रम पैदा करता है। सन्देश समाधान देता है। गीता का सन्देश अत्यन्त सहज है।

गीता कहती है कि यदि जीवन है तो मनुष्य की कामनाएँ बनी रहेगी। यदि साँस चल रही है तो मनुष्य के शरीर की आवश्यकताएँ बनी रहेंगी। रोटी और पानी की अनिवार्यता बनी रहेगी। अर्थात् जीवन है तो कामनाएँ अवश्य होंगी। यहीं से जीवन शुरू होगा। किन्तु यहीं से ख़तरा भी शुरू होता है। एक शिशु की कामनाएँ फिर भी सहज हैं। हँसना और रोना यही उसकी अभिव्यक्ति के दो तरीक़े हैं। भूख और प्यास, खुराक ग्रहण करना और मल विसर्जन करना यही उसकी शारीरिक आवश्यकता हैं। उसके पास कुछ कामनाएँ तो होती हैं किन्तु कामनाओं का मकड़ जाल नहीं है। वह अत्यन्त सहज है। जो अन्दर है, वही बाहर है। जो अनुभूत करता है वही उसके चेहरे पर होता है। इसलिए एक शिशु तनावग्रस्त नहीं होता। वह सहज है, सन्तुलन में है

अत: उसके चेहरे से संगीत, मौन संगीत फूटता है। वह अपनी सहजता से सबको आकर्षित कर लेता है।

जब धीरे-धीरे वह शिशु बड़ा होता है, उसकी कामनाएँ भी बड़ी होती जाती हैं। कुछ समय तक, 10-12 वर्षों तक उस बच्चे की कामनाएँ वर्तमान तक ही सीमित रहती हैं। वह तत्कालीन आवश्यकताओं को पूरा करना चाहता है। वह बहुत दूर की नहीं सोचता, वर्तमान की सोचता है। उसके पहनने के लिए, शरीर ढकने के लिए कुछ चीज़े चाहिए। उसे खाने-पीने की ज़रूरते हैं, खेलने के लिए खिलौने की दरकार है, माता-पिता के प्यार, दुलार, संरक्षण की आवश्यकता है। जो कुछ है उसके वर्तमान की ज़रूरत है। वही बच्चा धीरे-धीरे आगे बढ़ता है और कामनाओं की अँधी दौड़ में भागने लगता है। एक अजीब मकड़जाल में उलझने लगता है, एक दलदल में धँसने लगता है। वह असहज हो जाता है, शरीर और मन से असन्तुलित हो जाता है। इस असहजता से वह इतना बोझिल हो जाता है कि तनावग्रस्त रहने लगता है, रोगी हो जाता है। शरीर से भी रोगी, मन से भी रोगी। वह कामनाओं, आसक्तियों के दुश्चक्र में उलझ जाता है और यह चक्र जीवन भर चलता रहता है।

गीता का प्रथम सन्देश यहीं मिलता है। गीता कहती है कि समस्त कामनाओं में घिरे रहने के बावजूद जो व्यक्ति अपनी आत्मा में अवस्थित है, आत्मा में सन्तुष्ट है वह स्थिर बुद्धि वाला व्यक्ति है। कामनाएँ तो आजीवन रहेंगी, कामनाएँ समाप्त नहीं होंगी। कुछ व्याख्याकार कामनाओं के हठपूर्वक त्याग की बात करते हैं। कामनाओं का हठपूर्वक त्याग भी असहजता का कारक है। जितना राग ख़तरनाक है उतना ही विराग ख़तरनाक है। त्यागने का अर्थ है स्वभाव की हत्या करना। यह त्याग एक हठ है, एक जिद है। इस त्याग से सहजता नहीं आ सकती, इससे अहंकार अवश्य पैदा हो सकता है। अत: त्यागना नहीं आदतों का रूपान्तरण ज़रूरी है। कामनाएँ जीवन पर्यन्त रहेंगी। अत: कामनाओं के त्याग की जगह कामनाओं की एक मर्यादा रखनी पड़ेगी। कामनाओं का नियमन करना होगा। हमारी आवश्यकताएँ कितनी होगी यह हमारे जीने के तरीक़े पर निर्भर करता है। जैसा तरीक़ा होगा, शैली होगी, वैसी ही इच्छायें होंगी। कबीरदास कहते हैं कि, ''साँई इतना दीजिये जामें कुटुम समाय। मैं भी भूखा ना रहूँ साधु न भूखा जाय।'' क्या चाहिए और कितना चाहिए यह मनुष्य के अपने स्वभाव, सोच और संस्कार पर निर्भर करता है। चन्द्रगुप्त मौर्य अपने लिए महल बनाता है, जबकि चाणक्य अपने लिए झोंपड़ी की कामना करता है। अकबर आगरे के किले में रहता है, तुलसीदास अयोध्या की एक झोंपड़ी में जीवन जीते हैं। दोनों की आवश्यकताएँ अलग-अलग हैं क्योंकि दोनों के स्वभाव और संस्कार अलग-अलग हैं।

एक फ़क़ीर है किन्तु मन का बादशाह है। दूसरा बादशाह है किन्तु मन से कंगाल है। अक्सर ऐसा होता है। अक्सर होता है कि बादशाह अतृप्त होता है अत: वह नये साम्राज्य को जीतना चाहता है। जितना नया साम्राज्य बनाता है, उतना ही अतृप्त होता है। जितना वह जीतता है उतना ही भयभीत रहता है। बादशाह भय में जीते हैं क्योंकि उनकी मुट्ठी बन्द होती है। फ़क़ीर निर्भीक होता है क्योंकि वह मुट्ठी खोलकर जीता है। बादशाह भय से लोगों को वश में करता है, फ़क़ीर प्रेम से आकर्षित करता है। बादशाह शरीर को क़ैद कर लेता है, फ़क़ीर दिल को जीत लेता है। लोग बादशाह का भयवश सम्मान करते हैं किन्तु फ़क़ीर को दिल से मुहब्बत करते हैं। बादशाह का सम्मान भी भय पर आधारित है।

व्यास नदी के तट पर सिकन्दर की मुलाक़ात एक भारतीय सन्त से हुई थी। यूनानी स्रोतों में उसे सन्त का नाम 'मदामिस' आता है। कुछ विद्वानों के अनुसार मण्डन मिश्र नाम रहा होगा। जो भी नाम रहा हो, वह एक सन्त था, फ़क़ीर था। उस फ़क़ीर से मुलाक़ात के समय सिकन्दर ने अपना परिचय बादशाह के रूप में दिया। फ़क़ीर ने कहा कि तुम दुनिया जीतने निकले हो, इसलिए अभी अतृप्त हो। फ़क़ीर ने कहा, "तुम्हारी इच्छाएँ अभी मरी नहीं हैं, तुम्हारी कामनाएँ असीम हैं। अत: तुम अतृप्त हो। इसलिए तुम बादशाह नहीं हो सकते। तुम्हारे मन का प्याला अभी खाली है। मेरा प्याला लबालब भरा है, छलक रहा है। तुम खाली हो, मैं भरा हुआ हूँ। बादशाह तुम नहीं हो, मैं हूँ। तुम बादशाह हो ही नहीं सकते।" कहते हैं कि सिकन्दर नाराज हो गया था, बहुत गुस्से में था। उसने कहा कि फ़क़ीर तुम मेरी ताक़त को नहीं पहचानते, मेरी क्षमता को नहीं पहचानते कि मैं क्या कर सकता हूँ। सन्त ने कहा क्या तुम सूरज की रोशनी को क़ैद कर सकते हो, अपनी मुट्ठी में बन्द कर सकते हो? कर सकते हो तो दिखाओ। तुम जब भी रोशनी को अपनी मुट्ठी में क़ैद करोगे, तुम्हारे हिस्से में केवल अँधेरा ही आयेगा। सिकन्दर को, जो अरस्तू जैसे दार्शनिक का शिष्य था, बात समझ में आ गयी थी। अपनी नादानी वह समझ चुका था। कुछ दिन बाद सिकन्दर व्यास के तट से वापस लौट रहा था। उसे मलेरिया हो चुका था। बचने की उम्मीद कम रह गयी थी। उसने अपनी वसीयत में एक स्थान पर लिखा कि उसकी अन्तिम यात्रा के समय उसके दोनों हाथ अर्थी से बाहर कर दिये जाय ताकि दुनिया देख सके कि सम्राट सिकन्दर जो बन्द मुट्ठी के साथ इस जगत् में आया था, आज खाली हाथ जा रहा है।

इन्द्रियों में रहना हमारी प्रकृति है, किन्तु इन्द्रियों के वशीभूत हो जाना विनाशकारी है। गीता यहाँ हमें रास्ता दिखाती है। गीता का कथ्य है कि दु:खों में अति उद्विग्न हो जाना और सुख आने पर अत्यधिक उत्साहित हो जाना दोनों अतिवाद है। दोनों इन्द्रियों में बहने की स्थितियाँ हैं। दोनों ध्रुव हैं जीवन के। सुख और दु:ख दो ध्रुवान्त हैं, जिसके

बीच जीवन है और जीवन की वृत्तियाँ विरोधाभासी हैं। हम जितना अन्दर होते हैं, जितनी गहराई में होते हैं, जितना ही कम नुमाइश करते हैं उतने ही अमीर होते हैं। बाहर चकाचौंध है, भीतर घोर अँधेरा पसरा है। बाहर सैकड़ों सूर्य उगे हैं, भीतर का दीपक भी बुझ चुका है।

कहते हैं कि एक बादशाह बहुत परेशान था। अपने जीवन से ऊब गया था, अपने महल के तनावों से दब गया था। एक दिन अपने घोड़े पर बैठकर बाहर निकल गया, महल से बहुत दूर चला गया। साधारण मनुष्य की वेशभूषा में था, कोई पहचान नहीं सका। वह घूमता रहा, भटकता रहा। सुख की तलाश करता रहा। एक गाँव के बाहर से गुजर रहा था। खेतों में भेड़े चर रही थीं। उसने आस पास नजर दौड़ायी। बहुत सुरम्य हरियाली थी चारों तरफ़। तभी उसे बांसुरी की आवाज़ सुनायी दी। उसने देखा एक टीले पर एक युवक, एक गड़ेरिया युवक बैठा है और झूम-झूमकर बांसुरी बजा रहा है। वह युवक के पास पहुँचा। उसने पूछा तुम इतने ख़ुश कैसे हो, क्या तुम्हें कोई बादशाहत मिल गयी है। युवक मुस्कराया और बोला आप ऐसा मत कहिये, भगवान से प्रार्थना कीजिये कि मुझे कभी बादशाह न दे। क्योंकि जब तक बादशाहत नहीं होती आदमी तभी तक बादशाह होता है। बादशाहत मिल जाने पर आदमी बन्दिशों का ग़ुलाम हो जाता है। वह जो कह गया उसका आशय क्या है? बस सीधा-सा आशय है कि मस्ती तभी तक है जब तक हम अन्दर से आज़ाद हैं। एक दास भी आत्मविश्वास के साथ जी सकता है अगर वह अन्दर से आज़ाद है। बादशाह प्राय: बाहर से ही बादशाह होता है। अन्दर से भयभीत रहता है। जो अन्दर से बादशाह होता है असली मस्ती उसी के पास होती है। भगवतीचरण वर्मा कहते हैं—''हम दीवानों की क्या हस्ती, आज यहाँ कल वहाँ चले। मस्ती का आलम साथ चला हम धूल उड़ाते जहाँ चले।''

गीता का सार यही है—सहज रहना। सुख-दु:ख, राग-विराग, प्रेम-घृणा, आकर्षण-प्रतिकर्षण के बीच जो स्थान है, जो ''डैश'' है वही सहजता है। सहजता की लम्बी साधना करनी पड़ती है। साधना का मार्ग थोड़ा कठिन है किन्तु यदि एक बार साधना शुरू हो जाय तो उसे जारी रखा जा सकता है। चिद्वृत्तियों के नियमन की साधना निरन्तर अभ्यास माँगती है। पहेली है जीवन किन्तु पहेली का सूत्र मालूम हो तो इसे सुलझाया जा सकता है। गोरख वाणी कहती है—

सहजै रहना भेद न करना बोलिबा मीठी वाणी।
अगिला अगिनी होइबा अवधू तब होइबा तुम पाणी।

विरोधाभासी है जीवन। कोई अग्नि हो जाय तो तुम पानी बन जाना। यदि कोई तुफान हो जाय तब तुम झुक जाना। विनम्र होकर जीने में संगीत है। तनकर जीने में टूटने का ख़तरा है। आँधी आये तो झुक जाने वाला वृक्ष बच जाता है, अकड़ने वाला

वृक्ष टूट जाता है। अकड़ का अर्थ है अहं। अहंकारी व्यक्ति टूट जाता है, विनम्र व्यक्ति झुक जाता है इसलिए वह टूटता नहीं। पानी और पत्थर के द्वन्द्व में पानी टूटकर भी नहीं टूटता और पत्थर कठोर होकर भी टूट जाता है। नदी साक्षी है इस बात की, पर्वत से निकलती है, अनेक अवरोधों को तोड़कर बहती है। रुकावटें भी आती है तो नदी किनारे से रास्ता बना लेती हैं किन्तु रुकती नहीं। सतत बहती जाती है, गुनगुनाते हुए आगे बढ़ती जाती है। चट्टाने, रास्ते के रोड़े टूटते जाते हैं पिसते जाते हैं, गोल और चिकने होते जाते हैं। मैदानों में आते आते वही पत्थर के टुकड़े, छोटे-छोटे रेत कण बन जाते हैं। पानी अब भी बह रहा है, कल भी बहता रहेगा।

# अन्दर एक क्रान्ति घटित हो जायेगी

एक कहानी से अपनी बात शुरू करता हूँ। एक बहुत बड़ा बादशाह था। उसके दान के चर्चे चारों ओर होते थे। वह अत्यन्त उदार और दानी था। एक दिन वह दरबार में बैठा था तभी एक फ़क़ीर आया। उसके हाथ में एक भिक्षा पात्र था। उसने बादशाह से फरियाद की, पात्र भरकर भिक्षा देने का अनुरोध किया। बादशाह ने अपने वजीर को आदेश दिया कि उसका पात्र हीरे जवाहरात से भर दिया जाय। फ़क़ीर ने एक शर्त रख दी कि वह भिक्षा तभी लेगा जब उसका पात्र पूरा भरा होगा। शर्त मान ली गयी हीरे-जवाहरात उसके भिक्षापात्र, उसके कासा में भरे जाने लगे। किन्तु यह क्या, सभी आश्चर्यचकित थे। पूरा दरबार आँखे फाड़कर देख रहा था। कासा जितना ही भरा जाता, जितने रत्न उसमें डाले जाते, कासा खाली ही रहता। बादशाह ने उसकी शर्त मान रखी थी। धीरे-धीरे उसका पूरा खजाना खाली हो गया, पूरा खजाना उस भिखारी फ़क़ीर के भिक्षा पात्र में समा गया, फिर भी वह खाली रहा। फ़क़ीर हँस रहा था। बादशाह कंगाल हो चुका था। दरबारी स्तब्ध थे। अब बादशाह अपने तख्त से उठा और फ़क़ीर के चरणों में गिर पड़ा। बादशाह ने पूछा, आप कौन है और यह भिक्षा पात्र कैसा है। फ़क़ीर ने ठहाका लगाया। बोला कि हुजूर यह नाचीज़ जो आपके सामने खड़ा है मनुष्य की इच्छा है, कामना है और यह जो मेरे हाथ में कासा है, यह मनुष्य के हृदय से बना है। मैं कभी तृप्त नहीं होता, मैं कभी पूर्ण नहीं होता, कभी सन्तुष्ट नहीं होता और मेरा कासा कभी भर नहीं पाता।

कवि जगदीश गुप्त की एक कविता याद आती है—

*आज के सियाराम*
*क्षुधा काम*
*मानव के तिमिर ग्रस्त*
*चिन्तन के भानु-इन्दु*
*यन्त्र बाहु, यन्त्र हृदय*
*यन्त्र चरण, यन्त्र बुद्धि*

*सब-कुछ यन्त्रित*
*केवल इच्छाएँ अनियन्त्रित।*

मनुष्य अनियन्त्रित और कभी न पूर्ण होनेवाली इच्छाओं का ग़ुलाम है। एक इच्छा पूरी हुई कि दूसरी उसके पीछे ही खड़ी होती है। इच्छाएँ बढ़ती जाती हैं जीवन सरकता जाता है। एक दिन मनुष्य अपनी अतृप्ति को साथ लेकर सबसे विदा हो जाता है। दुनिया का कारोबार चलता रहता है। उस व्यक्ति के जाने से दुनिया का कारोबार प्रभावित नहीं हो पाता। फिराक साहब का एक शेर है—

*यह दुनिया है, हमेशा चलती रहती है,*
किसी के आने-जाने से यहाँ कुछ कम नहीं होता।

कुछ भी समाप्त नहीं होता, दुनिया का कोई काम बाधित नहीं होता। फिर भी आदमी जीवन भर अपनी इच्छाओं को सलीब की तरह ढोता है। एक दिन सलीब के साथ गिर पड़ता है, अन्तिम साँस लेता है। क्या किसी की इच्छाएँ पूरी हुई हैं कि हमारी पूरी होंगी। मानव जीवन का पूरा इतिहास अतृप्त इच्छाओं का इतिहास है। इस सच्चाई को स्वीकार करना होगा। इस सच्चाई में ही मानव सभ्यता के विकास की कहानी भी छिपी है। मनुष्य अतृप्त है अत: वह तृप्ति की कामना करता है। कामना करता है अत: वह आगे बढ़ता है, विकसित होता है। मनुष्य विकसित होता है अत: सभ्यता का विकास होता है।

इतिहास साक्षी है कि दुनिया के सारे महापुरुष कष्टों से, दुस्वारियों से ही गुज़रकर महान बने हैं। उनकी अतृप्ति ही उनकी ताक़त बन गयी। उनके कष्ट ही उनकी ऊर्जा बन गये। उनके दु:ख ही उनकी जिजीविषा बन गये। दु:खों ने उन्हें अनुभव दिया, आत्मविश्वास दिया।

अपने जीवन के अनुभवों से हर व्यक्ति सीखता है। सीखनेवालों की भी दो श्रेणियाँ हैं। एक व्यक्ति जीवन भर "मैं" को मजबूत करता है, दूसरा वह है जो जीवन भर "मैं" को विसर्जित करता है। दोनों अपने-अपने "ट्रैक" में दौड़ रहे हैं। दुनिया में यह दो तरीक़े की दौड़ लगातार चल रही है। पहली दौड़ है "मैं" को मजबूत करो, दूसरी दौड़ है "मैं" को विसर्जित करो। एक बाहर की दौड़ है, दूसरी अन्दर की दौड़ है। व्यक्ति जितना ही बाहर होता है, "मैं" का प्रदर्शन करता है किन्तु अन्दर से खोखला हो जाता है। दूसरा व्यक्ति "मैं" का विसर्जन करता है और अन्दर से समृद्ध हो जाता है। एक बाहर से बड़ा दिखता है, दूसरा अन्दर से। एक बादशाह बन जाता है, दूसरा सन्त बन जाता है, दरवेश बन जाता है। दुनिया इन दोनों से चलती है। एक के पास पदार्थ का प्रदर्शन है, दूसरे के पास ख़ुशबू है। एक आलीशान हवेली में रहता है, दूसरा सड़क पर या झोंपड़ी में गुनगुनाता रहता है। एक जीवन का आयतन बढ़ाता है, दूसरा जीवन के घनत्व से

समृद्ध और सन्तुष्ट होता है। इनके बीच एक तीसरा व्यक्ति भी है जो जितना बाहर है उतना ही अन्दर है।

संसार में दो तरह की विद्याएँ हैं— परा विद्या और अपरा विद्या। परा विद्या तत्त्व की विद्या है, अपरा विद्या आख्यान की विद्या है। एक प्रत्यय का ज्ञान है, दूसरा पदार्थ का ज्ञान है। एक अन्दर की यात्रा सिखाती है, दूसरी बाहर की यात्रा कराती है। संसार में जीने की कला सिखानेवाली, ज़रूरतों को पूरा करनेवाली अपरा विद्या ही लोकप्रिय है। सभी मनुष्य अपरा विद्या ही ग्रहण करते हैं। जीवन के लिए, कैरियर के लिए यह अपरा विद्या बहुत ज़रूरी है। परा विद्या पदार्थ के परे छिपे हुए सत्य को उजागर करनेवाली विद्या है। यह तत्त्व का बोध कराती है। वेद उपनिषद् परा विद्या के स्रोत हैं जबकि सूत्र, स्मृतियाँ, पुराण अपरा विद्या के आधार है। वेद और उपनिषद् तत्त्व साधक के लिए है, स्मृति-पुराण आम जन के लिए। मुझे लगता है कि एकांगी विचार संगीत पैदा नहीं कर सकते। केवल अन्दर होना भी एकांगी है। केवल बाहर होना, बादशाह हो जाना, दिखावे का जीवन जीना भी एकांगी है। केवल अन्दर रहना, दरवेश की तरह आत्मकेन्द्रित रहना भी एकांगी है। दोनों से संगीत नहीं पैदा होता। बादशाह अन्दर से दरवेश हो जाय और दरवेश अन्दर से बादशाह हो जाय, तभी संगीत अंकुरित होगा। तभी दोनों मनुष्यता का भला कर सकेंगे। जनक की तरह विदेह हो जाने वाला बादशाह और हातिमताई की तरह, अशोक की तरह अन्दर से दरवेश हो जानेवाला बादशाह ही देश और समाज के लिए उपादेय होता है, प्रिय होता है। न राग हो, न विराग हो, बस मन में वीतराग हो।

दुनिया में सापेक्ष भाव से जीना ही दु:ख का कारण है। सापेक्ष भाव से जीना अर्थात् लिप्त होकर जीना, सांसारिकता में आसक्त होकर जीना है। आसक्त होकर जीने का अर्थ है इच्छाओं के वशीभूत होकर जीना। जीवन को शर्तों पर जीना। शर्तें होंगी तभी जीवन होगा, शर्तें पूरी होंगी तभी जीवन चलेगा, यह एक तरह की मृग मरीचिका है। जीवन की शर्तें कभी पूरी नहीं होंगी और मृग मरीचिका चलती रहेगी। इसलिए अभीष्ट है जीवन को निरपेक्ष भाव से जीना तटस्थ भाव से जीना। हो तो अच्छा है, नहीं हो तो भी अच्छा है।

एक कहानी कहीं सुनी थी अथवा कहीं पढ़ी थी। एक बादशाह जंगल से गुज़र रहा था, शिकार खेलने जा रहा था। उसने देखा कि एक फ़क़ीर रास्ते के किनारे बैठा गुनगुना रहा है। निर्जन स्थान पर झूम-झूमकर गा रहा है। बादशाह ने थोड़ी देर के लिए उसकी ओर देखा और आगे बढ़ गया। बादशाहों के पास ठहरकर देखने का समय भी नहीं होता। वह बादशाह आगे बढ़ गया। शिकार खेलते हुए शाम हो गयी, अब बादशाह का काफिला महल की ओर वापस लौट रहा था। बादशाह का कारवां उसी रास्ते से लौट रहा था। बादशाह ने देखा वह फ़क़ीर सूखी रोटियाँ खा रहा है,

वहीं बैठे बैठे झूम रहा है। बादशाह रूका और फ़क़ीर से बोला आप कौन है। फ़क़ीर हँसा, फिर बोला कि मुझे पता नहीं है कि मैं कौन हूँ। क्या आपको पता है आप कौन है? उस बादशाह को लगा कि कोई पहुँचा हुआ फ़क़ीर है। बादशाह ने फ़क़ीर से पूछा क्या आप, अगर एतराज न हो, मेरे महल में चलेंगे। फ़क़ीर अपनी झोली उठाकर एकदम खड़ा हो गया। बोला कि हाँ मैं तैयार हूँ। फ़क़ीर हमेशा तैयार ही रहता है। उसे कभी तैयार होना नहीं पड़ता। उसे कहीं बन्दिश नहीं होती, कोई बन्धन नहीं होता। वह तैयार हो गया, महल में आ गया। बादशाह ने पूछा आप स्नान कीजिये और हमारे राजसी वस्त्र पहन लीजिये। फ़क़ीर ने स्नान किया, गुलाबों वाले जल में स्नान किया और दिए गये राजसी वस्त्र पहन लिए। धीरे-धीरे महल की दी हुई सुविधाओं का उपभोग करने लगा। नौकर, चाकर उसकी सेवा में लग गये। तरह तरह के व्यंजन और आभूषणों का उपयोग भी करने लगा। कुछ दिन तक बादशाह उसे देखता रहा। धीरे-धीरे उसे अपनी गलती का एहसास हुआ। वह समझ गया कि वह किसी फ़क़ीर को नहीं बल्कि एक भोगी को, एक ढोंगी को महल में ले आया है। वह सीधे फ़क़ीर के कक्ष में पहुँचा। फ़क़ीर आभूषणों और राजसी कपड़ों में लदा हुआ, शीशे के सामने अपने बाल संवार रहा था। बादशाह ने उसे सीधे-सीधे कह दिया-अभी इसी वक्त महल छोड़कर दफा हो जाओ। मैंने तुम्हें पहचान लिया है, अभी निकलो यहाँ से। क्षण भर में फ़क़ीर ने सब-कुछ उतार दिया। अपनी झोली उठायी और जैसे आया था वैसे ही महल से बाहर निकल गया। बादशाह देखता ही रह गया। बादशाह को महसूस हुआ कि उससे कुछ ग़लती हो गयी। वह सीधे फ़क़ीर के पीछे दौड़ा। फ़क़ीर आगे आगे, बादशाह पीछे-पीछे। बादशाह ने फ़क़ीर से कहा मुझसे ग़लती हो गयी। मुझे माफ कर दीजिए। मैं आपको पहचान नहीं सका। आप ज़रूर कोई पहुँचे हुए फ़क़ीर हैं, सन्त है। आप कोई महान् सन्त है। कृपया अपना परिचय दीजिए, अपने बारे में कुछ बताइये। फ़क़ीर ने ठहाका लगाया, फरमाया कि मुझे जानना चाहते हैं तो मेरे साथ चलना पड़ेगा। महल पीछे छूट गया, फ़क़ीर आगे बढ़ता जा रहा था। बादशाह उसके पीछे चल रहा था। दोनों काफ़ी दूर आ गये। बादशाह ने फिर निवेदन किया, कृपया कुछ बताइए अपने बारे में। फ़क़ीर बोला अभी थोड़ा और आगे चलिए मैं वहीं बताऊँगा। सुबह से दोपहर हो गयी। खेत खलिहान, बाग-बगीचे पीछे छूटते रहे, छूटते गये। अब एक नदी आ गयी। अब बादशाह ने फ़क़ीर का हाथ पकड़ लिया। बोला अब बहुत आगे आ गये। मेरा महल पीछे छूट गया, मेरे साथी, मेरे दरबारी, मेरा परिवार पीछे छूट गया। यह नदी भी आ गयी। यही मेरी सीमा है। मैं इसके आगे नहीं जा पाऊँगा। अब आप अपने बारे में कुछ बताइये। फ़क़ीर बोला, यही फर्क है तुम्हारे और मेरे में, तुम्हारी सीमा यहीं खत्म हो गयी किन्तु मेरी कोई सीमा नहीं है। तुम्हारा सब-कुछ पीछे छूट गया, मेरा सब-कुछ मेरे साथ

है। कुछ छूट भी नहीं सकता क्योंकि मैंने कुछ पकड़ा ही नहीं। तुम पकड़े हो इसलिए छूट गया। तुम क़ैद हो इसलिए तुम्हारी सीमा है, मैं आज़ाद हूँ इसलिए मेरी कोई सीमा नहीं है। यही फर्क है मेरे और तुम्हारे बीच। तुम तुम हो, मैं हूँ। मैं विराग में भी आसक्त नहीं था, मैं राग में भी आसक्त नहीं था। तुम्हारे महल की आसक्तियों में भी क़ैद नहीं था। मैं तब भी विदेह था, मैं अब भी विदेह हूँ। तुम जो नहीं हो वह लोगों को दिखलाना चाहते हो, मैं कुछ भी दिखलाना नहीं चाहता।

यही होता है, अक्सर यही हो रहा है। हम दिखाना चाहते हैं, लोगों में लोकप्रिय होना चाहते हैं, लोगों पर धाक जमाना चाहते हैं। आदमी अन्दर से ग़रीब है, इसलिए लोगों को अमीर दिखाना चाहता है। अन्दर से अज्ञानी है, इसलिए लोगों को ज्ञानी दिखाना चाहता है। सारा ढोंग, सारा पाखण्ड, सारा दिखावा इसलिए है कि लोग मेरा सम्मान करें। सम्मान ही न करें, लोग भयभीत भी रहें, अदब में रहे। मनुष्य का सारा क्रिया-व्यापार दिखाने के लिए रह गया है। 80 प्रतिशत ऊर्जा बस दिखाने में नष्ट हो रही है। इसका परिणाम क्या होता है? लोग सिर्फ़ बाहर ही रह जाते हैं। बाहरी रंग-रोगन, बाहरी तड़क-भड़क, बाहरी उजाला। अन्दर घोर अँधेरा है। इस अँधेरे में उतरने में डर लगता है। अत: बाहर रहने की आदत पड़ चुकी है। यही कारण है कि आदमी सहज नहीं है। पशु-पक्षी सहज हैं, पेड़-पौधे सहज हैं, पूरी प्रकृति सहज है किन्तु आदमी असहज है। आदमी जो है, वैसा दिखता नहीं और जैसा दिखता है वैसा होता नहीं। बाहर कुछ और भीतर कुछ। बाहर-भीतर के इसी भेद ने सारी विभीषिका खड़ी कर रखी है। आज आदमी शरीर से भले हृष्ट—पुष्ट है, मन से रोगी है। तनाव, हताशा, कुण्ठा, सन्त्रास हर समय उसे घेरे हुए है। आज का मनुष्य मानसिक रूप से तनावग्रस्त या अवसादग्रस्त है। दु:खी वही है जो बाहर है, सूखी वही है जो अन्दर है। सुख-दु:ख से ऊपर अर्थात् वीतरागी वही है जो बाहर और भीतर के बीच है, वही सहज है।

बाहर रहने का अर्थ है वासनाओं में रहना, इच्छाओं का ग़ुलाम होकर जीना। बाहर रहने का अर्थ है कि कुछ मिलेगा तभी खुशी होगी, तभी सुख मिलेगा। कुछ पास हो तो सुख होगा। सुख शर्तों पर टिका है। शर्तें पूरी हों तभी सुख आयेगा। एक शर्त पूरी होती है, सुख आता है फिर जीवन कुछ दिन बाद उदासीन, एक रस हो जाता है। फिर अगली शर्त सामने आ जाती है कि वह पूरी हो तभी सुख आयेगा। वह पूरी हुई, सुख आया फिर कुछ दिन बाद वहीं एकरसता, वही उदासीनता। शर्तें आगे बढ़ती रहती हैं, जीवन खिसकता रहता है। इसी मृग मरीचिका में एक दिन जीवन की इतिश्री हो जाती है। कभी किसी को मुकम्मल जहाँ नहीं मिलता।

आज चारों तरफ़ बाज़ार है, बाज़ार का आतंक है। हमारे बाहर भी बाज़ार है, हमारे अन्दर भी बाज़ार जगह बना चुका है। जोड़, घटाना, गुणा, भाग बाज़ार के तौर

तरीक़े हैं। बाहर भी गुणा-भाग, अन्दर भी गुणा भाग। सब-कुछ बिक रहा है, सब-कुछ खरीदा जा सकता है। सब-कुछ एक उत्पाद की तरह है। मनुष्य भी एक उत्पाद है, भावनाएँ भी उत्पाद हैं। जो सबसे तेज आवाज़ में बोली लगाता है, उसका उत्पाद तेजी से बिकता है। जो छल प्रपंच कर रहा है, उसे सर्वाधिक लाभ मिल रहा है। हमारा समाज, हमारी सभ्यता लाभ लेने में ही व्यस्त है। जितना अधिक लाभ उतनी उन्नति, उतना विकास। व्यक्ति हो या राष्ट्र लाभ कमाने में व्यस्त है। हमारी संस्कृति लाभ की संस्कृति बन चुकी है। लाभ के लिए गला काट प्रतिस्पर्द्धा चल रही है। एक को गिराकर ही दूसरा आगे जाना चाहता है।

पूरी उम्र कट जाती है पद प्रतिष्ठा की दौड़ में। आदमी खुद को नहीं, दूसरे को देखकर जी रहा है। वह खुद अपनी ज़िन्दगी, अपनी स्वाभाविक ज़िन्दगी नहीं जी रहा है। वह अपनी दौड़ का आनन्द नहीं ले रहा है। वह दौड़ रहा है क्योंकि दूसरे दौड़ रहे हैं। कहीं दूसरा आगे न निकल जाय इसलिए दौड़ रहे है। सब हाँफ रहे है, सब दौड़ रहे हैं। एक अधिकारी राजनेता बनना चाहता है, एक राजनेता मन्त्री बनना चाहता है। एक मन्त्री प्रधानमन्त्री बनना चाहता है। प्रधानमन्त्री भी बेचैन है तड़प रहा है, उसे सुकून नहीं है। वह भी एकरसता से ऊब चुका है। अब उसकी ज़िन्दगी उस राजा की ज़िन्दगी बन चुकी है जो बाँसुरी बजानेवाले गड़ेरिया युवक से प्रभावित हो जाता है। वह खुद अब बाँसुरी बजाना चाहता है। तभी तो एक राजकुमार महल त्याग कर भिक्षुक बन जाता है। सब-कुछ है, सारे साधन हैं फिर भी नींद नहीं आ रही है। वह जिस स्थिति में है, करोड़ों व्यक्ति उसी की तरह बनना चाहते हैं। किन्तु उसे नींद नहीं आ रही है। वह बेचैन है, तड़प रहा है। अपनी ज़िन्दगी से असन्तुष्ट है। सारे साधन हैं किन्तु नाखुश है। रोगी बन चुका है, धड़कन बढ़ गयी है। हर तरह की बीमारियाँ उसे घेर चुकी है। पूरी ज़िन्दगी वह हाँफता रहा, घोड़े की तरह दौड़ता रहा। अब उम्र के अन्तिम पड़ाव पर उसे शान्ति नहीं मिल रही है। उसे अपनी दौड़ अधूरी लग रही है। आज भी, पूरी ज़िन्दगी की जद्दोजहद के बाद भी उसकी मुट्ठी खाली है।

यही जीवन का रहस्य है। जितना भरने की कोशिश करो प्याला खाली ही रहेगा। इस रहस्य को समझना होगा। आनन्द भरे होने में नहीं है, खाली होने में है। जितना हम भरते जाते हैं, उतना ही बोझिल होते जाते हैं। जितना संसार का जाल बुनते हैं उतना ही उसमें फँसते जाते हैं। मस्ती विचारों से भरने में नहीं, निर्वैचारिकता में है। साधनों का लबादा हो या सिद्धान्तों का, दोनों ही ख़तरनाक हैं। दोनों के बिना जीवन सम्भव भी नहीं है। दोनों की आसक्ति सुख प्रदान करती है। साधन शरीर को सुविधा प्रदान करते हैं और विचार मन को सक्रिय रखते हैं। जिस दिन साधन हमारी कमज़ोरी बन जाते है, हम साधनों में क़ैद हो जाते हैं। जिस दिन विचार हमारे मन-मस्तिष्क

में स्थायी रूप से दौड़ लगाते हैं, हम द्वन्द्व ग्रस्त और तनावग्रस्त हो जाते हैं। साधन हो या विचार दोनों में उलझ जाना, आसक्त हो जाना ख़तरनाक हो जाता है। इसलिए प्रधानमन्त्री सबसे ज़्यादा बेचैन रहते हैं, इसीलिए एक राजकुमार को नींद नहीं आती और वह चुपके से घर छोड़ देता है, भिक्षुक बन जाता है।

सुबह होती है। सूरज निकलता है। फूल अपनी रंग तलुटाते हैं, ख़ुशबू बिखेरते हैं। पक्षी तराने गाते हैं, आसमान में उड़ने लगते हैं। पशु कुलांचे मारते हैं। पूरी प्रकृति झूम रही है। वहीं एक आदमी, रातभर का जागा हुआ आदमी, बोझिल होकर उठता है। वह अपना शरीर भी नहीं उठा पा रहा है। उसके पास हाथ, पैर, सारे अंग सही सलामत हैं। फिर भी वह अवसाद में है। प्रकृति उसे संकेत दे रही है फिर भी वह मन की अँधेरी सुरंग में क़ैद है। उदास, हताश, अपनी स्थिति से नाखुश, वह व्यक्ति सुबह को, एक हसीन सुबह को महसूस नहीं कर सकता । वह देख रहा है कि बिना पैर के लोग चल रहे हैं, बिना हाथ के लोग कार्यरत हैं, बिना आँख होते हुए भी देख रहे हैं। वह फिर भी कुछ नहीं समझता, अवसाद ग्रस्त है। उसके पास ब्रह्माण्ड की शक्तियाँ हैं, फिर भी वह हताश है। इस व्यक्ति के जीवन में कोई सुबह नहीं है। यह व्यक्ति कौन है? वह व्यक्ति हमारे ही आसपास रहता है, हमारे अन्दर रहता है। यह व्यक्ति साधनों में खुशी तलाश रहा है, पद-प्रतिष्ठा में शान्ति की तलाश कर रहा है। इस व्यक्ति को जीवन का रहस्य ज्ञात नहीं है। यह व्यक्ति आँखे खोलकर भी सो रहा है। यह व्यक्ति संसार के मकड़जाल में क़ैद है, छटपटा रहा है। एक जद्दोजहद, एक छटपटाहट के बाद ही व्यक्ति गहरी साँसें लेता है। अपने स्वरूप का ध्यान करता है। साधनों की ग़ुलामी का जुआँ उतार फेंकता है। विचारों के मकड़जाल से मुक्त हो जाता है। कृत्रिमता के लबादे को दूर फेंकता है। अब उसके अन्दर नया सूरज उग रहा है। उसके अन्दर एक नयी सुबह हो रही है। अब वह व्यक्ति बदल चुका है, रूपान्तरित हो चुका है। वास्तव में, आदमी ने अपनी मुट्ठियाँ बाँध रखी हैं। उसी बन्दर की तरह जो मुट्ठी में बन्द चने को छोड़ना नहीं चाहता और क़ैद हो गया, मटकी में उसकी मुट्ठी फँस गयी। बहेलिए ने उसे पकड़ लिया। हम भी इसी तरह फँसे हैं, संसार की मटकी में। सबने मुट्ठियाँ बाँधी हैं। हमने इसे अपनी जीवन शैली बना ली है। कुछ पकड़े रहने की आदत बना ली है। वस्तुत: मटकी ने हमें नहीं पकड़ा है, हमने पकड़ा है। वस्तुत: हमने भी नहीं पकड़ा है किन्तु मुट्ठी नहीं खोलेंगे। थोड़े थोड़े में काम नहीं चलता इसलिए मुट्ठी भर चाहिए। जीवन भर मुट्ठियाँ बन्द रहती हैं, आदमी क़ैद रहता है। क़ैद रहना हमारा स्वभाव बन चुका है। कहीं न कहीं क़ैद में रहना ही पड़ेगा। बिना क़ैद हुए अब जीवन सम्भव नहीं है। इसलिए सब ग़ुलाम हैं। राजा भी ग़ुलाम हैं। बल्कि राजा सबसे बड़ा ग़ुलाम है। राजा की मुट्ठी सबसे अधिक कसी हुई है। इतनी कसी हुई कि उसके नाखून उसकी हथेली

को जख्मी कर रहे हैं। उसकी हथेली से ख़ून बह रहा है किन्तु वह बेख़बर है। अब यह उसकी जीवन शैली है, आदत में शुमार हो चुका है, स्वभाव बन चुका है। यहाँ रूसो की बात याद आती है कि आदमी पैदा तो स्वतन्त्र हुआ है किन्तु हर जगह वह ज़ंजीरों में क़ैद है। यह ज़ंजीरे आदमी को दिखायी नहीं देती। क्योकि ज़ंजीरें हमारा स्वभाव बन चुकी हैं। केवल स्वभाव बदल जाये तो जीवन बदल जाय। जीवन का सलीका और तरीक़ा बदल जाय तो रूपान्तरण हो जाय। कुछ भी बाहर से बदलने की ज़रूरत नहीं है, केवल नजरिया बदलना होगा। बाहर से कुछ भी बदला हुआ नहीं दिखायी पड़ेगा किन्तु अन्दर एक क्रान्ति घटित हो जायेगी। इसी क्रान्ति की तलाश, इसी रूपान्तरण की तलाश हर मनुष्य को है, पूरी मनुष्यता को है।

# हिन्दी जमात का अकेला उस्ताद

आज हिन्दी जगत में कोई शागिर्द नहीं हैं। सभी उस्ताद हैं। सब पैदाइशी उस्ताद हैं। आज उन्हें रचना-कौशल सीखने की आवश्यकता नहीं है। आज अर्जुन की तरह गुरु से सीखनेवाले रचनाकार नहीं हैं। आज सब अभिमन्यु की तरह पहले से ही सीखकर पैदा हुए हैं। अब अपने वरिष्ठ रचनाकारों को अपनी रचना दिखाकर उनसे सलाह लेने वाले कहाँ हैं? स्थिति तो यह है कि यदि कोई सलाह दे भी दे तो लोग बुरा मान जाते हैं। इसीलिए सभी रचनाकार स्वघोषित रचनाकार होते हैं। हाँ यह ज़रूर होता है कि कोई रचनाकार अपनी साधना, अभ्यास, जिज्ञासा और सीखने की प्रवृत्ति से अपनी कलात्मक प्रतिभा में निखार ला देता है।

उर्दू जगत में स्थिति अलग है। वहाँ आज भी उस्तादों को सम्मान मिलता हैं। उस्ताद-शागिर्द की रवायत वहाँ आज भी बदस्तूर जारी है। नया रचनाकार उस्ताद के पास जाकर अपनी रचनाएँ दिखाता है, सलाह लेता है और बताये गये संशोधन को सम्मान के साथ स्वीकार करता है। इसीलिए उर्दू शायरी में आज भी लालित्य, माधुर्य तथा अन्दाजे-बयाँ विद्यमान है। हाँ वहाँ भी अब स्वानामधन्य और स्वघोषित रचनाकारों की आमद अधिक हो रही है।

हिन्दी के रीतिकाल तक एक उस्ताद की आवश्यकता रही या महसूस की जाती रही। आदिकाल एवं भक्तिकाल में गुरु का महत्त्व तो सर्वसिद्ध है। किन्तु आधुनिक काल में हिन्दी जगत के अकेले उस्ताद आचार्य महावीरप्रसाद द्विवेदी ही हैं। द्विवेदी जी की दृष्टि बिल्कुल साफ थी। वे कला अथवा साहित्य की सामाजिक भूमिका को स्वीकार करते थे। वे 'कला कला के लिए' की विचारधारा को स्वीकार कर ही नहीं सकते थे। उनके लिए कला और साहित्य सामाजिक परिवर्तन के संवाहक थे। अत: वे साहित्य-कर्म के प्रति सजग और गम्भीर थे। द्विवेदी जी युग प्रवर्तक साहित्यकार हैं। वे न सिर्फ़ स्वयं सजग थे बल्कि अपने समकालीन रचनाकारों को भी सामाजिक भूमिका के प्रति सजग करने में विश्वास करते थे। उनके लिए मुक्ति अकेले नहीं बल्कि सबके साथ होने में काम्य थी। इसलिए वे सबको प्रेरित करते हैं। सबको

जागरूक करते हैं। साहित्य एवं समाज के प्रति सबको प्रतिबद्ध होने का आवाहन करते हैं। वे उस्ताद की भूमिका निभाते हैं। रचनाकारों को उनके कर्त्तव्य का भास कराते हैं। साहित्य कैसा हो, भाषा कैसी हो आदि प्रश्नों की कसौटी उनके पास थी उनके लिए सामाजिक उपादेयता महत्त्वपूर्ण थी। समाज का उत्थान ही राष्ट्र के उत्थान की पूर्वपीठिका है और इस उत्थान में साहित्य की भूमिका अत्यन्त महत्त्वपूर्ण है, द्विवेदी जी इस बात को बखूबी समझते थे।

साहित्य की सामाजिक भूमिका को द्विवेदी जी ने इतनी गहनता से महसूस किया कि इसके प्रति रचनाकारों को जागरूक बनाने के लिए अपने निजी हितों को ताक पर रख दिया। रेलवे की नौकरी छोड़ दी और एकान्तवासी रचनाकार की बजाय निर्देशक रचनाकार की भूमिका को अपना लियां। निजी साहित्य साधना करते तो उनकी कई कृतियाँ आ जाती। उनके साहित्य में कला और सौन्दर्य पैदा हो जाता। किन्तु उन्होंने कला और सौन्दर्य के ऊपर समाज और राष्ट्र के निर्माण को महत्त्व दिया। द्विवेदी जी का हिन्दी साहित्य को दिया गया सबसे बड़ा अवदान यही है। उन्होंने एक समूची पीढ़ी को खड़ा कर दिया। उनके मार्ग निर्देशक बन कर उभरे। उन्होंने संकेत किया और युगीन रचनाकारों ने उस संकेत सूत्र को पकड़कर अपनी लेखनी चलायी और हिन्दी साहित्य को समृद्ध किया। उन्होंने साहित्य के उन स्थलों पर अँगुली रखी जहाँ अँधेरा था और उनकी पीढ़ी के रचनाकारों ने वहाँ लेखनी से प्रकाश भर दिया। द्विवेदी के मार्ग निर्देशन में अनेक रचनाकार अपनी सजग भूमिका के साथ खड़े हो गये। इनमें मैथिलीशरण गुप्त, अयोध्या सिंह उपाध्याय 'हरिऔध', गोपालशरण सिंह, श्रीधर पाठक, गयाप्रसाद शुक्ल 'सनेही', सत्य नारायण 'कविरत्न', नाथूराम शर्मा 'शंकर', राय देवी प्रसाद 'पूर्ण', रामचरित उपाध्याय, रामनरेश त्रिपाठी आदि रचनाकारों के नाम विशेष उल्लेखनीय है। इन रचनाकारों ने अपने उस्ताद की प्रेरणा से काव्य-भाषा एवं समाज-राष्ट्र के ज्वलन्त पक्षों पर गम्भीरता से अपनी रचनात्मक भूमिका निभायी।

द्विवेदी जी किस तरह साथी रचनाकारों को प्रेरित करते थे, इसका एक उदाहरण ही काफ़ी है और वह उदाहरण हैं राष्ट्रकवि मैथिलीशरण गुप्त जी। मैथिलीशरण गुप्त द्विवेदी जी के अनेक शागिर्दों में अग्रपांक्तेय ही नहीं प्रमुख स्थान रखते हैं। उन्होंने द्विवेदी जी को पूरा सम्मान देते हुए अपना उस्ताद माना। वे एक स्थान पर स्वयं लिखते हैं कि—"मेरी उल्टी सीधी प्रारम्भिक रचनाओं का पूर्णशोधन करके उन्हें सरस्वती में प्रकाशित करना और पत्र द्वारा मेरे उत्साह को बढ़ाना द्विवेदी महाराज का ही काम था।"

वस्तुत: द्विवेदी युग के पूर्व ब्रजभाषा ही कविता की भाषा थी। ब्रजभाषा में ही सभी रचनाकार अपनी लेखनी का चमत्कार पैदा करते थे। मैथिलीशरण गुप्त भी

'रसिकेन्द्र' उपनाम से ब्रजभाषा में कविताएँ लिखा करते थे। उन्होंने अपनी एक ब्रजभाषा की कविता 'सरस्वती' में छपने के लिए प्रेषित की। सरस्वती का सम्पादन द्विवेदी जी कर रहे थे। द्विवेदी जी ने गुप्त जी की कविता एक टिप्पणी के साथ वापस की थी। उनकी टिप्पणी बहुत महत्त्वपूर्ण है। उन्होंने लिखा कि आपकी कविता पुरानी भाषा में लिखी गयी है जबकि हम सरस्वती में आमजन की भाषा में लिखी कविताएँ ही प्रकाशित करते हैं। द्विवेदी जी ने यह भी कहा कि अब 'रसिकेन्द्र' बनने का जमाना गया। अगर दूसरा सम्पादक होता तो बिना किसी टिप्पणी के वह कविता लौटा देता। किन्तु द्विवेदी जी का तरीक़ा अलग था। वे एक युग निर्माता थे, उनका व्यक्तित्व प्रेरक था। अत: उन्होंने सकारात्मक सुझाव दिया कि अब रसिकेन्द्र बनने का जमाना गया, अगर कविता करना है तो आमजन की भाषा में कविताएँ कीजिए। दूसरा रचनाकार होता तो बुरा भी मान सकता था, किन्तु गुप्त जी अलग व्यक्तित्व थे। उन्होंने द्विवेदी जी की बात को सकारात्मक रूप से ग्रहण किया। द्विवेदी जी के मार्ग दर्शन को स्वीकार कर उन्होंने खड़ी बोली में कविता लिखना आरम्भ किया। जब उन्होंने अपनी खड़ी बोली की कविता सरस्वती में प्रकाशन हेतु प्रेषित की तो द्विवेदी जी ने उसमें काफ़ी संशोधन करते हुए प्रकाशित किया। कोई दूसरा रचनाकार इसे भी बुरा मान सकता था। आजकल किसी की कविता में संशोधन कर दीजिए तो आप सबसे बुरे हो जाते हैं। किन्तु गुप्त जी ने इसे शिरोधार्य किया क्योंकि यह उस्ताद की सीख थी।

एक बार द्विवेदी जी ने सरस्वती में एक लेख लिखा जिसका शीर्षक था 'कवि और कविता।' उस लेख में उन्होंने कवियों से आग्रह किया कि कविता लिखने के पूर्व उर्दू के श्रेष्ठ कवियों की रचनाएँ अवश्य पढ़ें। इसमें उन्होंने अल्ताफ हुसैन हाली तथा उनकी कृति 'मुसद्दस' का जिक्र किया । हाली ने अपने मुसद्दस में, मुस्लिम कौम के सामाजिक एवं नैतिक पतन को केन्द्र में रखते हुए, काव्यात्मक प्रबन्ध की रचना की है। अपने उस्ताद द्विवेदी जी के निर्देशानुसार गुप्त जी ने मुसद्दस मँगवाया और उसे आद्योपान्त पढ़ा। पढ़ा ही नहीं बल्कि उससे प्रभावित भी हुए। मुसद्दस के प्रभाव में ही उन्होंने 'भारत-भारती' की रचना की, जिसमें भारत वर्ष के प्राचीन गौरव, उसके अधोपतन तथा उसकी जागृति के लिए उद्बोधन की सुन्दर व्यंजना की है। इस काव्य को उन्होंने तीन खण्डों-अतीत, वर्तमान और भविष्यत खण्ड में विभक्त किया। अतीत खण्ड में भारत के प्राचीन गौरव, भारतीयों की वीरता, विद्या, बुद्धि, कला-कौशल, सभ्यता, संस्कृति, साहित्य-दर्शन आदि का गुणगान किया है। वर्तमान खण्ड में भारत की वर्तमान अधोगति का चित्रण है। इस खण्ड में सभ्यता, संस्कृति , धर्म, दर्शन, साहित्य, कला आदि की अवनति का चित्रण है। भविष्यत खण्ड में भारतीयों के प्रति उद्बोधन तथा देश के प्रति मंगलकामना की गयी है। यह कृति आचार्य द्विवेदी के मार्ग निर्देशन से ही फलीभूत हुई।

आचार्य द्विवेदी ने सरस्वती में एक लेख लिखा जिसका शीर्षक था 'कवियों की उर्मिला विषयक उदासीनता'। इस लेख में आचार्य द्विवेदी ने कवीन्द्र रवीन्द्र से प्रभावित होकर साहित्य में उर्मिला की उपेक्षा का प्रश्न उठाया था। अब तक रामकथा को केन्द्र में रखकर जो भी साहित्य सृजन हुआ, उसमें उर्मिला उपेक्षित पात्र ही रही । अगर कहीं उसकी चर्चा भी हुई तो वह प्रसंगवश ही हुई, ठहर कर या उसे केन्द्र में रखकर नहीं हुई। जबकि चौदह बरस के वनवास के दौरान उर्मिला ने जो त्याग, तप और साधना का जीवन जिया और पूरे परिवार को एक सूत्र में बाँध कर रखा, वह हर भारतीय के लिए प्रेरणादायी है। अपने उस्ताद के इस लेख की भावना को गुप्त जी ने न सिर्फ़ महसूस किया बल्कि उस पर ठहरकर विचार किया। उस विषय को गुना-बुना और इसकी क्षतिपूर्ति का संकल्प लिया। उनका यह संकल्प 'साकेत' के रूप में प्रतिफलित हुआ। इस महाकाव्य में उर्मिला का चित्रण एक वीर मर्यादित, संयमित और त्याग की प्रतिमूर्ति नारी के रूप में हुआ है। प्रारम्भ में उर्मिला अनन्य प्रेमिका है किन्तु जब लक्ष्मण श्रीराम के साथ वनवास का निर्णय लेते हैं तब वह अपने प्रेम का बलिदान देती है। वह अपने प्रिय के मार्ग में बाधा नहीं बनती बल्कि त्याग और तपस्या का मार्ग वरण करती है। उसकी वेदना गहन है, विरह की पीड़ा अत्यन्त अथाह है, किन्तु वह द्वेष रहित है। इसलिए उसका विरह अत्यन्त करुणादायी बन जाता है। विरह काल में उसके हृदय का और भी प्रसार हो जाता है। वह एक अनन्य प्रेमिका है, आदर्श पत्नी है तथा सुसंकृत कुलवधू है। इस प्रकार 'साकेत' महाकाव्य का अवतरण भी उस्ताद आचार्य द्विवेदी की प्रेरणा से ही फलीभूत हुआ।

आचार्य द्विवेदी ने सरस्वती में एक लेख लिखा—'हिन्दी की वर्तमान दशा।' इस लेख में उन्होंने यह भावना प्रकट की कि हिन्दी में भी बँगला की प्रसिद्ध कृतियों—'प्लासी का युद्ध', 'मेघनाद वध' तथा वृक संहार जैसी रचनाएँ होनी चाहिए। इसके लिए उन्होंने रचनाकारों का आवाहन भी किया । गुप्त जी ने गुरु के इस आदेश को भी शिरोधार्य करते हुए 'प्लासी का युद्ध' तथा 'मेघनाद वध' का हिन्दी में अनुवाद किया। यह उस्ताद और शागिर्द का हिन्दी साहित्य में अप्रतिम उदाहरण है। गुप्त जी आजीवन अपने उस्ताद का उपकार मानते रहे और समय-समय पर इसके बारे में लिखा भी और कहा भी। साकेत महाकाव्य की भूमिका में गुप्त जी लिखते हैं कि, "आचार्य पूज्य द्विवेदी जी महाराज के प्रति अपनी कृतज्ञता प्रकट करना मानो उनकी कृपा का मूल्य निर्धारित करने की ढिठाई करना है। वे मुझे न अपनाते तो आज इस प्रकार आप लोगों के समक्ष खड़े होने में भी समर्थ होता या नहीं कौन कह सकता है—करते तुलसीदास भी कैसे मानस नाद ? महावीर का यदि उन्हें मिलता नहीं प्रसाद।"

जिस समय द्विवेदी जी रचनाकारों को खड़ी बोली कविता के प्रति प्रेरित कर रहे थे, उस समय ब्रजभाषा की चारों तरफ़ धूम मची थी। लाला भगवानदीन लगातार नारेबाजी कर रहे थे कि, ''खड़ी बोली का खड़ापन कान फाड़े डालता है।'' इसी प्रकार बालकृष्ण भट्ट की मान्यता थी कि, ''खड़ी बोली में जो कर्कशयन है उस कारण कविता के काम में ला उसमें सरसता सम्पादन करना प्रतिभावान के लिए कठिन है।'' इसके विपरीत आचार्य द्विवेदी के मार्गदर्शन में गुप्त जी, हरिऔध जी तथा अन्य कवियों ने खड़ी बोली कविता लिखकर यह सिद्ध किया कि इसमें सुन्दर कविता भी लिखी जा सकती है। हरिऔध ने खड़ी बोली कविता में तीन तरह प्रयोग किये—क्लिष्ट तत्सम प्रधान खड़ी बोली, सरल तत्सम प्रधान खड़ी बोली तथा ठेठ बोलचाल की खड़ी बोली। यद्यपि हरिऔध द्विवेदी मण्डल के कवि नहीं थे किन्तु उनका रूझान खड़ी बोली की तरफ़ द्विवेदी जी एवं उनके द्वारा सम्पादित 'सरस्वती' के कारण ही हुआ। उनका 'प्रियप्रवास' खड़ी बोली का प्रथम महाकाव्य बना।

संक्षेप में यह कहा जा सकता है कि आचार्य द्विवेदी यद्यपि कोई घोषित उस्ताद नहीं थे किन्तु युगीन रचनाकारों को प्रेरणा देकर, उनकी भाषा का संस्कार कर, कुछ रचनाकारों की रचनाओं को सँवारकर-तराशकर कुशल उस्ताद की तरह उनका मागदर्शन किया। उनके संकेत-सूत्र को पकड़कर कई रचनाकार यशस्वी बने। अगर हिन्दी साहित्य में आचार्य द्विवेदी की तरह की भावना और उनके मण्डल के रचनाकारों की तरह का जिज्ञासु भाव बना रहता तो कुछ और बात होती। हिन्दी साहित्य में उस्ताद-शागिर्द की परम्परा अब नहीं है। किन्तु साहित्य में जब कभी जिक्र होगा, तो हिन्दी जमात का यह आख़िरी उस्ताद अपने सभी शागिर्दों के साथ साहित्य में ऐतिहासिक महत्त्व का अधिकारी होगा।

# भाषा ब्रजभाषा रुचिर, कहैं सुमति सब कोय

ब्रजभाषा का 'ब्रज' पद प्रारंभ में भाषा का द्योतक नहीं था। ब्रज शब्द अपनी आरम्भिक अवस्था में स्थान का द्योतक था। सर्वप्रथम यह 'ब्रज' शब्द ऋग्वेद में सामने आता है, जहाँ इसका अर्थ चारागाह, बाड़ा, पशुओं के रहने के स्थान के रूप में होता है। अष्टाध्यायी के अनुसार 'ब्रज' शब्द 'ब्रज' धातु से व्युत्पन्न है जिसका अर्थ है 'गतिशीलता' (अष्टाध्यायी 8-9/ब्रजति-ब्रजते आदि रूप)। अर्थात् जहाँ गाएँ चरती हैं, विचरण करती हैं, वह स्थान ब्रज कहलाता है। अमरकोश में ब्रज के तीन अर्थ बताये गये हैं—गोष्ठ (गायों का बाड़ा), मार्ग तथा वृन्द (झुण्ड)। वेदों के भाष्यकार सायण ब्रज का अर्थ 'गोष्ठ' (गायों के निवास का स्थान) मानते है। यजुर्वेद तथा अथर्ववेद में भी ब्रज का अर्थ गायों का स्थान ही है। श्रीमद्भागवत तथा हरिवंश पुराण में ब्रज का अभिप्राय गोप-बस्ती है। अतः स्पष्ट है कि ऋग्वेद से पुराणों तक 'ब्रज' का अर्थ गायों से सम्बन्धित स्थान है, चाहे वह चारागाह हो, चाहे बाड़ा हो अथवा अन्य स्थान।

बौद्ध परम्परा के अनुसार मथुरा के समीप स्थित बेरंज नामक स्थान ही आगे चलकर ब्रज या ब्रज कहलाया। बेरंज नामक स्थान पर बौद्ध पधारे थे। किन्तु बेरंज से ब्रज की उत्पत्ति का मत समीचीन नहीं प्रतीत होता है।

कालान्तर में अष्टछाप के कवियों ने ब्रज का अर्थ गोकुल, गोपबस्ती तथा गोचर भूमि के रूप में ही किया। यही ब्रज या बिरज कृष्ण का लीला-स्थल था। यह ब्रजभूमि या ब्रजमण्डल भी कहलाने लगा।

एक पौराणिक मत के अनुसार राधा की एक सखी का नाम बिरजा था। एक दिन राधा बिरजा को अकेले छोड़कर कहीं चली गयी थी। अचानक कृष्ण वहाँ आये तो राधा वहाँ नहीं दिखीं, तो कृष्ण बिरजा के साथ विहार करने लगे। इसी बीच राधा आ गयी। जैसे ही राधा के आने की आहट कृष्ण को मिली वे अन्तर्धान हो गये। भय से बिरजा सरिता के रूप में परिणत होकर गोलोक में बिहार करने लगी। यही बिरजा यमुना है। उसी (बिरजा) का क्षेत्र

बिरज या ब्रज कहा जाने लगा।'' (डॉ. कैलाशचन्द्र भाटिया—ब्रज महत्व एवं महात्म्य, पृ. 39)

प्राचीन समय में जिस भूभाग को ब्रह्मर्षि देश, शूरसेन जनपद, मज्झिम देश (बौद्ध साहित्य में) या मध्यदेश कहा जाता था, वही आज ब्रजमण्डल या ब्रज प्रदेश कहलाता है। यह मध्यदेश भारत का हृदय स्थल है। इसकी केन्द्रीय महत्ता के कारण ही यहाँ की भाषा ब्रजभाषा को भी केन्द्रीय महत्व प्राप्त हुआ। यह ब्रजमण्डल 84 कोस में विस्तृत माना जाता है। इसी भू भाग को मधुवन या मधुपुरी भी कहा गया है। इस ब्रजभूमि के 84 कोस में विस्तृत होने का उल्लेख सूरदास ने 'सूरसारावली' में इस प्रकार किया है—

*चौरासी ब्रजकोस निरन्तर, खेलत है वन मोहन।*
*सामवेद ऋग्वेद यजुर में कहेउ चरित ब्रज मोहन।।*

गर्ग संहिता में ब्रजप्रदेश का सीमांकन इस प्रकार किया गया है—

*''प्रागुदीज्याँ वर्हिषदो दक्षिणस्याँ यदोः पुरात*
*पश्चिमायाँ शोणपुरान्मथुरंमण्डलं विदुः*
*विशंद्योजन विस्तीर्ण सार्द्धयद्योजनने नवै*
*माथुर मण्डल दिव्यं ब्रजमाहुर्मनीषिणः।''*

(गर्ग संहिता, वृन्दावन खण्ड, अध्याय-1, श्लोक 11-12) अर्थात् जिसके पूर्वोत्तर में वर्हिषद (बरहद), दक्षिण में मदुपुर (शूरसेन गाँव), पश्चिम में शोणपुर (सोनहद) है, उस बीस योजन में विस्तृत दिव्य मथुरा मण्डल को मनीषीगण 'ब्रज' कहते हैं। गर्ग संहिता के इसी श्लोक के आधार पर ग्राउन महोदय ने अपने संग्रह 'मथुरा-ए डिस्ट्रिक्ट मेम्योर' (पृष्ठ - 75) में एक दोहा उद्धृत किया है—

*'इत वर हद उत सोन हद, सूरसेन को गाम*
*ब्रज चौरासी कोस में, मथुरा मण्डल धाम।*

अर्थात् एक तरफ़ वर (अलीगढ़ का बरहद गाँव), दूसरी तरफ़ सोन नदी तथा तीसरी तरफ़ सूरसेन गाँव। यही मथुरा मण्डल के 84 कोस का विस्तार है। इसी प्रकार 1560 ई. में रचित ग्रन्थ ब्रज भक्ति विलास (श्रीनारायण भट्ट कृत) में ब्रजमण्डल की सीमा इस प्रकार दी गयी है—

*पूर्व हास्य वनं नीय पश्चिम स्योपहारिकम*
*दक्षिणै जहन् संज्ञा कं भुवनाख्याँ तथोत्तरे।।*

अर्थात् पूर्व में हास्यवन (अलीगढ़ का बरहद गाँव), पश्चिम में उपहारवन (गुड़गाँव जिले में सोन नदी का तट), उत्तर में भुवनवन (भूषणवन, शोरगढ़ परगना) तथा दक्षिण में जहन् (बटेश्वर) की सीमा ही ब्रजमण्डल है।

बौद्ध-जैन ग्रन्थों में वर्णित ई. पू. छठी सदी के महाजनपदों में शूरसेन महाजनपद भी सम्मिलित था। इसकी राजधानी मथुरा थी। इसके उत्तर में कुरु महाजनपद (राजधानी, इन्द्रप्रस्थ), दक्षिण में चेदि महाजनपद (आधुनिक बुन्देल-खण्ड, राजधानी-शक्तिमती), पूरब में पांचाल महाजनपद (वर्तमान रुहेलखण्ड, राजधानी-अहिच्छत्र तथा काम्पिल्य) एवं पश्चिम में मत्स्य महाजनपद (अलवर-जयपुर का क्षेत्र, राजधानी विराट्नगर) स्थित था। कहा जाता है कि रामायण काल में लक्ष्मण ने मथुरा के राजा लवणासुर का वध करके अपने पुत्र शूरसेन के नाम पर इस क्षेत्र का नाम शूरसेन रखा जिसकी राजधानी मथुरा हुई। महाभारत में इस शूरसेन जनपद पर सहदेव की विजय का उल्लेख है।

वर्तमान में यह ब्रजप्रदेश हरियाणा के गुड़गाँव, तथा फरीदाबाद राजस्थान के भरतपुर, धौलपुर, करौली, मध्यप्रदेश के ग्वालियर, भिण्ड, मुरैना, उत्तराखण्ड के ऊधमसिंह नगर तथा उत्तर प्रदेश के मथुरा, आगरा, फिरोजाबाद, एटा, हाथरस, बुलन्दशहर, गौतमबुद्ध नगर, अलीगढ़, कासगंज, बरेली तथा बदायूं जिलों में विस्तृत है। इस बड़े भूभाग की लोकभाषा ही ब्रजभाषा है।

दरअसल ब्रजभाषा आधुनिक भारतीय आर्यभाषाओं में से एक है। सभी आधुनिक भारतीय आर्यभाषाओं का विकास मध्यकालीन आर्यभाषा के तृतीय चरण अर्थात् अपभ्रंशों से हुआ है। सभी अपभ्रंशों का समय 500 ई.-1000 ई. के बीच मान्य है। स्थान भेद के अनुसार विभिन्न अपभ्रंशों से ही आधुनिक भारतीय भाषाओं एवं लोक भाषाओं का विकास हुआ। इस समय उत्तर भारत में शौरसेनी, अर्द्धमागधी, मागधी, महाराष्ट्री, ब्राचड़, पैशाची तथा खस कुल सात अपभ्रंशें विद्यमान थीं। इनमें से शौरसेनी अपभ्रंश का विस्तार सर्वाधिक था। इसी शौरसेनी अपभ्रंश से पश्चिमी हिन्दी, राजस्थानी तथा गुजराती भाषाई समूह विकसित हुए। पश्चिमी हिन्दी की पाँच क्षेत्रीय भाषाएँ थीं— ब्रजभाषा, खड़ी बोली, कन्नौजी, बुन्देली तथा बाँगरू।

सभी आधुनिक आर्यभाषाओं का जन्म 1000 ई. के आसपास माना जाता है। चूँकि कोई भाषा अचानक पैदा नहीं होती, अतः यह माना जाता है कि 7वीं-8वीं सदी से ही अपभ्रंशों के स्थान भेद से आधुनिक आर्यभाषाएँ विकसित होने लगी थीं। ब्रजभाषा की व्युत्पत्ति का समय भी यही 7वीं- 8वीं शताब्दी है।

इस ब्रजभाषा का पुराना नाम भाखा या भाषा था। ब्रजभाषा नाम बहुत बाद का है। न सिर्फ ब्रजभाषा के लिए बल्कि सभी उत्तर भारतीय लोक भाषाओं के लिए प्रारम्भ में 'भाखा' नाम का ही व्यवहार मिलता है। 'शिवसिंह

सरोज' (शिवसिंह सेंगर कृत) में एक पुष्य नामक कवि का उल्लेख आता है, जिसका समय 713 ई. बताया गया है तथा उसे 'भाखा की जड़' कहा गया है। हो सकता है कि यह पुष्य नामक कवि ब्रजभाषा का कवि हो। किन्तु उसकी कोई रचना हमें उपलब्ध नहीं है, अतः इसके सम्बन्ध में निश्चियात्मक रूप से कुछ भी नहीं कहा जा सकता। डॉ. ग्रियर्सन चन्दबरदाई को ब्रजभाषा का प्रथम कवि मानते है, जिसका काल 12वीं सदी है। मिश्रबन्धुओं के अनुसार सारंगधर नामक कवि ने 1300 ई. के आसपास सर्वप्रथम ब्रजभाषा का अपने पद्य में प्रयोग किया। 14वीं सदी में अमीर खुसरो, नारायणदेव तथा नामदेव की कविताओं में ब्रजभाषा के प्रयोग मिलते है।

इस प्रकार स्पष्ट है कि ब्रजभाषा की एक लम्बी परम्परा है। अपभ्रंशों से निकलकर 15वीं शताब्दी तक आते आते ब्रजभाषा एक समृद्ध भाषा बन चुकी थी। डॉ. शिवप्रसाद सिंह ने अपने शोध ग्रन्थ 'सूर पूर्व ब्रजभाषा और उसका साहित्य' में सूर पूर्व ब्रजभाषा की बिखरी कड़ियों को जोड़ने का प्रयास किया है। उन्होंने विभिन्न उक्तियों, तर्कों एवं तथ्यों के आधार पर शौरसेनी अपभ्रंश से ब्रजभाषा की उत्पत्ति 1000 ई. के आसपास माना है। आचार्य रामचन्द्र शुक्ल ने सूरदास के सूरसागर को किसी चली आती हुई गीत-काव्य परम्परा का पूर्ण विकास माना है। इसी तरह डा. धीरेन्द्र वर्मा ने भी अपने ग्रन्थ 'ब्रजभाषा' में 'पृथ्वीराजरासो' को ब्रजभाषा की आंरभिक स्थिति मानते हुए सूर के काव्य में उसका पूर्ण विकास माना है। सन्तों के काव्य में ब्रजभाषा घुली-मिली है, जो सूरदास के पूर्व की स्थिति को दर्शाती है। डॉ. रामविलास शर्मा 13 वीं-14वीं सदी के सन्तकाव्य में लगभग अर्द्धांश को ब्रजभाषा से निर्मित मानते हैं। प्रायः सभी विद्वान सूर के समय की ब्रजभाषा को उच्चतम अवस्था स्वीकारते हुए उसका आरम्भिक काल 1000 ई. के आसपास मानते है।

वस्तुतः 'ब्रजभाषा' नाम 17वीं सदी में सामने आया। इसके पूर्व इस भाषा के लिए भाषा, भाखा, अन्तर्वेदी, पिंगल, मध्यदेशी आदि नाम मिलते है। कुछ उदाहरण द्रष्टव्य हैं—

*''दृषट भाषा पुरानं च कुरानं च कथितं मया''* — (चन्दबरदाई)

*''व्यास कहैं शुकदेव सौं द्वादश स्कन्ध बनाई*
*सूरदास सोई कहैं पर भाषा करि गाई।''* —(सूरदास)

*''भाखा बोल न जानही जिनके कुल के दास*

*भाषा कवि मो मंदमति तिहि कुल केशवदास''*—(केशवदास)

''ब्रजभाषा'' पद का सबसे पुराना साक्ष्य अभी तक 1607 ई. का मिलता है। मोतीलाल मेनारिया ने 'राजस्थान का पिंगल साहित्य' नामक अपने ग्रन्थ में गोपाल कृत 'रसविलास' (1607 ई.) का निम्न उद्धरण प्रस्तुत किया है—

*''मरुभाषा निरमल तजी करि ब्रजभाषा चोज*
*अब गुपाल या ते तहैं, सरस अनोपम मोज।।''*

(पृष्ठ 10)

मेनारिया जी ने अपने उक्त ग्रन्थ में 1698 ई. में रचित 'रसिकप्रिया की टीका' में भी 'ब्रजभाषा' शब्द का प्रयोग दर्शाया है—

*'सुरभाषा तें अधिक ब्रजभाषा सों हेत*
*ब्रजभूषन जाकौ सदा, मुख भूषन कर लेत* (वही, पृष्ठ 10)

इसी तरह भिखारीदास (जन्म 1721 ई.) ने अपने ग्रन्थ 'काव्य-निर्णय' में ब्रजभाषा शब्द का प्रयोग किया है—

*''भाषा ब्रजभाषा रुचिर, कहैं सुमति सब कोय*
*मिलै संस्कृत पारस्यौ पै अति सुगम जू होय।''*

एक समय ऐसा आया कि ब्रजभाषा पूरे भारत की काव्यभाषा बन गयी। एक स्थानीय बोली से साहित्यिक भाषा बनने में ब्रजभाषा को पाँच-छह सौ वर्ष लग गये। 'मिश्रबन्धु विनोद' में ब्रजभाषा के विकास को तीन चरणों में विभाजित किया गया है

1. प्रारंभिक अवस्था अर्थात् सूरपूर्व ब्रजभाषा
2. विकासावस्था अर्थात् भक्तिकालीन ब्रजभाषा
3. उत्कर्षावस्था अर्थात् रीतिकालीन ब्रजभाषा

अन्य विद्वानों ने भी ब्रजभाषा के साहित्यिक विकास का वर्गीकरण अपने-अपने तरीक़े से किया है। किन्तु सबने स्वीकार किया है कि अपभ्रंश से निकलती हुई ब्रजभाषा ने क्रमशः विकास करते हुए अपनी उन्नत अवस्था को प्राप्त किया। इस विकास क्रम में पृथ्वीराजरासो (चन्दबदाई), बीसलदेव रासो (नरपतिनाल्ह), विजयपाल रासो (नल्ल सिंह भट्ट), संदेशरासक (अब्दुर्रहमाण), वर्णरत्नाकर (ज्योतिरीश्वर ठाकुर), कीर्तिलता (विद्यापति), प्राकृतपैगंलम (लक्ष्मीधर) आदि ग्रन्थों में ब्रजभाषा की विकास की अवस्था

को देखा जा सकता है। इसके पश्चात गुरु गोरखनाथ की बानी, अमीर खुसरो, नामदेव, नारायण देव, कबीर, दादू, रैदास आदि कवियों की रचनाओं में भी ब्रजभाषा के स्फुट प्रयोग देखे जा सकते हैं।

भक्तिकाल में सूरदास तथा अन्य कृष्णभक्त कवियों की काव्य रचनाओं ने ब्रजभाषा को उन्नति के शिखर पर आसीन कर दिया। इस समय 'अष्टछाप' के कवियों- कुंभनदास, सूरदास, कृष्णदास, परमानन्ददास, गोविन्द स्वामी, छीतस्वामी, नन्ददास तथा चतुर्भुजदास ने पुष्टिमार्गी कृष्णभक्ति के रस में गोते लगाकर काव्य की रचना की। इसके पश्चात मीराबाई, रसखान, चिन्तामणि, मतिराम, देव, बिहारी, पद्माकर, भिखारीदास, आलम, बोधा, ठाकुर, घनानन्द, रसलीन, भूषण आदि कवियों ने ब्रजभाषा को समृद्धि के शिखर पर आसीन कर दिया।

हिन्दी का प्राचीनतम गद्य ब्रजभाषा में ही मिलता है। ब्रजभाषा गद्य के प्राचीनतम नमूने 14वीं-15वीं शताब्दी के गोरखपन्थी साहित्य में दिखायी पड़ने लगते हैं। इसके पश्चिात वल्लभाचार्य के पुत्र गोसांईं विट्ठलनाथ के ग्रन्थ 'श्रृंगाररस मंडन' की भाषा ब्रजभाषा गद्य का अपरिमार्जित रूप है। तदन्तर विट्ठलनाथ के पुत्र गोकुलनाथ का ग्रन्थ 'चौरासी वैष्णवन की वार्त्ता' तथा वल्लभ सम्प्रदाय के किसी शिष्य का ग्रन्थ 'एक सौ आठ वैष्णवन की वार्त्ता' में भक्तों की वार्त्ताएँ बोलचाल वाली ब्रजभाषा में हैं। इसी कड़ी में 'अष्टयाम' (नाभादास कृत), 'अगहन महात्म्य' तथा 'वैशाख महात्म्य' (दोनों बैकुण्ठमणि शुक्ल द्वारा रचित), 'नासिकेतोपाख्यान' (अज्ञात), 'बेताल पचीसी' (सूरति मिश्र), 'रामचन्द्रिका की टीका' (जानकी प्रसाद) तथा 'श्रृंगार शतक की टीका' जैसी ब्रजभाषा गद्य की कृतियाँ आती हैं।

आधुनिक काल में भी ब्रजभाषा कविता का सृजन अनवरत चलता रहा। भारतेन्दु युग में कविता की भाषा भी ब्रजभाषा थी। इस युग के महत्वपूर्ण कवियों में सेवक, महाराजा रघुराज सिंह रीवा नरेश, सरदार, बाबा रघुनाथदास राम सनेही, ललित किशोरी, राजा लक्ष्मण सिंह, लछिराम, गोविन्द गिल्लाभाई, नवनीत चौबे, भारतेन्दु हरिश्चन्द्र, अम्बिकादत्त व्यास, प्रतापनारायण मिश्र, बदरीनारायण 'प्रेमघन', डा. जगमोहन सिंह, लाला सीताराम भूप, हरिऔध, श्रीधरपाठक, जगन्नाथदास 'रत्नाकर', राय देवी प्रसाद 'पूर्ण', वियोगी हरि, दुलारेलाल भार्गव, नाथूराम शर्मा 'शंकर', लाला भगवानदीन, गयाप्रसाद शुक्ल 'सनेही' आदि ने काव्य की ब्रजभाषा परम्परा को जारी रखा। यह परम्परा आगे भी जारी रही यद्यपि द्विवेदी युग से केन्द्र में खड़ी बोली आ चुकी थी।

'ब्रजभाषा' के व्याकरण ग्रन्थों में सबसे प्राचीन मिर्ज़ा खाँ द्वारा रचित 'ब्रजभाषा व्याकरण' है। यह ग्रन्थ 1675 ई. के कुछ पहले लिखा गया था। इसका सर्वप्रथम उल्लेख विलियम जोन्स ने 1784 ई. में किया था। इसके पश्चात 1713 ई. में कवि रत्नजित ने 'भाषा-व्याकरण' नामक ब्रजभाषा के व्याकरण की रचना की। तत्पश्चात लल्लूलाल ने 1811 ई. में ब्रजभाषा-व्याकरण लिखा। ग्रियर्सन के अनुसार इस ग्रन्थ का नाम 'मुसाफिरे भाषा' था, जबकि कामता प्रसाद गुरु ने लल्लूलाल के इस व्याकरण का नाम 'कवायदे हिन्दी' बताया है। कालान्तर में 1943 ई. में किशोरीदास बाजपेयी ने तथा 1954 ई. में धीरेन्द्र वर्मा ने ब्रजभाषा-व्याकरण लिखा।

इस दिशा में हिन्दुस्तानी एकैडेमी द्वारा प्रकाशित ग्रन्थों का भी उल्लेख आवश्यक है। डॉ. धीरेन्द्र वर्मा का शोध ग्रन्थ 'ब्रजभाषा' का प्रकाशन 1957 ई. में एकेडेमी द्वारा हुआ। इसी प्रकार 1961 ई. डॉ. रामस्वरूप चतुर्वेदी की कृति 'आगरा जिले की बोली' तथा 1967 ई. में डॉ. चन्द्रभान रावत की कृति 'मथुरा जिले की बोली' का प्रकाशन भी हिन्दुस्तानी एकेडेमी द्वारा किया गया।

# अपनी मातृभाषा भोजपुरी को सहेजना होगा

यह सर्वविदित है कि भोजपुरी लगभग बारह सौ वर्ष पुरानी लोकभाषा है। सातवीं-आठवीं शताब्दी ई. के आसपास ही भोजपुरी सहित लगभग समस्त आधुनिक भारतीय आर्यभाषाओं का जन्म हुआ है। क्षेत्रीय अपभ्रंशों (शौरसेनी, मागधी, अर्द्धमागधी, ब्राचड़, खस) से क्रमशः पश्चिमी हिन्दी, पूर्वी हिन्दी, बिहारी, पहाड़ी आदि भाषाई वर्गों की उत्पत्ति हुई। अपभ्रंशों की मागधी शाखा से बिहारी, बँगाली, उड़िया तथा असमिया जैसी भाषाएँ निकली हैं। कहा जा सकता है कि, 'बिहारी' समूह की तीन क्षेत्रीय भाषाएँ - भोजपुरी, मैथिली एवं मगही - बँगला, उड़िया एवं असमियाँ की सगी बहनें हैं तथा अन्य आधुनिक आर्यभाषाओं की चचेरी बहनें हैं। गौरतलब है कि सभी आधुनिक आर्यभाषाओं की उम्र लगभग एक है, किन्तु अपने सांस्कृतिक-सामाजिक कारणों से कुछ लोक भाषाएँ अत्यन्त विकसित हो गयीं, जबकि कुछ इस दौड़ में पिछड़ गयीं और बोली तक सीमित रह गयीं।

'बिहारी' भाषाई समूह की तीनों क्षेत्रीय भाषाओं- भोजपुरी, मैथिली, मगही—में भोजपुरी विस्तार की दृष्टि से सर्वोच्च स्थान रखती है। 'बिहारी' नामकरण ग्रियर्सन द्वारा किया गया है। ग्रियर्सन के एक उल्लेख से यह स्पष्ट होता है कि 'भोजपुरी' शब्द का भाषा के रूप में सर्वप्रथम लिखित साक्ष्य रैमन महोदय का है। रैमन महोदय ने 1789 ई. भाषा के अर्थ में 'भोजपुरिया' शब्द का उल्लेख किया है। इसी तरह भाषा के अर्थ में 'भोजपुरी' शब्द का प्रथम लिखित साक्ष्य बीम्स महोदय का है, जो सन् 1868 ई. का है। ग्रियर्सन, बीम्स, हार्नली तथा अधिकांश विद्वान् 'भोजपुरी' शब्द का प्रयोग करते हैं, वहीं रैमन महोदय एवं सुनीति कुमार चाटुर्ज्या ने इसके लिए 'भोजपुरिया' शब्द का प्रयोग किया है।

'भोजपुरी' शब्द बिहार के शाहाबाद जिले के भोजपुर नामक स्थान के आधार पर प्रचलित है। बंगाल की 'एशियाटिक सोसाइटी' के 1871 ई. में प्रकाशित जर्नल में एक अंग्रेज विद्वान् ब्लाखमैन ने लिखा है कि "अकबर के राज्यकाल में बक्सर के समीप भोजपुर के राजा दलपत सम्राट् (अकबर) से पराजित होकर बन्दी बनाए गये और अन्त में, जब बहुत आर्थिक दण्ड के बाद बन्धन मुक्त हुए तो उन्होंने पुनः सम्राट् के विरूद्ध सशस्त्र क्रान्ति की। जहाँगीर के राजत्वकाल में भी उनकी क्रान्ति चलती रही जिसके परिणामस्वरूप भोजपुर लूटा गया तथा उनके उत्तराधिकारी प्रताप को शाहजहाँ ने फाँसी का दण्ड दिया।" (भोजपुरी भाषा और साहित्य - डॉ. उदयनारायण तिवारी - पृ. 4)

ब्लाखमैन ने ही 'आइने-अकबरी' का अंग्रेजी अनुवाद किया है। 'आइने-अकबरी' में भोजपुर के राजा दलपत को 'उज्जैनिह' कहा गया है। वहाँ उल्लेख है कि उज्जैनी के भोजवंशी राजाओं की राजधानी भोजपुर थी, जो मालवा से आकर यहाँ बस गये थे। उज्जैन से आने के कारण ये राजा 'उज्जैनी भोज' कहलाते थे। आज भी इन राजाओं के प्राचीन महल 'नवरतन' के भग्नावशेष भोजपुर में विद्यमान हैं। किन्तु अब पुराने भोजपुर का महत्व समाप्त हो चुका है, यद्यपि भोजपुर के पास ही डुमराँव में 'उज्जैनी भोज' के उत्तराधिकारी आज भी निवास करते हैं। पास में दो गाँव बड़का भोजपुर और छोटका भोजपुर आज भी विद्यमान है।

'भोजपुरी' भोजपुर क्षेत्र की बोली है। भोजपुर के राजधानी होने के कारण बाद में इसी नाम से परगना, जिला, क्षेत्र एवं प्रान्त का नामकरण भी हुआ। आज भोजपुरी अपेक्षाकृत एक बड़े भूभाग की क्षेत्रीय भाषा है। यह उत्तर प्रदेश, बिहार, झारखण्ड एवं नेपाल तक विस्तृत भाषाई क्षेत्र है। इसके बोलने वालों की कुल संख्या लगभग बारह करोड़ है। भोजपुरी क्षेत्र उत्तर में बस्ती, गोण्डा (यू.पी.), चम्पारन (बिहार), बीरगंज (नेपाल) से दक्षिण में जसपुर (छत्तीसगढ़), पलामू (झारखण्ड) तक तथा पूरब में वैशाली, नालन्दा (बिहार) से पश्चिम में मिर्ज़ापुर एवं जौनपुर (उ.प्र.) तक विस्तृत है। इसके अतिरिक्त भोजपुरी भारत के बाहर सुरीनाम, गुयाना, टोबैगो, त्रिनिडाड, फिजी, मारिशस जैसे देशों में भी बोली जाती है। सुरीनाम में यह 'सरनामी' के नाम से प्रसिद्ध है। हिन्दी भाषा को विश्व-भाषा के रूप में 'वीजा' भोजपुरी के माध्यम से ही मिला है।

भोजपुरी क्षेत्र के स्थान-भेद के आधार पर भोजपुरी भाषा के स्वरूप में भी अन्तर मिलता है। इसी वाचिक अन्तर के आधार पर इसे कई उप-क्षेत्रीय नामों से भी पुकारा जाता है। जैसे मल्ली, बनारसी, काशिका, छपरहिया, नगपुरिया, बक्सरिया, गोरखपुरी, मधेसी, सरबरिया, बंगरही आदि।

जिस तरह अवधी को तुलसीदास, ब्रजभाषा को सूरदास तथा मैथिली को विद्यापति का सौभाग्य प्राप्त है, उसी तरह भोजपुरी को गोरखनाथ और कबीर पर गर्व है। यद्यपि गोरखनाथ की भाषा अपभ्रंश से निकलती हुई प्रारम्भिक हिन्दी है, वहीं कबीर की भाषा में कई भाषाओं की पंचमेल खिचड़ी है, इसके बावजूद गोरखनाथ और कबीर की भाषा में भोजपुरी का अंश अधिक हैं। गोरखनाथ की एक बानगी प्रस्तुत है—

*''गुर कीजै गरिला, निगुरा न रहिला।*
*गुर बिन गयान न पायला रे भाईला।।*
*दूधे धोया कोइला, उजला न होइला।*
*कागा कंठै पहुप माल, हंसला न भैला।।''*

भोजपुरी साहित्य की धारा को आगे ले जाने का कार्य कबीर आदि सन्त कवियों ने किया है। अपनी भाषा के बारे में कबीर स्वयं कहते है कि-

*''बोली हमरी पुरुब की, हमें लखे नही कोय*
*हमको तो सोई लखै, जो धूर पुरब का होय।।''*

यहाँ पूरब का अभिप्राय भोजपुरी क्षेत्र ही है। उदयनारायण तिवारी इस सम्बन्ध में लिखते हैं कि, ''यह बोली (भोजपुरी) बनारस के पश्चिम मिर्ज़ामुराद थाने से दो तीन मील और आगे तक बोली जाती है। वस्तुतः यही बोली कबीर की मातृभाषा थी। यह प्रसिद्ध है कि कबीर पढ़े-लिखे नहीं थे। अतएव अपनी मातृभाषा में रचना करना उनके लिए सर्वथा स्वाभाविक था।'' (भोजपुरी भाषा और साहित्य, पृ. 26)। सुनीति कुमार चाटुर्ज्या ने भी लिखा है कि भोजपुरी का सबसे पुराना नमूना कबीर के कतिपय पदों में पाया जाता है। हजारी प्रसाद द्विवेदी ने भी भोजपुरी को ही कबीर की भाषा स्वीकार किया है। कबीर की भाषा में भोजपुरी की बानगी यहाँ द्रष्टव्य है—

*''कौन ठगवा नगरिया लूटल हो।*
*चन्दन काठ के बनल खटोलना, तापर दुलहिन सूतल हो।''*

× × ×

*''तोर हीरा हिराइल बा किचड़े में।*

*कोई ढूँढ़े पूरब कोई ढूँढे पश्चिम, कोई ढूँढ़े पानी पथरे में।।*

× × ×

*"बाबा घरे रहलू त बबुई कहवलू।*
*सँइयाँ घर चतुर सेयान।।*

× × ×

*सूतल रहलूँ मै नींद भरि हो गुरु दिहलैं जगाय।*
*चरन कँवल के अंजन हो, नैना लेलूँ लगाय।।*

गोरखनाथ तथा कबीर की परम्परा को आगे बढ़ाते हुए अन्य नाथ एवं सन्त कवियों ने भी भोजपुरी को अपने कथ्य का आधार बनाया। भरथरी तथा गोपीचन्द जैसे नाथ कवियों की अनेक रचनाएँ भोजपुरी क्षेत्र में आज भी गायी जाती हैं। भरथरी का 'बारहमासा' बहुत प्रसिद्ध हैं, जिसकी अन्तिम पंक्तियाँ हैं—"जेठ तपे मिरड़हवा हो, बहे पवन हहाय। भरथरी गावें बारहमासा हो, पूजे मनके आस।" इसी तरह सन्त कवियों में धरमदास, धरनीदास, दरियादास, पलटूदास, कीनाराम, भिखमराम, भिनकराम आदि ने भी अपने पदों में भोजपुरी भाषा का प्रयोग किया है। इनमें से धरमदास (निवासी बांधवगढ़, रीवा) तथा पलटूदास (निवासी फैजाबाद) भोजपुरी क्षेत्र से बाहर के होने के बावजूद भोजपुरी में कविताई करते रहे। धरमदास कबीर के शिष्य थे तथा कबीर वाणी का संग्रह उन्होंने ही किया है। उनके पदों में भोजपुरी का प्रयोग द्रष्टव्य है—

*"कहवाँ से जीव आइल, कहवाँ समाइल हो।*
*कहवाँ कइल मुकाम, कहवाँ लपटाइल हो।।*
*निरगुन से जीव आइल, सरगुन समाइल हो।*
*कायागढ़ कइल मुकाम, माया लपटाइल हो।।*

× × ×

इसी तरह पलटूदास की रचना का एक उदाहरण प्रस्तुत है—

*"काहे के लगवले सनेहिया हो अब तुरल न जाय।*
*जब हम रहलो लरिकवा हो, पियवा आवहिं जाय।।*
*अब हम भइलों सयनिया हो, पियवा टिकले विदेस।*
*पियवा के भेजलों सनेसवा हो, अइहे पियवा मोर।।*

प्रारंभिक प्रयोग एवं क्षेत्रीय विस्तार के बावजूद भोजपुरी में साहित्य-सृजन उतना नहीं हो सका जितना अवधी, ब्रजभाषा एवं मैथिली में हुआ। इसका एक कारण डॉ. कृष्णदेव उपाध्याय ने यह बताया है कि "काशी-जो

भोजपुरी प्रदेश में अवस्थित है, भारतीय संस्कृति का केन्द्र रहा है। यहाँ संस्कृत के पठन-पाठन की सदा से प्रधानता रही है। धार्मिक एवं सांस्कृतिक केन्द्र होने के कारण यहाँ देववाणी (संस्कृत) की ही अभ्युन्नति हुई। अतः भोजपुरी प्रदेश के ब्राह्मणों ने जिन पर साहित्य सृष्टि का भार था अपनी मातृभाषा की उपेक्षा कर देववाणी संस्कृत को ही अपनाया और उसी की अभिवृद्धि में अपने समय और शक्ति को लगाया। आज भी काशी में भोजपुरी प्रदेश के ही निवासी पण्डितों की प्रधानता और बहुलता है। यदि इन पण्डितों ने संस्कृत के अध्ययन में अपना समय न लगाया होता और भोजपुरी की उपेक्षा न की होती तो आज भोजपुरी का इतिहास कुछ दूसरा ही होता।'' (भोजपुरी साहित्य का इतिहास-कृष्णदेव उपाध्याय, पृ. 11)। भोजपुरी में साहित्य सृष्टि के अभाव का दूसरा कारण उन्होंने यह बताया कि, ''भोजपुरी साहित्य की अभिवृद्धि न होने का कारण है राज्याश्रय का अभाव। भोजपुर प्रदेश में किसी प्रभावशाली, व्यापक प्रतापी नरेश का पता नहीं चलता। अधिकतर इसमें किसानों की ही बस्तियाँ है। किसी गुणग्राही नरेश का आश्रय न मिलने से इस भाषा का साहित्य समृद्ध न हो सका।'' (वही - पृ. 12)।

भोजपुरी के साहित्य-सृजन में अल्पविकसित होने का एक अन्य कारण भी है। वह है सांस्कृतिक स्वाभिमान की कमी। भोजपुरी बोलने वाले अपनी मातृभाषा पर गर्व नहीं करते, बल्कि अपनी भोजपुरिया पहचान छिपाने की कोशिश करते हैं। उनमें आत्म-संकोच का भाव होता है। उन्हें भोजपुरी बोलने में शर्म आती है। भोजपुरी में बात करना उन्हें गँवारपन लगता है। इसीलिए वे अपने सांस्कृतिक भूभाग के बाहर केवल खड़ी बोली में बात करते हैं। चाहे वह मज़दूर हों, रिक्शा चलाता हो, चाहे कारोबारी हो, सभी अपने क्षेत्र से बाहर खड़ी बोली में ही बात करना चाहते हैं। टूटी-फूटी हिन्दी या अंग्रेजी में बात कर लेंगे किन्तु भोजपुरी की पहचान छिपा लेंगे। भोजपुरी बोलनेवालों का यह आत्मसंकोच, उनका हीनताबोध इसे साहित्यिक भाषा बनने के मार्ग की सबसे बड़ी रुकावट है। जब किसी भाषा को उसे बोलनेवाले ही हेय समझेंगे तो उसका उत्थान कैसे संभव है।

यहीं से एक अशंका पैदा होती है। एक प्रश्न खड़ा होता है। जब भोजपुरी बोलने वालों में आत्मविश्वास नहीं होगा, गर्व का एहसास नहीं होगा, तब इसमें साहित्यिक क्षमता कैसे पैदा होगी? जब हमारी पीढी ही अपनी मातृभाषा में बात नहीं करेगी तब अगली पीढ़ी से क्या उम्मीद की जा

सकती है। अब तो हर नयी पीढ़ी पिछली पीढ़ी से अधिक अंग्रेज़ी दाँ होती जा रही है। हर नयी पीढ़ी अपनी मातृभाषा के प्रति उदासीन होगी, क्योंकि पिछली पीढ़ी का अपनी मातृभाषा के प्रति हीनताबोध था। ऐसी स्थिति में भोजपुरी को कैसे सहेजा जाय, यह गम्भीर प्रश्न है।

ऐसे में एक ही समाधान दिखायी देता है। प्रत्येक रचनाकार को, प्रत्येक साहित्यकार को जो भोजपुरी क्षेत्र से सम्बन्ध रखता हो, अपनी मातृभाषा में सृजन करना होगा। प्रत्येक भोजपुरिया को अपनी भाषा पर गर्व करना होगा। आपस में अधिक-से-अधिक अपनी मातृभाषा में बात करनी होगी। भोजपुरी माटी की ख़ुशबू को महसूस करना होगा तथा अपनी भोजपुरी की जड़ों को सींचना होगा। आइये भोजपुरी के उत्थान के लिए इस महायज्ञ में सभी भोजपुरिया एक साथ मिलकर आहुति दें।

●●●